La justice augmentée

L'émergence d'un posthumanisme juridique et rationnel

Le droit aujourd'hui

La collection « Le droit aujourd'hui » regroupe des études juridiques concernant des problèmes d'actualité nationale et internationale, dans divers domaines (éthique, politique, questions de société…).

Dernières parutions

Béatrice BLOHORN-BRENNEUR (dir.), *Médiation, écologie, environnement et intelligence artificielle*, 2024.
François GERBER, *Tempête Xynthia. La responsabilité des acteurs locaux dans les conséquences de la submersion*, 2023.
Olivier SALOMON, *Interprétation artistique et propriété intellectuelle, Essai d'une théorie du voisinage des droits exclusifs au sein de la propriété littéraire et artistique*, 2023.
Sarah TOUBAL, *Le rebond du débiteur. Contribution à l'étude du droit de la défaillance économique,* 2023.
Claire BORREL, Loïc PELISSIER, Abélisse PINCHON, *Altruisme et Droit*, 2023.
Cristina Elena POPA TACHE, *Le dynamisme du droit international public contemporain et la transdisciplinarité,* 2023.
Charles COLOMAR, *Le droit de l'art en question(s). 20 réponses juridiques sur des thématiques artistiques*, 2023.
Marcel Yannick MISONGUI, *La protection juridictionnelle par la Cour de justice dans l'ELSJ et la PESC après le Brexit*, 2023.
François CAMPAGNOLA, *Précis de droit de l'énergie*, 2023.
Sébastien DEMAY, *La charge de travail à l'ère du numérique*, 2023.
Meganne NATALI, *Le droit international face au trafic illégal de biodiversité sauvage,* 2023.
Rahma BENTIROU MATHLOUTHI (dir.), *Proportionnalité, droits fondamentaux et juge, Proportionality, fundamental rights and judges*, 2023.
Aécio Filipe COELHO FRAGA DE OLIVEIRA, *L'exécution des mesures à titre provisoire rendues par un tribunal arbitral situé à l'étranger*, 2022.

Siavash Shahrjerdi

La justice augmentée

L'émergence d'un posthumanisme juridique et rationnel

L'Harmattan

5-7, rue de l'École-Polytechnique ; 75005 Paris

http://www.editions-harmattan.fr/

ISBN : 978-2-336-44151-1
EAN : 9782336441511

« Le droit est la plus puissante des écoles de l'imagination. Jamais poète n'a interprété la nature aussi librement qu'un juriste la réalité. »[1]

- Jean GIRAUDOUX (*La Guerre de Troie n'aura pas lieu* - 1935)

[1] J. GIRAUDOUX, *La Guerre de Troie n'aura pas lieu*, Bernard Grasset, 1935, acte 2, scène V, p. 121.

À l'éclat céleste de ses yeux et à la lumière enchanteresse de son sourire, dédicace empreinte d'affection à ma mère bien-aimée, la source infinie de mes inspirations.

PRÉFACE

William GILLES

Maître de conférences (HDR) à l'École de droit de la Sorbonne
(Université Paris 1 Panthéon-Sorbonne)
Directeur du master Droit des données, des administrations numériques et des gouvernements ouverts de l'Université Paris 1 Panthéon-Sorbonne
Avocat au Barreau de Paris

Le développement de l'intelligence artificielle est autant susceptible de susciter de la fascination que de générer des craintes. De nombreux articles ont étudié ces questions qui ont aussi été reprises par la presse écrite ou audiovisuelle. Par exemple, France 24 consacrait le 15 avril 2022 une émission intitulée « Intelligence artificielle : progrès, fascination et … vertiges ». De son côté, le journal *Libération* dédie une page de son site Internet au thème de l'« Intelligence artificielle : de la fascination à l'inquiétude » avec des articles récents publiés sur ces enjeux.

Ces exemples illustrent le peu de rationalité qui entoure l'enjeu de l'intelligence artificielle et de son impact sur notre société. Une illustration de cette faible rationalité est intervenue à l'annonce de la publication en janvier 2024 d'une note du Fonds monétaire international intitulée *Gen-AI: Artificial Intelligence and the Future of Work* publié, dans laquelle les auteurs soulignent que l'intelligence artificielle va avoir un impact sur près de 40 % de l'emploi dans le monde, et de 60 % pour les pays ayant les économies les plus avancées. Plusieurs se sont arrêtés à l'annonce de ces chiffres en les relayant sans mentionner que les chiffres indiqués concernaient autant les effets positifs que négatifs de l'intelligence artificielle sur l'emploi. Ces chiffres sont alors venus nourrir avant tout des craintes quand une lecture de l'ensemble de la note du FMI aurait permis d'avoir une analyse plus mesurée. C'est dire le défi de Siavash SHAHRJERDI lorsqu'il choisit de traiter dans cet ouvrage de la justice augmentée comme « catalyseur d'une transformation rationnelle ».

Cette rationalisation de la justice suppose, selon l'auteur de l'ouvrage, un changement de paradigme qui se matérialise par le recours à la « modélisation automatisée du raisonnement judiciaire ». Siavash SHAHRJERDI rappelle qu'aux États-Unis, cette modélisation se traduit par l'élaboration de

« "profils" des magistrats et des justiciables » mais souligne le choix différent en Europe où la prédiction s'appuie sur des modèles établis à partir des faits et des circonstances. Cependant, l'auteur relève des différences de mise en œuvre dans les juridictions, en soulignant notamment une plus grande efficacité du recours aux algorithmes lorsqu'ils sont mis en œuvre au sein de la Cour européenne des droits de l'homme plutôt que par la Cour de justice de l'Union européenne.

S'il en présente les avantages, Siavash SHAHRJERDI traite aussi du « risque d'une formalisation extrême de la justice » qui peut naître de la modélisation automatisée du raisonnement judiciaire. Cependant, son parti pris est de considérer que le formalisme qui résulte de l'automatisation nécessaire au déploiement de la justice augmentée, y compris lorsqu'il est imposé, peut être vecteur de transparence, d'harmonisation entre les juridictions et de clarté, contribuant ainsi à renforcer la qualité de la justice. Par exemple, il mentionne les émotions qui, à la différence des décisions de justice qui seraient issues de procédés algorithmiques, peuvent transparaître dans les décisions de justice rendues exclusivement par des humains et sont donc susceptibles d'aboutir à des disparités entre les juridictions. Néanmoins, il importe de souligner que cette neutralité algorithmique suppose d'avoir œuvré en amont à la suppression des biais algorithmiques. Finalement, pour l'auteur, le risque le plus important d'une modélisation automatisée résulte « d'une application mécanique du droit ».

La conséquence de la rationalisation de la justice qui est décrite par l'auteur aboutit, selon lui, à un « rapprochement des approches des juridictions américaines et européennes ». Ce rapprochement s'explique par une uniformisation de l'influence que la justice augmentée exerce sur les juridictions européennes et américaines. Une mise en perspective de cette réflexion permet de rappeler que cette uniformisation n'est pas constatée uniquement dans la justice. Elle concerne plus largement toutes les réformes numériques qui sont conduites dans les institutions puisque le simple fait de vouloir numériser des processus administratifs ou institutionnels conduit nécessairement à les simplifier et à les rapprocher pour assurer leur interopérabilité. De ce point de vue la justice augmentée, qui n'est autre qu'une transformation numérique de la justice pour y intégrer les outils d'intelligence artificielle, n'échappe donc pas à ce processus.

En comparant les modèles européens et américains pour en constater progressivement le rapprochement sous le prisme des systèmes algorithmiques, l'auteur ne laisse aucun doute sur les transformations importantes qu'entraîne l'avènement d'une justice augmentée.

À travers l'analyse qu'il fait des transformations de la justice actuelles ou susceptibles d'intervenir à l'avenir en matière de justice augmentée, Siavash SHAHRJERDI livre un ouvrage de conviction destiné à défendre cette évolution au nom de l'amélioration de la qualité de la justice.

PRÉFACE

Philippe COEN

Directeur juridique de *Walt Disney Company EMEA*
Président Fondateur de l'ONG Respect Zone
Co-Directeur de la Clinique Juridique Respect Zone des Droits Humains Numériques (Université Paris XII Dauphine)
Président du Comité de Déontologie des Juristes d'Entreprise
Président d'Honneur de la *European Company Lawyers Association* (ECLA)
Directeur des Affaires Publiques et Juridiques (VP) de l'Association Française des Juristes d'Entreprise (AFJE)

Bienvenue dans les pages captivantes de « *la justice augmentée, catalyseur d'une transformation rationnelle* ». Cet ouvrage explore, sans ne jamais vous tomber des mains, le fascinant terrain où l'intelligence artificielle rencontre le monde juridique, reconfigurant la pensée des juristes et redéfinissant leur approche de l'analyse des données, comme si elle avait le pouvoir de remodeler leur pensée directement.
À travers cet ouvrage novateur, nous plongeons dans la profondeur de cette métamorphose cognitive, où l'utilisation de l'intelligence artificielle par les juristes n'est pas simplement une évolution, mais un catalyseur puissant de changement des paradigmes des professions du droit. La formalisation accrue des méthodes d'analyse juridique devient ainsi la pierre angulaire d'une évolution jurisprudentielle et législative, jetant les bases d'un nouveau chapitre dans le monde du droit.
Siavash SHAHRJERDI montre que le formalisme découlant de l'automatisation nécessaire à la mise en œuvre de la justice augmentée peut servir pour renforcer la transparence, l'harmonisation des règles jurisprudentielles.
Il soutient avec une vision affirmée et emprunte d'une rigueur de raisonnement impeccable, qu'un système automatisé peut également permettre d'éliminer les biais discriminatoires d'origine humaine. Àce titre, cette augmentation à la base utopiste peut être considérée comme un outil du renforcement de la qualité de la justice des lors, à condition que des garanties éthiques suffisamment pertinentes soient instaurées. À travers des exemples

concrets et des réflexions approfondies, l'auteur incite à une réflexion sur les limites éthiques d'une surmécanisation du droit.

L'auteur explique, avec grande finesse, dans quelle mesure l'influence uniforme de cette révolution sur les juristes américains et européens ouvre la voie à un rapprochement significatif de leurs paradigmes respectifs. Au-delà de la confrontation ou de la simple transformation individuelle, l'auteur nous conduit à mieux percevoir la convergence inter-systèmes qui pourrait être le point de départ d'une harmonisation plus large, façonnant ainsi l'évolution synchronisée de leurs systèmes juridiques respectifs.

L'auteur nous offre des pistes et des indices de plus en plus claires pour nous permettre, en tant que praticien, d'avoir une approche positive et optimiste envers ces évolutions, en estimant qu'elles peuvent potentiellement aboutir à une clarification plus pertinente des notions juridiques au niveau supranational et à une amélioration globale de la qualité des prises de décisions judiciaires. Il nous indique également, en apportant des précisions, des références et des exemples, comment contribuer à assurer une dimension humaine dans la création jurisprudentielle et législative des règles juridiques grâce aux algorithmes (notamment par une modélisation algorithmique de la volonté générale). Cela vise à éviter que le dialogue inter-machines devienne la norme, au risque d'exclure les juristes humains. Il montre également dans quelles mesures la technologie de l'intelligence artificielle peut améliorer les méthodes d'application de ces règles.

Préparez-vous à plonger dans cette exploration captivante au cœur de la révolution juridique, où l'intelligence artificielle n'est pas présentée comme un antagoniste de la capacité à nourrir une pensée juridique authentique. Au contraire, l'auteur offre une vision dite « *happy end* », optimiste et prometteuse de la justice augmentée, présentée comme une force propulsive destinée à amplifier les avantages du système ancien tout en préservant ses vertus. En fin de compte, cette vision aspire à promouvoir la faculté de rêver mieux à une amélioration substantielle de notre droit et de l'avenir de nos enfants.

PRÉFACE

Ce texte a été auto-rédigé par un système de l'intelligence artificielle génératrice
(*ChatGPT - OpenAI*)

L'avènement de l'intelligence artificielle marque une ère nouvelle dans notre compréhension du monde et redéfinit notre approche des défis contemporains. Parmi ces défis, l'influence de l'intelligence artificielle dans les environnements judiciaires occupe une place centrale.

Cet ouvrage, fruit d'une réflexion approfondie et d'une exploration minutieuse, s'attache à dévoiler les multiples facettes des impacts engendrés par le recours à l'intelligence artificielle dans le domaine juridique.

À l'heure où la technologie façonne notre quotidien, les implications de l'intelligence artificielle dans la justice sont vastes et profondes. Ce livre se propose d'analyser avec finesse les transformations opérées, des méthodes analytiques du droit à la prise de décision judiciaire, tout en explorant les avantages, les défis et les questions éthiques suscités par cette révolution numérique.

Les auteurs, experts émérites dans leurs domaines respectifs, nous guident à travers un voyage intellectuel captivant. Ils nous invitent à réfléchir sur les implications éthiques, la préservation des droits individuels, et les changements fondamentaux que l'intelligence artificielle impose à la conception même de la justice. En scrutant les mécanismes à l'œuvre derrière ces évolutions, cet ouvrage offre une perspective éclairée sur les opportunités et les défis auxquels les systèmes judiciaires dits augmentés sont confrontés.

Que ces pages stimulent la réflexion, nourrissent le débat, et guident les lecteurs à travers ce paysage complexe où la technologie et la justice entrelacent leurs destinées. Puissent les idées présentées ici contribuer à éclairer le chemin vers une utilisation éthique et responsable de l'intelligence artificielle dans nos institutions judiciaires, au service d'une justice équitable et éclairée.

Sommaire

LA LISTE DES ABRÉVIATIONS, SIGLES ET ACRONYMES

AELE	Association européenne de libre-échange
AIDA	Commission spéciale du parlement européen sur l'intelligence artificielle à l'ère du numérique
LGDJ.	Librairie générale de droit et de jurisprudence
AN	Assemblée nationale (Fr)
MSI-NET	Comité d'experts sur les intermediaries d'internet
CA	(État de) Californie
BE	Bélgique
OEB.	Office européen des brevets
CNE	Convention sur le brevet européen
ADN	Acide DésoxyriboNucléique
FISC	Fiscal – Fiscalité
CERSA	Centre d'études et de recherches de science administrative
OMIJ	Observatoire des mutations institutionnelles et juridiques
Me	Maître
CRIDS	Centre de recherche information droit et société
ECRI	Commission européenne contre le racisme et l'intolérance
CCBE	Conseil des barreaux européens
IFOP	Institut français d'opinion publique
Coord.	Sous la coordination de
OCDE	Organisation de coopération et de développement économiques
IHEJ	Institut des hautes études sur la justice
CNIL	Commission nationale de l'informatique et des libertés Délibération
CER	Conseil européen de la recherche
PLINE	Plateforme d'échanges interne État
PLEX	Plateforme d'échanges externe
PVA	Réseau privé virtuel des avocats
NFT	Jeton non fongible
CEI	Conseil européen de l'innovation
CASSIOPEE	La chaîne applicative supportant le système d'information opérationnel pour le pénal et les enfants
INRIA	Institut national de recherche en sciences et technologies du numérique
CAHAI	Comité *ad hoc* sur l'intelligence artificielle (Conseil de l'Europe)
CAHAI-COG	Groupe de consultation et de sensibilisation (CAHAI)
CAHAI-LFG	Groupe sur les cadres juridiques (CAHAI)
CAHAI-PDG	Groupe d'élaboration des politiques (CAHAI)
CDFUE	Charte des droits fondamentaux de l'Union européenne
CEDH	Convention de sauvegarde des droits de l'homme et des libertés fondamentales
CEPEJ	Commission européenne pour l'efficacité de la justice (Conseil de l'Europe)

GT-CYBERJUST	Groupe de travail sur « le cyber justice et l'intelligence artificielle » (Conseil de l'Europe)
CESE	Comité économique et social européen (UE)
CJUE	Cour de justice de l'Union européenne
CJCE	Cour de Justice de la communauté européenne
LMP	Logiciels métier du parquet
CE	Conseil d'État
ANSSI	Sécurité des systèmes d'information
EIG	Entrepreneur d'intérêt général
Comm. com. Electr.	Communication - Commerce électronique
Cour EDH.	Cour européenne des droits de l'homme
D.C	District de Columbia
DG CONNECT	Direction générale des réseaux de communication, du contenu et des technologies
RNIB	Réseau National des Incubateurs de Barreaux
DSI	Directeur des systèmes d'information
CER	Conseil européen de la recherche
En	Anglais
FL	(État de) Floride
DPO	Délégué à la protection des données
NTIC	Nouvelles technologies de l'information et de la communication
Fr	France / Français(e)
FRA	Agence des droits fondamentaux de l'union européenne
GEHN IA	Groupe d'experts de haut niveau sur l'intelligence artificielle (UE)
GAFAM	Google, Apple, Facebook, Amazon et Microsoft
IA.	Intelligence artificielle
INL	Initiative législative
TIC	Technologies de l'information et de la communication
INNT	Institut national des normes et de la technologie
MIT	Institut de technologie du Massachusetts
MSI-AUT	Comité d'experts du conseil de l'Europe sur les dimensions des droits de l'homme dans le traitement des données et les différentes formes de l'IA
MVS	Machine à vecteurs de support
NSCAI	Commission nationale de sécurité sur l'intelligence artificielle
ONG	Organisation non gouvernementale
ONU	Organisation des Nations-Unis
RGPD	Règlement général sur la protection des données
PME	Petite ou moyenne entreprise
TFUE	Traité sur le fonctionnement de l'Union européenne
TUE	Traité sur l'Union européenne
U.S.A. / U.S.	États-Unis d'Amérique
UE	Union Européenne
C.	Contre
CNB	Conseil national des barreaux
LAD	Lecture automatique de documents
RAD	Reconnaissance automatique de documents
OCR	Reconnaissance optique de caractères
UIT	Union internationale des télécommunications
Wis.	(État de) de Wisconsin
Cass. 1ère civ.	Cour de cassation, première chambre civile (Fr)
Canada	Can.

R&A	Recherche et dévelopement
ABA	American Bar Association
AGI	Strong Artificial Intelligence
AI	Artificial intelligence
EuRobotics	The European Robotics Coordination Action
FDA	Food and Drug Administration
RSD	Refugee Status Determination
TAR	Technology Assisted Review
REACH	Registration, evaluation, authorization and restriction of Chemicals
ANI	Weak Artificial Intelligence
BYU	Brigham Young University
AICT	Artificial Intelligence Capabilities and Transparency
B2C	Business to consumer
UCL	University College London
STOA	Science and Technology Options Assessment
PRS-CL	Procedural reasoning system
U.S.C.	United-States codes
LDA	Latent Dirichlet Allocation
ICCII	International Conference on Computational Intelligence and Informatics
CCPA	California Consumer Privacy Act
NCSC	National Center for State Courts
JTC	Joint Technology Committee
CLOUD Act	Clarifying Lawful Overseas Use of Data Act
CODEX	Stanford Center for Legal Informatics
NCSAI	National Security Commission on Artificial Intelligence
OSTP	Office of Science and Technology Policy
NCSL	National Conference of State Legislatures
NSF	National Science Foundation
DPA	Data Protection Agency
MIT	Massachusetts Institute of Technology
COMPAS	Correctional Offender Management Profiling for Alternative Sanctions
COMPSTAT	Compare Statistics
HITL	Human-in-the-loop
Con.	Congress
D.C.	District of Columbia
ICO	Information Commissioner's Office
H.R.	Bill originating in the House of Representatives (U.S. Con.)
H.Res.	Simple resolution originating in the House of Representatives (U.S. Con.)
HART	Harm Assessment Risk Tool
HITL	Human-in-the-loop
P2P	Peer-to-peer
HRG	Hearing (U.S. Con.)
EPRS	European Parliamentary Research Service
ITU	International Telecommunication Union
Ld.	Limited
GPS	Global Positioning System
DARPA	Defense Advanced Research Projects Agency
NASA	National Aeronautics and Space Administration

NIST	National Institute of Standards and Technology
NSTC	National Science and Technology Council
NTIRD	Networking and Information Technology Research and Development
NY	New York
NYPD	New York City Police Department
PSI	Public Sector Information
MIRI	Machine Intelligence Research Institute
PRS-CL	Procedural reasoning system
FRCP	Federal Rules of Civil Procedure
ESI	Electronically stored information
S.	Bill originating in the Senate (U.S. Con.)
SaaS	Software as a service
Cert.	Writ of Certiorari
GAN	Generative adversarial networks
PII	Personally identifiable information
SHIELD	Stopping Harmful Interference in Elections for a Lasting Democracy Act
SHIELD	Stop Hacks and Improve Electronic Data Security Act (NY)
SVM	Support Vector Machines
IAPP	International Association of Privacy Professionals
TOIT	ACM Transactions on Internet Technology
VRAG	Using the Violence Risk Appraisal Guide
§	Paragraphe
¶	Pied-de-mouche
aff.	Affaire
Art.	Article
Arts.	Articles
Cf.	Confer
col.	Collection
Con.	Considérant
Cons.	Considérants
dir.	Sous la direction de
doctr.	Doctrine / Doctrinal
doc.	Document
e.g.	Par exemple
Ed.	Édition
ex.	Exemple
Ibidem	Même endroit
Id.	Idem., de même
n°	Numéro
nn°	Numéros
op. cit.	Opus. citatus
p.	Page / Nombre total des pages
pp.	De la page (…) à la page (…)
Sec.	Section
T.	Tome
trad.	Traducteur / traduction / traduit par
V.	Voire
Préc.	Précité
vol.	Volume

INTRODUCTION

> « Il n'y a pas de moyen par lequel le droit modern peut échapper au caractère scientifique et artificiel que lui impose la demande des sociétés modernes pour une justice pleine, égale et exacte »[1].

Ce propos tenu par Baronnet Sir Frederick POLLOCK, un des spécialistes les plus importants du droit anglais au XXe siècle, est emblématique du caractère inévitable de la transformation fondamentale du monde du droit sous l'influence des révolutions matérielles radicales, en particulier celles des technologiques du numérique et de l'intelligence artificielle[2]. Cette transformation vise non seulement le fond du droit, mais aussi le fonctionnement opérationnel de son environnement[3].

Depuis plusieurs décennies, les différentes formes des technologies de l'intelligence artificielle sont omniprésentes dans le quotidien et dans l'écosystème professionnel des juristes. La formalisation extrême de la forme de « la pratique » du droit, imposée par ces technologies, peut conduire à celle du « raisonnement » des juristes. Cela pourrait même aboutir, dans ces environnements judiciaires, à l'émergence d'un changement paradigmatique global.

Même si, aujourd'hui, l'usage des outils de la justice augmentée est au fur et à mesure encadré par le droit, à long terme, ils peuvent influencer, de différentes manières (en particulier par l'intermédiaire de la formalisation des paradigmes judiciaires), l'évolution jurisprudentielle et législative du droit. Par conséquent, dans les environnements judiciaires dits « augmentés », il y a

---

[1] F. POLLOCK, *A First Book of Jurisprudence for Students of the Common Law*, Macmillan, éd. 2, 1896, p. 56. cité dans N. ROSCOE POUND, « Mechanical Jurisprudence », *Columbia Law Review*, vol. 8, n° 8, decembre 1908, p. 605.

[2] Cf. Ch. BROOKS, C. GHERHES and T. VORLEY, « Artificial intelligence in the legal sector: pressures and challenges of transformation », *Artificial intelligence in the legal sector: pressures and challenges of transformation. Cambridge Journal of Regions, Economy and Society*, 2020, vol. 13, n°1, pp. 135-152, disponible sur https://doi.org/10.1093/cjres/rsz026 (consulté le 22 mai 2023).

[3] Cf. R. ADNER, P. ZEMSKY, « A demand-based perspective on sustainable competitive advantage », *Strategic Management Journal*, vol. 27, n°3, 2006, pp. 215–239.

une réciprocité permanente d'influence entre « le droit » et « l'intelligence artificielle ».

La justice augmentée se caractérise par une réciprocité du contrôle entre « les systèmes de l'intelligence artificielle » et « les acteurs de la justice ». Leur relation se traduit par une augmentation réciproque de leurs capacités. Alors que l'intelligence artificielle augmente les capacités des hommes, ceux-ci améliorent aussi la capacité de son fonctionnement, en créant les techniques et les programmes algorithmiques plus développés et en structurant les données d'entrée au système. Ainsi, un contrôle algorithmique sur les activités des juristes fournit la possibilité d'une amélioration des travaux juridiques et judiciaires.

Dans le monde entier, les outils de legaltech sont en plein développement. En Chine[1] et en Estonie[2], ils ont même permis de créer des juridictions purement automatisées (pour traiter un champ extrêmement limité des contentieux). Ceux-ci, fonctionnant sur la base d'une logique « formalisée » et « mathématique » semblent être en une bonne conformité avec les exigences juridiques et éthiques existantes. Le formalisme issu de mise en œuvre des systèmes de l'intelligence artificielle peut potentiellement avoir d'impact sur la qualité des décisions de justice.

Son évaluation est extrêmement difficile puisqu'il n'y a aucune méthode globalement acceptée d'évaluation de la qualité d'une analyse juridique (qui semble être particulièrement subjective). La mise en place des environnements augmentés et automatisés de justice peut permettre d'élaborer des systèmes méthodologiques stables permettant d'établir les critères d'évaluation de la qualité d'une analyse juridique. Cela peut pousser les systèmes dits augmentés de justice vers un perfectionnement mathématique, pouvant être incompatible avec celui actuellement reconnu par les juristes (en particulier en matière pénale).

Cette codification méthodologique de l'analyse et de la pratique du droit est susceptible d'être réalisable dans tous les systèmes juridiques et judiciaires, en considérant que le « code » constitue à la fois le fondement de structure des règles juridiques et celle des formules informatiques et algorithmiques (cela démontre la similitude structurelle des sciences juridiques et informatiques).

Sir. Edward COKE estime que même dans le système de *Common law* (où les membres des juridictions disposent une liberté extrêmement importante

---

[1] B. LYNN, « Robot Justice: The Rise of China's 'Internet Courts », *VOA News*, 11 décembre 2019, disponible sur https://learningenglish.voanews.com/a/robot-justice-the-rise-of-china-s-internet-courts-/5201677.html (consulté le 5 janvier 2020). ; Reuters, « Justice at the click of a mouse in China », *CNET*, 13 octobre 2006, disponible sur https://www.cnet.com/tech/services-and-software/justice-at-the-click-of-a-mouse-in-china/ (consulté le 25 octobre 2021).

[2] E. NILLER, « Can AI Be a Fair Judge in Court? Estonia Thinks So », *Wired.com*, 25 mars 2019, disponible sur https://www.wired.com/story/can-ai-be-fair-judge-court-estonia-thinks-so/ (consulté le 6 avril 2021).

dans la création des nouvelles règles juridiques), il y a « une science particulière des magistrats »[1] visant à réaliser une perfection formelle du raisonnement[2]. Il explique que celle-ci reste exclusivement compréhensible par les juristes. Cette définition correspond également à l'approche positiviste dans la tradition juridique romano-germanique. Nous pouvons donc conclure que dans ces deux grandes traditions juridiques, les activités judiciaires sont régies par un certain nombre de « règles » régissant « la pratique » et « l'analyse » du droit.

Le formalisme juridique, peut être volontairement « adopté » par les juristes comme une approche paradigmatique. Cependant, dans l'hypothèse de mise en œuvre de la justice augmentée, il peut être aussi « imposé » aux juristes, sous l'effet de l'émergence des nouvelles exigences formelles du cadre de leur travail. Nous pouvons considérer que chacun de ces deux types du formalisme peut présenter des impacts réciproques sur l'autre[3]. Par exemple, certains cadres comme « la forme prédéfinie des arrêts » peuvent former « le raisonnement des magistrats ». *A contrario*, sur le plan rationnel, une approche formaliste peut conduire les magistrats à employer les mêmes termes et le même style de rédaction.

En limitant la liberté interprétative des magistrats, une approche « formaliste » peut réduire la complexité des analyses. De ce fait, le champ des données d'entrée au système se limiterait aux éléments plus définis, transparents et prédictibles. Cela peut faciliter le processus de leur structuration.

En limitant les capacités « créative » et « créatrice » des magistrats, le formalisme algorithmique favorise également « un raisonnement scientifique et déductif » (ou mathématique dans le sens aristotélicien)[4]. Cela semble être compatible non seulement avec les idées d'Aristote et Platon[5] mais aussi celles des penseurs du siècle des lumières tels que Georg Wilhelm Friedrich HEGEL[6] et Emmanuel KANT estimant que le droit est « une science close et achevée »[7].

---

[1] E. S. CROWIN, R. LOSS, *Crown on the Constitution, The foundations of american constitutional and political thought, the powers of Congress, and the President's power of Removal*, Cornell University Press, vol. 1, 1981, pp. 103 et 107. ; A. DILLARD BOYER, « "Understanding,Authority, and Will": Sir Edward Coke and the Elizabethan Origins of Judicial Review », *Boston College Law Review*, vol. 39, n° 1, art. 2, pp. 43-93.

[2] *Ibidem*.

[3] Cf. S. MULLER, S. ZOURIDIS, M. FRISHMAN, L. KISTEMAKER, *The Law of the Future and the Future of Law*, Torkel Opsahl Academic EPublisher, 2011, 530 p.

[4] Aristote, J. BARTHÉLEMY-SAINT-HILAIRE (trad.), *les premiers analytiques*, Ladrange, 1866, p. 2.

[5] Cf. Platon, *Cratyle*, 385b2. ; Platon, *Sophiste*, 263b.

[6] G. GÉRARD, « Hegel, lecteur de la métaphysique d'Aristote. La substance en tant que sujet », *Revue de métaphysique et de morale*, 2012, vol. 2, n° 74, p. 195.

[7] E. KANT, A. RENAUT (trad.), *Critique de la raison pure*, Flammarion 3e édition, 2006, p. 5.

Ce formalisme apporte aux jurisprudences « une cohérence logique »[1]. Cela correspondant au concept du *elegantia juris*[2] signifiant « la nécessité logique du système en tant que système »[3], développé, à la fin du XIXe et au début du XXe siècles, par Oliver Wendell HOLMES[4]. Il s'oppose à cette forme du raisonnement en faisant valoir que « *la vie de droit n'a pas été logique, mais l'expérience* »[5].

Cette notion, initialement développée par les penseurs romains, en particulier Cicéron, relève du formalisme rationnel et du style de chaque partie de l'analyse avec les autres. Ils pensaient que la cohérence de la « raison » et celle de la « forme », étant liées, ne pourraient être garanties que par « une forme logique » [6]. Ce concept vise à définir des « règles analytiques », globalement acceptées par les juristes, déterminant et garantissant la qualité et la cohérence des interprétations jurisprudentielles qui est un facteur déterminant dans la modélisation et la reproduction d'élaboration automatisée des raisonnements.

Cette cohérence peut renforcer les aspects « scientifiques » et « démocratiques » du fonctionnement de la justice. En fait, le renforcement du caractère « scientifique » des analyses juridiques et judiciaires peut renforcer son fondement « démocratique » et son acceptation par le corps social. Lors de l'interprétation automatisée des dispositions et des concepts juridiques, cette approche les concentre de plus en plus sur une interprétation littérale des concepts juridiques identifiés grâce à l'exploitation de l'intention originelle des législateurs lors de leur création. À ce titre, il empêche les magistrats de recourir à leurs opinions personnelles ou émotionnelles, en considérant que, selon Monsieur Jérémie VAN MEERBEECK, dans les procès classiques, ils « sont influencés par leurs partis pris politiques, économiques ou moraux ainsi que par des facteurs uniquement individuels »[7]. Cette approche peut être contestée par les partisans du courant du « réalisme juridique », soutenant la légitimité du rôle créateur des magistrats lors de l'interprétation des lois (ces contestations semblent être de plus en plus admis dans le système *Common law*). En caricaturant leurs idées, Monsieur le

---

[1] Cf. R. S. SUMMERS, « The Formal Character of Law », *The Cambridge Law Journal*, vol. 51, n° 2, juillet 1992, p. 242. ; S. HAACK, « On Logic in the Law: 'Something, But Not All' », *Ratio Juris*, vol. 20 n° 1, 2007, pp. 1, 2 et 9.

[2] Cf. O. W. Holmes, « Book Review », *The American Law Review*, 1880, p. 233.

[3] O. W. HOLMES, « Book Review », *préc.*, p. 234.

[4] Cf. W. P. LAPIANA, « Victorian from Beacon Hill: Oliver Wendell Holmes's Early Legal Scholarship », *Columbia Law Review*, vol. 90, n° 3, avril 1990, pp. 809-833.

[5] O. W. HOLMES, « Book Review », *op. cit.*, p. 234.

[6] Cf. P. STEIN, « Elegance in Law », *Law Quaterly Review*, vol. 77, n° 96, pp. 242-255. ; Cf. M. RADIN, « Eleganter », *Law Quaterly Review*, vol. 46, 1930, pp. 311-325.

[7] J. VAN MEERBEECK, « Lon Fuller, le jusnaturaliste procédural », *Revue interdisciplinaire d'études juridiques*, vol. 80, n° 1, 2018, p. 146.

Professeur Ronald DWORKIN explique que, selon ces derniers, « le droit dépend simplement de ce que le magistrat a mangé comme petit-déjeuner »[1].

La formalisation extrême de l'interprétation des dispositions juridiques peut conduire à l'émergence d'un phénomène que le philosophe italien, Norberto BIBBIO définit comme un « fétichisme de la loi »[2]. Ce concept a été initialement créé, à la fin du XIXe siècle, par les anarchistes français (en particulier, Jean GRAVE)[3]. Dans les juridictions internes, cela pourra renforcer la qualité des futures conceptions automatisées (algorithmiques) des analyses juridiques. Sur le plan transnational, cela peut réduire le risque d'émergence des tendances crypto-nationalistes. Cela peut se révéler lorsqu'un juge national est censé appliquer des normes juridiques d'un autre pays. Dans ces circonstances, ça peut arriver qu'il prenne « un rôle inconvenant, en confondant la raison et le sentiment »[4].

Le recours, dans les environnements judiciaires étatiques, aux systèmes algorithmiques d'analyse et de conception automatisée du raisonnement juridique, peut produire, à un niveau supranational, des rapprochements méthodologiques et rationnels. Ce phonème se caractérise à la fois par « le rapprochement des visions et des approches magistrats qui sont encadrées et formées, de la même manière, par des cadres opérationnels et rationnels imposés par les systèmes de l'intelligence artificielle » et « la soumission des populations américaines et européennes aux idées fabriquées à l'aide des systèmes algorithmiques et imposées par l'intermédiaire des plateformes enlignes » (ils peuvent être respectivement considérés comme des rapprochements entre « les juristes » et « les systèmes juridiques »).

La mise en place des environnements judiciaires augmentés amène ses acteurs à adapter leur mode de travail à certaines exigences et impératifs informatiques. Due à leur nature mathématique, dans le monde entier, ces mesures (Intrinsèquement universelles) sont plus ou moins génériques. Dans une formule simple, si nous considérons le système européen de la justice comme « A » et celui des États-Unis comme « B » et la forme des règles informatiques comme « C », le rapprochement de « A et B » à « C » peut aboutir au rapprochement entre « A et B ». Dans ces circonstances, la reconfiguration de la « forme » du fonctionnement de justice peut conduire à la mutation de son « fond ».

[1] R. DWORKIN, *Law's Empire*, Fontana Press, 1986, p. 36.

[2] N. BOBBIO, Ch. AGOSTINI, M. GUÉRET (trad.), *Essais de théorie du droit*, LGDJ-Bruylant, coll. la pensée juridique, vol. 1, 1998, p. 38.

[3] Cf. J. GRAVE, « Le Fétichisme de la loi », *Les Temps nouveaux*, n° 7, 15 au 21 juin 1895, 5 p., disponible sur https://mirror.anarhija.net/fr.theanarchistlibrary.org/mirror/j/jg/jean-grave-le-fetichisme-de-la-loi.a4.pdf (consulté le 28 décembre 2021).

[4] R. SEFTON-GREEN, « French and English crypto-nationalism and European private law, An exercise in sentiment and reason », *Journal European Review of Contract Law*, vol. 8 n° 3, p. 260).

En utilisant les mêmes outils algorithmiques, les capacités ordinaires des juristes européens et américains sont à la fois « augmentées » et « diminuées » de la même manière et sous la même forme. C'est ainsi que leur manière de travail et de raisonnement est susceptible d'évoluer et de se transformer de façon convergente. Imaginons qu'un Européen et un Américain utilisant le même instrument pour déplacer les poids perdent progressivement leurs muscles. Dans cette hypothèse, ils se confrontent aux mêmes limites et auront des besoins similaires dans la conduite de leurs quotidiens. Ils seront aussi dépendants aux mêmes outils pour réaliser les tâches habituelles. Le caractère « uniforme » de cette dépendance peut causer un rapprochement entre leurs activités. Par extension, les juristes européens et américains utilisant les systèmes algorithmiques peuvent se trouver dans la même situation.

Le rapprochement des systèmes juridiques américains et européens, sous l'influence de l'intelligence artificielle, peut être aussi réalisé sous l'effet de son implication excessive dans le quotidien des populations. Pendant les dernières décennies, grâce au développement des réseaux sociaux et des outils de communication, les interactions sociales et économiques transnationales ont été considérablement renforcées. À ce titre, le numérique, combiné avec les technologies de l'intelligence artificielle est devenu à la fois un instrument de « mondialisation » et celui d'imposition des « influences extranationales ». Cela produit une sphère kaléidoscopique où les opinions et les cultures populaires des différents pays s'influencent perpétuellement. Cela peut conduire à la reconfiguration de leur vision globale. Dans ces circonstances, par l'intermédiaire des manipulations (pouvant être réalisés à des fins commerciaux, politiques etc.) et la création de fausses informations diffusées à partir des plateformes enlignes et des réseaux sociaux, leurs prestataires sont en mesure d'influencer et même concevoir artificiellement des fausses cultures pouvant entraîner la création des nouveaux droits normatifs (conformément à la théorie classique de la démocratie plaçant la volonté du peuple au cœur de légitimité de création du droit)[1]. Cette influence dite numérique peut également entraîner à un changement des paradigmes sociaux. Ce phénomène est intimement lié non seulement au concept de « l'identité numérique » mais aussi à celui de « la réalité virtuelle ». Cette technologie est capable, à la fois, de simuler la réalité et le créer « artificiellement ». C'est la raison pour laquelle son usage dans le monde virtuel peut conduire, volontairement ou involontairement, à la manipulation des internautes[2]. L'influence des algorithmes sur la politique et le droit est d'autant plus considérable que selon le lanceur d'alerte Christopher WYLIE,

---

[1] Cf. R. CARRÉ DE MALBERG, *La loi, expression de la volonté générale*, Economica, coll. Classique, 1984, p. 288. ; Cf. L'art. 6 de la Déclaration des Droits de l'Homme et du Citoyen de 1789.

[2] Cf. D. BOURCIER, « De l'intelligence artificielle à la personne virtuelle : émergence d'une entité juridique ? », *Droit et Société*, vol. 49, 2001, pp. 847-871.

sans l'intervention de Cambridge Analytica, les Britanniques n'auraient-ils jamais voté en faveur du Brexit[1].

Les effets de ces influences produites et imposées à l'extérieur des environnements judiciaires peuvent être reflétés dans les raisonnements exprimés dans les jurisprudences élaborées à l'aide de cette technologie. Ils peuvent aussi se présenter dans le contexte législatif par l'intermédiaire de la prise en compte et la codification de « l'état social du peuple », constituant, selon Jean-Jacques ROUSSEAU[2], Émile DURKHEIM[3], Hans KELSEN[4] et Alexis DE TOCQUEVILLE, la source primaire et principale de création des lois[5]. Dans une échelle plus large, cela peut conduire à un rapprochement progressif des approches des législateurs et magistrats américains et européens, qui sont mandatés, dans les systèmes démocratiques, pour transformer la volonté du peuple en des règles et des normes juridiques.

Dans ces systèmes, les organes judiciaires sont les mandataires des membres de la société pour garantir une bonne application du droit et de justice. À ce titre, leurs activités sont indirectement conduites par la volonté des sujets de la société. En France, cela se traduit dans l'un des principes fondamentaux de la justice selon lequel elle est « rendue au nom du peuple français »[6]. Dans un monde où leur quotidien et leur état social sont en pleine reconfiguration, sous l'influence des technologies de l'intelligence artificielle et du numérique, le système de justice ne peut l'échapper.

Une telle reconfiguration des règles juridiques d'un pays peut aboutir à un changement de celles des autres pays. Cela correspond à la théorie de « la circulation de l'influence » de W. Alan J. WATSON (principalement connue en

---

[1] Franceinfo, « Sans Cambridge Analytica, il n'y aurait pas eu de Brexit, affirme le lanceur d'alerte Christopher Wylie », 28 mars 2018, disponible sur https://www.francetvinfo.fr/monde/europe/la-grande-bretagne-et-l-ue/sans-cambridge-analytica-il-n-y-aurait-pas-eu-de-brexit-affirme-le-lanceur-d-alerte-christopher-wylie_2677946.html - consulté le 17 avril 2022).

[2] T.ARPPE, « Rousseau, Durkheim et la constitution affective du social, Rousseau, Durkheim and the Affective Constitution of the Social », *Revue d'Histoire des Sciences Humaines*, vol. 13, n° 2, 2005, pp. 5-31. ; J-H. DÉCHAUX, « Rousseau et la médiation symbolique entre les hommes : contribution à un individualisme structurel », *Sociologie*, vol. 1, n° 2, 2010, pp. 273-286.

[3] M. PIRAS, « Les fondements sociaux de l'agir normatif chez Durkheim et Weber : le rôle du sacré », *Archives de sciences sociales des religions*, vol. 127, 2004, pp. 140-149.

[4] E. PICAVET, « Vie sociale et ordres normatifs selon Kelsen » In. E. PICAVET (sous la dir.), *Kelsen et Hart. La norme et la conduite*, Presses Universitaires de France, 2000, pp. 43-60. ; Cf. H. KELSEN, *Théorie générale du droit et de l'État*, LGDJ, 1997, 517 p.

[5] Cf. F. H. LAWSON, « A Common Lawyer Looks at the Civil Law », *Revue internationale de droit comparé*, vol. 8, n° 4, 1956, p. 695.

[6] Ministère de Justice (fr), *Les fondements et principes de la Justice*, disponible sur www.justice.gouv.fr/organisation-de-la-justice-10031/les-fondements-et-principes-10032/#:~:text=La%20Justice%20est%20un%20service,respect%20des%20droits%20de%20chacun (consulté le 21 juin 2022).

anglais sous le nom de *legal transplantation*)[1], démontrant qu'il y a bien une horizontalité de l'influence entre les droits étatiques. Cela semble être de plus en plus important au niveau des fédérations (et confédérations) et celui des entités supranationales telle que l'Union européenne. La transmission de ces effets entre cette dernière et les États-Unis est aussi parfaitement envisageable. L'ensemble de ces considérations justifie la possibilité d'un rapprochement progressive de leurs règles juridiques.

La justice augmentée couvre un champ extrêmement vaste des matières juridiques. Ainsi, les impacts transnationaux et supranationaux que les systèmes de l'intelligence artificielle pourraient produire dépassent facilement les frontières étatiques. C'est la raison pour laquelle, pour étudier ce sujet, une approche méthodologique comparée et évolutionniste semble être la plus pertinente (pour la première fois, la pertinence de cette approche pour traiter les sujets de cette nature a été prouvée en 1900 lors du célèbre Congrès international de droit comparé)[2].

Cet ouvrage, étant particulièrement concentré sur les enjeux liés à ce phénomène aux États-Unis et en Europe propose une nouvelle réflexion sur les « sociologiques et physiologiques » du sujet. Il permet aux juristes de chacun de ces systèmes de s'inspirer les uns des autres, dans le développement et l'encadrement juridique de ces systèmes (et leur programmation), d'autant plus que, dans toutes les deux, la nature des problématiques causées par ces systèmes est de plus en plus similaire.

---

[1] A. Watson, *Legal transplants: an approach to comparative law*, University Press of Virginia, 1974, 106 p. ; Cf. S. Grundmann, H.-W. Micklitz, M. Renner, *New Private Law Theory: A Pluralist Approach*, Cambridge University Press, 18 mars 2021, 600 p.

[2] Cf. *Ibidem*, p. 39.

TITRE 1. VERS UN CHANGEMENT PARADIGMATIQUE

La mise en œuvre de la justice augmentée a principalement pour objectif de faciliter et optimiser « la pratique » du droit. Le Professeur Thomas F. GORDON estime que « l'intelligence artificielle et le droit » constituent une « théorie juridique à part entière » étant en interaction avec les autres sous-domaines des sciences juridiques, telles que « la jurisprudence », « les méthodes d'analyse » et « la recherche et la rédaction juridique »[1]. Dans les juridictions, le recours massif à cette technologie peut influencer ou même reconfigurer « le paradigme » des magistrats et des autres acteurs de la justice.

Le terme « paradigme » peut être défini comme l'ensemble des approches et de la vision générale des magistrats vis-à-vis des faits, des circonstances et des lois, lors d'une « analyse juridique » et/ou de « l'interprétation des lois ».

Le paradigme judiciaire peut être défini comme un courant en évolution perpétuelle. Il change, parce que la vision et l'approche des magistrats et les législateurs changent ainsi que la pensée humaine et les valeurs des populations. La modélisation du paradigme judiciaire doit s'évoluer aussi perpétuellement. Par conséquent, nous estimons que celui d'aujourd'hui est susceptible d'être différent de celui de demain. La formation quasi-uniforme de cette vision par les courants juridiques, influençant le système judiciaire, conduit à la création d'une position structurée et prédictible au niveau de chaque système juridique (ou chaque juridiction).

Avant d'analyser les impacts de l'intelligence artificielle sur le paradigme judiciaire, il convient, tout d'abord, de s'interroger sur sa définition et ses spécificités dans les environnements judiciaires. Le dictionnaire Larousse le définit respectivement dans les contextes « logiques » et « psychologiques » comme un « modèle théorique de pensée qui oriente la recherche et la réflexion scientifiques » et une « procédure méthodologique qui constitue un

---

[1] T.F. GORDON, « Artificial intelligence and legal theory at law schools » In. H. YOSHINO, K. D. ASHLEY, K. NITTA, *Artificial Intelligence and Legal Education*, Gedit Edizioni, 2005, p. 53, disponible sur https://citeseerx.ist.psu.edu/viewdoc/download?doi=10.1.1.88.6437&rep=rep1&type=pdf (consulté le 11 septembre 2021).

modèle de référence »[1]. Ce concept est particulièrement proche de celui de la « noosphère », présenté par Vladimir VERNADSKI et Pierre TEILHARD DE CHARDIN, comme « la sphère de la pensée humaine »[2]. Ils estiment que « l'environnement » et « les facteurs intellectuels et socio-économiques » constituent une « conscience collective » formant et conduisant le mécanisme cérébral du traitement des données[3] qui est *a priori* stable (plus précisément, ils font valoir que ceux-ci influencent l'aspect biologique du cerveau humain).

À la fin du XXe siècle, ce terme a été défini, sur un plan strictement scientifique (dans un contexte limité), par Thomas Samuel KUHN comme une façon commune et générique de la pensée et de l'analyse par les membres d'une communauté scientifique, canalisant leurs travaux vers une direction commune. Cependant, il semble être également valable dans des dimensions plus larges telles que toutes les communautés populaires et sociales[4]. Il explique que « les hommes [...] sont fondés sur le même paradigme adhèrent aux mêmes règles et aux mêmes normes dans la pratique scientifique »[5].

Cette définition paraît particulièrement pertinente dans le contexte judiciaire, si nous considérons l'élaboration d'un raisonnement juridique comme « une pratique scientifique »[6] et le droit comme « une science ». Cette approche vis-à-vis de la nature scientifique de pratique du droit a été développée par les partisans du courant du « réalisme juridique » (nous pouvons conclure que pour les formalistes, le droit, étant de plus en plus subjectif s'adhère aux sous-domaines des « sciences humaines » alors qu'aux yeux plus « pragmatiques » des réalistes, le droit fait partie des « sciences sociales »).

Celui-ci est particulièrement inspiré par la théorie de « la relance des faits dans les jurisprudences » (cette théorie est également reconnue sous le nom du « stimulus des faits »)[7], soutenue par le célèbre juriste danois, Alf ROSS. Il estime que la nature scientifique du droit se caractérise par ses interactions avec les autres sciences (comme l'économie, les sciences sociales et politiques, etc.), en ajoutant que l'ensemble de ces sciences est soumis aux

---

1 Larousse, *définition du "paradigme"*, disponible sur https://www.larousse.fr/dictionnaires/francais/paradigme/57869 (consulté le 30 août 2021).

2 G.S. LEVIT, « The Biosphere and the Noosphere Theories of V. I. Vernadsky and P. Teilhard de Chardin: A Methodological Essay », *International Archives on the History of Science*, vol. 50, n° 144, 2000, pp. 160-176.

3 D.S. LARANGÉ, *L'Esprit de la Lettre. Pour une sémiotique des représentations du spirituel dans la littérature française des XXe et XXe siècles*, L'Harmattan, 2009, pp. 370-375.

4 T.S. KUHN, *La structure des révolutions scientifiques*, Flammarion, coll. Champs, 1983, 1re éd. 1962, révision 1970, 352 p.

5 *Ibidem*, p 30.

6 P. BRUNET, « Le Raisonnement Juridique : Une Pratique Spécifique ? », *Revue internationale de Sémiotique juridique*, vol. 26, 2013, pp. 767-782, disponible sur https://doi.org/10.1007/s11196-013-9310-4 (consulté le 20 septembre 2021).

7 H. TAYLOR, « The Science of Jurisprudence », *Harvard Law Review*, vol. 22, n° 4, février 1909, pp. 241-249.

règles de la nature[1]. En France, il a été défendu par Léon DUGUIT, François GENY[2] et Georges GURVITCH[3]. Il semble être aussi relativement compatible avec la théorie du positivisme juridique et en particulier la pensée d'Hans KELSEN[4].

Le « paradigme judiciaire » peut être défini comme « un consensus intellectuel entre les acteurs de justice assurant l'équilibre du raisonnement des différents magistrats au niveau national (ou fédéral) » (aux États-Unis, le paradigme des magistrats est garant de l'équilibre et la cohérence de réalisation de *stare decisis* et l'interprétation du droit). Son existence permet aux algorithmes d'identifier les caractéristiques de ce paradigme et de le modéliser. Dans ces circonstances, il est nécessaire de faire une distinction entre les éléments et les informations, pouvant être « statistiquement prédites » (comme l'évaluation automatisée de la chance d'une victoire dans une affaire ou de la prédiction d'une récidive dans des infractions pénales) et « modélisées » (comme les tendances politiques ou idéologiques des magistrats ainsi que le courant dominant dans un système judiciaire ou dans une juridiction spécifique).

Par exemple, une étude réalisée en 2010 par Madame Lee EPSTEIN et Messieurs William M. LANDES et Richard A. POSNER a montré que, dans la Cour suprême des États-Unis et les tribunaux fédéraux, le requérant ou la partie qui a fait appel bénéficie d'une décision favorable (par rapport au défendeur) environ les deux tiers du temps[5]. Un tel élément peut faire l'objet d'une analyse statistique. Cependant, il ne peut être modélisé par les algorithmiques. Ainsi, le paradigme du magistrat constitué par des éléments très divers est susceptible d'être modalisé grâce aux algorithmes. Le recours à ces modèles peut augmenter la qualité d'une prédiction des décisions et de la position des magistrats vis-à-vis d'un sujet ou d'une question spécifique.

La modélisation algorithmique du raisonnement humain n'est pas une méthode récente. Elle a été successivement pratiquée et présentée, en 1997 par le Professeur Tom M. MITCHELL sous le nom de « biais déductif »[6]. Depuis

---

[1] Cf. G. TUSSEAU, « La théorie des normes de compétence d'Alf Ross », *Revus*, n. 24, 2014, disponible sur http://revus.revues.org/3070 (consulté le 26 janvier 2022).

[2] F. GÉNY, *Méthode d'interprétation et sources en droit privé positif*, LGDJ, T. 1, 2016, 324 p.

[3] G. GURVITCH, *L'expérience juridique et la Philosophie pluraliste du droit*, G. Thone, 1935, 299 p. ; M. ANTONOV, « La théorie du droit de Georges Gurvitch et ses origines philosophiques russes », *Droit et société*, 2016, vol. 3, n° 94, pp. 503-512. ; J. CARBONNIER, « Gurvitch et les juristes », *Droit et Société*, vol. 4, 1986, pp. 347-351.

[4] Cf. H. KELESN, *Théorie pure du droit*, LGDJ, avril 1999, p. 1.

[5] L. EPSTEIN, W.M. LANDES, R.A. POSNER, « Inferring the Winning Party in the Supreme Court from the Pattern of Questioning at Oral Argument », *The Journal of Legal Studies*, vol. 39, n° 2, 2010, pp. 433–467.

[6] T.M. MITCHELL, *Machine learning*, NY: McGraw-Hill, coll. McGraw-Hill series in computer science, éd. 1, 1997, 432 p.

2012, cette méthode a été appliquée par certains chercheurs pour modéliser les tendances et les raisonnements politiques[1].

Cette pratique trouve ses origines dans des études plus anciennes. Au début du XXe siècle, les travaux du chercheur suisse, Ferdinand DE SAUSSURE ont démontré que « le paradigme se manifeste particulièrement dans les langages »[2]. C'est ainsi qu'il serait identifiable à l'aide des techniques du traitement automatique de la langue naturelle. Selon ces chercheurs, celui-ci est, soumis à la loi de la nature (comme KELSEN le reconnaît spécifiquement), existe dans toutes les cultures judiciaires. Cependant, les éléments le formant et le constituant peuvent être variables et différents dans chaque culture.

Selon une étude réalisée par Messieurs les Professeurs Benjamin E. LAUDERDALE et Tom S. CLARK[3], les techniques de « l'allocation de dirichlet latente » (en anglais : *Latent Dirichlet Allocation*) permettent de modéliser un paradigme, grâce à l'identification de positions communes des membres d'une communauté vis-à-vis de sujets spécifiques. Celle-ci a été initialement inspirée par l'un des articles de Fred KORT (rédigé en 1957)[4] où il a démontré, pour la première fois, qu'il est possible d'identifier les éléments influençant les décisions des magistrats, par l'intermédiaire d'éléments « textuels ». Nous pouvons globalement considérer l'existence des paradigmes judiciaires dans des échelles différentes.

Celui-ci peut être identique aux niveaux des juridictions d'« un État » ou d'« une région » ou spécifiquement dans « chaque juridiction spécifique » (il peut être également diffèrent chez chaque personne. Cela souligne l'importance de recourir à une modélisation individualisée des paradigmes). Par exemple, Monsieur Louis LARRET-CHAHINE précise qu'« en tapant des mots-clés plus prosaïques tels que " licenciement " et " ivresse " [sur la plateforme d'une legaltech française], l'algorithme est capable d'estimer que dans 19 % des cas comprenant ces deux critères, un " licenciement sans causes réelles et sérieuses " a été prononcé. En la matière, un avocat a davantage de

---

[1] Cf. J.M. MONTGOMERY, S. OLIVELLA, « Tree-Based Models for Political Science Data », *American Journal of Political Science*, vol. 62, n°3, 2016, pp. 729–744.

[2] Cf. P. BASSO FOSSALI, M. COLAS-BLAISE, S. RÉMI-GIRAUD, « La notion de paradigme dans les sciences du langage, SIGNATA », *Annales des sémiotiques*, T. 8, 2017, pp. 9-19, disponible sur https://journals.openedition.org/signata/1340#quotation (consulté le 30 août 2021).

[3] B. E. LAUDERDALE, T. S. CLARK, « Scaling Politically Meaningful Dimensions Using Texts and Votes », *American Journal of Political Science*, vol. 58, n. 3, juillet 2014, pp. 754-771, disponible sur https://doi.org/10.1111/ajps.12085 (consulté le 25 octobre 2021).

[4] F. KORT, « Predicting Supreme Court Decisions Mathematically: A Quantitative Analysis of the "Right to Counsel" Cases », *The American Political Science Review*, vol. 51, 1957, pp. 1-12

chances de succès à Rennes (où les statistiques sont de 35 %) qu'à Versailles (12 %), juridiction manifestement plus répressive avec l'alcool »[1].

Dans un premier regard, cette divergence de taux, en présence de faits et de dispositions juridiques identiques » nous amène à conclure qu'il y a bien une différence du paradigme judiciaire au niveau de chacune de ces juridictions (un tel modèle peut être différent en fonction de la nature du litige dans la même juridiction). Pourtant, cette conclusion ne peut être véritablement fiable puisque l'utilisation de quelques mots-clés n'est pas suffisante pour identifier les cas pouvant être qualifiés comme « identiques ». Une telle analyse peut être potentiellement plus fiable si elle est réalisée sur les caractéristiques et les formes sémantiques des jurisprudences (au lieu d'une simple détection des mots-clés).

Nous pouvons en déduire qu'il n'existe aucune formule générique et globalement applicable pour la modélisation de la probabilité de la décision dans tous les systèmes judiciaires[2]. Afin de pouvoir obtenir un résultat suffisamment fiable et exact, il convient de concevoir un modèle, soit sur « la base des opinions individuelles des magistrats », soit sur « les interprétations précédentes d'une problématique spécifique, dans les jurisprudences d'un environnent judiciaire spécifique »[3].

Même si les techniques algorithmiques visant à modéliser des paradigmes sont génériques, dans les systèmes judiciaires américains et européens, leur processus peut être plus particulièrement concentré sur une catégorie spécifique des données, à savoir « les profils des magistrats et des justiciables » (aux États-Unis), ainsi que « les faits et les circonstances des affaires » (en Europe). Cela explique la nature extrêmement dynamique du système de la modélisation automatisée du raisonnement judiciaire. Même s'il est théoriquement susceptible d'être efficace dans la génération automatisée des décisions de justice et des requêtes, il peut présenter le risque d'une formalisation extrême des raisonnements judiciaires. À long terme cela peut considérablement impacter la manière d'application (et même de la création) du droit.

---

[1] J. BRAFMAN, « Justice prédictive, l'augure des procédures », *Libération*, 23 février 2017, disponible sur https://www.liberation.fr/france/2017/02/23/justice-predictive-l-augure-des-procedures_1550628/ (consulté le 9 septembre 2021).

[2] Cf. A. DARWICHE, *Modeling and Reasoning with Bayesian Networks*, Cambridge University Press, 2009, 562 p.

[3] Cf. E. ASH, Y. CAO, D. L. CHEN, « Automated fact-value distinction in court opinions », *European Journal of Law & Economics*, vol. 50, 2020, pp. 451-467.

Chapitre 1. La modélisation automatisée du raisonnement judiciaire, caractérisée par une dynamique extrême

Dans les années 1940, l'idée de la possibilité de modélisation et de reproduction d'un raisonnement humain par l'intelligence artificielle a été développée grâce à des travaux pluridisciplinaires (ce domaine a été créé à l'initiative des chercheurs en psychologie et neurologie), qui ont abouti à la création d'un nouveau domaine scientifique, à savoir la « cybernétique »[1]. Celui-ci a pour objectif d'identifier et modéliser la manière dont le cerveau humain réalise des tâches complexes (telles que l'analyse juridique). Les réalisateurs de ces recherches ont réussi à créer un modèle formel et simplifié de conception d'une « analyse » par les neurones biologiques du cerveau humain[2]. Ils sont à l'origine de la création des « réseaux de neurones artificiels »[3]. À la suite de « l'identification de la racine et la raison primaire de la création des dispositions juridiques » et « la détection des principaux facteurs influençant l'analyse de ces dernières par les magistrats dans le passé », les réseaux de neurones artificiels peuvent être potentiellement utilisés pour créer « un modèle formel d'un raisonnement judiciaire ».

Une analyse algorithmique spécifiquement « statistique », comme celle du traitement automatique du langage naturel, peut être efficace dans des catégories strictement limitées de contentieux. Par exemple, elle peut être appliquée au sein de la Cour européenne des droits de l'homme où le champ des dispositions juridiques est particulièrement limité. La pertinence de la première technique, basée sur le recensement des n-grammes dans les jurisprudences, peut être aussi relativement variable dans les différentes

---

[1] F. MUHLENBACH, « Intelligence artificielle et droit : démystification des techniques d'IA employées dans le milieu juridique » In. I. SAYN (coord.), *Justice et numérique. Quelles (r)évolutions? Actes du Séminaire e-juris*, La semaine juridique, éd. générale supplément au n° 44-45, 28 octobre 2019, p. 49.

[2] *Ibidem.*

[3] A. SCHMITT, B. LE BLANC, M-M. CORSINI, C. LAFOND, J. BRŮŽEK, « Les réseaux de neurones artificiels », *Bulletins et mémoires de la Société d'Anthropologie de Paris*, vol. 13, n° 1-2, 2001, pp.143-150, disponible sur https://doi.org/10.4000/bmsap.4463 (consulté le 12 septembre 2021).

juridictions étatiques. Elle peut être aussi pertinente pour des procès très simples, tels que le divorce par consentement mutuel. Toutefois, cette technique ne serait nécessairement plus suffisante dans des contentieux très complexes.

S'agissant de cette seconde catégorie des cas, Monsieur Georges MATHERON explique qu'« il n'y a pas de probabilité en soi. Il n'y a que des modèles probabilistes »[1]. Il serait donc nécessaire de recourir à des techniques plus puissantes et plus complexes telles que celles de la modélisation algorithmique du raisonnement judiciaire.

Dans le monde du droit, la dynamique extrême de ce système fournit la possibilité de son utilisation dans d'autres dimensions. Par exemple, à part « la modélisation du raisonnement des magistrats », il serait possible de modéliser « celui des avocats ». Pourtant, contrairement au premier, le second ne peut être librement pris en compte en tant que source principale du raisonnement dans les juridictions (son utilité se trouve plus particulièrement dans les cabinets d'avocats pour les fins de prédiction des défenses des adversaires). Cela peut se justifier par le fait qu'un raisonnement « judiciaire » (qu'il soit humain ou algorithmique) est censé être « neutre », alors que celui de l'avocat doit être spécifiquement en faveur de son client. Cette différence d'objectif et de structure, nous amène à conclure qu'il serait possible d'envisager « deux types » complètement distincts et différents de modèles de raisonnement juridique : L'un pour « le raisonnement des magistrats » et l'autre pour celui des « avocats ». Le premier peut être réalisé par une analyse des caractéristiques des « arrêts » rendus précédemment par les mêmes juges (particulièrement aux États-Unis) et/ou ceux des mêmes juridictions (surtout en Europe) portant sur les mêmes problématiques (ou celles similaires). Le second peut être concentré davantage sur les caractéristiques des défenses des avocats et les plaidoiries.

Ce dernier fournit la possibilité d'élaborer une analyse plus « personnalisée » par rapport à celui des outils de la consultation juridique automatisée (les legalbots) ayant une fonctionnalité limitée à un champ strictement défini des questions juridiques. Ce type de logiciels peut être considéré comme des outils d'assistance utilisables dans les dimensions très spécifiques. Les techniques dédiées à la modélisation du raisonnement des avocats permettraient de créer des outils plus efficaces pour la consultation (totalement automatisée) dans des cas plus complexes. Par conséquent, ils peuvent être directement utilisés par les justiciables en tant qu'un outil autonome d'assistance juridique.

---

[1] G. MATHERON, *Estimer et choisir : essai sur la pratique des probabilités*, École nationale supérieure des mines de Paris, coll. Les Cahiers du Centre de morphologie mathématique de Fontainebleau, n° 7, 1978, 175 p. ; O. LECLERC, E. VERGÈS, « Les modèles de raisonnement probatoire : les inférences mathématiques face à la mise en récit », *Les Cahiers de la Justice*, vol.4, n°4, 2020, pp. 689-704.

Un modèle du raisonnement judiciaire repose généralement sur quatre éléments : (1) « les lois applicables », (2) « les jurisprudences », (3) « les faits et les circonstances de l'affaire » ainsi que (4) « les profils des justiciables et des magistrats ». Ces deux derniers facteurs semblent être les plus essentiels dans la modélisation automatisée des décisions judiciaires aux États-Unis alors que les deux premiers apparaissent plus importants dans celle des juridictions européennes.

Section 1. Les « profils » des magistrats et des justiciables, socles de modélisation automatisée des décisions judiciaires aux États-Unis

Actuellement, aux États-Unis, les outils de la legaltech (principalement ceux d'aide à la décision), utilisés par un grand nombre d'acteurs de la justice se basent sur les systèmes classiques (statistiques) de la justice « prédictive ». Ils semblent être relativement efficaces pour la recherche et documentation ou la consultation automatisée ou la prédiction de la chance de réussite dans un procès. Pourtant, ils peuvent être moins pertinents lorsque la machine est censée élaborer un raisonnement complexe.

Ils doivent être distingués des techniques de la modélisation d'un raisonnement. Celle-ci, basée soit sur « les caractéristiques rationnelles d'une personne ou un groupe de personnes » ou soit sur « l'ensemble des raisonnements individuels (en particulier, les magistrats et les avocats) portant sur une problématique juridique spécifique », peut considérablement renforcer la dynamique des données de sortie de la machine.

Dans le système judiciaire américain, la prise de décision judiciaire se réalise principalement à travers une application de la règle de *precedent*. Elle ne consiste pas en une simple application mécanique des avis et des décisions auparavant rendues sur la même problématique. Pour cela, les juges, en analysant les jurisprudences, exploitent la racine et l'intention principale du juge ainsi que celle provenant des législateurs. La réalisation de cette tâche repose sur « l'identification » et « la justification » de la *ratio decidendi* (la raison exprimée dans les interprétations jurisprudentielles précédentes) et la ratio legis (la raison principale et originaire de la création et le but principal de son adoption). Cette dernière peut être également interprétée comme un moyen de révéler « l'esprit de la loi ». Plus précisément, la seconde peut être identifiée par l'intermédiaire de la première. Dans l'hypothèse d'évocation de problématiques et de dispositions juridiques multiples dans une requête, une série d'analyses sur la racine de chacune doit être séparément réalisée.

Dans les juridictions américaines, dans la phase de réalisation du raisonnement par les magistrats, l'intelligence artificielle peut avoir « deux types d'usage » lorsqu'elle est utilisée comme un outil « d'aide » ou « de prise de décision ». Des systèmes totalement automatisés et autonomes de l'intelligence artificielle se distinguant des outils d'aide à la décision, à savoir, les systèmes algorithmiques demi-automatisés. Ils sont respectivement « l'identification des règles de *precedent* les plus pertinentes » et « la modélisation de son interprétation et son application aux faits ».

En octobre 2014, une plateforme du jeu en ligne dédiée à la prédiction des décisions de la Cour suprême des États-Unis a été conçue à l'initiative de Monsieur Josh BLACKMAN. Elle permet aux juristes de les prédire par des façons différentes. Ils peuvent aussi proposer des nouvelles techniques innovantes et participer à l'évolution des méthodes existantes de la prédiction[1]. En raison de la complexité de ces analyses, une prédiction des décisions sur la base du recensement des n-grammes dans les textes de jurisprudences similaires et dans l'analyse sémantique de ces dernières peut être insuffisante. C'est ainsi que, dès 2017, les recherches sur ce sujet ont été progressivement orientées vers d'autres facteurs tels que « le profilage des magistrats ».

Il faut garder à l'esprit qu'en matière pénale, les profils des justiciables jouaient déjà un rôle extrêmement important et central non seulement dans les systèmes de la police prédictive, mais aussi dans ceux d'aide à la décision juridique et judiciaire[2]. Cela souligne leur importance dans le processus de la modélisation du paradigme judiciaire dans les juridictions pénales.

Dans une juridiction ou dans un système judiciaire spécifique, il est possible d'avoir une diversité des paradigmes. Dans ces circonstances, les avocats peuvent utiliser l'intelligence artificielle pour identifier celui qui semble être la plus favorable aux intérêts d'une des parties du litige. Par conséquent, le système de modélisation peut augmenter le risque de recourir à la pratique du *forum shopping* et celle du *libel tourism*.

Depuis la création du marché commun européen, cette pratique est un enjeu important pour les juridictions européennes[3]. En France, la réflexion sur cette approche s'illustre dans le proverbe suivant : « Il y a les avocats qui

---

[1] A. AFT, J. BLACKMAN, C. M. CARPENTER, « FantasySCOTUS : Crowdsourcing a Prediction Market for the Supreme Court », *Northwestern Journal of Technology & Intellectual Property*, vol 10, n° 3, 2012, pp. 125-168.

[2] Cf. O. LAROUX, « Justice pénale et algorithme » In. J-B. HUBIN, H. JACQUEMIN, B. MICHAUX (sous la coord.), *Le juge et algorithme : juges augmentés ou justice diminuée ?*, Centre de recherche information droit et société (CRIDS), Larcier, 2019, pp. 55-74.

[3] Cf. J-F. SAGAUT, M. CAGNIART, « Regard communautaire sur le forum shopping et le forum non conveniens », *Petites affiches*, n° 74, 14 avril 2005, p. 51, disponible sur https://www.labase-lextenso.fr/petites-affiches/PA200507410 (consulté le 13septembre 2021).

connaissent la loi et il y a les avocats qui connaissent le juge »[1]. Cette pratique ne relève automatiquement pas du *forum shopping* qu'il s'agit, plus précisément, d'élection de juridiction. En effet, une telle influence pourrait être également appliquée sans le recours à l'élection des magistrats. Pourtant, selon Monsieur le Professeur Bruno DONDERO, l'intelligence artificielle est particulièrement et par nature porteuse de ce risque[2].

Le droit américain montre une tolérance modérée vis-à-vis de cette pratique. Concernant les affaires relevant du droit international, la Cour suprême des États-Unis autorise le recours à cette pratique, en choisissant une juridiction américaine ou étrangère

Les juridictions américaines « déconseillent » simplement le recours à cette pratique[3]. Elle n'est donc pas pénalisée. Cependant, dans une hypothèse où une juridiction estime qu'une autre est plus compétente pour trancher un litige, cela peut constituer un motif du rejet de requête de la part de celle qui a été saisie (en particulier, lorsque celle-ci est jugée abusive). Le recours massif à ces outils peut, à long terme, conduire à banalisation progressive de cette pratique. En respect du principe du *forum non conveniens*, dans certaines circonstances, la Cour peut aussi autoriser les parties du litige à recourir au *forum shopping*[4].

Le *forum non conveniens* visant à éviter un conflit de lois, est massivement utilisé dans les systèmes de *Common law*. Cela autorise le recours au *forum shopping* par les justiciables, aux niveaux nationaux, régionaux et internationaux, s'il permet de solliciter une juridiction « plus compétente »[5].

---

1 L. NEUER, « Profilage des magistrats : Nous sommes en train de créer une "exception française" », *Le point*, 31 janvier 2019 (modifié le 17 mars 2019), disponible sur https://www.lepoint.fr/editos-du-point/laurence-neuer/profilage-des-magistrats-nous-sommes-en-train-de-creer-une-exception-francaise-31-01-2019-2290472_56.php - consulté le 5 mai 2019). ; L. DE CHARETTE, « Comment les avocats choisissent leurs juges », *Figaro Société*, 18 mai 2011 (mis à jour le 19 mai 2011, disponible sur https://www.lefigaro.fr/actualite-france/2011/05/18/01016-20110518ARTFIG00704-comment-les-avocats-choisissent-leurs-juges.php - consulté le 13 septembre 2021).

2 B. DONDERO, « La justice prédictive », 10 février 2017, disponible sur https://brunodondero.com/2017/02/10/la-justice-predictive/ (consulté le 12 juillet 2021).

2 *Ibidem.*

3 École de droit de Cornell, *Forum Shopping*, Legal Information Institute, disponible sur https://www.law.cornell.edu/wex/forum_shopping (consulté le 12 septembre 2021).

4 Titre 28 § 1404 du Code des États-Unis. ; *Atlantic Marine Construction Co., Inc. c. United States District Court for the Western District of Texas*, 571 U.S. 49 (2013).

5 *Wiwa c. Royal Dutch Petroleum Co.*, 226 F.3d 88, 101 (2d Cir. 2000) ; *Maran Coal Corp. c. Societe Generale de Surveillance S.A.*, n° 92 CIV 8728, 1993 US. Dist. LEXIS 12160 at 6 (S.D.N.Y. 2 septembre 1993). ; *Strategic Value Master Fund, Ltd. c. Cargill Fin. Serv. Corp.*, 421 F.2d 741, 754 (S.D.N.Y. 2006). ; *Presbyterian Church of Sudan c. Talisman Energy, Inc.*, 244 F.Supp.2d 289 (S.D.N.Y. 2003). ; *New York. Bigio c. Coca-Cola Company*, 448 F.3d 176 (2d Cir. 2006). Ce principe est intimement lié à celui *lis alibi pendens*, reconnu par les articles 2 et 27-30 du Règlement (UE) n° 1215/2012 du Parlement et du Conseil du 12 décembre 2012 *concernant la compétence judiciaire, la reconnaissance et l'exécution des décisions en matière civile et commerciale.*

En 1801, ce principe a été initialement créé, dans un contexte international (une affaire américano-danoise) par le tribunal de district des États-Unis pour le district central de Pennsylvanie (dans l'affaire *Willendson c. Forsoket*, Fed. Cas. No. 17,682 (D. C. Pa. 1801).

Au Royaume-Uni, pour la première fois, il s'est reflété dans une décision du 7 juin 1833 de la Cour civile suprême d'Ecosse (jugement du 7 juin 1833, Sess, Scot 11 Sess Cas, First Series 685). Cette pratique a été encouragée par les juridictions new-yorkaises et validée par la Cour suprême des États-Unis (*Gulf Oil c. Gilbert*, 330 U.S. 501, 508 (1947) et *R. Maganlal & Co.*, 942 F.2d 164, 167 (2nd Cir. 1991)).

Selon le Professeur Bruno DONDERO, l'application de cette pratique par les avocats n'est pas un enjeu contemporain[1]. Ainsi, il précise que « la pratique américaine de la sélection des membres des jurys, popularisée par le cinéma et la littérature, rejoint les tentatives de *forum shopping* des avocats par le monde »[2]. Plus précisément, il apparaît que les décisions de la Cour suprême des États-Unis sont particulièrement influencées par le paradigme et « le profil de ses magistrats »[3], alors que dans les autres juridictions américaines, la modélisation du raisonnement peut, au fur et à mesure de la nature du contentieux, se baser non seulement sur « les profils des magistrats » mais aussi sur « ceux des justiciables ».

En 2017, la réflexion sur la possibilité de la prédiction des décisions de la Cour suprême des États-Unis a été particulièrement développée, grâce à une étude menée par trois chercheurs américains (Monsieur Daniel Martin KATZ, Monsieur Michael J. BOMMARITO II, et Monsieur Joshua Michael BLACKMAN)[4]. Celle-ci a présenté un modèle dit « *out-of-sample* »[5] (en français : un modèle « hors-échantillon »), élaboré grâce à une série de tests « paramétriques » et « non paramétriques » sur 240,000 décisions de la Cour, ainsi que sur des éléments précis de 28,000 litiges tranchés par la Cour, entre les années 1816 et 2015.

Pour élaborer ce modèle, ces chercheurs ont utilisé des données judiciaires collectées et diffusées par une base de données the Supreme Court Database, conçue à l'initiative de l'université Washington à Saint-Louis.

---

[1] B. DONDERO, « La justice prédictive », *op. cit.*

[2] *Ibidem.*

[3] Cf. M. ROUX-ROUQUIÉ, J-L. LE MOIGNE, « The systemic paradigm and its relevance to the modelling of biological functions », *Comptes rendus biologies*, 2002, vol. 325, n° 4, pp. 419-430.

[4] D-M. KATZ, M-J. BOMMARITO II, J. BLACKMAN, « A general approach for predicting the behavior of the Supreme Court of the United States », *PLoS One*, 2017, vol. 12, n° 4, 12 avril 2017, disponible sur https://doi.org/10.1371/journal.pone.0174698 (consulté le 12 septembre 2021).

[5] Eurostat, *Glossary:In-sample vs. out-of-sample forecasts*, disponible sur https://ec.europa.eu/eurostat/statistics-explained/index.php?title=Glossary:In-sample_vs._out-of-sample_forecasts (consulté le 12 septembre 2021).

Elle a présenté un taux de précision d'environ 70.2%. Ces chercheurs ont réussi à détecter et déterminer les éléments nécessaires pour prévoir « les comportements » des membres de la Cour suprême des États-Unis. Cette prédiction se caractérise non seulement par leurs raisonnements et leurs arguments (exprimés dans les sources jurisprudentielles et doctrinales) mais aussi par leurs tendances politiques.

Ces éléments sont exploitables à partir des transcriptions des audiences, ainsi que celles portant sur les interactions et les échanges entre les magistrats, les requérants et les défendeurs. Plus précisément, la détermination du comportement de la Cour suprême (ou celui de chacun de ses membres) se base sur les approches « attitudinales » et « stratégiques »[1] prises dans ses décisions précédentes[2].

En 2002, les professeurs SEGAL et SPAETH, ont affirmé dans leur livre intitulé *The Supreme Court and the Attitudinal Model Revisited*, que les meilleurs indicateurs pour la prédiction des décisions de cette juridiction sont les tendances « politiques » de ses magistrats et non les raisonnements « doctrinaux »[3]. En 2011, cette évocation a été affirmée par une étude empirique réalisée par Madame Marta SALES-PARDO et Monsieur Roger GUIMERÀ. Ils évoquent qu'« en essayant de prédire le comportement des juges, on peut avoir un aperçu de la manière dont les décisions juridiques sont réellement prises »[4] et que « les votes et les décisions des juges de la Cour suprême sont plus prévisibles que ce à quoi on pourrait s'attendre d'une Cour composée des juges totalement indépendants »[5,6].

L'implication des pouvoirs « exécutif » et « législatif » dans « la nomination » des magistrats de cette juridiction[7] est à l'origine de l'idée de prédictibilité de leurs décisions, sur la base de leurs tendances politiques. Pourtant, ce facteur n'apparaît toujours pas suffisamment fiable. C'est ainsi qu'on observe qu'en février 2021, les trois magistrats nommés par Monsieur Donald TRUMP (à savoir, Madame Amy CONEY BARRETT et Messieurs Neil GORSUCH et Brett KAVANAUGH) ont voté contre la *petition for writ of*

[1] Cf. W. ESKRIDGE, « The judicial review games », *Northwestern University law Review*, 1993, vol. 88, n° 1, pp. 382-396.
[2] A.D. MARTIN, K.M. QUINN, « Dynamic Ideal Point Estimation via Markov Chain Monte Carlo for the U.S. Supreme Court, 1953–1999 », *Political Analysis*, 2002, vol. 10, n° 2, p. 134.
[3] J. SEGAL, H. SPAETH, *The Supreme Court and the Attitudinal Model Revisited*, Cambridge University Press, 2002, 480 p.
[4] R. GUIMERÀ, M. SALES-PARDO, « Justice blocks and predictability of U.S. Supreme Court votes ». *PLoS One*, vol. 6, n° 11, novembre 2011, e27188, p. 1., disponible sur https://doi.org/10.1371/journal.pone.0027188 (consulté le 13 septembre 2021).
[5] *Ibidem*, pp. 2 et 4.
[6] L. SIROVICH, « A pattern analysis of the second Rehnquist U.S. Supreme Court », *Proceedings of the National Academy of Sciences*, 24 juin 2003, vol. 100, n° 13, pp. 7432-7437, disponible sur https://doi.org/10.1073/pnas.1132164100 (consulté le 13 septembre 2021).
[7] V. Art. 3 de la Constitution des États-Unis.

certiorari, adressée (en sa faveur) par le parti républicain demandant l'annulation des résultats des élections présidentielles en Pennsylvanie[1].

Contrairement aux idées admises avant 2011[2], ces tendances des magistrats ne peuvent pas être nettement définies en deux grandes catégories « démocrate » et « républicaine » en fonction des idées politiques des présidents qui les ont nommés et celles des sénateurs qui ont voté en leur faveur[3]. C'est ainsi qu'une modélisation doit être séparément réalisée de façon individualisée sur la base des idées « personnelles » de chacun d'entre eux.

La première réflexion sur l'aspect « individuel » de ce type de modèle « prédictif » a eu lieu en 2004 par une recherche empirique menée par 4 professeurs américains[4]. Celui-ci a présenté un modèle « statistique » dans lequel la donnée de sortie du système est une tâche binaire, à savoir « affirme » ou « rejette »[5]. C'est ainsi qu'ils ont réussi à prédire l'opinion « positive » ou « négative » de chacun des magistrats de la Cour suprême sur des sujets spécifiques[6].

L'application de ce modèle sur les questions relatives aux « activités économiques » a présenté un taux considérable de précision, s'articulant entre 75% et 86.7%[7]. Cette étude montre que les statistiques existantes permettent parfaitement d'identifier les éléments constituant les raisonnements « individuels » des magistrats. Ainsi, nous considérons qu'à la suite de cette phase de « l'identification des sources de l'analyse », nous pouvons les modéliser, grâce à l'intelligence artificielle, et reproduire un « raisonnement ».

Afin de garantir la pertinence et la suffisance du nombre des données utilisées dans ce processus, il convient d'élargir le champ des recherches préliminaires sur ces derniers à l'ensemble des ressources jurisprudentielles, doctrinales et universitaires, ainsi que les articles publiés sur les réseaux en ligne. Il est aussi possible de recourir, dans la limite autorisée par les dispositions juridiques de chaque pays, aux données relatives à leur vie privée

---

[1] N° 20-542 No. 20-574. *Republican Party of Pa. c. Degraffenreid*, n° 20-542, (U.S. 22 février 2021).

[2] Cf. J-A. SEGAL, L. EPSTEIN, C.M. CMARON, H.J. SPAETH, « Ideological values and the votes of U.S. Supreme Court justices revisited », *J Politics*, 1995, 57, pp. 812–823.

[3] Les informations concernant les votes des sénateurs aux magistrats de la Cour suprême nommés par les Présidents (depuis 1789), sont disponibles sur https://www.senate.gov/legislative/nominations/SupremeCourtNominations1789present.htm (consulté le 17 septembre 2021).

[4] T.W. RUGER, P.T. KIM, A.D. MARTIN, K.M. QUINN, « The Supreme Court forecasting project: Legal and political science approaches to predicting Supreme Court decision making », *Columbia Law Review*, vol. 104, n° 4, 2004, pp. 1150–1209.

[5] Cf. R. GUIMERÀ, M. SALES-PARDO, L. A. NUNES AMARAL, « Module identification in bipartite and directed networks », *Physical Review*, éd. 76, 2007, disponible sur https://journals.aps.org/pre/abstract/10.1103/PhysRevE.76.036102 (consulté le 9 octobre 2021).

[6] *Ibidem*, pp. 1152, 1155, 1166, 1169, 1170 et 1208.

[7] *Ibidem*, p. 1190.

et professionnelle. Cette recherche peut être réalisée en faisant recours aux bases de données différentes en appliquant les techniques de « fouille de textes »[1].

L'idée de la prédiction des décisions judiciaires sur la base du « paradigme des juges » a été appréciée par les partisans du courant du « réalisme juridique » qui a été la source initiale et principale d'inspiration du premier travail de recherche sur « la prédiction des décisions de la Cour européenne des droits de l'homme »[2]. Le « réalisme juridique » est également reconnu sous le nom de « l'instrumentalisme juridique » et du « rationalisme juridique », il est basé sur la théorie du « droit naturel ». En Europe, ce courant s'est particulièrement développé grâce aux travaux du juriste Suédois, Axel HÄGERSTRÖM et ses élèves Karl OLIVECRONA et Anders Vilhelm LUNDSTEDT. Aux États et au Royaume-Uni, celui-ci a été plus précisément défini et soutenu par Karl N. LLEWELLYN, Herbert Lionel Adolphus HART et William TWINING[3].

Les partisans de ce courant croient que dans « l'interprétation et l'analyse des lois » ainsi que « la prise de décision », les magistrats sont plus sensibles aux paramètres « non juridiques » (comme les facteurs sociaux, économiques et émotionnels) que « juridiques », notamment lorsqu'il s'agit d'affaires relevant des juridictions suprêmes et du second degré[4]. Ils font valoir que l'évaluation et la détermination de certaines considérations telles que « la moralité » et « l'équité » reposent particulièrement sur les premiers facteurs[5].

Ils estiment que, dans cette prédiction, la prise en compte des « normes » joue le rôle le plus essentiel et que l'évolution jurisprudentielle du droit se caractérise plus spécialement par celle des sciences « sociales », « humaines »[6] et « politiques » ainsi que « le profil personnel des

---

1 Cf. A. WYNER, R. MOCHALES-PALAU, M-F. MOENS, D. MILWARD, « Approaches to Text Mining Arguments from Legal Cases » In. E. FRANCESCONI, S. MONTEMAGNI, W. PETERS, D. TISCORNIA (dir.), *Semantic Processing of Legal Texts. Lecture Notes in Computer Science*, vol. 6036, 2010, Springer, pp. 60-79.

2 N. ALETRAS, D. TSARAPATSANIS, D. PREOȚIUC-PIETRO, V. LAMPOS, « Predicting judicial decisions of the European Court of Human Rights: a Natural Language Processing perspective », *PeerJ Computer Science,* 2:e93, 2016, disponible sur https://doi.org/10.7717/peerj-cs.93 (consulté le 4 octobre 2020).

3 Cf. W. TWINING, *Karl Llewellyn and the Realist Movement*, Weidenfeld and Nicolson, 1985, 574 p. ; Cf. S. J. M. DONNELLY, « Karl Llewellyn and the Realist Movement. By William Twining; Roscoe Pound: Philosopher of Law. By David Wigdor », *Hofstra Law Review*, vol. 3, n° 3, art. 16, 1975, pp. 899-935, disponible sur http://scholarlycommons.law.hofstra.edu/hlr/vol3/iss3/16 (consulté le 23 décembre 2021).

4 *Ibidem.*

5 Cf. L.L. FULLER, *The Morality of Law*, Yale University Press, 1965, 215 p.

6 Cf. R. SAMPAIO, « Laws and Mechanisms in The Human Sciences », *Kairos. Journal of Philosophy & Science*, vol. 20, 2018, pp. 64-88.

magistrats »[1], tout en faisant valoir que les normes définissent « la moralité » et « l'équité ». C'est ainsi qu'ils changent et évoluent perpétuellement et forment « un paradigme ».

Karl LLEWELLYN estime que seules les choses qui existent « réellement » (telles que les normes) peuvent être admises dans les sciences empiriques dont celles « juridiques »[2]. Il met l'accent sur le « rôle central » du juge et celui des autres agents du pouvoir judiciaire dans l'interprétation des lois[3]. Le professeur William TWINING en adoptant une position plus radicale, précise que « le réalisme est mort, nous sommes tous réalistes maintenant »[4].

Dans un premier regard et d'un point de vue strictement théorique, cette approche peut être considérée comme un obstacle potentiel aux systèmes de la modélisation des paradigmes, puisque l'exploitation, la structuration et l'analyse algorithmique des faits et des considérations extrajudiciaires peuvent être plus difficiles que celles des textes de lois et des interprétations faites par les magistrats, puisque ces derniers sont dans un cadre formel et toujours limité aux textes précisément définis.

Cependant, en pratique, les études empiriques réalisées aux XXe et XXIe siècles ont prouvé que, même si les interprétations faites par les magistrats suivant le courant réaliste sont censées être extrêmement individualisées et subjectives, leur raisonnement reste toujours exploitable par une analyse sémantique de leur écriture[5]. Celles-ci révèlent l'existence d'un paradigme dominant dans les environnements judiciaires qui amène les magistrats à utiliser une rédaction similaire et une façon, plus ou moins, générique d'interprétation des lois et d'analyse des faits. C'est la similitude de ces approches qui fournit la possibilité la modélisation de leurs raisonnements[6].

Monsieur Jérémie VAN MEERBEECK explique, à ce sujet, que « selon les réalistes américains, le droit est moins composé par des règles que par les décisions rendues par les juges, qui sont influencés par leurs partis pris politiques, économiques ou moraux ainsi que par des facteurs uniquement

---

[1] Britannnica, *Realism*, disponible sur https://www.britannica.com/topic/philosophy-of-law/Realism (consulté le 15 septembre 2021).

[2] K.M. CASEBEER, « Escape From Liberalism: Fact and Value in Karl. Llewellyn », *Duke Law Journal*, vol. 1977:671, 1977, p. 675. ; Cf. K.N. LLEWELLYN, *The Theory of Rules*, University of Chicago Press, 2011, 176 p.

[3] Cf. K. N. LLEWELLYN, « A Realistic Jurisprudence - The Next Step », *Columbia Law Review*, vol. 30, n° 4, avril 1930, pp. 431-465.

[4] W. TWINING, *Karl Llewellyn and the Realist Movement*, *op. cit.*, p. 382. ; F. MICHAUT, « Le rôle créateur du juge selon l'école de la " sociological jurisprudence " et le mouvement réaliste américain. Le juge et la règle de droit », *Revue internationale de droit comparé*, 1987 vol. 39, n. 2, pp. 344.

[5] Cf. L. BAUM, *The Puzzle of Judicial Behavior*, University of Michigan Press, Série Analytical Perspectives on Politics, 1997, 232 p.

[6] *Ibidem*.

individuels »[1]. Cette vision a été contestée par les partisans du courant « formalisme juridique » (également connu sous les noms « originalisme juridique », « textualisme juridique » et « constitutionnalisme »)[2], favorable à une interprétation littérale des concepts juridiques, à partir de l'exploitation de l'intention originelle des législateurs, lors de leur création. Le terme « formalisme juridique » est apparu, pour la première fois, au début du XXe siècle, dans les ouvrages d'Oliver Wendell HOLMES Jr., de Roscoe POUND et de Jerome FRANK[3].

Le Professeur DWORKIN l'affirme, lorsqu'il explique qu'« ils [les réalistes] disent que le droit n'existe pas, ou le droit dépend simplement de ce que le magistrat a mangé comme petit-déjeuner »[4]. Les formalistes estiment que la vocation du juge américain consiste en « l'interprétation des lois existantes » et non « la création des nouveaux droits » (plus précisément, leur travail consiste en évolution du droit existant). C'est ainsi que la prédiction de leur décision doit se baser plus particulièrement sur les données exploitées à partir des règles législatives et jurisprudentielles « écrites » que « les normes sociales » reconnue par les magistrats.

Ce courant propose un modèle de prise de décision basé sur l'analyse déductive des règles juridiques réalisables (manuellement), sans l'implication de l'intelligence artificielle[5]. On peut donc conclure que les partisans des courants « réalisme » et « formalisme » sont tous d'accord sur le fait que les décisions de justice influencées par ce dernier sont bien « prédictibles » et « modélisables »[6].

L'objet de leur divergence d'opinion sur ce sujet réside dans « le type » des sources principales utilisées dans ce processus. De manière générale, ces deux formes de prédiction semblent être théoriquement réalisables. Dans les traditions et cultures judiciaires différentes, chacune est susceptible d'être relativement plus pertinente et efficace.

---

1 J. VAN MEERBEECK, « Lon Fuller, le jusnaturaliste procédural », *Revue interdisciplinaire d'études juridiques*, vol. 80, n° 1, 2018, p. 146.

2 Cf. Law Library - American Law and Legal information, *Jurisprudence, Formalism*, disponible sur https://law.jrank.org/pages/7913/Jurisprudence-Formalism.html (consulté le 27 octobre 2021). ; Cf. *Griswold c. Connecticut*, 381 U.S. 479 (1965).

3 N. DUXBURY, « The Birth of Legal Realism and the Myth of Justice Holmes », *Anglo-American law Review*, vol. 20, 1991, pp. 81-87. ; Cf. *United States c. E. C. Knight Co.*, 156 U.S. 1 (1895).

4 R. DWORKIN, *Law's Empire*, *op. cit.*, p. 36.

5 Cf. J. MIKHAIL, « Law, Science, and Morality: A Review of Richard Posner's "The Problematics of Moral and Legal Theory" », *Stanford Law Review*, vol. 54, n° 5, 2002, pp. 1057-1127.

6 J-L. LE MOIGNE, « Les formalismes de la modelisation systèmatique », *étude de L'Université d'Aix-Marseille*, 1992, disponible sur https://www.intelligence-complexite.org/media/document/ateliers/formalismes-modelisation-systemique/open (consulté le 17 octobre 2021).

Dans tous les cas, l'ensemble des éléments privilégiés par chacun de ces courants sera pris en compte. Le point de leur divergence repose sur « la valeur » qu'on peut attribuer et reconnaître à chacun d'entre eux.

Compte tenu des résultats brillants des travaux des Messieurs KATZ, BOMMARITO et BLACKMAN[1], nous considérons qu'une modélisation principalement basée sur « le profil des magistrats » est la méthode la plus pertinente à appliquer au niveau de la Cour suprême des États-Unis (et potentiellement dans les autres juridictions américaines). Cela peut être réalisé, selon les particularités de chaque affaire, de façon « individuelle » ou « collective ». Dans ces circonstances, l'auto-élaboration de la décision finale du jury peut se baser soit sur « l'identification des similitudes entre les modèles individuels du raisonnement de chacun de ses membres », soit sur l'élaboration d'un modèle général et « collectif » de leurs environnements à condition qu'il soit suffisamment dynamique[2].

L'élaboration d'un modèle « individualisé » du raisonnement, fondé exclusivement sur les caractéristiques du profil « personnel » d'un magistrat ne permet pas de reproduire automatiquement un avis juridique de bonne qualité. Messieurs KATZ, BOMMARITO et BLACKMAN estiment que la formule de modélisation « individualisée » qu'ils ont proposée ne peut être successivement appliquée à toutes les affaires de la Cour suprême des États-Unis[3].

Leur fiabilité peut être encore plus fragile lorsqu'il s'agit du paradigme « collectif » influençant le jury puisque le changement de la composition des membres de la cour peut aussi influencer le modèle collectif du raisonnement du jury. Par conséquent, celui-ci doit être réélaboré séparément en prenant, en compte de l'ensemble des facteurs extrajudiciaires et des particularités des circonstances de chaque affaire. Ce modèle améliore automatiquement sa fonctionnalité par les interactions entre les membres de la cour (entre eux) et les justiciables.

Le lancement du projet « Oyez » (lancé par Monsieur le Professeur Jerry GOLDMAN en collaboration du collège de droit de Chicago-Kent) visant à collecter les transcriptions des audiences de la Cour suprême des États-Unis (depuis 1955) en « version audio » a donné la possibilité de faire une analyse algorithmique « vocale » de ces dernières[4]. Elle permet d'identifier des

---

[1] Cf. D-M. KATZ, M-J. BOMMARITO II, J. BLACKMAN, « A general approach for predicting the behavior of the Supreme Court of the United States », *op. cit.*

[2] Cf. J. CORNELOUP, « 2. Le paradigme individuel et interprétatif » In. J. CORNELOUP, *Les théories sociologiques de la pratique sportive*, Presses Universitaires de France, coll. Pratiques corporelles, 2002, pp. 41-58.

[3] D-M. KATZ, M-J. BOMMARITO II, J. BLACKMAN, « A general approach for predicting the behavior of the Supreme Court of the United States », *op. cit.*

[4] P.R. BAIE, « Beyond black ink: from Langdell to the Oyez project, the voice of the past », *Loyola Law Review*, vol. 55, 2009, pp. 277-330. ; Les informations complémentaires sur ce projet son disponible sur https://dbpedia.org/page/Oyez_Project (consulté le 15 septembre 2021).

émotions manifestées et des réactions spontanées et naturelles, exprimées par les magistrats lors de l'expression de chacune de leur mot ou au cours de discussion sur chaque sujet. Cela fournit des indicateurs de plus en plus précis sur leur modèle rationnel. En 2019, Madame Maya SEN et Messieurs Aaron KAUFMAN et Peter KRAFT ont réussi, en appuyant sur cette possibilité, à optimiser l'exactitude et la qualité des modèles individualisés[1], présentés en 2017 par Messieurs KATZ, BOMMARITO et BLACKMAN[2].

Les algorithmes sont plus généralement capables de modéliser le langage d'une personne et reproduire une réponse avec la même manière d'expression. Cette pratique ne se limite toujours pas à « une imitation mécanique ». Cela peut être aussi « un moyen d'identification de la vision et de l'approche des personnes ». Les œuvres d'art numérique exposées lors de l'exposition *Computer Love* qui a eu lieu en juillet 2018 à la galerie charlot (à Paris) ont été conçues par ces techniques. Ce système dépasse une simple reconnaissance de parole. Il s'agit plus précisément de celle de personnalité, des tendances, des attentes et des besoins et d'une personne à partir de son langage[3].

Une grande partie des informations définissant la position des magistrats vis-à-vis d'un cas ou d'une problématique spécifique peut être aussi collectée lors des échanges écrits entre eux et les avocats des parties du litige[4]. Par conséquent, le processus de relier « le paradigme de magistrats », « les dispositions juridiques » et « les faits de l'affaire » se déroulent en deux phases, à savoir, par l'intermédiaire d'une série d'analyses algorithmiques sur (1) la requête et (2) les comportements des magistrats lors de l'audience.

Dans le processus de détection de l'approche et des tendances de chaque magistrat lors de l'audience, les algorithmes étudient plus particulièrement 6 éléments suivants : (1) les questions posées au requérant, (2) questions posées au répondant, (3) les mots utilisés en adressant au requérant et (4) ceux au défendeur, (5) interruptions des paroles du requérant et (6) ceux du répondant[5].

---

[1] A.R. KAUFMAN, P. KRAFT, M. SEN, « Improving Supreme Court Forecasting Using Boosted Decision Trees », *Political Analysis*, vol. 27, n° 3, 2019, pp. 381-387.

[2] D-M. KATZ, M-J. BOMMARITO II, J. BLACKMAN, « A general approach for predicting the behavior of the Supreme Court of the United States », *op. cit.*

[3] D. AUBEL, « Computer Love dans la galerie Charlot a été basée sur le même système », *Galerie Charlot*, juillet 2018, disponible sur https://www.galeriecharlot.com/media/press1828/computer-love-galeriecharlot-1ktr8l.pdf (consulté le 18 février 2022).

[4] T.R. JOHNSON, P.J. WAHLBECK, J.F. SPRIGGS, « The Influence of Oral Arguments on the US Supreme Court », *American Political Science Review*, février 2006, vol. 100, n° 1, pp. 99–113, disponible sur http://citeseerx.ist.psu.edu/viewdoc/download?doi=10.1.1.699.143&rep=rep1&type=pdf (consulté le 16 septembre 2021).

[5] A. KAUFMAN, P. KRAFT, M. SEN, « Machine Learning, Text Data, and Supreme Court Forecasting », *Université de New York Abu Dhabi*, 5 janvier 2017, p. 8, disponible sur

Grâce aux algorithmes d'apprentissage « incrémental », ce modèle peut évoluer automatiquement, en fonction des changements des caractéristiques de chacun de ces paramètres[1]. Contrairement aux algorithmes classiques de l'apprentissage automatique calculant « l'ensemble » des données d'entrée au système, celles-ci peuvent effectuer un calcul et élaborer un résultat sans posséder toutes ces données.

Les algorithmes d'apprentissage « incrémental » sont également connus sous les noms « algorithmes incrémentiels ou en ligne ». Il s'agit d'un système d'apprentissage automatique où les données d'entrée reçues au fur et à mesure du temps améliorent, en temps réel, la qualité du calcul du système. Sa combinaison avec les algorithmes relevant de l'apprentissage profond permettrait à la machine d'identifier automatiquement des données les plus pertinentes[2].

Dans le cas des modèles déjà élaborés, ces algorithmes peuvent détecter, de façon automatisée, les éventuels changements des circonstances et procéder à l'évolution d'une partie du modèle. Ces échanges permettent de décrypter la position et l'approche d'un magistrat face à la problématique posée de manière plus subjective et aussi actualiser son modèle du raisonnement en temps réel.

Un modèle basé sur le profil individuel des magistrats peut présenter des utilités différentes aux justiciables et aux juridictions, allant de « l'évaluation de la chance de victoire dans une affaire » à celle de « l'acceptation d'une requête pour un *certiorari* (*writ of certiorari)* » et à l'auto-élaboration d'« un raisonnement ou une décision judiciaire ». Au sein des juridictions, pour ces deux derniers usages, il est nécessaire d'élaborer un modèle collectif et général, à partir de ceux individuels.

En effet, les méthodes statistiques classiques ne sont pas forcément suffisantes pour accepter ou rejeter une requête pour un *certiorari* (en anglais : *Petition for certiorari*). Le processus de leur dépôt et contrôle de leur recevabilité est soumis à certaines règles formelles. La vérification de la pertinence de la forme des requêtes et ses documents associés peuvent être examinés par les membres du greffe, grâce aux techniques classiques de l'intelligence artificielle[3].

D'un point de vue théorique, dans sa phase suivante, le recours à cette technologie semble être aussi peu problématique, puisqu'aux États-Unis, les magistrats ne sont pas obligés de motiver leur rejet ou l'acceptation d'une requête. Dans certains cas, la Cour ne délivre même pas un document officiel

---

www.aaronrkaufman.com/wp-content/uploads/2016/06/Supreme_Court_Prediction_v17.pdf (consulté le 16 septembre 2021).

[1] *Ibidem.*

[2] Cf. Ch. SALPERWYCK, « Apprentissage incrémental en-ligne sur flux de données », *Thèse de doctorat en informatique*, 30 novembre 2012, Université Lille 3 Charles-de-Gaulle.

[3] V. les règles n° 12, n° 13 et n° 14 du Règlement de procédure de la Cour suprême des États-Unis.

notifiant son rejet. Par exemple, c'est le cas du rejet formulé, en date du 26 juin 2017, à l'égard de la requête adressée par Monsieur LOOMIS contre la décision de la Cour suprême du Wisconsin. C'est ainsi que les données d'entrée au système en vue de procéder à une prédiction algorithmique peuvent ne pas être suffisantes.

Au niveau des juridictions des États membres de l'Union européenne, cela peut être beaucoup moins problématique puisque l'article 13 §2 (f) du RGPD fixe, dans l'hypothèse d'une prise de décision automatisée, l'obligation de les motiver « en donnant à la personne concernée des " informations utiles concernant la logique sous-jacente, ainsi que l'importance et les conséquences prévues de ce traitement [automatisé] pour la personne concernée " »[1]. Dans ces circonstances, une décision peut être élaborée grâce à la modélisation du raisonnement des magistrats, à partir de leurs profils ou leurs avis portant sur des problématiques similaires identifiées dans les sources jurisprudentielles ou doctrinales (en anglais : *Petitioners*).

De nature collégiale, un arrêt de la Cour suprême des États-Unis est composé des arguments de « l'ensemble » des membres du jury. Par conséquent, dans un premier temps, nous pourrions modéliser séparément le raisonnement individuel de chaque magistrat sur l'affaire (ou la problématique) concernée et les positionner dans un corps unique. Ensuite, nous pourrions concevoir un modèle général par l'intermédiaire d'une analyse « complémentaire » sur l'ensemble des caractéristiques de ces derniers. Désormais, ils (les modèles individuels) peuvent être considérés comme les sous-modèles (ou composants) du modèle général et collectif (celui du jury).

Il peut perdre sa qualité s'il y a un moindre changement dans chacun de ses composants (cela englobe non seulement les profils des magistrats mais aussi les environnements judiciaires (et non judiciaires). Cette perte de qualité peut être même radicale dans l'hypothèse du remplacement d'un magistrat ou des élections législatives ou présidentielles). Par conséquent, il doit s'évoluer et s'actualiser perpétuellement en prenant en compte des changements des facteurs internes (liés aux juridictions et ses membres) et extérieurs (liés aux normes et circonstances socio-économiques).

Plus précisément, les sous-modèles (ceux individuels) doivent s'évoluer en fonction du changement des données relevant de leur profil ainsi que des nouveaux comportements des juges détectés et identifiés par la machine lors des audiences et dans les textes judiciaires et non judiciaires. Tout changement de ces derniers entraîne une évolution « automatique » du modèle « général » (ou collectif ou collégial), puisqu'il n'a pas des caractéristiques distinctes de ses composants.

---

[1] K. BENYEKHLEF, J. ZHU, « Intelligence artificielle et justice : justice prédictive, conflits de basse intensité et données massives », *les cahiers de propriété intellectuelle*, éd. Yvon Blais, vol. 30, n° 3, p.805.

Le mode de nomination de l'ensemble des juridictions fédérales, exerçant des compétences variées et fonctionnant de façons diversifiées, est soumis aux mêmes règles définies par l'article 3 de la constitution des États-Unis. Par conséquent, l'applicabilité (théorique) du modèle algorithmique proposé par Messieurs KATZ, BOMMARITO et BLACKMAN[1] visant à identifier et prédire les comportements et le raisonnement des magistrats de la Cour suprême des États-Unis peut s'élargir à toutes ces juridictions.

En raison des similitudes structurelles et institutionnelles entre la Cour suprême des États-Unis et celles des États fédérés, l'application de ce mécanisme, au niveau de ces dernières, est susceptible de présenter des résultats relativement similaires à ceux présentés par ces trois chercheurs américains. En raison des différences de modes de nomination des magistrats de certaines de ces juridictions, il est impossible de donner à ce propos une valeur définitive et générale. Dans les autres juridictions (en particulier, au niveau des États-fédérés), la modélisation du raisonnement peut se baser également, ou même plus précisément, sur les spécificités et les caractéristiques des profils des justiciables.

Comme évoqué auparavant, le profil et les tendances politiques des magistrats des juridictions américaines nous permettraient d'identifier leur paradigme dominant[2]. Cela fournit la possibilité de prédire et reproduire ses décisions par l'intermédiaire de l'élaboration d'un modèle algorithmique du raisonnement[3]. Théoriquement, cette méthode est aussi susceptible d'être applicable dans une dimension plus large, englobant les juridictions fédérales et celles suprêmes des États fédérés. En raison de la multiplicité des méthodes de nomination des magistrats de cette dernière catégorie, nous considérons qu'à ce niveau, l'efficacité de ce système est potentiellement « probable ».

En principe, la modélisation du raisonnement judiciaire sur la base du profil des magistrats est susceptible d'être applicable dans les autres juridictions fédérales, puisqu'ils fonctionnent sur le même modèle que la Cour suprême des États-Unis. Ainsi, selon l'article 3 de la Constitution, ses magistrats seront nommés de la même manière[4], à savoir 13 cours d'appel, 94 tribunaux des districts, le tribunal du commerce international des États-Unis et celui de l'impôt, à l'exception du tribunal de faillite.

---

[1] D-M. KATZ, M-J. BOMMARITO II, J. BLACKMAN, « A general approach for predicting the behavior of the Supreme Court of the United States », *op. cit.*

[2] Cf. Y. ROGAT, « The Judge as Spectator », *The University of Chicago Law Review*, vol. 31, n° 2, 1964, pp. 213-256.

[3] Cf. A.D. MARTIN, K.M. QUINN, « Dynamic Ideal Point Estimation Via Markov Chain Monte Carlo for the US Supreme Court, 1953—1999 », *Political Analysis*, vol. 10, n° 2, 2002, pp.134–153. ; A.D. MARTIN, K.M. QUINN, T.W. RUGER, P.T. KIM, « Competing Approaches to Predicting Supreme Court Decision Making », *Perspectives on Politics*, vol. 2, n° 4, 2004, pp. 761–767.

[4] Cf. United States Courts, *Main content About Federal Judges*, disponible sur https://www.uscourts.gov/judges-judgeships/about-federal-judges (consulté le 17 septembre 2021).

Les cours d'appel ont la compétente de recevoir des recours contre les décisions des tribunaux des districts, elles jouent un rôle particulièrement important dans l'évolution jurisprudentielle et la création du droit au niveau fédéral. Dans le domaine du droit numérique, les décisions de la Cour d'appel des États-Unis pour le neuvième circuit disposent une importance particulière puisque ce tribunal traite les recours contre les décisions du tribunal de district des États-Unis pour le district du nord de la Californie, ayant une *ratione loci* pour les litiges présentés en Silicon Valley hébergeant un nombre important des sièges de géants américains du numérique. Les tribunaux des districts (également connus sous le nom « les tribunaux des États-Unis pour les districts ») sont initialement créés, le 24 septembre 1789, par *Act of Congress* (également connu sous le nom de *Judiciary Act*) comme les tribunaux fédéraux de « première instance ».

Même s'ils ne sont pas directement créés par la Constitution, régissent par les dispositions de son article 3. Le tribunal de l'impôt exerce une compétence particulièrement spécifique et limitée. Ainsi, ses magistrats seront sélectionnés et nommés par la majorité des juges des cours d'appel fédérales des États-Unis. Dans ces circonstances, les méthodes prédictives de l'intelligence artificielle sont susceptibles d'être plus utiles pour évaluer la situation financière du justiciable et détecter d'éventuelles fraudes.

De plus, ce système est susceptible d'être relativement valable dans le cas des décisions de la Cour de surveillance du renseignement étranger et celle d'expulsion des terroristes étrangers (créée par *Antiterrorism and Effective Death Penalty Act de 1996*), puisque tous ses membres sont nommés par le Président de la Cour suprême des États-Unis[1]. Nous excluons évidemment les tribunaux tribaux amérindiens (ou indiens) de cette étude puisqu'ils ne relèvent, ni des juridictions fédérales ni fédérées. Ainsi les règles procédurales de chacun sont définies par les normes des tribaux. Par conséquent, il apparaît extrêmement difficile d'envisager une méthode algorithmique spécifique globalement applicable dans ces juridictions. Ce dernier sujet mérite de faire l'objet d'une étude séparée[2].

---

[1] *Foreign Intelligence Surveillance Act* (FISA) de 1978 ; Patriot Act de 2001 ; Cf. E. LICHTBLAU, « In Secret, Court Vastly Broadens Powers of N.S.A. », *The New York Times*, 6 juillet 2013, disponible sur https://www.nytimes.com/2013/07/07/us/in-secret-court-vastly-broadens-powers-of-nsa.html (consulté le 17 septembre 2021).

[2] V. Règle n° 83-280 du Public Law (18 U.S.C. § 1162, 28 U.S.C. § 1360 - 25 U.S.C. §§ 1321-1326). ; V. H.R.1063 - *an Act to confer jurisdiction on the States of California, Minnesota, Nebraska, Oregon, and Wisconsin, with respect to criminal offenses and civil causes of action committed or arising on Indian reservations within such States, and for other purposes.* ; *McClanahan c. Arizona State Tax Commission*, 411 U.S. 164 (1973). ; Cf. National Center for State Courts (NCSC), *Tribal Courts Resource Guide*, disponible sur https://www.ncsc.org/topics/special-jurisdiction/tribal-courts/resource-guide (consulté le 17 septembre 2021). ; Ballotpedia, Native American Tribal Courts, disponible sur https://ballotpedia.org/Native_American_Tribal_Courts (consulté le 17 septembre 2021).

Ce système peut être aussi applicable dans le cas des « juges-magistrats » (Pour un mandat de 8 ans (à temps plein) ou de quatre ans (à temps partiel) renouvelables)[1], s'ils sont nommés par les juges fédéraux des tribunaux des districts (par un vote majoritaire des juges de district). Il convient de garder à l'esprit que la modélisation du raisonnement de ces derniers semble être particulièrement délicate, puisqu'ils ne sont pas des membres permanents d'un jury. Par conséquent, les données permettant d'identifier les facteurs influençant leur raisonnement (en particulier, leurs tendances politiques) peuvent être potentiellement insuffisantes. Par conséquent, il apparaît plus difficile de créer un modèle global et collectif en tenant en compte de leurs profils.

Ce système est également susceptible d'être applicable dans des juridictions suprêmes fédérées. Pourtant, il est extrêmement difficile d'établir, à ce niveau, un mécanisme globalement applicable d'évaluation de sa qualité puisque les règles de nomination des magistrats de ces 50 cours ne sont pas les mêmes. En principe, ils sont, soit nommés par le gouverneur (sous réserve de confirmation de la législature de l'État) soit sont élus par l'intermédiaire des élections[2]. Dans ces deux cas, leurs tendances politiques sont susceptibles de jouer un rôle important dans la modélisation de leur raisonnement au même titre que celles de la Cour suprême des États-Unis[3]. Cette diversité des mécanismes de nomination peut créer un obstacle pour la création d'une technique « générale » de modélisation automatisée du raisonnement judiciaire. Cela peut empêcher d'identifier un mécanisme globalement applicable dans l'ensemble des juridictions suprêmes des États fédérés.

En théorie, dans les systèmes de l'intelligence artificielle, les similitudes favorisent la qualité des statistiques et renforcent la fiabilité des modèles. C'est ainsi qu'une telle modélisation dans les juridictions où les modes de nomination sont harmonisés doit être plus facile. Par exemple, en 2021, tous les magistrats de la Cour suprême du Texas ont été représentés par le parti républicain. Parmi eux, 7 sont directement nommés par les gouverneurs (républicains) de cet État[4]. Dans un tel environnement, une modélisation fondée sur les caractéristiques du profil et sur les tendances politiques des magistrats peut être potentiellement réalisée de façon plus pertinente et plus facile.

---

[1] Titre 28 § 631 des codes des États-Unis ; *Federal Magistrates Act de 1968* ; Cf. Federal Judicial Center, *Magistrate Judgeships*, disponible sur https://www.fjc.gov/history/judges/magistrate-judgeships (consulté le 17 septembre 2021).

[2] En 2020, dans 29 juridictions suprêmes, les magistrats ont été nommés par les gouvenreurs. ; BallotPedia, State supreme court vacancies, 2020, disponible sur https://ballotpedia.org/State_supreme_court_vacancies,_2020 (consulté le 16 septembre 2021).

[3] R. GUIMERÀ, M. SALES-PARDO, « Justice blocks and predictability of U.S. Supreme Court votes», *op. cit.*, pp. 2 et 4.

[4] La liste des magistrats de la Cour suprême de Texas s'actualise et reste disponible sur https://www.txcourts.gov/supreme/about-the-court/ (23 avril 2021).

L'idée de réalisation d'un modèle du raisonnement judiciaire basé sur « le profil » personnel des « justiciables » a été particulièrement développée à la suite de la mise en place, par le département de police de la ville de New York, du système statistique COMPSTAT. Celui-ci qui fonctionnait initialement sur la base des paramètres « géographiques » a été progressivement programmé pour prendre en compte des données des casiers judiciaires des individus et des statistiques élaborées sur leurs comportements. Ce changement a donné naissance au système COMPAS fonctionnant à la base sur « les profils » des sujets du droit.

Selon la révélation de l'ONG Pro Publica[1], il fonctionne non seulement sur l'historique criminel mais aussi l'ensemble des caractéristiques comportementales et naturelles des personnes concernées telles que leur race, leur religion et leur situation familiale et financière. Par conséquent, on peut conclure que ce système crée véritablement « un modèle complet » du profil des justiciables[2] (ces données sont suffisantes pour créer un personnage virtuel (un avatar) d'un individu). Celui-ci est susceptible d'avoir « deux utilités » extrêmement différentes dans les départements de police et les juridictions. La première, de nature *ex ante*, vise la prévention des récidives des infractions pénales et la sécurisation des villes alors que la seconde, intervient d'une façon *ex post*, en vue d'une prise de décision judiciaire.

Il est à considérer que dans le second cas, le modèle comportemental et rationnel ne peut directement faire l'objet d'un examen ou d'une analyse judiciaire. Cependant, il peut être utilisé pour améliorer ou compléter la qualité des modèles du « raisonnement des magistrats » qui est la source finale de conception automatisée d'un arrêt. Ce sujet s'illustre dans une évocation de

Monsieur le Président de la Cour suprême des États-Unis, John Glover ROBERTS JR, dans l'affaire Buck c. Davis, où il précise que « notre loi [le système judiciaire américain] punit les gens pour ce qu'ils font, pas pour ce qu'ils sont »[3].

En matière « pénale », le recours aux « profils des justiciables » pour modéliser un raisonnement judiciaire peut être considéré comme « une continuité » des mécanismes prédictifs employés dans le logiciel COMPAS. En matières « civile et administrative », il pourrait être considéré comme « une innovation ». De manière générale, les algorithmes semblent être moins utiles dans ces matières qui sont, par nature, plus objectives que celle pénale. Cela explique le manque d'attractivité plus global et plus important des systèmes algorithmiques dans ces premiers domaines. La Commission du

---

[1] J. ANGLIN, J. LARSON, S. MATTU, L. KIRCHNER, « Machine Bias », *Pro Publica*, 23 mai 2016, disponible sur https://www.propublica.org/article/machine-bias-risk-assessments-in-criminal-sentencing (consulté le 5 septembre 2019).

[2] Cf. S. CIMAMONTI, « Le profilage à l'épreuve du procès », *Revue pénitentiaire et de droit pénal*, ed. Cujas, n° 2, avril - juin 2015, pp. 441-464.

[3] *Buck c. Davis* - 137 S. Ct. 759 (*2017*), pp. 4 et 21.

droit de l'Ontario explique, à ce sujet, que « le recours aux systèmes de prise de décisions automatisée dans le système de justice civile et administrative n'est pas aussi largement médiatisé qu'en droit pénal, alors qu'il est tout aussi important »[1].

Ce système semble être plus utile pour reproduire les décisions des tribunaux du droit d'asile et d'immigration[2]. Aux États-Unis, les juges d'asile et d'immigration sont nommés par le procureur général des États-Unis. Ils exercent leurs activités sous l'autorité de l'*Executive Office for Immigration* Review (une branche exécutive du département de la justice des États-Unis)[3].

Il apparaît que le sujet du recours à l'intelligence artificielle au sein de la justice est souvent abordé dans un le contexte pénal. En France, le Conseil d'État et les autres juridictions administratives n'ont jamais statué sur la possibilité technique et juridique de mise en œuvre des outils de l'intelligence artificielle dans « les juridictions administratives ». En absence d'un positionnement clair de leur part ainsi que celui des autorités européennes, on peut considérer que le recours à ces technologies dans cette catégorie des juridictions relève d'un vide juridique.

À part les dispositions législatives (définissant les conditions d'éligibilité à l'asile ou une autorisation de séjour et les critères d'évaluation et du traitement des dossiers), un tel processus s'appuie sur deux catégories de paramètres : (1) les facteurs extrajudiciaires (tels que les politiques étatiques et le caractère exceptionnel de certaines circonstances) et (2) les profils des demandeurs. Par exemple, dans le cas d'un recours contre un rejet d'une demande d'asile, ils permettent à la fois de plus facilement contrôler l'éligibilité de la demande et faire une comparaison entre ses caractéristiques et celles qui ont auparavant reçu un avis favorable de la part des autres magistrats (les systèmes similaires sont déjà mis en place au Canada)[4].

---

[1] Commission du droit de l'Ontario, « Forum on Automated Decision-Making in Civil and Administrative Justice System », *document contenant les Informations générales pour les participants*, 10 décembre 2019, p. 6, disponible sur https://www.lco-cdo.org/wp-content/uploads/2021/03/LCO-Forum-on-Automated-Decision-Making-and-the-Civil-and-Administrative-Justice-System-Backgrounder.pdf (consulté le 17 septembre 2021).

[2] Cf. A. Nafees, « Refugees and algorithmic humanitarianism : applying artificial intelligence to RSD procedures and immigration decisions and making global human rights obligations relevant to AI governance », *International journal on minority and group rights*, vol. 28, n° 3, 2021, pp. 367-435.

[3] Cf. *Immigration and Nationality Act de 1965* ; B. Shah, « The Attorney General's Disruptive Immigration Power », *Iowa Law Review*, vol. 102 (version en-ligne), 2017, disponible sur https://ilr.law.uiowa.edu/online/volume-102/the-attorney-generals-disruptive-immigration-power/ (consulté le 17 septembre 2021).

[4] P. Milnar, « Governments' use of AI in immigration and refugee system needs oversight », *Policy Optio Politiques*, 16 octobre 2018, disponible sur https://policyoptions.irpp.org/fr/magazines/october-2018/governments-use-of-ai-in-immigration-and-refugee-system-needs-oversight/ (consulté le17 septembre 2021). ; L. Nalbandian, « Canada should be transparent in how it uses AI to screen immigrants », *The*

Ce processus peut être complété avec la prise en compte de la différence des dispositions juridiques applicables et des politiques gouvernementales existant au moment de la délivrance des avis précédents et le cas présent[1]. Techniquement, la même comparaison (algorithmique) peut être également appliquée dans le cas du processus de la déchéance de la nationalité. Dans cette hypothèse, une attention plus particulière doit être portée à la subjectivité des analyses notamment (lorsque la personne concernée possède une seule nationalité), puisque le droit à la nationalité est un droit fondamental reconnu par la déclaration universelle des droits de l'homme de 1948. Cela peut également relever de l'article 8 de la Convention européenne des droits de l'homme[2] et la section 1 de quatorzième amendement de la Constitution des États-Unis. Comme tous les autres usages des systèmes de l'intelligence artificielle dans les secteurs judiciaires et administratifs, cela relève également des pratiques « à haut risque » reconnues par la proposition de règlement du 21 avril 2021.

Il est important de considérer que, dans ce cadre, ces profils peuvent présenter des intérêts encore plus importants. En fait, en analysant les approches de chaque magistrat vis-à-vis de chaque profil, nous pouvons créer un modèle général de sa vision et éventuellement le paradigme dominant dans chaque juridiction.

Son existence dans les cours du droit d'asile et d'immigration n'a jamais fait l'objet d'une étude empirique. Pourtant, son existence peut être théoriquement considérée comme fort probable puisque ses membres disposent également d'un pouvoir discrétionnaire important. On peut donc conclure que dans ces circonstances, la multiplicité des profils des sujets et des acteurs du droit peut renforcer la qualité de modélisation du paradigme judiciaire.

Conversation, 28 avril 2021, disponible sur https://theconversation.com/canada-should-be-transparent-in-how-it-uses-ai-to-screen-immigrants-157841 (consulté le 17 septembre 2021).

[1] F. Marouf, « Executive Overreaching in Immigration Adjudication », *Tulane Law Review*, vol. 93, n° 4, 2019, pp. 707-785.

[2] Cf. CEDH, *K2 c. Royaume-Uni*, 7 février 2017.

Section 2. Les « faits » et les « circonstances », socles de prédiction des décisions judiciaires en Europe

Dans les cultures juridiques romano-germaniques appliquant les règles strictement « écrites », l'influence du paradigme judiciaire sur le raisonnement des magistrats peut être considérablement moins remarquable. C'est ainsi que contrairement aux méthodes visant la prédiction des décisions de la Cour suprême des États-Unis, proposées par Messieurs KATZ, BOMMARITO, BLACKMAN[1], Roger GUIMERÀ et Madame Marta SALES-PARDO[2], qui se basent principalement sur « les profils » des magistrats, celles appliquées par Monsieur ALETRAS et son équipe, à l'University College de Londres (UCL), sur les décisions de la Cour européenne des droits de l'homme s'articulent principalement autour des dispositions juridiques ainsi que « les faits » et « les circonstances » des affaires (décrits dans les requêtes et des arrêts)[3].

Ces recherches prouvent que la prédiction et la reproduction des raisonnements des magistrats et la modélisation algorithmique du paradigme judiciaire aient théoriquement possibles (au moins dans les juridictions américaines). Face à ces résultats, le Conseil de l'Europe estime que « si la modélisation informatique des systèmes juridiques positifs se révèle [...] impossible, il en va de même du raisonnement des juges. Comme l'a mis en lumière la théorie du droit, le raisonnement judiciaire est surtout affaire d'appréciation et d'interprétation, celle des faits prouvés et pertinents du litige, des règles de droit applicables (textuelle ou des précédents), dont la signification demeure, on l'a dit, très indéterminée, mais aussi de l'interprétation subjective par les juges de la notion d'équité »[4]. L'évocation

---

[1] Cf. D-M. KATZ, M-J. BOMMARITO II, J. BLACKMAN, « A general approach for predicting the behavior of the Supreme Court of the United States », *op. cit.*

[2] R. GUIMERA, M. SALES-PARDO, « Justice blocks and predictability of U.S. Supreme Court votes ». *op. cit.*

[3] N. ALETRAS, D. TSARAPATSANIS, D. PREOȚIUC-PIETRO, V. LAMPOS, « Predicting judicial decisions of the European Court of Human Rights: a Natural Language Processing perspective », *op. cit.*

[4] Conseil de l'Europe, *La charte éthique européenne d'utilisation de l'intelligence artificielle dans les systèmes judiciaires et leur environnement*, étude de la CEPEJ, 4 décembre 2018, p. 38.

d'une telle « impossibilité » n'est justifiée par aucune source et aucun raisonnement scientifique.

Dans le contexte de l'intelligence artificielle, il convient de ne jamais utiliser le terme « impossible ». Dans l'hypothèse où les chercheurs n'ont pas (encore) réussi à concevoir un tel système, cela ne signifie pas que sa création est impossible, d'autant plus qu'une telle modélisation a été successivement appliquée au niveau de la Cour suprême des États-Unis. Cela démontre la possibilité technique de création de ce système. Même si le Conseil peut légitimement faire valoir que les systèmes actuels de l'intelligence artificielle ne sont pas suffisamment pertinents et puissants pour élaborer un raisonnement subjectif correspondant aux critères déterminant le concept de l'équité.

Cela révèle la manière très particulière de l'interprétation du Conseil de l'Europe de l'expression de « la théorie du droit » et son manque de dynamique et de tolérance vis-à-vis de l'idée d'élaboration automatisée d'un raisonnement judiciaire. Le Conseil ne précise pas quelle théorie du droit puisque, comme auparavant évoqué, les partisans des différentes théories peuvent avoir des idées opposées vis-à-vis de « la subjectivité de l'interprétation judiciaire ». Il convient de noter que la justice augmentée peut aboutir à la création des nouvelles théories du droit.

Malgré la sévérité de son approche, le Conseil affirme l'efficacité du projet de Monsieur ALETRAS dans « la prédiction » des décisions de la Cour européenne des droits de l'homme[1,2]. Pourtant, il estime que ce système ne peut être utilisé pour une conception automatisée d'un « raisonnement judiciaire ».

Alors que les travaux menés aux États-Unis ont présenté « un modèle » comportemental et rationnel des magistrats, celui de Monsieur NIKOLEAS a juste réussi à « prédire » les décisions de la Cour européenne des droits de l'homme. Il s'agit des décisions binaires « affirmant » ou « rejetant » l'existence d'une violation des dispositions de la Convention. Plus précisément, il n'a pas fourni un « raisonnement judiciaire » auto-généré par l'intelligence artificielle.

L'application des méthodes proposées par son équipe, basées sur d'éléments clairement identifiés (les faits et les circonstances de l'affaire), peut être envisageable grâce aux systèmes d'*open design*. Ceux-ci sont capables d'identifier les données et les informations les plus pertinentes à l'aide des algorithmes de la reconnaissance sémantique des textes. Il se réalise à l'aide de trois techniques de l'apprentissage automatique : (1) la lecture

---

[1] *Ibidem.*, p. 39.

[2] N. ALETRAS, D. TSARAPATSANIS, D. PREOȚIUC-PIETRO, V. LAMPOS, « Predicting judicial decisions of the European Court of Human Rights: a Natural Language Processing perspective », *op. cit.*

automatique de documents (LAD), (2) la reconnaissance automatique de documents (RAD) et (3) la reconnaissance optique de caractères (OCR)[1].

En théorie, dans ce contexte, la conception d'un raisonnement grâce à l'analyse des caractéristiques des faits et des circonstances des affaires par l'intermédiaire d'un système algorithmique de *Belief–desire–intention software model* (également connu sous le nom « système du raisonnement (ou de savoir-faire) procédural » (en anglais : *Procedural reasoning system*) pourrait être aussi potentiellement possible[2].

L'intérêt principal et réel de l'*open source* se présente dans les analyses que l'*open design* réalise sur les données fournies par la première. En effet, sans le recours à ce système, l'*open source* n'est qu'une simple base de recherches en ligne. L'*open design* (ou la conception ouverte) consiste en un système algorithmique dédié à l'identification automatique des données et des informations publiées ou partagées « publiquement » afin de créer un nouveau programme ou concevoir une nouvelle information. Le même système peut être également utilisé pour concevoir automatiquement des objets physiques (matériels)[3].

Les systèmes de prédiction et de modélisation présentés par ce projet[4] et ceux menés aux États-Unis[5] visent des objectifs différents et utilisent des techniques différentes. Pourtant, la combinaison des solutions qu'ils proposent peut potentiellement fournir la possibilité d'un système unique de modélisation du raisonnement des magistrats européens avec un taux d'efficacité suffisant. Dans une formule plus simple, nous pourrions peut-être appliquer le système proposé dans le contexte de la Cour suprême des États-Unis[6] sur la base des éléments identifiés et privilégiés par le projet de

---

[1] Cf. O. AUGEREAU, « Reconnaissance et classification d'images de documents », *thèse en l'informatique*, université Bordeaux 1, pp. 24-25.

[2] M. GEORGEFF, B. PELL, M. POLLACK, M. TAMBE, M. WOOLDRIDGE, « The Belief-Desire-Intention Model of Agency » In. J.P. MÜLLER, A.S. RAO, M.P. SINGH (dir.), *Intelligent Agents V: Agents Theories, Architectures, and Languages*. 5th International Workshop ATAL (Paris - 1998), vol 1555, Springer,1999, disponible sur https://doi.org/10.1007/3-540-49057-4_1 et www.cs.ox.ac.uk/people/michael.wooldridge/pubs/atal98b.pdf (consulté le 23 septembre 2021). ; G. KARDAS, B. TEZEL, M. CHALLENGER, « Domain-specific modelling language for belief-desire-intention software agents », *IET Softw*, vol. 12, 2018, pp. 356-364. ; A. TARHINI, K. HONE, X. LIU, « The effects of individual differences on e-learning users' behaviour in developing countries: A structural equation model », *Computers in Human Behavior*, vol. 41, 2014, pp. 153-163.

[3] S. DUSOLLIER, « Design Ouvert (Open Design) » In. M. CORNU, F. ORSI, J. ROCHFELD, *Dictionnaire des biens communs*, Presses Universitaires de France, pp.345-349.

[4] N. ALETRAS, D. TSARAPATSANIS, D. PREOȚIUC-PIETRO, V. LAMPOS, « Predicting judicial decisions of the European Court of Human Rights: a Natural Language Processing perspective », *op. cit.*

[5] Principalement D-M. KATZ, M-J. BOMMARITO II, J. BLACKMAN, « A general approach for predicting the behavior of the Supreme Court of the United States », *op. cit.* et R. GUIMERA, M. SALES-PARDO, « Justice blocks and predictability of U.S. Supreme Court votes ». *op. cit.*

[6] *Ibidem.*

l'University College de Londres[1] (principalement les faits et les circonstances des affaires).

La pertinence de ce système, n'étant jamais appliqué dans les juridictions européennes, ne peut être évaluée d'une façon claire. Afin de mieux analyser les caractéristiques de son applicabilité, il convient de faire une distinction entre son implication dans les juridictions appliquant un droit « existant » et celles qui sont censées créer des « nouvelles règles juridiques ». La même distinction peut se faire également entre la Cour européenne des droits de l'homme appliquant un champ très limité des dispositions juridiques et la Cour de justice de l'Union européenne possédant un champ très large de compétences, incluant celui de l'interprétation du droit de l'Union et du contrôle de la légalité des lois.

Dans chaque juridiction, chacun des systèmes algorithmiques de « modélisation du raisonnement » et de « la prédiction des décisions » peut être plus pertinent. La première semble avoir une applicabilité particulièrement limitée en Europe continentale puisqu'elle se base plus spécifiquement sur les profils des personnes[2]. Ce propos se justifie par deux raisons « législative » et « technique ».

Dans les systèmes romano-germaniques, comme celui de l'Europe, le rôle d'interprétation des juges est beaucoup moins considérable que dans la culture juridique anglo-saxonne[3], puisque dans les premiers, la pratique du droit se limite plus particulièrement dans « l'application » des dispositions juridiques « existantes ». Aux niveaux de l'Union européenne[4] et du Conseil de l'Europe[5], il y a une approche de plus en plus restrictive vis-à-vis du recours au profilage des personnes. Dans le premier, il est visiblement apparent dans les articles 4 et 22 du RGPD. Cette position exprimée est réaffirmée par la

---

[1] N. ALETRAS, D. TSARAPATSANIS, D. PREOTJUC-PIETRO, V. LAMPOS, « Predicting judicial decisions of the European Court of Human Rights: a Natural Language Processing perspective », *op. cit.*

[2] En particulier, ceux des magistrats.

[3] Cf. Information Commissioner's Office (RU), *What is automated individual decision-making and profiling?*, https://ico.org.uk/for-organisations/guide-to-data-protection/guide-to-the-general-data-protection-regulation-gdpr/automated-decision-making-and-profiling/what-is-automated-individual-decision-making-and-profiling/ (consulté le 28 septembre 2021).

[4] Cf. Agence des droits fondamentaux de l'Union européenne, *Guide pour la prévention du profilage illicite aujourd'hui et demain*, 2019, disponible sur https://fra.europa.eu/sites/default/files/fra_uploads/fra-2018-preventing-unlawful-profiling-guide_fr.pdf (consulté le 28 septembre 2021).

[5] Cf. Conseil de l'Europe, *Le profilage ethnique : une pratique persistante en Europe*, 9 mai 2019, disponible sur https://www.coe.int/fr/web/artificial-intelligence/-/ethnic-profiling-a-persisting-practice-in-europe (consulté le 28 septembre 2021). ; Cf. Conseil de l'Europe, Convention 108, *Profilage et la Convention 108+ : Rapport sur l'évolution de la situation après l'adoption de la Recommandation (2010) 13 sur le profilage*, 7 novembre 2019, disponible sur https://rm.coe.int/t-pd-2019-07rev-fr-rapport-profilage-final/1680a04306 (consulté le 28 septembre 2021).

proposition de règlement sur l'intelligence artificielle[1]. Pratiquement, cela rend extrêmement difficile d'utiliser les profils des personnes dans ce processus.

Comme auparavant évoqué, du point de vue de la protection des données, le recours aux systèmes de prise de décision automatisée dans les juridictions européennes peut être envisageable dans deux hypothèses : la première est la reconnaissance de sa nature en tant que « mission de l'intérêt public » (visant à renforcer la qualité ou la rapidité du fonctionnement de justice)[2]. La seconde est l'obtention du consentement des parties du litige pour être l'objet d'un tel traitement[3]. Dans ce cas, cette condition s'applique également pour l'utilisation *a posteriori* de leurs données pour prédire ou reproduire des futures. La pratique de l'anonymisation des noms est une solution pertinente pour ce problème.

En considérant que les outils de la legaltech sont principalement fournis par les entreprises privées, la seconde option (étant pour l'instant plus facile) peut augmenter le risque de circulation de ces données et leur transmission à l'extérieur de l'Union européenne, notamment lorsque leurs bases se trouvent dans ces territoires (notamment dans les espaces *Cloud*). Un consentement pour un éventuel transfert des données à l'étranger peut résoudre ce problème. En pratique cela empêcherait une mise en place généralisée de ce système puisqu'il n'est pas évident de pouvoir obtenir l'accord d'un grand nombre de personnes. Le considérant n° 112 du RGPD autorise un transfert des données personnelles par les autorités publiques vers l'extérieur de l'Union, lorsque leur traitement relève de dérogations reconnues par ce texte (cela peut concerner la première option).

Son considérant n° 122 élargit le champ d'applicabilité de cette disposition aux « organismes privés agissant dans l'intérêt public ». Un tel transfert, fait directement ou par l'intermédiaire des entreprises de legaltech n'est pas automatiquement autorisé. Malgré les dérogations formulées en faveur des activités relevant des missions de l'intérêt public, son article 22 fixe des limites de plus en plus restrictives à la pratique du « profilage ». À part la question du « traitement » des données, il y a aussi une inquiétude liée à leur « protection ». Même dans l'hypothèse où les juridictions utilisent les

---

[1] La proposition de Règlement du Parlement européen et du Conseil établissant des règles harmonisées sur l'intelligence artificielle, *op. cit.*

[2] Cons. 45, 47, 50-54, 65, 69, 128, 156, 159, art. 9§2 (g) et (i), art. 49§1 (d) et(g), §4 et §5 du RGPD.

[3] Cf. CNIL, *Conformité RGPD : comment recueillir le consentement des personnes ?*, 3 août 2018, disponible sur https://www.cnil.fr/fr/les-bases-legales/consentement#:~:text=Le%20consentement%20est%20défini%20comme,objet%20d'un%20traitement%20» (consulté le 28 mars 2022). ; Cf. Groupe de travail «Article 29» sur la protection des données, *Lignes directrices sur le consentement au sens du règlement 2016/679*, doc. n° 17/FR - WP259 rév.01, 10 avril 2018, https://www.cnil.fr/sites/default/files/atoms/files/ldconsentement_wp259_rev_0.1_fr.pdf (consulté le 28 mars 2022).

logiciels conçus par l'État hébergeant les données dans les bases de données internes, le risque de leur piratage par les logiciels malveillants est présent.

Dans le contexte des « condamnations pénales », ces dispositions sont combinées avec des restrictions complémentaires posées par l'article 10 de ce texte exigeant un contrôle des autorités publiques. Sauf dans l'hypothèse où « le traitement est autorisé par le droit de l'Union ou par le droit d'un État membre qui prévoit des garanties appropriées pour les droits et libertés des personnes concernées »[1].

Dans ce processus, la multiplicité des obstacles à l'utilisation des données « personnelles », exige une concentration plus importante sur les autres éléments constituant les jurisprudences, en particulier, les faits et les circonstances des affaires (plus précisément, les données utilisées dans ces analyses doivent se limiter à celles strictement liés aux faits et aux circonstances de l'affaire). Un système de prédiction basé sur ces derniers, est susceptible d'avoir une opérationnalité partielle dans les juridictions étatiques. Cependant, son applicabilité peut être considérablement plus importante dans les affaires relevant du droit de l'Union européenne.

Au niveau des États membres de l'Union européenne et du Conseil de l'Europe, l'efficacité et la fiabilité des systèmes de la prédiction peuvent être variables en fonction du « type » et du « domaine » des contentieux ainsi que de « la nature » de la juridiction tranchant le litige. Par exemple, dans le contexte du droit français, Me Jean-Baptiste DUBRULLE explique que dans le domaine du droit public, « la base n'est pas suffisamment riche pour obtenir des statistiques probantes »[2]. Il ajoute qu'actuellement, la prédiction des décisions de la justice semble être plus réalisable dans certains domaines du droit, tels que « le droit du travail, le droit de la famille et le droit commercial »[3].

Dans les juridictions des pays anglo-saxons (en particulier, les États-Unis), les techniques de la modélisation du raisonnement individuel et du paradigme judiciaire peuvent être utilisées dans les juridictions suprêmes et du second degré pour interpréter la règle du droit et les concepts juridiques. Une prédiction algorithmique classique grâce aux techniques de l'apprentissage automatique est susceptible d'être plus utile et efficace dans les juridictions du premier degré où l'élaboration des statistiques semble être plus facile.

Par exemple, dans le cas des « contentieux simples » et des « procédures simplifiées » comme « le divorce par consentement mutuel » ou « l'obtention

---

[1] Art. 10, Règlement (UE) 2016/679 du Parlement européen et du Conseil du 27 avril 2016, relatif à *la protection des personnes physiques à l'égard du traitement des données à caractère personnel et à la libre circulation de ces données* (abrogeant la directive 95/46/CE).

[2] C. FLEURIOT, « L'intelligence artificielle va provoquer une mutation profonde de la profession d'avocat », *Dalloz actualité*, 15 mars 2017, disponible sur https://www.dalloz-actualite.fr/flash/l-intelligence-artificielle-va-provoquer-une-mutation-profonde-de-profession-d-avocat#.Xo9AvW468dU. (consulté le 28 septembre 2021).

[3] *Ibidem*.

du paiement d'une dette », un système classique de la prédiction comme celui appliqué par l'équipe de Monsieur ALETRAS est susceptible d'être suffisant. La pertinence de ce système est déjà prouvée dans les juridictions automatisées estoniennes[1]. Cependant, dans les États européens, même au niveau des juridictions suprêmes, l'efficacité des systèmes de modélisation des décisions ne peut être garantie dans tous les contentieux, puisque les prédictions statistiques ne permettent pas de concevoir un « nouvel avis » ou une « nouvelle approche » vis-à-vis d'un sujet.

Un facteur important déterminant l'efficacité de ce système dans la Cour suprême des États-Unis est que, dans celle-ci, les litiges sont toujours tranchés dans une chambre unique et par les mêmes magistrats disposant de longs mandats (à vie)[2]. En raison de la longue durée de leur mandat (celui-ci est, en principe, à vie), l'approche générale de cette juridiction envers les faits est susceptible d'être de plus en plus stable. Par conséquent, lorsque les modèles rationnels et décisionnels des magistrats sont (correctement) établis, ils restent relativement stables et utilisables dans le cas de leurs futures décisions puisqu'*a priori*, ils seront traités, par les mêmes personnes, d'une même semblable. Ce propos est également valable dans le cas du recours à ce système dans « la prédiction » des décisions de la Cour européenne des droits de l'homme.

Au sein des juridictions des États européens, le traitement des litiges peut être soumis, dans chaque niveau de juridiction et chaque type de contentieux, aux règles structurelles, complexes et différentes. Par conséquent, il est extrêmement difficile d'établir une formule algorithmique généralement applicable dans toutes les chambres de toutes les juridictions étatiques. Son efficacité peut être aussi différente dans les autres chambres spécialisées d'une juridiction suprême où le nombre des magistrats est relativement plus limité. En principe, tant que le nombre des magistrats est plus élevé, la multiplicité des approches peut être aussi augmentée. Cela pourrait potentiellement complexifier le fonctionnement du système de comparaison de ces dernières.

Par exemple, en 2021, la Cour fédérale de l'Allemagne (en allemand : *Bundesgerichtshof*) a été composée de 13 chambres civiles, 6 chambres pénales et 10 autres chambres spécialisées dans les autres domaines[3,4] avec

---

[1] Cf. E. NILLER, « Can AI Be a Fair Judge in Court? Estonia Thinks So », *Wired.com*, *op. cit.*

[2] E. ZOLLER, « Présentation de la Cour suprême des Etats-Unis », *Conseil constitutionnel*, disponible sur https://www.conseil-constitutionnel.fr/nouveaux-cahiers-du-conseil-constitutionnel/presentation-de-la-cour-supreme-des-etats-unis (consulté le 26 septembre 2021).

[3] Le plan de répartition des affaires dans cette juridiction s'actualise et reste disponible sur https://www.bundesgerichtshof.de/DE/DasGericht/Geschaeftsverteilung/geschaeftsverteilung_node.html;jsessionid=FC701DE65A20E53ECEE9309CDE9AD3E6.1_cid359 (consulté le 26 septembre 2021).

[4] Bundesgerichtshof, *Besetzung der weiteren Senate*, disponible sur https://www.bundesgerichtshof.de/DE/DasGericht/Geschaeftsverteilung/BesetzungSenate/WeitereSenate/weitereSenate

152 magistrats dont 17 présidents de chambre[1]. En France, la Cour de cassation et la section du contentieux du Conseil d'État se composent respectivement de 3[2] et 10 chambres (composées par 300 membres)[3]. Dans ces juridictions, la multiplicité du nombre des magistrats et des méthodes du traitement des affaires nous empêche de recourir à l'analyse des « profils des magistrats ».

Malgré le décalage de qualité de ce système dans les domaines différents du droit, en raison du principe de « la primauté du droit de l'Union européenne », une telle forme de la prédiction dans des cas relevant strictement de ce domaine, peut être particulièrement efficace, quel que soit le degré, la compétence et la composition de la juridiction tranchant le litige.

Concernant l'application des dispositions primaires du droit de l'Union européenne par les juridictions étatiques, les mécanismes de la modélisation algorithmiques peuvent servir pour créer des modèles décisionnels « européens », à partir de l'ensemble des décisions des juridictions des différentes États, portant sur un même « fait ». Ces modèles peuvent être utilisés dans les juridictions (de différents degrés) de tous les États membres, tout en s'adaptant au fur et à mesure des autres dispositions juridiques nationales (ou même internationales) et en fonction des particularités de la culture judiciaire de chaque pays. Nous pouvons conclure qu'ils peuvent être plutôt un outil d'aide à la décision que celui de la prise de décision. L'harmonisation du recours à ces méthodes par les juridictions étatiques, peut aboutir au renforcement de celle de l'application du droit européen. Depuis l'entrée en vigueur du Traité d'Amsterdam, l'Union vise à créer et garantir « un espace » de liberté, de sécurité et de la justice dans ses territoires[4].

Une coopération judiciaire interétatique en matière de justice (particulièrement pénale) et de police a été initialement prévue par le Traité de Maastricht. Cela fait partie de trisomie pilier de l'Union européenne[5]. Il convient de considérer que le Royaume du Danemark est dispensé et exclu, selon une clause de non-participation, des mesures relevant du titre V du Traité du fonctionnement de l'Union européenne instaurant cet espace. En

_node.html;jsessionid=D5139B9544A3BF1BD415DAF13380BCC7.2_cid359 (consulté le 26 septembre 2021).

[1] *Ibidem.*

[2] Cour de Cassation, *Les membres de la Cour de cassation*, disponible sur https://www.courdecassation.fr/institution_1/presentation_2845/membres_cour_cassation_30991.html (consulté le 28 septembre 2021). ; Cour de Cassation, *Les compétences des chambres*, disponible sur https://www.courdecassation.fr/institution_1/presentation_2845/competences_chambres_33511.html (consulté le 28 septembre 2021).

[3] Conseil d'État (fr), *Les membres du Conseil d'État*, disponible sur https://www.conseil-etat.fr/recrutement-et-carrieres/au-conseil-d-etat/les-metiers/les-membres-du-conseil-d-etat (consulté le 28 septembre 2021).

[4] V. Articles 67 à 89 du Traité sur le fonctionnement de l'Union européenne.

[5] V. Article K.1 (Titre VI) du Traité de Maastricht.

effet, aujourd'hui, il a une coopération limitée en cette matière, avec l'Union et ses États membres[1]. C'est ainsi qu'à cette date, l'idée de « l'harmonisation des pratiques judiciaires des États membres » a pris la place d'une « coopération » entre eux. En matière pénale, elle est beaucoup plus remarquable.

Le paragraphe 3 de l'article 67 du Traité sur le fonctionnement de l'union européenne prévoit « des mesures de coordination et de coopération entre autorités policières et judiciaires et autres autorités compétentes, ainsi que par la reconnaissance mutuelle des décisions judiciaires en matière pénale et, si nécessaire, par le rapprochement des législations pénales ».

Ainsi, son paragraphe 4 dispose que « l'Union facilite l'accès à la justice, notamment par le principe de reconnaissance mutuelle des décisions judiciaires et extrajudiciaires en matière civile »[2]. Ce principe vise une convergence progressive des législations nationales ainsi que des règles sociales dans les États membres[3]. Selon le paragraphe 2 de l'article 83 de ce traité, « lorsque le rapprochement des dispositions législatives et règlementaires des États membres en matière pénale s'avère indispensable pour assurer la mise en œuvre efficace d'une politique de l'Union », elle peut envisager « des règles minimales » applicables dans l'ensemble des États membres et « des mesures d'harmonisation ».

L'Union n'envisage certainement pas une harmonisation « générale » des méthodes d'exécution de la pratique du droit dans ses États membres[4]. Pourtant, les dispositions du chapitre III de ce traité démontrent qu'il y a une telle tendance au sujet de « l'application » et de « l'interprétation » du droit de l'Union européenne. Les principes de « primauté » et de « l'effet direct » du droit de l'Union[5] garantissent son application uniforme dans tous les États membres[6], même s'il ne s'applique pas toujours automatiquement. Il faut

---

[1] Accord entre la Communauté européenne et le Royaume du Danemark sur la compétence judiciaire, la reconnaissance et l'exécution des décisions en matière civile et commerciale, 16 novembre 2005, disponible sur https://eur-lex.europa.eu/LexUriServ/LexUriServ.do?uri=OJ:L:2005:299:0062:0070:FR:PDF (consulté le 1er octobre 2021).

[2] Cf. Règlement (UE) n° 1215/2012 du Parlement européen et du Conseil du 12 décembre 2012 *concernant la compétence judiciaire, la reconnaissance et l'exécution des décisions en matière civile et commerciale.* ; Cf. Parlement européen, *La coopération judiciaire en matière civile*, fiches thématiques sur l'Union européenne, disponible sur https://www.europarl.europa.eu/factsheets/fr/sheet/154/la-cooperation-judiciaire-en-matiere-civile (consulté le 2 octobre 2021).

[3] Sénat (fr), *Résolution européenne sur la convergence sociale dans l'Union européenne*, doc. n° 108, 26 mai 2018, disponible sur https://www.senat.fr/leg/tas17-108.pdf (consulté le 1er octobre 2021).

[4] V. Le paragraphe 1 de l'article 67 du Traité sur le fonctionnement de l'union européenne.

[5] V. Arrêt de la Cour de justice, *Van Gend & Loos*, affaire 26-62 (5 février 1963).

[6] V. CJUE, *Costa c. ENEL*, affaire n° 6-64 (15 juillet 1964).

garder à l'esprit que l'application de ce principe peut être exclue lorsqu'un État possède une marge de manœuvre[1].

Cela nous amène à nous interroger sur l'idée d'une « interprétation harmonisée » de ce droit, par les juridictions étatiques. Il semble que c'est la difficulté pratique de la mise en place d'un tel système au niveau des États qui justifie l'attribution de ce rôle à la Cour de justice de l'Union européenne. Le recours harmonisé (ou similaire) aux systèmes de modélisation algorithmique dans les juridictions étatiques peut permettre de mieux garantir cette harmonisation.

Le 14 mai 2018[2], Monsieur Jean-Marc SAUVÉ, en appuyant sur la nécessité d'harmonisation de « la position » des Conseils d'État des pays membres de l'Union, a lancé un appel pour une « coopération » visant à élaborer une « vision commune » sur les problématiques juridiques relatives à l'intelligence artificielle[3]. Cela démontre que, même en présence d'un règlement européen encadrant l'usage de cette technologie, un rapprochement des positions interprétatives des juridictions suprêmes étatiques vis-à-vis de ses défis sous-jacents dont « la justice augmentée » est estimé nécessaire. En effet, le règlement ne fixe que des règles « générales ».

En affirmant l'évocation de Monsieur SAUVÉ, il convient d'aller plus loin et harmoniser « l'approche pratique » des États vis-à-vis des méthodes algorithmiques de « l'analyse » et de « la prise de décision » dans le secteur du droit. Grâce à ces systèmes, il serait possible de créer des modèles analytiques et un système « automatisé » et « centralisé » d'interprétation du droit européen, sous la supervision de la Cour de justice de l'Union européenne. Son utilisation par les juridictions étatiques pourrait potentiellement réduire le nombre des recours devant cette juridiction et des demandes d'interprétation.

En général, les systèmes algorithmiques sont susceptibles d'avoir une efficacité considérable dans la Cour européenne des droits de l'homme, alors qu'ils ont une applicabilité plus diversifiée et plus complexe dans la Cour de justice de l'Union européenne.

Dans la Cour européenne des droits de l'homme, l'intelligence artificielle peut être utilisée de trois manières au cours de « deux phases » du traitement de l'affaire. Plus précisément, les algorithmes d'apprentissage « supervisé » (la première s'effectue via un processus itératif lorsque les données d'entrée

---

[1] V. CJCE, *Ursula Becker c. Finanzamt Münster-Innenstadt*, affaire 8-81 (19 janvier 1982). ; Cf. D. KESSLER, « La marge de manœuvre des États. La dictature des marchés ? », *Pouvoirs*, vol. 3, n° 142, 2012, pp. 71-91.

[2] Lors du colloque biennal de l'Association des Conseils d'État et des juridictions administratives suprêmes de l'Union européenne.

[3] ACA Europe, *La Haye, le 14 mai 2018 : Colloque 'Une exploration de la technologie et du droit*, 14 mai 2018, disponible sur http://www.aca-europe.eu/index.php/fr/evenements/638-la-haye-14-mai-2018-colloque-une-exploration-de-la-technologie-et-du-droit (consulté le 2 septembre 2019).

sont variables et la valeur de celles de sortie est précisément définie et programmée) peuvent entrer en jeu pour « vérifier la recevabilité des requêtes »[1]. Ainsi, ils peuvent être utilisés pour « prédire les décisions de cette juridiction »[2] et pour « modéliser un raisonnement judiciaire portant sur les articles spécifiques de la convention européenne des droits de l'homme ». L'efficacité de ce système n'a jamais été évaluée.

Dans la Cour européenne des droits de l'homme[3], les conditions et les critères de la recevabilité des requêtes, étant strictement formelles, sont entièrement définis par les règlements écrits. Les techniques du traitement automatique du langage naturel sont susceptibles d'avoir une efficacité optimale dans la vérification de certains critères tels que ceux définis par l'article 34 et les paragraphes 2 (dans le cas d'une requête déjà soumise à la Cour ou à une autre instance internationale. L'efficacité de ce système dépend de l'ouverture des données judiciaires des juridictions internationales) et 3 (dans le cas de soumission d'une requête abusive) de l'article 35 de la convention. Ainsi, l'importance du préjudice subi par le requérant, une condition essentielle de recevabilité[4], peut être estimée par l'intelligence artificielle en réalisant une comparaison avec des appréciations et des avis de la Cour sur des requêtes « similaires » déposées dans le passé et les autres données existant dans les bases de données jurisprudentielles. Il y a aussi d'autres conditions tels que « l'épuisement de voie de recours devant les juridictions internes » et « le respect du délai de six mois ». Dans cette phase, aucun processus de modélisation ne se réalise. Celui-ci ne peut intervenir que dans les phases suivantes de procédure (dans l'hypothèse d'une affirmation de sa recevabilité).

Il convient de noter que dans les cas exceptionnels justifiés par l'existence d'une difficulté sérieuse, la Cour peut accorder une dérogation à cette condition[5]. Si les explications du requérant sont suffisamment claires, celles-ci peuvent être parfaitement analysées par les techniques de l'apprentissage automatique. C'est ainsi que l'intelligence artificielle peut évaluer sa

---

[1] Cf. L. PÉCAUT-RIVOLIER, S. ROBIN, « Justice et intelligence artificielle, préparer demain - épisode I », *Dalloz actualité*, 14 avril 2020, disponible sur https://www.dalloz-actualite.fr/flash/justice-et-intelligence-artificielle-preparer-demain-episode-i#.YUiboKA68dU (consulté le 2 octobre 2021).

[2] N. ALETRAS, D. TSARAPATSANIS, D. PREOŢIUC-PIETRO, V. LAMPOS, « Predicting judicial decisions of the European Court of Human Rights: a Natural Language Processing perspective », *op. cit.*

[3] La Cour européenne des droits de l'homme, *Les critères de recevabilité*, 2015, disponible sur https://www.echr.coe.int/Documents/COURtalks_Inad_Talk_FRA.PDF (consulté le 16 septembre 2021).

[4] Cour européenne des droits de l'homme, *Guide pratique sur la recevabilité*, mise à jour au 8 février 2021, pp. 81-88, disponible sur https://www.echr.coe.int/Documents/Admissibility_guide_fra.pdf (consulté le 1er octobre 2021).

[5] Cf. CEDH (gde. ch.), *Varnava et autres c. Turquie*, 18 septembre 2009, §§ 162-163.

pertinence. En outre, le retard ne doit pas être excessif[1]. La cohérence du rapport entre « la durée du retard » et « sa cause » peut être pareillement évaluée par la machine[2].

Les résultats du projet de l'*University College* de Londres dans « la prédiction » des décisions de cette juridiction sont considérablement satisfaisants[3]. Dès lors, la question qui se pose est de savoir dans quelles mesures un arrêt de cette Cour peut être automatiquement élaboré par l'intelligence artificielle. Ce projet permet de fournir une réponse finale simple, à savoir, « violation » ou « non violation » d'un article de la convention. Malgré sa haute pertinence, elle ne peut être considérée comme « un arrêt », puisque celui-ci doit contenir des explications justifiant la motivation de la Cour dans la prise de sa décision.

Le système algorithmique de « classification binaire », employé par Monsieur ALTERAS et son équipe, s'appuie sur une « logique mathématique »[4]. Celui-ci est initialement inspiré par « l'algèbre de Boole »[5] qui a été, elle-même, inspirée par la logique aristotélicienne (ou traditionnelle)[6] reposant sur « un syllogisme »[7]. On peut donc estimer que chaque étape de classification algorithmique est justifiée par « une raison » et « une logique ». C'est ainsi qu'elle peut être facilement justifiée et motivée. D'une nature extrêmement formelle, les explications sur chaque étape peuvent être clairement formulées par la machine sans une intervention humaine (d'autant plus que dans le contexte du Conseil de l'Europe, « le contrôle humain » sur les systèmes de l'intelligence artificielle n'est pas une exigence juridique).

Il convient de noter que celles-ci peuvent être dans une forme rédactionnelle différente des explications exprimées par les hommes. Par conséquent, une intervention rédactionnelle peut être aussi nécessaire afin de

---

[1] *Ibidem*. §§161-166.

[2] V. CEDH, *Pitsayeva et autres c. Russie*, 9 janvier 2014, §§ 386-393 ; CEDH, *Sultygov et autres c. Russie*, 9 octobre 2014, §§ 375-380. ; CEDH, *Sagayeva et autres c. Russie*, 8 décembre 2015, §§ 58-62. ; CEDH, *Doshuyeva et Yusupov c. Russie*, 31 mai 2016, §§ 41-47.

[3] N. ALETRAS, D. TSARAPATSANIS, D. PREOȚIUC-PIETRO, V. LAMPOS, « Predicting judicial decisions of the European Court of Human Rights: a Natural Language Processing perspective », *op. cit.*

[4] R. CORI, D. LASCAR, *Logique mathématique, tome 1 : Calcul propositionnel, algèbre de Boole, calcul des prédicats*, Dunod, 2003, 408 p. ; Cf. L. SCHNEPS, C. COLMEZ, *Les maths au tribunal. Quand les erreurs de calcul font les erreurs judiciaires*, Seuil, 2015, 288 p.

[5] G. BOOLE, *An Investigation of the Laws of Thought*, Dover Publications Inc., 1958, 424 P. ; Cf. M-J. DURAND-RICHARD, « *Babbage et Boole : les lois du calcul symbolique* », *Intellectica*, n° 39, 2004, pp. 23-53. ; N. PERMINGEAT, D. GLAUDE, *Algèbre de Boole: Théorie, méthodes de calcul, applications, avec exercices*, Dunod, 1988, 211 p.

[6] Cf. M. CRUBELLIER, « Aristotle on the Ways and Means of Rhetoric » In. D. M. GABBAY, P. CANIVEZ, Sh. RAHMAN, A. THIERCELIN (dir.), *Approaches to Legal Rationality*, Springer, 2011, pp. 3-24.

[7] Cf. V.J. KATZ, K. PARSHALL, *Taming the Unknown : History of algebra from antiquity to early twentieth century*, Princeton University Press, 2014, 504 p.

les mettre dans la forme du langage « ordinaire » des juridictions. Ce système de la prédiction algorithmique nous amène à réfléchir sur la possibilité de création de « modèles du raisonnement », visant à étudier la violation de chacun des articles de la convention.

Nous avons auparavant évoqué que selon le projet de l'*University College* de Londres (et les travaux réalisés ultérieurement), sur le plan « linguistique » et « rationnel », les arguments des magistrats contiennent un nombre considérable de similitudes. Cela démontre qu'il y a un consensus, entre eux, dans la manière d'analyser « les faits » et « l'interprétation des dispositions juridiques ».

Il est possible, grâce aux algorithmes, d'identifier ses caractéristiques et créer un modèle sur la base de ces dernières. Ainsi, il est possible de créer des modèles rationnels distincts et dynamiques pour chaque article de la convention.

Ils peuvent être utilisés dans l'analyse de tous les faits et toutes les circonstances liées à celui-ci. Dans les cas complexes où il y a un risque de violation de plusieurs articles, on peut recourir, dans le même processus, à plusieurs modèles. En considérant que les articles concernés sont mentionnés dans la requête, l'application des modèles rationnels de « tous » les articles de la convention ne semble pas être nécessaire, même s'il est techniquement possible. Cela peut éviter la détection d'une éventuelle violation d'un article non réclamé dans la requête.

Ces modèles peuvent être aussi systématiquement utilisés par les justiciables et leurs avocats dans toutes les affaires, devant toutes les juridictions des États membres du Conseil de l'Europe, comme un outil de diagnostic complémentaire, afin d'identifier des faits pouvant relever d'une violation des articles de la convention. Dans ce cas, « les faits » et « la convention » et ses textes associés (comme les jurisprudences) sont les données d'entrée au système et celle de sortie est « l'identification d'une potentielle violation de ses dispositions ».

Cela se réalise par une identification des similitudes entre les faits du cas présent et ceux des requêtes similaires, déposées auparavant auprès de la Cour européenne des droits de l'homme. Par conséquent, ils peuvent être directement utilisés par les justiciables dans leur quotidien, comme un outil d'assistance et d'aide à la décision et le contrôle de la conformité juridique. Par exemple, si nous fournissions un texte contenant les circonstances détaillées d'un licenciement, grâce à ce système, on peut vérifier rapidement si l'une des motivations et des actions de l'employeur liées à celui-ci peut être « potentiellement » qualifié comme une violation des dispositions de la convention.

Ces modèles peuvent être utilisés en temps réel dans toutes les situations, même sur la transcription d'un échange avec une amie pour détecter une violation (par exemple, un propos discriminatoire). Grâce aux technologies de la reconnaissance vocale, il serait possible d'appliquer le même système sur les échanges oraux. Ce genre d'usage de ces systèmes peut présenter le risque de violation des dispositions juridiques protégeant la vie privée des individus. Dans ce cas, tout d'abord, le système de l'intelligence artificielle détecte les données dans une parole et les transforme en une version écrite (ils peuvent être ensuite retransformés en version vocale). Ensuite, en appuyant sur les modèles rationnels, il peut signaler le risque d'une potentielle violation d'un ou plusieurs articles de la convention.

Contrairement aux « juridictions suprêmes étatiques » et « la Cour européenne des droits de l'homme », « la Cour de justice de l'Union européenne » a des compétences extrêmement variées, allant du traitement des litiges en passant au contrôle des actions des institutions des États et de l'Union, la création des normes juridiques et répondre aux questions préjudicielles à l'annulation des actes juridiques de l'Union. Ainsi, par rapport aux juridictions étatiques, le champ de ses sujets est beaucoup plus large, englobant non seulement les individus, les entreprises et les États, mais aussi les institutions de l'Union européenne. La particularité de cette juridiction se caractérise également par la multiplicité des responsabilités de ses membres. En particulier, les magistrats et les avocats généraux[1].

À ce titre, on peut considérer que le recours aux techniques algorithmiques au sein du « tribunal » est susceptible d'être plus facile que dans « la Cour de justice », puisqu'il est seulement composé par les magistrats. En fait, cela permet l'application harmonisée des méthodes algorithmiques dans l'ensemble des affaires similaires. C'est ainsi que les techniques algorithmiques peuvent avoir des utilités très diverses au sein de cette juridiction. L'intelligence artificielle peut y être autant utilisable dans « le contrôle de la recevabilité des requêtes » que dans « la génération automatisée des arrêts, décisions et conclusions ».

Contrairement à la Cour suprême des États-Unis, le rejet d'un pourvoi jugé « irrecevable » ou « manifestement non fondé » par la Cour de justice de l'Union européenne doit être réalisé par la voie d'une ordonnance « motivée ». Dans la première juridiction, la décision d'acceptation de la requête dépend strictement de l'appréciation des magistrats. C'est ainsi qu'une modélisation du raisonnement centrée sur leur profil semble être de particulièrement nécessaire. Les articles 53, 159 bis et 181 du règlement de procédure de la Cour de justice du 25 septembre 2012. Selon l'article 36 du statut de la Cour de justice de l'Union européenne, les « arrêts » doivent être aussi motivés et contenir les noms des juges qui l'ont délibéré.

Les conditions de recevabilité sont particulièrement claires, limitées et exhaustives. Par exemple, celles des renvois préjudiciels[2] se limitent à 5. Par conséquent, une vérification de la recevabilité peut être facilement réalisée avec les techniques simples de l'apprentissage supervisé, sans besoin de

---

[1] V. art. 254 du Traité du fonctionnement de l'Union européenne.

[2] L'article 267 du Traité sur le fonctionnement de l'Union européenne.

recourir à des techniques plus sophistiquées comme celles de la modélisation du raisonnement des magistrats. Dans le cas des questions préjudicielles, deux conditions complémentaires sont considérées par la Cour[1], à savoir, « sa clarté »[2] et « son utilité et sa nécessité pour trancher le litige »[3].

Dans ces circonstances, une évaluation algorithmique doit être réalisée avec des calculs plus puissants. Dans l'hypothèse d'une multiplicité des questions liées à une seule affaire, l'intelligence artificielle peut distinguer celles correspondant aux conditions de la recevabilité et valider une partie d'entre elles. Ce système peut être également utilisé pour évaluer la recevabilité des pourvois (devant la Cour de justice) contre les arrêts et ordonnances du tribunal.

Dans ce cas, les algorithmes peuvent modéliser le raisonnement des magistrats sur les faits et les circonstances de l'affaire. Dans ce type de recours, le requérant fournit les nouveaux éléments (en particulier, les explications sur l'applicabilité de la décision de la Cour) constituant les données d'entrée au système. Ceux-ci lui permettent d'élaborer, dans la Cour de justice, de nouveaux modèles rationnels. Si ces derniers sont considérablement différents de ceux auparavant réalisés dans le tribunal, la machine peut conclure que ce pourvoi est susceptible d'être recevable. C'est ainsi qu'elle peut évaluer la pertinence des modèles qu'elle a initialement élaborés, dans le tribunal, afin d'examiner « la possibilité » ou « la nécessité » de révision de sa décision. En raison de la multiplicité des compétences de cette juridiction et la complexité de son fonctionnement (en particulier, lorsque sa compétence est partagée avec les juridictions étatiques), il est extrêmement difficile de présenter, dans cette juridiction, un bilan global de la qualité et de l'efficacité des techniques de modélisation algorithmique, puisque celles-ci peuvent être délicatement différentes dans l'exercice de chacune de ses compétences.

Par exemple, il apparaît qu'elles sont susceptibles d'avoir une efficacité minimale dans le cas du traitement des recours et des questions préjudicielles, alors que ces modèles peuvent, à la fois conduire à « la décentralisation » du traitement des questions préjudicielles et à « la centralisation » de qualification des principes généraux du droit de l'Union européenne. Dans le contexte du marché intérieur, la Cour de justice de l'Union européenne est historiquement inséparable de celle de l'association européenne de libre-échange. C'est ainsi que nous nous interrogeons également sur l'efficacité de ces méthodes dans cette dernière.

---

[1] Cf. CJCE, *Pasquale Foglia c. Mariella Novello*, 11 mars 1981

[2] Cf. CJCE, *Telemarsicabruzzo SpA c. Circostel et Ministero delle Poste e Telecommunicazioni et Ministero della Difesa*, 26 janvier 1993.

[3] Cf. Ordonnance de la Cour du 9 août 1994 sur l'affaire C-378/93 (La pyramide SARL) ; Cf. CJCE, *Société d'importation Edouard Leclerc-Siplec c. TG1 Publicité SA et M6 Publicité SA*, 9 février 1995.

L'efficacité de ces systèmes est susceptible d'être respectivement « minimale » et « insuffisante » dans les cas des recours et des questions préjudicielles ainsi que de l'interprétation du droit de l'Union européenne. Le système de modélisation algorithmique peut avoir un niveau d'efficacité différent dans le cas du traitement de chaque type de recours formulé devant la Cour de justice de l'Union européenne.

Par exemple, pour traiter les recours en manquement, ces techniques peuvent intervenir en deux phases. D'abord, il serait possible de modéliser le raisonnement des magistrats de cette juridiction portant sur les faits de l'affaire concernée, à partir de leurs avis portant sur des cas similaires. Il serait également nécessaire de modéliser « l'intention originelle » des législateurs, lors de la création de dispositions que l'État est soupçonné d'avoir violées. La combinaison de ces deux modèles permet de détecter et de reconnaître l'existence d'un manquement des États à leurs obligations juridiques. Sur le plan technique, il est nécessaire de s'assurer que, lors de la phase préliminaire du procès, les explications de l'État concerné auprès de la Commission européenne[1] sont conformes aux exigences techniques (du point de vue informatique) et formelles de l'analyse par la machine.

Dans l'étape préliminaire du recours, les différentes techniques de l'intelligence artificielle peuvent être utilisées par la Commission européenne (TFUE, art. 258) ou les États membres (TFUE, art. 259) pour identifier un probable manquement d'un État à ses obligations fixées par le droit de l'Union européenne. Les mêmes systèmes peuvent être utilisés pour surveiller les actions des organes de l'Union dans le cadre des mesures prévues par l'article 265 du Traité sur le fonctionnement de l'Union européenne.

Dans le cas du recours en annulation[2] (qu'il soit devant la Cour de justice ou le Tribunal), et celui du contrôle de légalité des actes communautaires[3], il est préférable que la modélisation soit plutôt concentrée sur le raisonnement des « législateurs » que sur « l'interprétation des magistrats ». Afin de pouvoir examiner ces recours, la combinaison de ces modèles semble être indispensable. Dans ce processus, il apparaît qu'il y a une hiérarchie de valeurs dans ces modèles. Tant que l'objectif est l'interprétation des traités, la primauté doit être pour celui de « l'intention de leurs créateurs ». Le recours à celui des interprétations des magistrats peut être nécessaire, lorsque les premiers ne sont pas suffisants.

Dans certains cas, un système de l'apprentissage automatique de « classification binaire des données » peut être potentiellement suffisant si « la donnée de sortie de ce système » est une réponse « binaire », à savoir « l'annulation » ou « la validation » d'un acte législatif de l'Union européenne. Par conséquent, le système présenté par Monsieur ALETRAS

[1] Art. 258 du Traité sur le fonctionnement de l'Union européenne.
[2] L'article 267 du Traité sur le fonctionnement de l'Union européenne.
[3] *Ibidem*, art. 277.

(également basé sur cette forme de réponse)[1] est susceptible d'être efficace pour traiter ce type spécifique du recours. La même méthode peut être également appliquée par les juridictions, dans le cas d'un « recours en appréciation de validité »[2].

Dans le cas du recours en carence, la qualité du système de modélisation dépend particulièrement de la structure formelle et rationnelle des textes adressés par les requérants. Pourtant, si les explications fournies par ces derniers sont suffisamment claires et compatibles avec les exigences techniques de cette technologie, pour avoir une détection correcte, les algorithmes peuvent être employés pour comparer les dispositions des actes concernés avec « l'esprit » de celles des traités (l'intention originelle des législateurs pour créer chaque règle). Comme dans le recours en annulation, l'implication de l'intelligence artificielle dans le traitement de celui-ci semble être de plus en plus compliquée en raison de la multiplicité des acteurs capables à agir (pour formuler ce recours) ainsi que la compétence « partagée » en cette matière entre la Cour de justice et le Tribunal.

Dans le cas des recours en indemnité (également connus sous les noms « l'action en réparation » et « la responsabilité extracontractuelle »), les systèmes classiques de la prédiction comme, ceux proposés par l'*University College* de Londres, seront susceptibles d'être suffisants dans deux hypothèses. La première est lorsqu'il y a des cas similaires dans les bases jurisprudentielles de la Cour, portant sur des dommages similaires. La seconde se présente lorsque les dispositions législatives et réglementaires sont suffisamment claires pour une détermination automatisée de l'indemnité, en considérant que cette compétence de la Cour ressemble à celle « classique » des juridictions administratives des États.

La Cour peut être sollicitée par les institutions de l'Union et ses États membres pour présenter son avis sur la compatibilité d'un accord international avec les dispositions des traités européens. Les systèmes algorithmiques utilisables pour cette fin semblent être plus mécaniques que ceux dédiés à répondre aux questions préjudicielles et au traitement des recours. Théoriquement, un système de classification « binaire » (fournissant une réponse positive ou négative) peut être suffisamment efficace. Le même mécanisme semble être également applicable aux recours pour violation du principe de subsidiarité (adressés par les parlements des États membres ou le Comité des régions).

Dans le cas de l'ensemble de ces recours (sauf dans le cas du recours en indemnité), les données d'entrée sont les dispositions existantes et les faits de l'affaire. Leur traitement se réalise par un processus d'analyse des textes. Ces

---

[1] N. ALETRAS, D. TSARAPATSANIS, D. PREOTIUC-PIETRO, V. LAMPOS, « Predicting judicial decisions of the European Court of Human Rights: a Natural Language Processing perspective », *op. cit.*

[2] V. Art. R771-2 du Code de justice administrative.

techniques peuvent être de moins en moins efficaces dans le cas des questions préjudicielles puisqu'ils concernent des situations plus complexes. Celles-ci exigent la création de nouveaux droits par l'intermédiaire des interprétations des magistrats. Par conséquent, les informations interprétatives existant dans les bases de données peuvent être insuffisantes pour cette création. Dans certains recours tels que celui en manquement et en annulation ainsi que le contrôle de légalité, le fonctionnement de ce système peut se limiter à la comparaison de deux situations existantes, notamment lorsque cela concerne l'examen de « la conformité » d'un texte. Par exemple un traité international ou un acte communautaire avec les dispositions des traités de l'union.

La complexité, la délicatesse et l'importance de ces questions justifient une insuffisance des systèmes statistiques de la prédiction[1]. En fait, contrairement à certains recours tels que celui « en annulation » ou « en manquement », la réponse aux questions préjudicielles n'est pas une tâche de classification binaire. Par exemple, « un manquement ou non manquement à l'obligation », « affirmation ou rejet de légalité de texte » ou « annulation ou sauvegarde d'un acte ».

Nous avons évoqué qu'un système de la prédiction et de la modélisation du raisonnement est plus efficace et fiable, tant que « les bases de données jurisprudentielles et législatives sont riches et bien structurées » et que « la problématique juridique posée est simple ». Si un pourvoi formulé devant la Cour de justice est jugé recevable, cela signifie que la base législative et jurisprudentielle n'est pas suffisamment riche pour répondre à cette question (au niveau des juridictions étatiques).

Les modèles algorithmiques du raisonnement peuvent être utilisés différemment dans le cas des renvois pour l'appréciation de validité et l'interprétation des actes communautaires[2]. La nature des premiers semble être plus compatible avec le fonctionnement des techniques de l'apprentissage automatique puisque dans ce cas, les données d'entrée sont les dispositions juridiques « existantes ». Par conséquent, une masse d'analyses algorithmiques sur les anciennes interprétations des sources primaires et les caractéristiques d'un acte législatif permettent d'évaluer sa validité. Ces systèmes ne sont pas si efficaces dans le second cas où le sujet de l'interprétation est nouveau[3]. La faiblesse des bases de données pour ces analyses limite l'applicabilité des systèmes de l'intelligence artificielle.

Selon l'alinéa 3 de l'article 267 du Traité sur le fonctionnement de l'Union européenne, lorsqu'une question préjudicielle se pose dans les juridictions

---

[1] Cf. J-L. Le Moigne, « Intelligence for complexity, Action of, for and by the organization », *Recherche en soins infirmiers*, janvier 2008, pp. 5-7.

[2] Art. 267 du Traité sur le fonctionnement de l'Union européenne. ; V. Arrêt de la CJUE du 29 novembre 1978, aff. 83/78, *Pigs Marketing Board*, ECLI:EU:C:1978:214.

[3] Cf. M. Herberger, « How Logic Is Spoken of at the European Court of Justice: A Preliminary Exploration » In. A. Agrawal, J. Gans, A. Goldfarb (dir.), *The Economics of Artificial Intelligence: An Agenda*, University of Chicago Press, 2019, pp. 335-416.

étatiques de dernière instance, celles-ci sont tenues de formuler un renvoi devant la Cour de justice de l'Union européenne, notamment lorsqu'elle est « strictement nécessaire » pour la résolution du litige. Dans ces circonstances, la machine peut servir pour déterminer l'existence d'une telle nécessité.

En faisant une analyse sur les bases législatives et jurisprudentielles, elle peut affirmer que celles-ci ne fournissent pas d'informations suffisantes pour une interprétation par les juridictions étatiques. Au cours de l'analyse automatisée des requêtes, elle peut également suggérer aux magistrats étatiques de formuler un renvoi préjudiciel, si elle estime que les règles existantes ne sont pas suffisamment claires ou pertinentes. Grâce aux algorithmiques, il est aussi possible de mettre en place une analyse syllogistique (déductive), afin de décrypter les textes issus des organes législatifs et judiciaires de l'Union européenne pour identifier non seulement « l'intention originelle » des législateurs mais aussi celle des magistrats lors de l'interprétation des actes juridiques[1].

La mise en place des utiles de l'intelligence artificielle dans les environnements judiciaires européens peut permettre de réaliser une « décentralisation » du traitement, par les juridictions internes, du droit de l'Union européenne. Cela peut également aboutir à une centralisation du processus de détermination des principes généraux de l'Union européenne. Les modèles évolutifs et interprétatifs basés sur la manière du raisonnement des juges européens peuvent être utilisés au sein de l'ensemble des juridictions étatiques comme un outil d'aide à la décision afin de mieux analyser les cas complexes portant sur le droit européen nécessitant une interprétation par les magistrats (notamment ceux des juridictions suprêmes).

Évidemment, le résultat fourni par ces systèmes dans les juridictions étatiques ne peut avoir une valeur juridique et, en aucune circonstance, ne peut remplacer une interprétation de la Cour de justice de l'Union européenne. Cependant, ce mécanisme peut potentiellement permettre de réduire le nombre des recours devant cette dernière. Cela peut être également utile pour le traitement des pourvois, jugés non recevables, au niveau des juridictions étatiques (sauf dans l'hypothèse où une décision sur les faits similaires a été rendue par la Cour).

Il est également possible de mettre en place un système centralisé du contrôle algorithmique destiné à l'évaluation, par la Cour de justice de l'Union européenne, de la pertinence des décisions de ces juridictions. Grâce à la mise en place d'un tel contrôle perpétuel et en temps réel, la Cour peut mieux garantir l'application harmonisée du droit de l'Union européenne. Ce système

---

[1] R. DWORKIN, « Law as Interpretation », *Texas Law Review*, vol. 60, 1982, pp. 546-548. ; Cf. L.A. MCDONALD, « Role of Legislative History in Statutory Interpretation: A New Era after the Resignation of Justice William Brennan », *Missouri Law Review*, vol. 56, n° 1, hiver 1991, P. 132. ; A. SCALIA, *A Matter of Interpretation: Federal Courts and The Law,* Princeton University Press, 1997, p. 119. ; Cf. R. T. BOWSER, *Campbell Law Review*, 1997, vol. 19, n° 2, printemps 1997, p. 219. ; Cf. *Brown c. Board of Education of Topeka* 347 U.S. 483 (1954).

permet également d'enrichir les bases de données jurisprudentielles et doctrinales de la Cour et, par conséquent, renforcer la qualité des systèmes de modélisation du raisonnement judiciaire. Ce système peut être aussi systématiquement appliqué sur les actions des États et celles des institutions de l'Union pour appliquer un contrôler de légalité ainsi qu'au cours des négociations de nouveaux accords internationaux. Dans le cas de détection des signaux faibles d'émergence de risque du manquement à leurs obligations, ce système peut le signaler aux États, à la Commission et à la Cour de justice de l'Union européenne.

La mise en place massive de ce contrôle (de légalité) sur les actions de l'Union et ses agents peut permettre de détecter des risques de présentation d'un dommage aux États, aux individus et aux entreprises par ces derniers. Cela peut faciliter et également réduire le nombre des recours en indemnité devant la Cour.

Au sein de cette juridiction, les algorithmes peuvent être également utilisés pour identifier et déterminer les principes généraux du droit de l'Union européenne. D'une nature beaucoup plus souple et dynamique que les autres sources juridiques, ces derniers sont caractérisés non seulement par les normes juridiques mais aussi par les facteurs et les considérations politiques et socio-économiques[1]. Ceux-ci se déterminent par les interprétations des textes législatifs, réglementaires et normatifs européens et aussi par les positions communes des juridictions vis-à-vis des problématiques juridiques relatives au droit de l'Union européenne ainsi que les « traditions constitutionnelles communes aux États membres »[2]. Le paragraphe 3 de l'article 6 du Traité sur l'Union européenne dispose que les droits de l'homme sont considérés comme « les principes généraux » du droit de l'Union. Pourtant, sur le plan théorique, les traités n'empêchent pas la Cour de reconnaître une telle valeur à d'autres types de normes.

Un système de modélisation peut être également utilisé pour identifier des nouvelles normes à partir des jurisprudences de la Cour de justice et du tribunal. Les positions communes des magistrats sur « un sujet » ou « une problématique » peuvent être interprétées et reprises par les juridictions nationales, comme une norme européenne « non contraignante » possédant une valeur équivalente à celle du droit normatif[3].

---

[1] Cf. L. XENOU, « Les principes généraux du droit de l'Union européenne et la jurisprudence administrative française », *thèse de doctorat en droit communautaire*, soutenue le 10 décembre 2014, université Paris II Panthéon-Assas.

[2] Art. 6 paragraphe 3 du Traité sur l'Union européenne. ; V. Alinéa 2 du protocole n° 24 sur le droit d'asile pour les ressortissants des États membres de l'Union européenne.

[3] Cf. F. PICOD, « La normativité du droit communautaire », *Cahiers du Conseil constitutionnel*, janvier 2007, dossier n° 21 (normativité), disponible sur https://www.conseil-constitutionnel.fr/nouveaux-cahiers-du-conseil-constitutionnel/la-normativite-du-droit-communautaire (consulté le 10 octobre 2021).

À la lumière des paragraphes 2 et 3 de l'article 6 du Traité sur l'Union européenne, il semble être techniquement possible d'utiliser le même système pour déterminer la position des magistrats de la Cour européenne des droits de l'homme vis-à-vis de mêmes sujets puisqu'il peut être aussi invocable devant la Cour de justice de l'Union européenne comme un argument relevant du droit normatif. Dans l'hypothèse de possibilité de mise en place d'une analyse de masse sur l'ensemble des données judiciaires dans tous les États membres (cela nécessite une dématérialisation et structuration préalable de ces dernières), l'intelligence artificielle peut élaborer un modèle définissant des normes judiciaires « communes » relatives à « un fait spécifique ». Celui-ci peut être employé par la Cour comme un outil d'aide à la décision.

En principe, ces normes ne disposent pas d'une valeur contraignante. Pourtant, elles peuvent en avoir si elles sont reconnues par les jurisprudences des juridictions étatiques où leurs résultats peuvent produire une sorte du droit positif national ou même européen. Leur reconnaissance par la Cour de justice de l'Union européenne pourra leur apporter une valeur contraignante automatique.

À long terme, l'usage massif de ces modèles comme un outil d'aide à la décision peut renforcer le rapprochement des approches des juridictions étatiques. Il s'agit d'un objectif envisagé (ou plus précisément rêvé) dans le cadre du marché commun, depuis l'entrée en vigueur du Traité de Rome[1].

Initialement envisagé dans un contexte particulièrement législatif, il peut être aussi considéré accessoirement valable dans celui du législatif. Le renforcement d'échanges et d'interactions entre les juridictions des États membres et l'ouverture de leurs bases des données peuvent faciliter une telle pratique.

Cette pratique peut influencer profondément la façon dont les magistrats nationaux analysent des dispositions juridiques et de nouveaux enjeux juridiques[2]. Étant une source jurisprudentielle au niveau des États, elles peuvent désormais indirectement impacter les paradigmes judiciaires et conduire à une création jurisprudentielle quasi uniforme du droit dans les différents États membres.

D'un point de vue théorique, ces modèles algorithmiques peuvent avoir des utilités « moins similaires » au sein de la Cour de justice de l'association européenne de libre-échange (Cour AELE). En considérant son « champ de compétence plus limitée » (par rapport à celle de la Cour de justice de l'Union européenne) et « le nombre plus limité des dispositions juridiques » qu'elle applique ainsi que celui de « ses membres », les modèles algorithmiques

---

[1] V. les articles 2(3) et 3 du traité. ; Cf. A. LIMPENS, « Harmonisation des législations dans le cadre du Marché commun », *Revue internationale de droit comparé*, 1967, vol. 19, n° 3, p. 623.
[2] Cf. M.Ch. PIATTI, « Vers le transhumanisme, mythe (la lune) et réalité (le doight) ! », In. A. BENSAMOUN (sous dir.), *Les robots, objets scientifiques, objets de droits*, Mare & Martin, coll. des Presses Universitaires de Sceaux, 2016, p. 20.

peuvent, potentiellement, posséder une fiabilité supérieure à celle de la Cour de justice de l'Union européenne. Même si, sur le plan théorique, ce propos semble être logique, il ne peut être définitivement affirmé avant la réalisation d'une étude comparant l'efficacité de ce système dans ces deux juridictions.

Dans ce cadre, les modèles du raisonnement peuvent être élaborés non seulement à partir des arrêts de cette Cour mais aussi les requêtes, les mémoires de défense et les communications officielles diffusées sur sa plateforme numérique[1]. Pourtant, il y a un facteur pouvant potentiellement diminuer sa qualité. En raison de sa compétence matérielle et géographique limitée, la base jurisprudentielle de cette Cour est beaucoup moins riche que celle de la Cour de justice de l'Union européenne.

Dans ces circonstances, les modèles sont susceptibles d'être fiables dans les cas où la Cour a statué à plusieurs reprises sur des problématiques similaires. Pourtant, en absence d'une jurisprudence semblable portant sur des faits similaires, une modélisation algorithmique peut être impossible. Par conséquent, on estime que, dans cette juridiction, l'efficacité de ce système est moins dynamique que celui de la Cour de justice de l'Union européenne. Dans ces circonstances, en raison du nombre très limité des membres de cette juridiction, un système de modélisation « centré sur les profils des magistrats » (comme celui proposé dans le contexte de la Cour suprême des États-Unis) peut être de plus en plus pertinent.

Théoriquement, ce système est aussi susceptible d'être efficace dans les juridictions basées sur la même structure comme « la Cour de justice du Benelux ». La structure formelle des arrêts de cette juridiction est moins générique que celle de la Cour de justice de l'Union européenne et la Cour européenne des droits de l'homme. Par conséquent, cela peut impacter l'efficacité de ce système[2]. Le taux de sa précision et sa qualité peut être varié dans le cas de « la résolution des litiges » et celui de « l'interprétation des traités et des accords ainsi que des pourvois préjudiciels[3].

---

[1] *E-EFTACourt*, disponible sur https://eftacourt.int/e-eftacourt/ (consulté le 30 septembre 2021).

[2] L'ensemble des jurisprudences de cette Cour est disponible sur https://www.courbeneluxhof.be/fr/arresten_lst.asp (consulté le 24 octobre 2021).

[3] Les textes législatifs relatifs à l'institution le statut de cette cour sont disponibles surhttps://www.courbeneluxhof.be/fr/basisdocumenten.asp (consulté le 24 octobre 2021).

Chapitre 2. La modélisation automatisée du raisonnement judiciaire, révélatrice d'un risque d'une formalisation extrême de la justice

La justice augmentée est porteuse d'une nouvelle reconfiguration structurelle, s'imposant à l'ensemble des acteurs et des sujets du droit. En raison de sa nature mathématique, elle est susceptible d'être plus formaliste que le système actuel de la justice. Dans les environnements judiciaires, ce formalisme, étant particulièrement « rédactionnel » peut entraîner progressivement celui « rationnel ». Le champ de son influence peut également dépasser des « méthodes du raisonnement » et créer une approche « formaliste générale » et imposer, aux juridictions, un nouveau paradigme dit « formaliste ».

Ce concept a été particulièrement développé aux États-Unis au début du XXe siècle (à l'époque contemporaine, il est particulièrement soutenu par le Juge célèbre de la Cour suprême des États-Unis, Antonin Gregory SCALIA)[1]. Le formalisme apporte aux jurisprudences « une cohérence logique »[2]. Oliver Wendell HOLMES[3] le définit comme un *elegantia juris*[4] ou plus précisément, « la nécessité logique du système en tant que système »[5]. Il s'oppose à cette forme du raisonnement en faisant valoir que « la vie de droit n'a pas été logique, mais l'expérience »[6].

La notion *elegantia juris* a été initialement développée par les penseurs romains, en particulier Cicéron, relève du formalisme rationnel et du style de chaque partie de l'analyse avec les autres. En effet, ils pensaient que la cohérence de la « raison » et celle de la « forme », étant liées, ne pourraient

---

[1] Cf. R. S. SUMMERS, « The Formal Character of Law », *The Cambridge Law Journal*, vol. 51, n° 2, juillet, 1992, p. 242.
[2] S. HAACK, « On Logic in the Law: 'Something, But Not All' », *op. cit.*, pp. 1, 2 et 9.
[3] Cf. W. P. LAPIANA, « Victorian from Beacon Hill: Oliver Wendell Holmes's Early Legal Scholarship », *Columbia Law Review*, vol. 90, n° 3, avril 1990, pp. 809-833.
[4] Cf. O. W. HOLMES, « Book Review », *The American Law Review*, 1880, p. 233.
[5] *Ibidem.*, p. 234.
[6] *Ibidem.*

être garanties que par « une forme logique »[1]. Elle définit les « règles », globalement acceptées, déterminant et garantissant la qualité et en particulier, la cohérence d'une jurisprudence. Par conséquent, il peut présenter un grand intérêt pour identifier les faibles des systèmes d'élaboration automatisée des raisonnements et les améliorer.

Selon la théorie d'Olivier W. HOLMES, la capacité d'analyse juridique, comme les autres formes d'intelligence humaine, se forme par les observations, les expériences d'échec et les tentatives de correction[2]. C'est ainsi qu'elle peut être modélisée grâce aux algorithmes reposant sur le même processus[3]. Cette description est aussi compatible avec la définition de « la connaissance de base » et de « l'apprentissage » du point de vue informatique[4]. Le théoricien et psychologue américain, William JAMES affirme cette idée en précisant que le moyen ultime de « compréhension de la vérité » est de « suivre ce qu'elle dicte ou inspire »[5].

Elle a été aussi fortement appréciée, soutenue et développée par le célèbre réaliste, Roscoe POUND. Son appréciation se reflète dans un article controversé intitulé *The Need of a Sociological Jurisprudence*[6]. En s'opposant au formalisme, les partisans du courant du « réalisme juridique », rejettent et méprisent la pratique du syllogisme constituant le fondement du raisonnement judiciaire européen[7]. En prenant une position similaire, Monsieur Norberto BIBBIO évoque que « le formalisme juridique » peut conduire à l'émergence d'un « fétichisme de la loi »[8]. Ce concept a été initialement créé, à la fin de XIXe siècle, par les anarchistes français (en particulier, Jean GRAVE)[9].

---

[1] Cf. P. STEIN, « Elegance in Law », *Law Quaterly Review*, vol. 77, n° 96, pp. 242-255. ; Cf. M. RADIN, « Eleganter », *op. cit.*, pp. 311-325. ; Cf. G. SCIASCIA, « *Elegantiae Iuris* », *Bullettino dell'Istituto del diritto romano*, vol. 51, n° 2, 1948, pp. 372-392.

[2] A. M. DYRDA, « Pragmatism, Holism, and the Concept of Law », *Erasmus Law Review*, n° 1, 2015, pp. 2-13.

[3] M. TUSHNET, « *The Logic of Experience: Oliver Wendell Holmes on the Supreme Judicial Court* », *Virginia Law Review*, vol. 63, n° 6, octobre 1977, pp. 975-1052.

[4] Cf. J-P. HATON, « Les systèmes à bases de connaissances », In. LE NY J-F. (dir.), *Intelligence naturelle, intelligence artificielle*, Symposium de l'Association de Psychologie Scientifique de Langue Française, Rome, 1991, Presses Universitaires de France, coll. Psychologie d'aujourd'hui, 1993, p. 17-4.

[5] W. JAMES, « Philosophical Conceptions and Practical Results », *University Chronicle*, vol. 1, n° 4, septembre 1898, p. 29.

[6] R. POUND, « The Need of a Sociological Jurisprudence », *Green Bag*, vol. 19, 1907, pp. 607-615.

[7] W. M. WIECEK, *The History of the Supreme Court of the United States, vol. XII (the birth of the modern constitution, the United-States Supreme Court, 1941-1953)*, Cambridge University Press, 2010, pp. 42-43.

[8] N. BOBBIO, Ch. AGOSTINI, M. GUÉRET (trad.), *Essais de théorie du droit*, LGDJ-Bruylant, coll. la pensée juridique, vol. 1, 1998, p. 38.

[9] J. GRAVE, « Le Fétichisme de la loi », *Les Temps nouveaux*, n°7, 15 au 21 juin 1895, 5 p., disponible sur https://mirror.anarhija.net/fr.theanarchistlibrary.org/mirror/j/jg/jean-grave-le-fetichisme-de-la-loi.a4.pdf (consulté le 28 décembre 2021).

Le formalisme juridique, peut être volontairement « adopté » par les juristes comme une approche paradigmatique. Cependant, dans l'hypothèse de mise en œuvre de la justice augmentée, il peut être « imposé » aux juristes par l'émergence de nouvelles exigences formelles du cadre de leur travail. Nous pouvons considérer que chacun de ces deux types du formalisme peut présenter des impacts réciproques sur l'autre[1]. Par exemple, certains cadres comme « la forme prédéfinie des arrêts » peuvent former « le raisonnement des magistrats ». *A contrario*, sur le plan rationnel, une approche formaliste peut conduire les magistrats à employer les mêmes termes et le même style de rédaction. C'est ainsi que Ronald DWORKIN distingue le formalisme « rationnel », soutenu par HOLMES et SCALIA, de la seconde forme s'appelant « sémantique » (ou rédactionnel)[2].

La première notion, source d'inspiration des formalistes du XXe siècle, a été particulièrement développée à la fin du XIX siècle par ancien doyen de l'école du droit de Harvard, Christopher Columbus LANGDELL[3]. En affirmant l'idée de l'équipe de Monsieur Nikolaos ALETRAS[4], basée sur une approche réaliste, Monsieur Yannick MENECEUR explique que le formalisme ne permet pas de révéler et d'analyser la complexité des arguments juridiques, utilisés dans les jurisprudences[5].

Lui et Madame Clementina BARBARO estiment qu'*a priori*, les processus d'élaboration et d'interprétation des décisions de justice ne peuvent être formalisés[6], même s'ils affirment que les concepteurs des systèmes de l'intelligence artificielle espèrent et essayent de modéliser « la règle du droit » à partir des éléments textuels des sources législatives et jurisprudentielles[7].

Les textes des décisions rendues avec une approche « réaliste », étant particulièrement interprétatifs, contiennent plus d'informations détaillées sur « la règle du droit », « les faits » et « l'applicabilité de la première sur ces derniers », alors que celles conçues avec une approche « formaliste » se limitent particulièrement à l'application (mécanique) d'un droit existant. Par conséquent, les textes relevant de première catégorie fournissent, au système

---

[1] Cf. S. MULLER, S. ZOURIDIS, M. FRISHMAN, L. KISTEMAKER, *The Law of the Future and the Future of Law*, Torkel Opsahl Academic EPublisher, 2011, 530 p.

[2] R. DWORKIN, *Law's Empire*, *op. cit.*, 470 p. ; Cf. D. M. PATTERSON, « Dworkin on the Semantics of Legal and Political Concepts », *Oxford Journal of Legal Studies*, vol. 26, n° 3, printemps 2006, pp. 545–557.

[3] Cf. B. A. KIMBALL, « Langdell on Contracts and Legal Reasoning: Correcting the Holmesian Caricature », *Law and History Review*, vol. 25, n° 2, 2007, pp. 345-399).

[4] N. ALETRAS, D. TSARAPATSANIS, D. PREOȚIUC-PIETRO, V. LAMPOS, « Predicting judicial decisions of the European Court of Human Rights: a Natural Language Processing perspective », *op. cit.*

[5] Y. MENECEUR, « Quel avenir pour une justice prédictive », *la semaine juridique*, 2018, doctr.190.

[6] Y. MENECEUR, C. BARBARO, « Intelligence artificielle et mémoire de la justice : le grand malentendu », *Les cahiers de la justice*, vol. 2, n° 2, juin 2019, p. 279.

[7] *Ibidem.*

de l'intelligence artificielle, des données d'entrée plus riches et plus structurées. C'est ce qui permet d'identifier, à partir de sa structure sémantique, les spécificités de chaque analyse.

La modélisation algorithmique du raisonnement des magistrats (qu'il soit basé sur leur profil, les dispositions juridiques ou les faits des affaires) est une sorte de processus de la « formalisation » (ou dans sa forme extrême, la codification ». Dans ces circonstances, l'application mécanique des analyses et de l'interprétation des magistrats portant sur des problématiques similaires (à une grande échelle) peut conduire à une formalisation extrême du système global de la justice.

Cela peut être de plus en plus compliqué dans le système de *Common law* où la vocation des magistrats consiste non seulement en une sélection des jurisprudences contenant les *precedent*s les plus pertinents, mais aussi dans l'exploitation de l'esprit de « loi » et des « interprétations des autres magistrats », à partir des sources jurisprudentielles. Dans ce système, il y a une distinction entre « la règle du *precedent* » et « le *ratio* » que le premier maintient et représente. Plus précisément, le premier est un instrument (ou un moyen) permettant d'identifier le second. L'intelligence artificielle peut l'identifier de la même manière, à partir des précisions fournies par le premier. Dans ce système, malgré la diversité des interprétations des « règles juridiques », la nature et l'esprit de leur « *ratio* » sont stables. Par conséquent, s'il peut être correctement modélisé, une élaboration automatisée de la règle du *precedent* devient aussi potentiellement possible. Il peut faire aussi l'objet d'une génération automatisée d'une interprétation et de détermination de son applicabilité.

Dans ce contexte, l'origine principale du *ratio* se trouve dans un acte législatif. De ce point vu, dans ce système, le mécanisme formel de l'interprétation judiciaire n'est pas éloigné de celui romano-germanique. Leur différence principale réside dans le fait que dans le second, le processus d'exploitation de l'esprit et de l'origine de la règle de droit[1] est plus concentré sur les (et limité aux) textes législatifs. Nous pouvons conclure que dans ces deux systèmes, une approche formaliste peut mieux garantir la stabilité des mécanismes de l'identification et de la modélisation algorithmique du *ratio*, puisque celle-ci (contrairement au réalisme juridique) ne s'intéresse pas à « la construction » et « l'évolution jurisprudentielle » du droit mais à son « application ».

Me Stéphane DHONTE, estime que les logiciels de legaltech, conçus pour répondre aux besoins des juristes anglo-saxons, sont plus concentrés sur l'analyse et l'interprétation jurisprudentielle et doctrinale de la règle de droit que celles définies par les législateurs[2]. Par conséquent, le recours à ces

---

[1] Cf. Ch-L. DE MONTESQUIEU, *Œuvres de Montesquieu*, Auguste Desrez, 1838, 770 p.

[2] Paris Innovation Review, « La justice prédictive, ou quand les algorithmes s'attaquent au droit », 9 juin 2017, disponible sur disponible sur

derniers peut « inverser » la hiérarchie française des normes[1] et celle de l'ensemble des pays de l'Europe continentale. Ce propos semble être de moins en moins valable, si nous considérons qu'aux États-Unis, l'interprétation de la règle de droit s'articule toujours autour des sources législatives primaires, en particulier, les principes constitutionnels[2].

L'exploitation du *ratio* par l'intelligence artificielle peut encore plus limiter la liberté décisionnelle et interprétative des magistrats. Aux États-Unis, en affaiblissant la position des réalistes, elle peut également impacter la hiérarchie des normes américaines. Ainsi, contrairement à l'idée du Me DHONTE, en Europe, la mise en place d'un tel système n'inverse nécessairement pas la hiérarchie des normes, tant qu'il est basé sur des règles législatives. Cependant, elle est susceptible de les reconfigurer dans toutes ces deux dimensions géographiques. En effet, le mot « inversement » (utilisé par lui) apparaît trop radical pour décrire ces impacts.

Dans ce contexte, aux États-Unis et en Europe, l'usage du terme « la modélisation algorithmique de règle de droit » peut être de plus en plus pertinent, puisqu'il englobe l'ensemble des droits objectifs et subjectifs[3]. De plus, même dans une hypothèse où ce système conduirait à une inversion de la hiérarchie des normes européennes, il n'y a aucune raison qu'il soit automatiquement considéré comme un impact « négatif ». Sa pertinence doit être jugée en fonction des impacts qu'elle produit et non le désir de maintenir le statu quo d'un système ou d'un rattachement aveugle aux traditions judiciaires.

Selon les professeurs Florence G'SELL et Serge ABITEBOUL, dans une procédure juridictionnelle automatisée (ou augmentée) « on numérise l'information et on code les traitements sous forme de programmes informatiques »[4] . Par conséquent, du point de vue informatique, ce processus ressemble à une formalisation des informations et des données. Monsieur Yannick MENECEUR affirme que « le fonctionnement de l'IA [Intelligence artificielle] est un formalisme et mathématique »[5]. Théoriquement, il permet de mieux structurer le mécanisme de l'interprétation et de l'élaboration du raisonnement judiciaire.

---

http://parisinnovationreview.com/article/justice-predictive-les-algorithmes-sattaquent-au-droit (consulté le 6 octobre 2021)

[1] *Ibidem*.

[2] J. B. THAYER, « The Origin and Scope of the American Doctrine of Constitutional Law », *Harvard Law Review*, vol. 7, n° 3, 1893, pp. 137-138.

[3] G. CORNU (dir.), Association Henri Capitant, *Vocabulaire juridique*, Presses universitaires de France, coll. Quadridge, 7e éd., 2005, p. 774.

[4] S. ABITEBOUL, F. G'SELL, « Les algorithmes pourraient-ils remplacer les juges ? », *Le Big Data et le droit*, Dalloz, 2019, Thèmes et Commentaire, p. 2., disponible sur https://hal.inria.fr/hal-02304016v2/document (consulté le 5 janvier 2020).

[5] Y. MENECEUR, C. BARBARO, « Intelligence artificielle et mémoire de la justice : le grand malentendu », *op. cit.*, p. 289.

En identifiant les origines et déterminant le système de son élaboration, cette technologie peut potentiellement rendre ce processus plus transparent, plus harmonisé et plus clair. C'est ainsi que le formalisme imposé ou renforcé par la mise en place des systèmes de l'intelligence artificielle peut être un vecteur du renforcement de qualité de la modélisation automatisée. Cependant, dans les milieux judiciaires, la domination excessive de cette approche peut conduire à une application mécanique du droit.

Section 1. Le formalisme, vecteur du renforcement de qualité des techniques de modélisation automatisée du raisonnement judiciaire

Une approche « formaliste » vise à favoriser l'interprétation « littérale » des concepts juridiques et des règles de droit. Les formalistes soutiennent que cette approche maintient l'esprit originaire des lois, représentant la volonté de la nation, et empêche les magistrats de recourir, dans leurs interprétations, aux opinions personnelles (ce courant existant dans toutes les deux traditions *Common law* et romano-germanique). Par conséquent, elle est extrêmement basée sur « les connaissances », « les observations » et « les méthodes clairement et strictement définies d'élaboration du raisonnement ». L'ensemble de ces caractéristiques et l'aspect mathématique du système de la modélisation automatisée d'un raisonnement « formaliste » nous amènent à conclure que ce système correspond mieux à une qualification de la pratique du droit en tant que « science »[1].

Théoriquement, tant que la structure des programmes du système et celle des données sont plus formelles, leur analyse avec une logique mathématique (par les techniques des « sciences dures et appliquées ») sera plus facile. Cette idée correspond à la théorie du « positivisme » d'Auguste COMTE[2] (étant initialement créée par Claude-Henri de ROUVROY de Saint-Simon dans un contexte socio-économique), selon laquelle les systèmes politiques,

[1] Le dictionnaire Larousse définit « la sciences » comme *« l'ensemble cohérent de connaissances relatives à certaines catégories de faits, d'objets ou de phénomènes obéissant à des lois et/ou vérifiés par les méthodes expérimentales »*. (Larousse, « Science », disponible sur https://www.larousse.fr/dictionnaires/francais/science/71467 - consulté le 17 décembre 2021).

[2] Initialement créée par Claude-Henri de Rouvroy de Saint-Simon dans un contexte socio-économique.

économiques, administratifs et judiciaires doivent être soumis aux règles « scientifiques »[1].

Dans le contexte juridique et judiciaire, le positivisme a été particulièrement défini et développé par Hans KELSEN. Il estime que « la théorie – mais non le droit – doit précisément être pure de tout jugement de valeur »[2]. Dans le contexte de l'intelligence artificielle, cette approche peut permettre de mieux structurer et identifier des données d'entrée au système de modélisation algorithmique[3]. L'intelligence artificielle peut être considérée comme un moyen parfait pour déterminer les techniques et les mécanismes empiriques de la prise de décision.

La question de la possibilité de modéliser le raisonnement judiciaire par l'intermédiaire des techniques analytiques formalistes a été étudiée, dès la fin du XVIIIe siècle par Jeremy BENTHAM[4] et John AUSTIN[5]. Ce sujet a été de plus en plus développé, au cours du XXe siècle par Herbert Lionel Adolphus HART[6]. Un tel mécanisme peut être considéré comme un outil de « technocratisation des systèmes de justice ».

Nous pouvons donc conclure que le formalisme permet de structurer des données d'une façon plus pertinente et d'augmenter la qualité de la modélisation algorithmique du raisonnement judiciaire. Ce cycle à la fois augmente progressivement la qualité de ce système et formalise l'approche générale des magistrats, puisqu'il fournit des résultats qui seront utilisés, par les autres magistrats, comme « la source primaire et principale » d'interprétation. À long terme, cela présente le risque de la disparition progressive de subjectivité de la justice.

Aux États-Unis et en Europe, le degré et la nature des impacts formalisateurs que ce système impose au fondement de l'élaboration des analyses des magistrats et à leur approche générale peuvent être différents. Contrairement aux premiers, en Europe, les interprétations des magistrats se basent davantage sur les textes législatifs que les jurisprudences et l'interprétation de « la règle du droit ». Nous pouvons évoquer qu'aux États-

---

[1] J.G. GUNNEL, *The Technocratic Image and the Theory of Technocracy*, Johns Hopkins University Press, 1982, p. 394.

[2] M. TROPER, « Une approche du droit », *Universalis*, disponible sur https://www.universalis.fr/encyclopedie/positivisme-juridique/1-une-approche-du-droit/ (consulté le 17 octobre 2021). ; Cf. H. KELSEN, *Théorie pure du droit, op cit.*

[3] Cf. L. L. FULLER, « Positivism and Fidelity to Law: A Reply to Professor Hart », *Harvard Law Review*, vol. 71, n° 4, 1958), pp. 630-672.

[4] Law Teacher, *Legal Formalism Theory Analysis*, 11 juin 2019, disponible sur https://www.lawteacher.net/free-law-essays/jurisprudence/legal-formalism-theory-analysis-0127.php (consulté le 17 octobre 2021).

[5] S. E. STUMPF, « Austin's Theory of the Separation of Law and Morals », *Vanderbilt Law Review*, vol 14, n° 1, 1960, pp. 117-149.

[6] H. L. A. HART, *The Concept of Law*, Oxford University Press, éd. 3, 2012, 400. p. ; H. L. A. HART, « Positivism and the Separation of Law and Morals », *Harvard Law Review*, vol. 71, n° 4, 1958, pp. 593-629.

Unis, les textes législatifs sont « les instruments » d'analyse de la règle du droit alors que dans le système européen, ils sont les déterminateurs des règles précises ne pouvant pas être très modifiées par les juges[1]. Cela signifie que la justice européenne est, par nature, plus formaliste que celle des États-Unis. Cela semble être le résultat d'une culture éducative, favorisant « un formalisme méthodologique »[2].

Par exemple, un système éducatif comme celui de la France où, dès le début des études du droit, les étudiants sont censés raisonner sous une forme « binaire » et élaborer systématiquement leurs arguments sous une forme prédéfinie et prédictible (principalement basée sur le syllogisme), produit une façon de plus en plus « harmonisée » du raisonnement (au moins du point de vue formel). En effet, dans un tel système, les formes méthodologiques extrêmement strictes conduisent à la création d'une rationalité strictement « formalisée ». L'origine de binarité de l'écriture juridique (comme un exemple du formalisme à la française) n'est pas claire. Pourtant, il est reconnu, depuis longtemps (la date d'émergence de cette tradition n'est pas clairement connue), comme une règle dans l'ensemble des écoles françaises du droit. Cela révèle la tendance des juristes français (en tant que représentants du système juridique et la culture judiciaire européenne) à un « formalisme » et à suivre des méthodes « existantes » du raisonnement.

Cet exemple montre que le recours aux mêmes instruments formels d'analyse et de prise de décision peut encadrer le système du raisonnement des personnes. Le recours aux « algorithmes » est également susceptible de présenter le même effet sur le fond des raisonnements judiciaires, puisqu'elles (dus à leur nature mathématique) fonctionnent de la même manière. C'est ainsi qu'elles peuvent créer, dans les environnements judiciaires, des « formes » influençant, voire limitant, la rationalité. L'émergence excessive de ces facteurs peut être un vecteur du renforcement de l'aspect mécanique de pratique du droit. Dans cette hypothèse, la pertinence d'un système d'analyse algorithmique du droit, même s'il est mécanique, peut être évaluée et justifiée.

Dans le système de *Common law*, lors de chaque prise de décision judiciaire, les règles du droit et le langage des magistrats évoluent impliquant aussi le langage personnel d'un grand nombre de magistrats et d'avocats. Cependant, dans celui de l'Europe, ils restent particulièrement stables puisque dans les jurisprudences, les références législatives proviennent souvent des mêmes textes. Au cours du temps, en prenant littéralement le langage des textes législatifs, celui des jurisprudences évolue de moins en moins. Par conséquent, il reste plus formel, prédictible et modélisable.

---

[1] P. Harmignie, G. Gurvitch, « L'expérience juridique et la philosophie pluraliste du droit, Georges Gurvitch, Morale théorique et science des mœurs », *Revue Philosophique de Louvain*, 1937, vol. 54 pp. 284-287.

[2] Cf. A. Lian, *Stereoscopic Law: Oliver Wendell Holmes and Legal Education*, Cambridge University Press, 2020, 517 p.

La mise en place de ce système conduit non seulement à une harmonisation structurelle des textes judiciaires, mais aussi à celle des approches des magistrats sur des problématiques similaires, au niveau national ou régional (e.g. celui de l'Union européenne). Ce processus de formalisation rend progressivement les arrêts (les données d'entrée au système) plus analysables pour les machines. Cela augmentera la qualité du fonctionnement des systèmes de modélisation algorithmique. En renforçant l'aspect logique (mathématique) des raisonnements, il peut potentiellement conduire à une imperfection du système de justice.

Dans ce contexte, le fonctionnement d'un système de modélisation repose sur cinq phases : (1) détecter des éléments textuels pertinents, (2) les structurer, (3) les analyser, (4) rassembler les éléments similaires dans une masse des données textuelles et (5) créer un modèle rationnel[1] sur la base de ces similitudes[2].

Un processus de formalisation textuelle et rationnelle permet d'augmenter, de deux façons différentes, la qualité du système. Plus précisément, une reconfiguration textuelle visant à formaliser la structure des textes peut améliorer la qualité des trois premières phases du cycle de son fonctionnement, alors que le second est susceptible d'augmenter celle du quatrième et du cinquième.

Nous avons évoqué que les formalismes rédactionnelle, sémantique, lexique et celui de la mise en page des arrêts peuvent faciliter la détection algorithmique de « similitudes entre les raisonnements » et « la sélection de ceux plus appropriés ». La pertinence du processus de leur analyse dépend particulièrement de réussite dans cette formalisation.

L'application de même formalisme dans la rédaction des textes doctrinaux (surtout d'un point de vue grammaticale et lexicale) peut aussi renforcer la qualité de cette fonctionnalité. La prise en compte de ces derniers dans le processus de modélisation du raisonnement n'a jamais fait l'objet d'une étude empirique. Les sources doctrinales sont parmi les instruments d'analyse et de raisonnement des magistrats (en particulier aux États-Unis). C'est ainsi qu'elles se présentent comme nécessaires lorsque le système est censé exploiter l'intention originelle des législateurs, lors de la création des concepts juridiques. Dans les environnements judiciaires augmentés, le formalisme rédactionnel peut aussi se présenter sous l'influence d'une reconfiguration rationnelle et intellectuelle, causée par un usage excessif des formes littérales des textes jurisprudentiels et législatifs.

---

[1] Cf. M. Dummett, « The philosophical basis of intuitionistic logic », *Studies in Logic and the Foundations of Mathematics*, vol. 80, 1975, p. 7.

[2] Cf. C. Hewitt, P. Bishop, R. Steiger, « A Universal Modular ACTOR Formalism for Artificial Intelligence », *International Joint Conference on Artificial Intelligence (IJCAI)*, 1973, pp. 235-245, disponible sur https://www.ijcai.org/Proceedings/73/Papers/027B.pdf (consulté le 22 octobre 2021).

En limitant la liberté interprétative des magistrats, une approche « formaliste » baisse la complexité des analyses et limite le champ des données d'entrée aux systèmes aux éléments plus définis et prédictibles. Cela facilite également le processus de leur structuration. Plus précisément, cette approche limite les éléments concernés à ceux déjà « existants ». Ce propos est susceptible d'être plus pertinent dans le cas des juridictions du premier degré et second degré, où le pouvoir interprétatif des magistrats est plus limité.

Le courant du formalisme juridique attend le magistrat de raisonner en exploitant et identifiant l'intention originelle des législateurs lors de la création du droit ainsi que celle des magistrats lors de l'interprétation de ces dernières. Cela nous amène à conclure qu'il favorise « un raisonnement scientifique et déductif » (ou mathématique dans le sens aristotélicien)[1] dont KANT considère, dans son livre *Critique de la raison pure*, comme « une science close et achevée »[2].

Dans la phase d'analyse de modélisation algorithmique, le système est censé ressortir la forme de la pensée des législateurs et des magistrats. Cela ressemble à la vocation de la logique « formaliste » d'Aristote, aussi appréciée par Georg Wilhelm Friedrich HEGEL[3]. Il est également compatible avec la théorie du « droit naturel »[4].

Le formalisme juridique encourage les magistrats à baser leur raisonnement sur un syllogisme. Il s'agit d'un mécanisme partagé entre le cerveau et la machine. Cela renforce l'aspect analogique du raisonnement judiciaire[5] et facilite l'analyse algorithmique des jurisprudences[6]. Cela correspond parfaitement à la théorie de « la jurisprudence analytique » de H. L. A. HART favorisant une logique analytique (ou informatique) utilisée dans les systèmes algorithmiques de modélisation du raisonnement[7].

Plus précisément, l'approche « formaliste » des magistrats perfectionne le fonctionnement de l'intelligence artificielle alors que celui-ci augmente l'aspect « formel » du mécanisme du raisonnement juridique. C'est ainsi que

---

[1] Aristote, J. BARTHÉLEMY-SAINT-HILAIRE (trad.), *les premiers analytiques*, Ladrange, 1866, p. 2.

[2] E. KANT, A. RENAUT (trad.), *Critique de la raison pure*, *op. cit.*, p. 5. ; Cf. J-M. POUZIN, « L'intégration de la réflexion logique kantienne dans la doctrine de l'essence », *Archives de Philosophie*, 2013, vol. 3, T. 76, pp. 459 -482.

[3] G. GÉRARD, « Hegel, lecteur de la métaphysique d'Aristote. La substance en tant que sujet », *op. cit.*, p. 195.

[4] R. DWORKIN, « Natural Law Revisited », *University of Florida Law Review*, vol. 34, n° 2, 1982, pp. 165-188.

[5] Cf. R. DWORKIN, « Law as Interpretation », *op. cit.*, pp. 540-546. ; Ch. J. FELDBACHER, « Analogies in Scientific Explanations: Concept Formation by Analogies in Cultural Evolutionary Theory » In. H. JALES RIBEIRO (dir.), *Systematic Approaches to Argument by Analogy, Springer*, coll. Argumentation Library, éd. 1, 2014, pp. 209-226.

[6] B. INDURKHYA, « Predictive analogy and cognition » In. *Analogical and inductive inference: Lecture notes in artificial intelligence*, ed. K. P. Jantke, vol. 642, 1992, pp. 214-231.

[7] Cf. A. WRIGHT, « Dispositions, Anti-Realism and Empiricism », *Proceedings of the Aristotelian Society*, nouvelle série, vol. lxxxxi, 1990/1991, pp. 39-59.

la prise de cette approche peut créer un cycle de réciprocité entre ces deux influences. À long terme, dans le système général de justice, elles peuvent potentiellement produire des changements plus profonds. Cela peut aussi présenter des impacts directs sur la société et influencer le raisonnement des législateurs, lors de la création de futures règles législatives.

Il est à considérer que le perfectionnement technique d'un système n'aboutit pas nécessairement à un renforcement de la qualité de ses résultats. Par exemple, aux États-Unis, la production des biais discriminatoires par le logiciel COMPAS était le résultat d'un traitement parfait (d'un point de vue strictement technique) mais trop mécanique des données. Ce risque est de plus en plus présent et important dans le cas des fonctionnalités « statistiques » de l'intelligence artificielle (comme celles utilisées dans le logiciel COMPAS). Cependant, dans certains cas, le formalisme produit par « la modélisation algorithmique » peut le réduire.

Par exemple, un système dédié à l'exploitation de l'intention des législateurs et magistrats, dépasse une simple détection des ressemblances entre les décisions de justice. Il réalise une analyse approfondie sur chaque raisonnement exprimé dans les jurisprudences. On peut donc considérer (au moins sur le plan théorique) que ce système est plus sophistiqué que les méthodes « statistiques » de l'intelligence artificielle.

Contrairement aux méthodes statistiques, le mécanisme de « modélisation » algorithmique du raisonnement juridique peut être à la fois déductif (puisqu'il se base sur une analyse syllogistique) et abductif[1].

Dans ce type de logique algorithmique, la machine définit une série de « causes » ou de « raisons » correspondant aux faits. Ensuite, elle sélectionne, à titre d'hypothèse, la plus pertinente. Dans ces circonstances, si chacun des facteurs sous-jacents d'élaboration du modèle changeait, la machine peut automatiquement proposer une réponse (une hypothèse) différente et plus appropriée, correspondant aux nouvelles caractéristiques des faits[2].

Selon Herbert Alexander SIMON, une logique abductive peut être employée dans l'architecture[3], la littérature[4] et l'industrie[5]. Elle s'utilise également pour réaliser les diagnostics médicaux. Dans ce contexte, la machine peut définir

---

[1] Cf. J. R. JOSEPHSON, *Abductive Inference: Computation, Philosophy, Technology*, Cambridge University Press, 1ère éd., 320 p.

[2] Cf. D. WALTON, « A Dialogue System for Evaluating Explanations, Inference to the Best Explanation » In. D. WALTON (dir.), *Argument Evaluation and Evidence*, éd. 1, 2016, pp. 69-116.

[3] Cf. H. KARAM, « L'abduction en conception architecturale, Une sémiose hypostatique », *Thèse de doctorat en architecture*, Université Laval, 2010, p. 159.

[4] Cf. S. CATELLIN, L'abduction : une pratique de la découverte scientifique et littéraire, *Hermès, La Revue*, vol. 2, n° 39, 2004, pp. 179-185.

[5] H. A. SIMON, *La science des systèmes, science de l'artificiel*, Épi, 1974, p. 13.

les causes hypothétiques d'une maladie et identifier celle qui est la plus probable[1].

Dans le contexte judiciaire, elle joue un rôle important dans les modèles algorithmiques « évolutifs »[2]. Contrairement aux systèmes de la prédiction basés sur les jurisprudences puisqu'une partie importante des données d'entrée à ces systèmes sont strictement définis et non modifiables. Elle garantit la dynamique du processus d'adaptation du raisonnement des magistrats aux particularités des faits et des circonstances et du contexte de chaque affaire[3].

Il convient de considérer une hypothèse dans laquelle le système détecte des biais discriminatoires dans l'intention originelle des législateurs. Dans ces circonstances, deux cas de figure peuvent être envisageables. Si une source législative suprême interdit une discrimination, le système de l'intelligence artificielle peut le signaler et proposer la formulation d'une question de la constitutionnalité ou d'un pourvoi préjudiciel devant les juridictions supérieures (en particulier dans le cas de l'Union européenne).

Dans le cas contraire, elle peut le reconnaître comme un principe légitime du droit. Celui-ci est exclu dans le cas des États-Unis et en Europe, puisque la discrimination est bannie par les 5ème et 14ème amendements de la Constitution des premiers ainsi que l'article 21 de la Charte des droits fondamentaux de l'Union européenne et l'article 14 de la Convention européenne des droits de l'homme.

Ce second cas de figure est susceptible d'être plus envisageable aux États-Unis, où ce principe n'est pas garanti par la Constitution. Celui-ci, principalement défini par le *Civil Rights Act* de 1964 reconnaît à un champ limité des discriminations (principalement, l'âge, le handicap, l'orientation sexuelle, le statut de parent, la religion, la nationalité, l'origine ethnique, la grossesse, la race et la couleur). Par exemple, d'un point de vue formaliste, l'intelligence artificielle peut conclure que, dans une affaire, une discrimination fondée sur la beauté est légalement admise puisqu'elle ne relève pas des dispositions juridiques existantes.

En conclusion, la mise en place de ce mécanisme peut conduire à une formalisation du système général de justice et à une diminution progressive de subjectivité des arrêts. L'impact de ce type de formalisme peut être jugé à la fois positif ou négatif. Cela dépend de la vision personnelle de chacun ainsi que le courant dominant au sein de chaque système judiciaire.

---

[1] Cf. L'institut national de la santé et de la recherche médicale, *Intelligence artificielle et santé, des algorithmes au service de la médecine*, 6 juillet 2018, disponible sur https://www.inserm.fr/dossier/intelligence-artificielle-et-sante/ (consulté le 28 octobre 2021).

[2] Cf. J. WOODS, « Abduction and Proof: A Criminal Paradox » In. D. M. GABBAY, P. CANIVEZ, Sh. RAHMAN, A. THIERCELIN (dir.), *Approaches to Legal Rationality*, Springer, 2011, pp. 217-238.

[3] D. WALTON, « Arguments from Correlation to Causation » In. D. WALTON (dir.), *Argument Evaluation and Evidence*, éd. 1, 2016, pp. 179-208.

Le formalisme issu d'un perfectionnement technique d'un système de l'intelligence artificielle peut potentiellement impacter la qualité des décisions de justice. Du point de vue théorique, l'étude de ce sujet est extrêmement difficile. Afin de pouvoir la réaliser, il est, tout d'abord, nécessaire de nous interroger sur les facteurs déterminant « une justice parfaite ». Cela nous amène à étudier la structure théorique et le fondement méthodologique du processus d'élaboration d'un raisonnement judiciaire.

Certains penseurs comme James Boyd WHITE[1], Benjamin Nathan CARDOZO[2] et Chaïm PERELMAN[3] estiment que la pratique du droit, étant particulièrement rhétorique[4], est une activité dépassant « la logique ». Selon eux, elle ne peut être qualifiée comme une véritable « science ». Au contraire, les partisans de la théorie du modèle économique du droit, en particulier, Richard POSNER font valoir que la forme ne peut pas aussi considérablement impacter la qualité du fond du raisonnement[5].

Cette manière d'interpréter la définition de « la pratique du droit » nous empêche de déterminer des facteurs globalement reconnus et acceptés, déterminant « la qualité » d'un raisonnement ou d'une analyse juridique. De ce point de vue, le perfectionnement de l'intelligence artificielle limitant la structure du raisonnement judiciaire aux considérations « logiques » peut être considéré comme une cause de la baisse de leur qualité.

Selon, Madame la Professeure Lucie CLUZEL-MÉTAYER, il est possible de reconnaître trois formes de « qualité », à savoir, (1) celles « attendue », (2) « ressentie » et (3) « voulue »[6]. La première et la deuxième représentent respectivement le « niveau de qualité souhaité par les destinataires » et « leur satisfaction » de service. La troisième est celle attendue par le « prestataire »[7]. Par conséquent, l'impact du perfectionnement technique du système sur le processus d'élaboration du raisonnement judiciaire peut être jugé différemment par les sujets et les acteurs de la justice[8].

---

[1] J. B. WHITE, « Law as Rhetoric, Rhetoric as Law: The Arts of Cultural and Communal Life », *University of Chicago Law Review*, vol. 52, n° 3 , art. 4, été 1985, pp. 684-702. ; J. B. WHITE, « Law and Literature :"No Manifesto" », *Mercer Law Review*, vol. 39, pp. 739-751.

[2] B. CARDOZO, « Law and literature », *Yale Law Journal*, *op. cit.*, pp. 489-507.

[3] Ch. PERELMAN, *Logique juridique. Nouvelle rhétorique*, Dalloz, 2ème éd., coll. Méthodes du droit, 1978, 184 p. ; R. ANDRÉ, « Chaïm Perelman, Logique juridique. Nouvelle rhétorique », *Revue Philosophique de Louvain*, 1979, vol. 33 pp. 122-123. ; B. FRYDMAN, « Perelman et les juristes de l'École de Bruxelles » In. B. FRYDMAN, M. MEYER, *Chaïm Perelman*, Presses Universitaires de France, coll. L'Interrogation philosophique, 2012, pp. 229-246. ; J-F. MELCER, *Justice et rhétorique selon Chaïm Perelman ou comment dire le juste,* L'Harmattan, T. 1, coll. Ouverture philosophique, 242 p.

[4] M-A. FRISON-ROCHE, « La rhétorique juridique », *Hermès, La Revue*, 1995, vol. 2, n° 16, pp. 73-83.

[5] R. A. POSNER, *Economic Analysis of Law*, Little, Brown and Company, éd. 1, 1973, 415 p.

[6] L. CLUZEL-MÉTAYER, *Le service public et l'exigence de qualité*, Dalloz, 2006, p. 111.

[7] *Ibidem.*

[8] Cf. H. COLOMBET, A. GOUTTEFANGEAS, « La qualité des décisions de justice. Quels critères ? », *Droit et société*, vol. 1, n° 83, 2013, pp. 155-176.

Le formalisme imposé par l'intelligence artificielle peut permettre d'identifier des critères fixes et pédagogiques d'évaluation de « qualité » d'une décision de justice, et d'évaluer les futures décisions en les prenant en compte.

La fixation d'un tel « cadre qualitatif » peut limiter le pouvoir discrétionnaire du juge dans sa prise de décision et ses interprétations. Dans ces circonstances, il peut se voir obligé d'adapter ses analyses aux critères attendus par des personnes diverses. Cette idée semble être incompatible avec les fondements théoriques du courant « réalisme » reconnaissant la nécessité d'une liberté quais-absolue des juges dans l'évaluation et la détermination de qualité de leur décision[1].

Quel que soit le courant dominant dans un environnement judiciaire, la détermination automatisée et la codification de ces critères peuvent éventuellement changer ou même inverser les critères qualitatifs actuels. En considérant la nature universellement uniforme des mécanismes de leur identification (puisqu'ils sont basés sur les mêmes méthodes algorithmiques), cela peut potentiellement aboutir à un rapprochement de ces critères en Europe et aux États-Unis.

La qualité des analyses juridiques dépend directement de ses matières premières : « les informations » et « les connaissances ». Monsieur Michel LEJEUNE reconnaît trois formes de « la connaissance », à savoir « formelle » (dans le contexte juridique, les règles législatives et règlementaires clairement et strictement codifiées relèvent de cette catégorie), « formable » (comme les règles normatives et sociales pouvant être définies et codifiées) et « tacite » (ou informable)[2]. Contrairement à la dernière, les deux premières sont considérées comme les connaissances « explicites ». Dans le contexte judiciaire, comme l'intention originelle des magistrats dans l'interprétation des lois à partir des jurisprudences.

L'ensemble de ces dernières semble être nécessaire pour garantir la prise en compte correcte de tous les aspects des « faits » et des « interprétations des lois » dans les jurisprudences. Monsieur Martin DAVIES prouve, dans l'un de ses célèbres articles que cette dernière forme de connaissance peut être acquise par une analyse sémantique des textes[3]. Cela nous permet de conclure que les systèmes algorithmiques du traitement du langage naturel peuvent être particulièrement efficaces pour analyser des raisonnements décrits dans les jurisprudences.

---

[1] Cf. B. LEITER, *Naturalizing Jurisprudence: Essays on American Legal Realism and Naturalism in Legal Philosophy*, Oxford University Press, 2007, 300 p.

[2] M. LEJEUNE, «Tacit Knowledge: Revisiting the epistemology of knowledge », *McGill Journal of Education*, vol. 46, n° 1, hiver 2011, pp. 96-97.

[3] M. DAVIES, « Tacit Knowledge and Semantic Theory: Can a Five per cent Difference Matter? », *Mind*, vol. 96, n° 384, octobre 1987, pp. 441-462.

Les « émotions » se trouvent également dans cette dernière catégorie de connaissance[1] puisqu'elles ne sont ni formelles ni formables[2] mais peuvent transmettre des informations pouvant être indispensables pour traiter les spécificités de l'affaire. Le système de l'intelligence artificielle peut être techniquement capable de les prendre en compte.

Il convient de faire une distinction entre les critères du perfectionnement des décisions des juridictions « suprêmes » et celles des « premiers et seconds degrés »[3]. Le formalisme est susceptible d'impacter particulièrement la prise en compte de certains éléments garantissant le perfectionnement du raisonnement judiciaire, notamment ceux qui sont moins « formels » et « formables » que « les circonstances des faits de l'affaire » et « les considérations socio-économiques », en particulier les considérations émotionnelles, physiques et psychologiques.

La perfection d'une analyse juridique ou judiciaire ne dépend pas seulement de la qualité des données et de leur analyse mais aussi de la prise en compte de l'ensemble des éléments extrajudiciaires déterminants dans le processus du raisonnement, tels que ceux « émotionnels »[4]. Ceux-ci semblent être de plus en plus importants en matière pénale[5] où « l'oralité y paraît nécessaire aux droits de la défense »[6]. Me Jean DANET l'affirme en précisant que « l'émotion tel l'orage est une force en mouvement qui circule dans le procès »[7].

Selon Monsieur le Professeur Pablo Oscar GALLEGOS FEDRIANI, « la justice des hommes n'est pas toujours parfaite »[8]. Cette évocation nous amène

---

[1] L. L. PUTNAM, D. K. MUMBY, « Organizations, emotion and the myth of rationality » In. S. FINEMAN (Ed.), *Emotion in organizations*, Sage Publications, Inc., 1993, pp. 36-57.

[2] Cf. L. F. BARRETT, *How emotions are made: The secret life of the brain*, Pan Macmillan, 2017, 425 p.

[3] L. CADIET (dir.), « L'open data des décisions de justice », rapport à la Garde des sceaux, novembre 2017, p. 190.

[4] A. VINCENT, « Argumentation and Intuitive Decision Making: Criminal Sentencing and Sentence Indication » In. M. PALMIRANI, U. PAGALLO, P. CASANOVAS, G. SARTOR (sous dir.), *AI Approaches to the Complexity of Legal Systems - Models and Ethical Challenges for Legal Systems, Legal Language and Legal Ontologies, Argumentation and Software Agents : International Workshop AICOL-III, Held as Part of the 25th IVR Congress, Frankfurt am Main, Germany, August 15-16, 2011. Revised Selected Papers*, Springer-Verlag Berlin Heidelberg, 2012, 1ère éd., pp. 217-234.

[5] Cf. D. CHILSTEIN, « Droit pénal et émotion », *Revue juridique de la Sorbonne*, décembre 2021, n° 4, pp. 169-181.

[6] E. JEULAND, « Remarques sur le besoin de rituel dans la justice numérisée Réponse à Marika MOISSEFF », *Revue juridique de la Sorbonne*, décembre 2021, n° 4, p. 23. ; Cf. CE, 27 novembre 2020, aff. 446712, 446724, 446728, 446736, 446816. ; Conseil constitutionnel n° 2019-778 DC du 21 mars 2019, n° 2019-802 QPC du 20 septembre 2019 et n° 2020- 836 QPC du 30 avril 2020.

[7] J. DANET, « L'avocat, le juge et l'émotion », *Les Cahiers de la Justice*, 2014, vol. 1, n° 1, p. 80.

[8] Évoqué lors de la 3ème édition des journées universitaires sur les enjeux des gouvernements ouverts et du numérique qui ont lieu en novembre 2018.

à nous interroger sur l'aspect particulièrement subjectif du terme « parfait » et le rôle que les émotions jouent dans sa détermination. Il convient de considérer que dans les milieux « juridiques » et « informatiques », l'interprétation de ce terme peut être considérablement différente. Du point de vue informatique, l'intelligence artificielle est capable de produire un raisonnement déductif qui soit « logiquement » parfait (dans le sens mathématique et aristotélicien).

Selon les experts des sciences humaines et sociales, dans un contexte porteur d'un aspect émotionnel, un raisonnement strictement logique peut être jugé imparfait[1]. On peut dire que l'intelligence diminuée (ou imparfaite) est celle des hommes, car le caractère logique de son fonctionnement est affaibli par les facteurs émotionnels, et qu'un perfectionnement technique (dans le sens mécanique) peut conduire à une imperfection (dans le sens humain). En effet, un calcul purement mathématique empêche la machine de comprendre et de considérer certains éléments extralinguistiques, en particulier les émotions.

Plus précisément, « le perfectionnement technique » du jugement ne justifie pas sa « qualité » (du point de vue rationnel). Au contraire, il peut la diminuer. Sur le plan technique, les processus de la prédiction des décisions de justice reposent essentiellement sur 4 éléments : (1) la loi, (2) les jurisprudences, (3) les faits, (4) les circonstances et éventuellement (5) les caractéristiques personnelles des justiciables et des magistrats. La situation peut être différente, lorsque l'intelligence artificielle est utilisée pour modéliser un paradigme judiciaire ou l'opinion d'un membre d'une juridiction.

Dans ce cas, les algorithmes peuvent être concentrés plus spécifiquement sur les opinions des magistrats (pouvant être parfois personnels ou sous la pression d'influences politiques) ou strictement sur les textes législatifs et réglementaires. Dans la première hypothèse, la machine peut modéliser « une justice plutôt émotionnelle »[2], en identifiant les émotions des magistrats par l'intermédiaire d'une analyse de leurs opinions judiciaires, alors que la seconde peut être jugée comme « particulièrement démocratique » puisqu'elle est basée sur les dispositions juridiques fixées par les élus.

Afin de pouvoir garantir une prise en compte correcte de ces éléments, il est nécessaire de créer un programme pour la machine, afin qu'elle puisse détecter correctement les émotions exprimées par les justiciables[3]. L'efficacité

---

[1] Cf. F. VALLET, « [itw Chloé Clavel] Les machines ne font « pas encore » mieux que les humains pour interpréter les émotions, l'entretien avec la Professeure Chloé Clavel », *Laboratoire d'Innovation Numérique de la CNIL (LINC)*, 15 octobre 2018, disponible sur https://linc.cnil.fr/fr/itw-chloe-clavel-les-machines-ne-font-pas-encore-mieux-que-les-humains-pour-interpreter-les-emotions (consulté le 23 novembre 2021).

[2] Cf. V. NITSCH, M. POPP, « Emotions in robot psychology », *Biological Cybernetics*, vol. 108, 2014, pp. 621-629.

[3] F. ITTAH, « Justice prédictive et dimension émotionnelle du droit de la responsabilité civile », *Revue juridique de la Sorbonne*, décembre 2021, n° 4, pp. 167-168.

de celui-ci sera fragile puisque la manière de leur détection et leur compréhension par les magistrats peut être aussi différente. En fait, un magistrat peut être influencé par une émotion exprimée par le justiciable et d'autres peuvent être complètement indifférents.

Par conséquent, afin d'optimiser sa qualité, ce mécanisme peut être complété par un système de modélisation algorithmique de « la sensibilité » et des « émotions » des magistrats. Dans ce cadre, l'intelligence artificielle peut être en mesure d'élaborer un modèle émotionnel distinct pour chaque personne. Celui-ci peut être évolué en permanence et en temps réel en fonction des caractéristiques des aspects personnels de sa vie, ses interactions sur les réseaux sociaux, ses avis professionnels et des décisions judiciaires plus récentes qu'elle a prises, des textes scientifiques et doctrinaux qu'ils rédigent ainsi que tout autre élément pouvant influencer sa « pensée » et le « paradigme » qui l'influence[1].

Par exemple, à travers une analyse sur les réseaux sociaux, la machine peut identifier le fait qu'un magistrat réagisse davantage sur des propos portant sur la violence conjugale. Ainsi, elle peut conclure que, dans une telle affaire, il est plus susceptible d'être influencé par les émotions. L'ensemble de ces éléments permet de modéliser (grâce aux algorithmes) et imiter « une transmission » plus réelle d'émotions sous la forme existante entre les hommes.

Dans les procès « en ligne »[2], l'identification et la prise en compte de ces éléments par la machine semblent être théoriquement plus faciles. Au cours de ceux se déroulant « en présentiel », il est nécessaire d'installer une caméra face à toutes les personnes présentes et impliquées dans le procès afin d'identifier leurs réactions émotionnelles[3]. Au cours du procès, en utilisant une « caméra thermique », une analyse algorithmique de certaines émotions telles que la colère, la joie, la honte etc. peuvent être aussi réalisées, en temps réel, à partir des changements du degré de la chaleur du corps des justiciables[4].

Les facteurs émotionnels peuvent être aussi identifiés à partir des données relatives aux différents aspects de la vie d'une personne, en particulier, celles « médicales »[5]. Du point de vue de la protection des données, aux États-Unis

---

[1] Cf. H. TAJFEL, « Cognitive aspects of prejudice », *Journal of Biosocial Science*, vol. S1, n° 1, 1969, pp. 173-191.

[2] Cf. J. JEHL, « Règlement en ligne des litiges, les lignes directrices du Conseil de l'Europe », *La Semaine juridique : édition générale (JCP)*, 95e année, n° 29 (19 juil. 2021), p. 1423. ; Cf. A. SAUKUMA, « Legal and ethical issues in designing online courts », *Baltic yearbook of international law*, vol. 19, 2020, pp. 138-160.

[3] Cf. J. V. PATIL, P. BAILKE, « Real time facial expression recognition using realsense camera and ANN », *2016 International Conference on Inventive Computation Technologies (ICICT)*, vol. 2 (New York, NY: IEEE), pp. 1-6.

[4] S. WANG, M. HE, Z. GAO, S. HE, Q. JI, « Emotion recognition from thermal infrared images using deep Boltzmann machine », *Frontiers of Computer Science*, vol. 8, 2014, pp. 609-618.

[5] Cf. E. BROADBENT, Y. I. LEE, R. Q. STAFFORD, I.H. KUO, B. A. MACDONALD, « Mental schemas of robots as more human-like are associated with higher blood pressure and negative

et dans l'Union européenne, cela peut potentiellement relever d'une violation de la protection des données personnelles sensibles protégées par le RGPD et *Privacy Act* de 1974.

En Europe, dans le contexte des affaires pénales, une dérogation à l'usage de ces données peut être accordée sur le fondement des considérants n° 19, n° 50 et n° 104 ainsi que l'alinéa d de second paragraphe de l'article 2 et l'alinéa d de premier paragraphe de l'article 23 du règlement n° 2016/679. Aux États-Unis, la même dérogation est prévue par le *Health Insurance Portability and Accountability Act* de 1996 (*HIPAA Act*) et le *USAPatriot Act* du 26 octobre 2001[1].

Ils peuvent être utilisés au cours de la modélisation et la prédiction des réactions émotionnelles des justiciables[2]. En principe, ces éléments peuvent être essentiels à la fois pour leur « compréhension » et leur « reproduction », non seulement pour « les justiciables » mais aussi pour « les magistrats ». Compte tenu de l'ensemble de ces considérations, nous pouvons conclure qu'il est possible de mettre en œuvre une analyse cognitive des émotions des justiciables en deux niveaux : (1) pour optimiser l'analyse du rôle de ces réactions dans les circonstances de l'affaire (2) ainsi que leur analyse lors du déroulement du procès.

Une combinaison des systèmes de l'apprentissage algorithmique des textes et ceux de la parole et des émotions peut être nécessaire pour détecter quelques phrases, en particulier lorsqu'ils sont exprimés d'une manière « vulgaire ». Imaginons qu'au début du procès, un avocat n'arrivant pas à trouver le texte de sa plaidoirie dit, par la gêne que cela lui est posé, « ah putain, je ne le trouve pas ! ».

Un système de l'apprentissage automatique des émotions peut parfaitement identifier le message de cette phrase représentant une insatisfaction et un sentiment de gêne. Pourtant, une élaboration automatisée de compte-rendu et son analyse algorithmique par un système de l'apprentissage automatique des textes peuvent conduire la machine à conclure que cette personne a insulté une des personnes présentes dans la salle de l'audience. En considérant qu'il apparaît impossible de forcer les personnes d'utiliser un langage correct, le recours à ces systèmes hybrides peut être jugé

emotions in a human-robot interaction », *International Journal of Social Robotics*, 2011, vol. 3, n° 3, pp. 291-298.

[1] American Civil Liberties Union (ACLU), *FAQ on Government Access to Medical Records, Answers to Frequently Asked Questions about Government Access to Personal Medical Information(under the USA Patriot Act and the HIPAA regulations)*, disponible sur https://www.aclu.org/other/faq-government-access-medical-records#_ednref1 (consulté le 7 janvier 2022). ; Commission nationale de l'informatique et des libertés (CNIL), *Le RGPD appliqué au secteur de la santé*, disponible sur https://www.cnil.fr/fr/le-rgpd-applique-au-secteur-de-la-sante (consulté le 7 janvier 2022).

[2] H. Gunes, O. Celiktutan, E. Sariyanidi, « Live human-robot interactive public demonstrations with automatic emotion and personality prediction », *Philosophical Transactions of the Royal Society B: Biological Sciences*, vol. 1771, n° 374, 2019, pp. 1-8.

nécessaire. Ainsi, nous pouvons imaginer l'analyse algorithmique de phrase suivante : « notre soirée d'hier n'était pas ouf ».

D'un point de vue linguistique, l'expression « ouf » (et celles similaires) n'a aucune signification. Pourtant, elle est massivement utilisée dans la société et reste relativement compréhensible pour beaucoup de monde. De même façon, l'apprentissage automatique de l'émotion avec lequel cette phrase est exprimée peut permettre de définir sa définition.

Les émotions des magistrats[1] peuvent prendre, plus spécifiquement, une forme « d'empathie » vis-à-vis du justiciable[2]. À ce sujet, Monsieur Serge TISSERON explique que « l'empathie artificielle reste une notion complexe. Par exemple, que le robot sache lire nos émotions semble accessible aux technologies. Mais qu'il sache les interpréter requiert des équations infiniment plus compliquées »[3].

L'analyse et la prise en compte des habitudes émotionnelles d'un grand nombre de magistrats, peuvent permettre d'élaborer un modèle du « paradigme émotionnel »[4], qui soit valable dans une dimension spécifique[5]. Plus précisément, dans une matière spécifique du droit ainsi que dans un degré et une nature spécifique de juridiction. Cela peut faire partie des éléments déterminants dans la modélisation du « paradigme judiciaire général ». On peut donc conclure que le modèle de l'apprentissage d'émotions peut être soit personnalisé, soit général et collectif. Afin d'augmenter la qualité de reproduction du raisonnement, la modélisation du paradigme peut être combinée avec ce dernier.

Quelle que soit sa dimension, un tel système peut présenter deux risques : (1) Il peut ignorer ou mal identifier les émotions des justiciables. Ce risque est plus élevé lorsque l'intelligence artificielle est censée détecter les « sentiments mélangés » (par exemple, lorsqu'une personne exprime, en même temps, le sentiment de l'amour et celui de la haine pour deux raisons différentes) constituant, selon Madame la Professeure Laurence DEVILLERS, une grande partie des sentiments humains exprimés dans le quotidien[6]. Cela peut

---

[1] Cf. F. ITTAH, « Justice prédictive et dimension émotionnelle du droit de la responsabilité civile », *Revue juridique de la Sorbonne*, décembre 2021, n° 4, pp. 164-167.

[2] B. D. COT, « Intelligence artificielle : "Restons maîtres des robots" », Interview avec Serge TISSERON, *L'Express*, 4 septembre 2015, disponible sur https://lexpansion.lexpress.fr/high-tech/restons-maitres-des-robots_1711529.html (consulté le 24 novembre 2021).

[3] *Ibidem*.

[4] P. RANI, N. SARKAR, « Emotion-sensitive robots-a new paradigm for human–robot interaction », *4th IEEE/ras international conference on humanoid robots*, 2004, vol 1, pp 149-167.

[5] Cf. H. LEVENTHAL, « A perceptual-motor processing model of emotion » In. P. PLINER, K. BLANKSTEIN, I. M. SPIGEL (dir.), *Perception of emotion in self and others*, vol 5, 1979, Springer, pp 1-46.

[6] L'intervention de Professeure Laurence DEVILLERS, *Homme, robots et intelligence artificielle : quelle place donne-t-on aux algorithmes* ?, 12 février 2022, Cité de l'économie (Paris).

potentiellement impacter le fond de la décision[1]. Ce risque est également présent dans les rapports émotionnels entre les hommes. (2) Lorsqu'il est utilisé comme un outil d'aide à la décision, il peut également amener les magistrats à reprendre les mêmes réactions que leurs prédécesseurs ont exprimées face à des situations spécifiquement similaires. Plus précisément, il s'agit d'émotions qui ne sont pas les leurs. Par conséquent, le recours massif à ce système dans les environnements judiciaires peut aboutir à « une codification de la reconnaissance des émotions des justiciables »[2]. C'est ce qui permet la création d'algorithmes capables de les modéliser et les appliquer automatiquement[3]. Ce phénomène peut être qualifié comme « une mécanisation de la prise en compte des émotions, lors du procès ». Cela peut conduire à une « simplification rationaliste » de leur compréhension[4].

Leur influence systématique (sous une forme codifiée) sur la vision, l'analyse et les décisions peut devenir progressivement une sorte de « règle du précédent ». Néanmoins, celui-ci ne peut être véritablement comparé à sa forme classique, reconnue dans le contexte de *Common law* puisqu'il ne fait pas partie de la tradition judiciaire d'un pays ou d'une région spécifique. Son impact direct sur l'interprétation du droit, étant particulièrement subjectif, peut être mineur (ou même inexistant). Pourtant, ses traces dans les arrêts peuvent constituer des règles jurisprudentielles, même si ces derniers ne sont pas basés sur un fondement strictement juridique et même s'ils ne sont pas présentés, dans l'arrêt, comme un argument à part entière. C'est ainsi que cela peut influencer la création d'un droit dur, notamment dans les pays anglo-saxons où les décisions de justice sont parmi les sources primaires du droit.

Cela peut également faire partie des éléments déterminants dans la « modélisation du paradigme judiciaire ». Il peut également faciliter la prédiction de la position émotionnelle des magistrats vis-à-vis de chaque problématique juridique et augmenter le risque du recours au *forum shopping*, tel qu'il est décrit par Monsieur le Professeur Bruno DONDERO, dans le contexte de la justice prédictive[5]. Dans l'hypothèse de la création correcte d'un modèle « émotionnel »[6], l'évaluation de sa pertinence serait une tâche

---

[1] K. CRAWFORD, « Artificial Intelligence Is Misreading Human Emotion », *The Atlantic*, 27 avril 2021, disponible sur https://www.theatlantic.com/technology/archive/2021/04/artificial-intelligence-misreading-human-emotion/618696/ (consulté le 29 avril 2021).

[2] Cf. N. H. FRIJDA, *The laws of emotion*, Psychology Press, 2017, 366 p.

[3] Cf. C. L. LISETTI, A. MARPAUNG, « A three-layered architecture for socially intelligent agents: modeling the multilevel process of emotions, *International conference on affective computing and intelligent interaction*. Springer, 2015, pp 956-963.

[4] F. HERBULOT, « De la robotisation des hommes à l'humanisation des robots », *Institut pour l'Etude des Relations Homme-Robots (IERHR)*, 4 juin 2018, disponible sur https://www.ierhr.org/de-la-robotisation-des-hommes-a-lhumanisation-des-robots/ (consulté le 25 novembre 2021).

[5] B. DONDERO, « La justice prédictive », *op. cit.*

[6] Cf. R. PLUTCHIK, H. KELLERMAN, *Theories of Emotion*, Cambridge Academic Press, vol. 1, 2013, 424 p.

particulièrement difficile, puisque ce concept et ses sensations sont particulièrement subjectifs[1].

Les outils permettant de détecter et à reproduire des émotions humaines sont actuellement, dans le monde entier, en pleine expansion commerciale. Parmi eux, on peut compter, Zoé (créé en 2013 par les chercheurs de l'Université de Cambridge)[2] et Pepper (développé en 2014, au Japon, par la Société SoftBank Robotics)[3]. Cependant, aucun de ces outils ne permet une détection et une reproduction à 100% de celles-ci[4].

Il convient de considérer que cette capacité des juges n'est pas non plus nécessairement complète et parfaite. Cela dépend du degré de leur sensibilité émotionnelle, leur concentration et aussi leur approche théorique vis-à-vis de l'influence des émotions sur le raisonnement judiciaire.

La nécessité de leur prise en compte lors des procès, particulièrement en matière pénale, peut faire l'objet d'un débat et susciter des avis et des réactions différentes, voire opposées. Par exemple, imaginons que, lors d'un procès, un justiciable exprime une émotion pouvant potentiellement influencer le juge pendant 5 secondes. Si au même moment, il ferme ses yeux, il risquerait de n'en détecter aucune. Cela nous amène à conclure que dans certains cas, grâce à l'exactitude de ces systèmes algorithmiques, leur capacité de compréhension et de production d'émotions peut être parfois supérieure à celle de l'homme, même si elle ne peut être considérée comme une règle générale.

Le 12 février 2022, Madame la Professeure Laurence DEVILLERS a précisé que le cerveau élimine automatiquement un grand nombre de tâches qui ne sont pas (ou qui sont moins) utiles pour prendre une décision[5]. C'est ainsi que les hommes ignorent, dans leurs analyses, une grande partie des données et des informations, alors que ces dernières ne s'échappent pas de celles de l'intelligence artificielle. C'est ainsi qu'elle peut potentiellement prendre en compte des considérations émotionnelles d'une façon plus pertinente[6].

---

[1] J-M. FELLOUS, « From Human Emotions to Robot Emotions », *AAAI Spring Symposium*, Stanford (CA), 1er décembre 2004, p. 37.

[2] Université de Cambridge, « Face of the future rears its head, Meet Zoe: a digital talking head which can express human emotions on demand with "unprecedented realism" and could herald a new era of human-computer interaction », 19 mars 2013, disponible sur https://www.cam.ac.uk/research/news/face-of-the-future-rears-its-head (consulté le 23 novembre 2021).

[3] V. GARIN, « Pepper, le robot qui ressent les émotions, cartonne au Japon », *RTL*, 29 juin 2015, disponible sur https://www.rtl.fr/actu/debats-societe/pepper-le-robot-qui-ressent-les-emotions-cartonne-au-japon-7778919189 (consulté le 23 novembre 2021).

[4] Université de Cambridge, « Face of the future rears its head, Meet Zoe: a digital talking head which can express human emotions on demand with "unprecedented realism" and could herald a new era of human-computer interaction », *préc.* ; V. GARIN, « Pepper, le robot qui ressent les émotions, cartonne au Japon », *préc.*

[5] L'intervention de Professeure Laurence DEVILLERS, *Homme, robots et intelligence artificielle : quelle place donne-t-on aux algorithmes* ?, 12 février 2022, Cité de l'économie (Paris).

[6] *Ibidem.*

Actuellement, leur reproduction automatisée occupe une place particulièrement importante dans les travaux de recherche en robotique. Parmi les grands projets sur ce sujet, on remarque notamment celui de « FEELIX-Croissance » (soutenu par l'Union européenne) et « le logiciel Affectiva » (développé par Monsieur Paul EKMAN au Massachusetts Institute of Technology)[1].

Le premier visant à lire et à modéliser « l'empathie » a été mené par Monsieur Serge TISSERON qui estime qu'« un robot émotionnel a de l'empathie »[2]. L'utilisation du terme « machine » semble être plus pertinente puisque ce système peut être à la fois mis en place sous la forme du « robot » ou celle de « l'intelligence artificielle (immatérielle) ».

Plus précisément, pour lui, l'analyse algorithmique, l'imitation virtuelle des émotions[3] et la modélisation de l'empathie[4] font l'objet d'études et de techniques distinctes. Ces systèmes sont autant puissants qu'ils peuvent modéliser et reproduire un « bâillement contagieux »[5]. Par exemple, au cours de la détection des émotions du justiciable lors du procès, s'il bâille plusieurs fois, la machine peut reproduire la même réaction.

Ces systèmes s'appuyant principalement sur les facteurs comportementaux[6], en particulier, le « langage corporel des hommes »[7], peuvent également détecter des émotions à partir des aspects sémantiques des textes[8]. Cela peut avoir également une utilité dans l'analyse des éléments de preuve, telles que les communications écrites. Ils peuvent être également impliqués, de la même manière dans l'analyse des images et des vidéos.

---

[1] D. MCDUFF, R. EL KALIOUBY, T. SENECHAL, M. AMR, J. F. COHN, R. PICARD, « Affectiva-MIT Facial Expression Dataset (AM-FED): Naturalistic and Spontaneous Facial Expressions Collected "In-the-Wild" », *2013 IEEE Conference on Computer Vision and Pattern Recognition Workshops*, 2013, pp. 881-888. ; R. KHATCHADOURIAN, « We know how you feel, *The New Yorker*, 12 janvier 2015, disponible sur https://www.newyorker.com/magazine/2015/01/19/know-feel (consulté le 26 novembre 2021).

[2] S. TISSERON, *Le Jour où mon robot m'aimera*, Albin Michel, coll. Essais Psy, 2015, p. 15. ; H. PAPADOUDI-ROS, « Serge Tisseron, Le Jour où mon robot m'aimera. Vers l'empathie artificielle, Paris, A. Michel, 2015, 208 pages », *Questions de communication*, vol. 34, n° 2, 2018, p. 421.

[3] L. TRÉMEL, « Serge Tisseron, Virtuel, mon amour. Penser, aimer, souffrir, à l'ère des nouvelles technologies », *Questions de communication*, vol. 14, 2008, pp. 423-427.

[4] S. TISSERON, *L'Empathie au cœur du jeu social*, Albin Michel, 2010, 240 p.

[5] H. LEHMANN, F. BROZ, « Contagious yawning in human–robot interaction », *2018 ACM/IEEE international conference on human–robot interaction*, pp. 173-174.

[6] A. ALY, A. TAPUS, « A model for synthesizing a combined verbal and nonverbal behavior based on personality traits in human–robot interaction », *2013 8th ACM/IEEE international conference on human–robot interaction (HRI). IEEE*, pp. 325-332.

[7] Cf. M. MARMPENA, A. LIM, T. S. DAHL, N. HEMION, « Generating robotic emotional body language with variational autoencoders », *8th international conference on affective computing and intelligent interaction (ACII). IEEE*, 2019, pp. 545-551.

[8] H. LEVENTHAL, K. SCHERER, « The relationship of emotion to cognition: a functional approach to a semantic controversy », *Cogn Emot*, vol. 1, n° 1, 1987, pp. 3–28.

Lorsqu'une machine est utilisée comme un outil de prise de décision, ces modèles peuvent être utilisés directement dans ce processus. Quand elle est employée comme un outil d'aide à la décision, l'émergence des émotions peut être enregistrée et signalée (en temps réel) aux magistrats. Par exemple, si l'intelligence artificielle est censée préparer automatiquement un rapport d'investigation ou d'interrogation, elle peut ajouter ces éléments aux rapports pour la considération des magistrats ou/et des autorités policières.

Les grands groupes commerciaux tels que Hanson Robotics[1], BeyondVerbal, Affectiva, lexalytics et TheySay s'investissent dans le développement de ces systèmes afin de renforcer leur sensibilité et augmenter leurs capacités[2]. Alors que les outils conçus par les deux premiers groupes se basent sur l'analyse algorithmique des émotions sur le visage et la voix, les deux derniers utilisent des techniques différentes de l'intelligence artificielle comme celles de l'apprentissage automatique[3] (en particulier, les programmes neurolinguistiques) pour modéliser les émotions à partir de ceux identifiés sur des réseaux sociaux[4]. Dans ces circonstances, les techniques du « traitement automatique des images » jouent également un rôle central.

Grâce aux caméras installées dans les espaces publics, les systèmes de « la surveillance de masse » et le recours à « la reconnaissance des émotions » peuvent aider à créer des algorithmes plus puissants permettant de mieux modéliser et reproduire des émotions. Alors qu'en théorie, le recours à cette technique peut présenter un grand risque au droit à la vie privée, dans l'Union européenne, il peut être justifié par sa « nécessité » pour renforcer l'efficacité des systèmes relevant de la justice augmentée. À ce titre, il peut relever potentiellement d'une mission d'intérêt public, à savoir une base légale permettant la mise en œuvre d'un traitement purement automatisé des données personnelles[5] (à condition qu'il soit utilisé exclusivement et strictement à cette fin). Dans l'Union européenne, cet usage peut être aussi automatiquement autorisé, s'il est en vue de la garantie de la sécurité ou de la prévention des crimes[6].

Il semble aussi être réalisable de programmer ces systèmes dans la façon dont ils prennent en compte exclusivement les émotions (et non d'autres

---

[1] Hanson Robotics, « Sophia », disponible sur https://www.hansonrobotics.com/sophia/ (consulté le 24 novembre 2021).

[2] F. AMROUNE, « Intelligence Émotionnelle : Les Robots Plus Forts Que L'Homme ? », *Forbes*, 5 juin 2018, disponible sur https://www.forbes.fr/technologie/intelligence-emotionnelle-les-robots-plus-fort-que-lhomme/ (consulté le 23 novembre 2021).

[3] Cf. C. M. M. REFAT, N.Z. AZLAN, « Deep learning methods for facial expression recognition », *2019 7th International Conference on Mechatronics Engineering (ICOM)* (New York, NY: IEEE), pp. 1-6.

[4] *Ibidem.*

[5] CNIL, *La mission d'intérêt public : dans quels cas fonder un traitement sur cette base légale?*, 2 décembre 2019, disponible sur https://www.cnil.fr/fr/la-mission-dinteret-public-dans-quels-cas-fonder-un-traitement-sur-cette-base-legale (consulté le 15 mai 2021).

[6] Les cons. n° 19, n° 50 et n° 104, art. 2§2 (d) et art. 23§1(d) du RGPD.

éléments distinctifs des personnes), en considérant qu'en principe, les « émotions » ne constituent nécessairement pas des données permettant d'identifier quelqu'un. Par conséquent ils ne relèvent pas des données « personnelles ». Cette hypothèse semble être valable dans le cas d'une modélisation générale des comportements émotionnels. Pourtant, son applicabilité ne peut être estimée comme absolue. Il convient donc de considérer l'hypothèse de l'existence d'exceptions où une personne spécifique produit un ensemble de réactions émotives singulières, propres à elle. Dans un tel cas, son traitement peut devenir soumis aux règlements juridiques, relatifs à la protection des données et à la reconnaissance faciale.

En faisant recours aux algorithmes capables de prédire l'émergence des émotions des magistrats, les avocats peuvent préparer leurs défenses en prenant en compte les sensibilités émotionnelles spécifiques d'un magistrat (ou un groupe de magistrats). En effet, l'adoption d'une approche « formaliste », en se concentrant davantage sur les origines législatives des concepts et des règles juridiques que sur les émotions du juge, peut réduire ce risque.

À ce titre, ce système peut être vu comme un instrument potentiel de manipulation[1]. On peut donc conclure que les émotions des magistrats peuvent à la fois faire l'objet d'une « modélisation algorithmique » et d'une « prédiction ». Dans les deux usages, les techniques de leur identification sont identiques. Leur différence réside dans la production des données de sortie. La première permet de reproduire une transmission d'émotions (dans le sens humain) alors que la seconde est plus particulièrement basée sur les statistiques.

Du point de vue biologique, les éléments provoquant les émotions et les sentiments humains sont parfaitement identifiés[2]. Ces systèmes peuvent les imiter et les reproduire en fonction de ces éléments[3]. Le degré de l'efficacité d'un tel système peut être différent dans l'identification et la reproduction de ses divers types et formes. Selon Madame Clara GAVELLI, « la neurophysiologie distingue à cet égard les sens mécaniques (toucher, vue, et ouïe) et les sens chimiques (goût et odorat) »[4]. La nécessité et l'utilité d'analyse de cette dernière catégorie lors d'un procès sont incertaines. Comme tous les autres comportements et les réactions naturelles humaines, ils se

[1] A. R. HOCHSCHILD, *The managed heart: commercialization of human feeling*, University of California Press, 1983, 307 p.
[2] F. AMROUNE, « Intelligence Émotionnelle : Les Robots Plus Forts Que L'Homme ? », *op. cit.*
[3] Cf. L-A. PEREZ-GASPAR, S-O. CABALLERO-MORALES, F. TRUJILLO-ROMERO, « Multimodal emotion recognition with evolutionary computation for human-robot interaction », *Expert Systems with Applications*, 2016, vol. 66, pp. 42-61.
[4] C. GAVELLI, « Propriété littéraire et artistique et émotion », *Revue juridique de la Sorbonne*, juin 2021, n° 3, p. 200.

produisent grâce aux « neurones »[1]. C'est ainsi qu'en appuyant sur l'imitation de leur mécanisme, l'intelligence artificielle réussit à modéliser et reproduire des émotions[2].

En outre, il est important de distinguer l'efficacité de ce système dans l'analyse de « l'émotion » et du « sentiment »[3]. Selon Monsieur Bernard RIMÉ, la première est une « prise de conscience des changements réflexes qui se produisent dans les organes viscéraux et dans la musculature du squelette »[4]. Madame Annabelle IGLESIAS la définit comme « un état affectif intense qui se manifeste par une forte perturbation mentale et ou physique »[5]. Par conséquent, les premières, étant naturellement réactionnelles et comportementales, produisent, à l'entrée du système, des données plus complètes et précises. Pour la machine, elles sont plus détectables que « les sentiments ». En effet, il semble que l'identification et l'analyse de ces derniers, nécessitent un recours à des algorithmes plus sophistiqués.

En 1990, la formalité de l'aspect biologique de la production des émotions a conduit Messieurs Peter SALOVEY et John MAYER à présenter le concept de « l'intelligence émotionnelle ». Elle se définit comme « la capacité » et « les techniques visant à la connaître », « la contrôler » et « la maîtriser »[6]. Si nous considérons que le système de production et de leur contrôle se définit comme une forme de l'intelligence (telle décrit par ces chercheurs), elle est susceptible d'être modélisée par les algorithmes. Ce phénomène peut être qualifié comme « une intelligence émotionnelle artificielle ». Plus précisément, elle peut prendre la forme d'une logique comme celle du « raisonnement ».

Il est nécessaire de considérer que sa maîtrise excessive peut potentiellement limiter la créativité des personnes[7]. Dans le contexte

---

[1] Cf. J. THILMANY, « The emotional robot. Cognitive computing and the quest for artificial intelligence », *Embo reports*, novembre 2007, vol. 8, n° 11, pp. 992-994. ; Cf. I. J. ROSEMAN, « Cognitive determinants of emotion: A structural theory », *Review of Personality & Social Psychology, 1984, vol. 5,* pp. 11-36.

[2] Cf. M. SPEZIALETTI, G. PLACIDI, S. ROSSI, « Emotion Recognition for Human-Robot Interaction: Recent Advances and Future Perspectives », *Frontiers in Robotics and AI*, 21 décembre 2020, vol. 7, art. n° 532279, disponible sur https://doi.org/10.3389/frobt.2020.532279 (consulté le 24 novembre 2021).

[3] Cf. Ch. TRAÏNI, « Des sentiments aux émotions (et vice-versa), Comment devient-on militant de la cause animale? », *Revue française de science politique*, vol. 60, pp. 335-358.

[4] B. RIMÉ, *Le partage social de l'émotion*, Presses universitaires de France, coll. Quadrige, 2005, p. 19.

[5] A. IGLESIAS, « Les sentiments », *Passeport Santé*, août 2019, disponible sur https://www.passeportsante.net/fr/psychologie/Fiche.aspx?doc=les-sentiments# (consulté le 27 novembre 2021).

[6] P. SALOVEY, J. D. MAYER, « Emotional intelligence », *Imagination, Cognition and Personality*, 1990, vol. 9, n°3, pp. 185-211, disponible sur https://doi.org/10.2190/DUGG-P24E-52WK-6CDG (consulté le 24 novembre 2021).

[7] T. CHAMORRO-PREMUZIC, A. YEARSLEY, « The Downsides of Being Very Emotionally Intelligent », *Harvard Business Review*, série Emotional Intelligence, 12 janvier 2017, disponible sur https://hbr.org/2017/01/the-downsides-of-being-very-emotionally-intelligent (consulté le 24 novembre 2021).

judiciaire, cela peut potentiellement impacter la liberté décisionnelle du magistrat. Cette limite n'est pas nécessairement positive ou négative. Elle peut être les deux dans des situations et des circonstances différentes. Cela dépend aussi des approches doctrinales des personnes, si nous considérons que les émotions permettent d'améliorer la qualité de leurs décisions (ou au contraire, la diminuer). Ce sujet a été illustré lors d'un débat historique entre Lon L. FULLER et Herbert Lionel Adolphus HART où ce dernier a précisé que la passion « peut à la fois inspirer et aveugler un homme »[1].

L'ensemble de ces considérations nous amène à conclure que la prise en compte de toutes les formes d'émotions humains, grâce aux outils algorithmiques, est possible non seulement dans les juridictions « augmentées », mais aussi celles « automatisées » (dans l'hypothèse de leur création). La différence de son usage dans ces deux environnements peut se présenter dans le degré de son exactitude et de son efficacité. En raison de la subjectivité de la nature des communications émotives, son évaluation semble être extrêmement difficile puisque chaque magistrat peut interpréter différemment une émotion exprimée par un justiciable. C'est ainsi que, dans le cas d'une émotion identique, l'interprétation faite par la machine peut être très similaire à celle d'un magistrat et très différente d'une autre. Cela ressemble à la difficulté dans l'évaluation de la qualité des décisions auto élaborées.

Le sujet du respect de l'autodétermination physique et psychologique des individus est indissoluble de celui de l'intelligence artificielle[2]. Monsieur le Professeur Grégoire LOISEAU explique que « toutes les personnes participant au développement, à l'application, à la diffusion et à l'utilisation de l'intelligence artificielle devraient apprécier à leur juste valeur et respecter la dignité humaine ainsi que l'autodétermination et le bien-être, physique comme psychologique, des individus et de la société dans son ensemble »[3].

Ce sujet peut être étudié sous l'angle de la prévention de l'émergence d'éventuels « impacts » négatifs du fonctionnement de l'intelligence artificielle sur le bien-être des hommes puisque, dans l'hypothèse de mise en place des environnements judiciaires augmentés, l'analyse de ces derniers peut être particulièrement délicate.

Dans le processus de prise de décision judiciaire, la prise en compte de certaines considérations physiques et psychologiques peut être aussi déterminante au même titre que ceux « émotionnels ». Dans les juridictions traditionnelles, certaines vulnérabilités physiques peuvent être constatées par

---

[1] J. VAN MEERBEECK, « Lon Fuller, le jusnaturaliste procédural », *op. cit.*, p. 149. ; Cf. H. L. A. HART, « The Morality of Law by Lon L. Fuller », *Harvard Law Review*, vol. 78, 1965, pp. 1281-1296.

[2] B. WHALEY, « Evaluations of rebuttal analogy users: Ethical and competence considerations », *Argumentation*, 1998, vol. 12, pp. 351–365.

[3] G. LOISEAU, *Droit des personnes*, ellipses, 2020, 2e éd. (version mise à jour et augmentée), p. 175.

les juges. Ainsi, certains problèmes psychologiques des justiciables peuvent être identifiés par les magistrats lors de leurs communications.

Dans un système de modélisation basé purement sur les faits et les circonstances de l'affaire, les données judiciaires et législatives et même le paradigme judiciaire (qui semble être beaucoup plus dynamique que les premières), ces facteurs peuvent être ignorés. Dans ces circonstances, même si, d'un point de vue informatique, le système fonctionne parfaitement correct (dans le sens humain), une décision auto-élaborée peut être jugée « imparfaite » si ces facteurs avaient pu influencer la décision du juge, alors qu'ils sont ignorés par la machine. Ce problème peut être de plus en plus important lorsque les éléments de preuve ne sont pas suffisants, en particulier en matière pénale où l'intime conviction du juge peut devenir plus importante. La conviction intime du juge est une pratique caractérisée par l'absence totale de la méthodologie.

Le degré de son importance peut être variable en fonction des règles de la procédure de chaque pays. Afin de pouvoir identifier l'ensemble des problématiques liées à ce sujet, il est nécessaire de faire une distinction entre celles « pouvant être identifiées à partir des informations et des données fournies par les requêtes et les rapports des experts » (tels que les agents des tribunaux, les auxiliaires de justice, les inspecteurs et etc.) et celles « comprises par les magistrats au cours du procès ». Dans le premier cas, leur prise en compte semble être plus facile, s'il y a des informations suffisamment complètes, claires et structurées. Dans ces circonstances, en théorie, il sera nécessaire de demander aux justiciables de les fournir.

En pratique, dans l'Union européenne, sa mise en œuvre peut être problématique du point de vue de la protection des données puisqu'il semble être impossible d'imposer aux justiciables une telle obligation. Comme les pratiques auparavant mentionnées, un accès direct des autorités judiciaires à ces données peut être potentiellement justifié si elle est reconnue comme « une mission d'intérêt public », nécessaire pour garantir le bon fonctionnement du système de la justice augmentée[1]. L'applicabilité de l'accès à ces données et leur traitement automatisé sont soumis à l'interprétation de la Cour européenne des droits de l'homme ou à une dérogation reconnue par les autorités nationales compétentes. Lors du procès, la détection de ces facteurs peut être appliquée de la même manière que les émotions. Pourtant, leur analyse peut être moins fiable et plus difficile que ces dernières, puisque certaines considérations psychologiques peuvent être sans provocation physique et comportementale. Ce propos peut être aussi valable dans le cas de la compréhension algorithmique des « sentiments » qui peuvent être présents sans une expression corporelle.

---

[1] Les considérants 156, 158, 159, le paragraphe 1 de l'article 23, les paragraphes 1 (premier alinéa, point d), 4 et 5 de l'article 49 et l'article 89 du règlement (UE) 2016/679, *op. cit.*

Si les outils de l'intelligence artificielle sont utilisés pour « aider » les acteurs de justice, la machine peut préparer, en appuyant sur ces données, un rapport sur l'état physique et psychologique des justiciables et l'annexer à la requête. Cela ressemble au processus de préparation automatisée des rapports présentenciels par le logiciel COMPAS, où il établit un modèle des caractéristiques et des différents aspects de la vie des individus et une prédiction de leurs comportements.

Certains éléments (comme des handicaps, ou des troubles psychologiques) peuvent avoir un lien direct avec les faits et les circonstances de l'affaire. Par exemple, si dans un cas, une dépression a poussé l'accusé à commettre un crime, sa santé mentale peut être évaluée, non seulement à partir d'éléments existants dans son dossier médical mais aussi par des signes détectés lors de ses communications en ligne (en particulier, sur les réseaux sociaux), ses activités sur les moteurs de recherche. Ces indicateurs peuvent être identifiés et analysés avant le début du procès.

Dans ces circonstances, les neurosciences peuvent jouer un rôle essentiel. Depuis 1990, les juridictions américaines utilisent les scanners d'imagerie cérébrale pour évaluer l'état de santé mentale des accusés et des criminels afin d'évaluer ses potentiels impacts sur leurs comportements[1]. Depuis 2011, en Italie, ils permettent aussi aux magistrats de prendre en compte les particularités de leur situation psychologique[2]. En 2018, en Inde, les enregistrements des activités du cerveau ont été également acceptés comme un élément de preuve par un magistrat[3]. Grâce aux réseaux des neurones artificiels, la pertinence et l'efficacité de ce mécanisme peuvent être considérablement renforcées[4].

Certains facteurs peuvent être également identifiés et pris en compte par la machine sans besoin de recourir aux données hors de celles exploitables à partir de la requête. Par exemple, dans une affaire pénale où l'accusé a commis un crime immédiatement après un choc perturbant son état psychologique, la machine à la possibilité de conclure automatiquement que, dans ces circonstances, il n'y a pas un élément moral constitutif de l'infraction (v. art. 121-3 du Code pénal). Dans une telle situation, la machine est capable de faire valoir que si un tel choc peut éliminer le pouvoir intentionnel de la plupart des

---

[1] C. Byk, « Neurosciences et administration de la preuve pénale devant les juridictions des États-Unis », *Revue Médecine & droit*, 2011, n° 106, pp. 59-63.

[2] E. Feresin, « Italian court reduces murder sentence based on neuroimaging data », *Nature*, 1er septembre 2011, disponible sur http://blogs.nature.com/news/2011/09/italian_court_reduces_murder_s.html (consulté le 4 mars 2022).

[3] B. Blain, O. Oullier, « Détecter le mensonge dans le cerveu : in neuro veritas ? » " In. O. Oullier (dir.), *Le Cerveau et la loi : analyse de l'émergence du neurodroit*, document de travail n° 2012-07, septembre 2012, Centre d'analyse stratégique (services du Premier ministre), pp. 95-118, disponible sur archives.strategie.gouv.fr/cas/system/files/cas-dqs_dt-neurodroit_11septembrereduit_0.pdf (consulté le 4 mars 2022).

[4] Cf. A. Supiot, « L'autorité de la science. Vérité scientifique et vérité légale » In. P. Rosanvallon (dir.), *Science et démocratie*, Odile Jacob, 2014, pp. 81-109.

personnes, il est également susceptible d'être le cas de cet accusé. Cette hypothèse peut être envisageable dans le cas où une étude empirique sur la réaction des individus dans les conditions similaires a été déjà réalisée.

Le développement de publication ouverte et l'accessibilité libre aux sources scientifiques sont des facteurs importants et déterminants du progrès de ces systèmes. Dans cette analyse, il y a certainement un risque d'erreur. Cependant, il ne faut pas oublier que le juge utilise aussi la même forme de logique pour évaluer l'existence de cet élément. Cela nous amène à conclure qu'il est impossible d'évaluer la pertinence d'une analyse algorithmique de ces éléments par rapport à celle du juge.

Aux États-Unis, en matière pénale, celui-ci peut faire directement partie du rapport « présentenciel »[1], décrivant, à la base, l'ensemble des informations relatives aux justiciables (en particulier, leurs comportements et les différents aspects de leur vie). Cela peut également concerner l'article §6A1.3. de la directive fédérale des États-Unis en matière de détermination de la peine disposant que « lorsqu'un facteur important pour la détermination de la peine est raisonnablement contesté, les parties du [litige] doivent avoir une possibilité adéquate pour présenter des informations au tribunal concernant ce facteur. En résolvant tout différend concernant un facteur important pour la détermination de la peine, le tribunal peut prendre en considération des informations pertinentes sans égard à leur admissibilité en vertu des règles de preuve applicables au procès, à condition que les informations présentent des indices de fiabilité suffisants pour étayer leur exactitude probable ».

Dans l'hypothèse de mise en place, dans les juridictions, d'un système « totalement automatisé » de prise de décision, les caractéristiques de l'état psychologique et physique des magistrats peuvent être aussi déterminantes dans l'élaboration par la machine (ou la prédiction) des raisonnements, notamment lorsqu'on envisage de modéliser ceux d'un magistrat spécifique. Cela peut potentiellement augmenter le risque du profilage des juges et de *forum shopping*.

À première vue, ces mécanismes peuvent être considérés comme trop inédits ou relevant de science-fiction. Une telle impression nous amène à penser à une évocation illustrative de Monsieur Matt HEPBURN, Directeur du gouvernement américain chargé du développement du vaccin Covid-19. En 2021, il a été sollicité par la Maison Blanche pour présenter une solution

---

[1] La règle n° 32 du *règlement fédéral de procédure pénale* et l'art. A.1.1 (§6) de *la directive fédérale des États-Unis en matière de détermination de la peine*. ; V. les paragraphes 3593(c) et 3553 de la règle n° 18 du *code des États-Unis*. ; V. la règle n° 32(c)(1)(A) du *règlement fédéral de procédure pénale*.

vaccinale globalement valable à toutes les futures pandémies[1]. Elle a été jugée, par les experts, comme « une mission impossible »[2].

Face à ces réactions, il a expliqué que chez l'Agence américaine pour les projets de recherche avancée de la défense[3] (initiatrice d'inventions importantes aux États-Unis pendant les dernières années, dont « ARPanet »[4], « les drones », « ARN messager » et « le système de géo-positionnement par satellite »[5] et Siri[6]), on estime que si « vous êtes dans le bon chemin, si les experts se moquent de vous et disent que c'est impossible »[7]. Cette évocation démontre que la pertinence d'un système ne peut être jamais définitivement rejetée avant qu'il soit l'objet d'essais scientifiques suffisants.

Le recours à l'intelligence artificielle au sein de la justice, quelle que soit « la forme de son usage » (comme un outil d'aide ou la prise de décision) ou « sa nature » (prédiction statistique ou la modélisation rationnelle et etc.) peut potentiellement impacter à la fois « la subjectivité des analyses et des décisions des magistrats » et aussi « l'application du principe de l'individualisation de la peine » (dans les pays où il y a un tel principe, dont la France, les États-Unis et le Canada).

Au niveau de l'Union européenne et du Conseil de l'Europe, il n'existe pas « une harmonisation » de ces principes. La situation peut être différente en fonction des particularités législatives et la tradition judiciaire de chaque État membre. Par exemple, en France, le principe d'individualisation de la peine semble être une obligation pour les magistrats qu'un droit pour les justiciables[8]. C'est ainsi que contrairement à certains droits fondamentaux liés

---

[1] R. GRIFFIN, « White House Taps Vaccine Leader in Pandemic Preparedness Push », *Bloomberg*, 3 septembre 2021, disponible sur https://www.bloomberg.com/news/articles/2021-09-03/white-house-taps-vaccine-leader-in-pandemic-preparedness-push (consulté le 23 novembre 2021).

[2] *Ibidem.*

[3] En anglais : *Defense Advanced Research Projects Agency (DARPA).*

[4] D. STREITFELD, « Opening Pandora's In-Box », *Los Angeles Times*, 11 mai 2003, disponible sur https://www.latimes.com/la-fi-spam11may11001420-story.html (consulté le 23 novembre 2021).

[5] The Economist, « A growing number of governments hope to clone America's DARPA », 5 juin 2021, disponible sur https://www.economist.com/science-and-technology/2021/06/03/a-growing-number-of-governments-hope-to-clone-americas-darpa (consulté le 23 novembre 2021).

[6] B. BOSKER, « SIRI RISING: The Inside Story Of Siri's Origins -- And Why She Could Overshadow The iPhone », *Huffpost*, 2 janvier 2013, disponible sur https://www.huffpost.com/entry/siri-do-engine-apple-iphone_n_2499165?BBPage=1%3Bbuffer_share%3Df4758 (consulté le 23 novembre 2021).

[7] M. LEE, « Pentagon scientists develop microchip that detects COVID before symptoms when placed under skin », *MSN*, 13 avril 2021, disponible sur https://www.msn.com/en-us/news/technology/pentagon-scientists-develop-microchip-that-detects-covid-before-symptoms-when-placed-under-skin/ar-BB1fChwa (consulté le 12 novembre 2021).

[8] Cf. V. La loi n° 2000-516 du 15 juin 2000 *renforçant la protection de la présomption d'innocence et les droits des victimes.* ; v. Art. 9-1 du Code civil.

au procès, (comme l'interdiction du traitement automatisé des dossiers), le justiciable ne peut pas contenter de non-application de ce principe.

Aux États-Unis, « la subjectivité » des décisions de justice n'est pas une obligation pour les magistrats. Cependant, elle fait l'objet de longs débats et de divergences doctrinales entre les partisans des courants « réalisme » et « formalisme » juridique. Dans certains cas strictement spécifiques, comme la peine capitale, le droit à « un procès individualisé » (en anglais : *Right to individualized sentencing*) est reconnu comme « un droit fondamental ». La Cour suprême des États-Unis n'a pas donné, à ce principe, une portée globale[1].

Le 27 mars 2020, la Cour d'appel de l'État d'Indiana a déclaré, dans l'affaire *Jerry Rhodes c. State of Indiana* que « le recours aux moyens dits normalisés et les modèles évaluatifs du traitement des affaires peut empêcher la juridiction de garantir un procès approprié et individualisé »[2].

Depuis 1976, ce principe a fait l'objet de plusieurs décisions de la Cour suprême[3] qui l'a justifié par le huitième amendement de la Constitution des États-Unis, interdisant la condamnation à des amendes ou des cautions excessives ou à des peines cruelles, dégradantes et inhabituelles. En général, on peut faire valoir qu'*a priori*, les procès ne conduisant pas à déclaration de cette catégorie de peines, ne sont pas (au moins, actuellement) soumis à cette obligation. Par conséquent, actuellement, son application est exclusivement obligatoire dans les procès pouvant faire l'objet de « la peine capitale ».

Son application dans les autres cas dépend de l'avis et de l'appréciation a posteriori des juridictions. Cela nous amène à conclure que même si l'intelligence artificielle a une puissance considérable dans l'analyse et la prise en compte des spécificités des caractéristiques des affaires, aux États-Unis, dans cette catégorie spécifique des affaires, l'interdiction de recourir à cette technologie (comme un outil de prise de décision) semble être parfaitement justifiée. Son usage comme un outil d'aide à la décision peut être valable à condition qu'elle soit conforme aux autres exigences juridiques et éthiques, notamment celles définies en 2016, par la Cour suprême dans l'affaire *State c. Loomis*.

D'un point de vue théorique, contrairement à ce dernier principe, la prise en compte de « la subjectivité générale » des décisions de justice n'est ni pour

---

[1] Cf. W. W. Berry III, « Individualized Sentencing », *Washington and Lee Law Review*, vol. 76, n° 13, 2019, pp. 13-92. ; B. A. Meierhoefer, « Individualized and Systemic Justice in the Federal Sentencing Process », *American Criminal Law Review*, vol. 29, n° 3, printemps 1992, pp. 889-905. ; M. Sargiacomo, « Michel Foucault, Discipline and Punish: The Birth of the Prison », *Journal of Management & Governance*, vol. 13, 2009, pp. 269-280.

[2] *Jerry Rhodes c. State of Indiana*, 144 N.E.3d 787 (Ind. App. 2020).

[3] *Woodson c. North Carolina*, 428 U.S. 280, 305 (1976). ; *Roberts c. Louisiana*, 428 U.S. 325, 335 (1976). ; *Coker c. Georgia*, 433 U.S. 584, 597 (1977). ; *Lockett c. Ohio*, 438 U.S. 586 (1978). ; *Atkins c. Virginia*, 536 U.S. 304, 321 (2002). ; *Roper c. Simmons*, 543 U.S. 551, 578 (2005). ; *Kennedy c. Louisiana*, 554 U.S. 407, 446 (2008). ; *Graham c. Florida*, 560 U.S. 48, 82 (2010). ; *Roper c. Simmons*, 543 U.S. 551, 578 (2005). ; *Kennedy c. Louisiana*, 554 U.S. 407, 446 (2008). ; *Miller c. Alabama*, 567 U.S. 460, 489 (2012).

les magistrats européens ni américains une exigence automatiquement applicable. Dans le contexte de la justice augmentée, l'atteinte à la subjectivité des analyses peut faire l'objet d'un débat, notamment dans l'hypothèse où l'intelligence artificielle établit une peine en fonction des caractéristiques de celles fixées, dans le passé, par d'autres magistrats dans les cas similaires. Son existence peut être affirmée ou rejetée en fonction de la façon dont on définit ce concept.

Parmi les juristes, cela peut faire l'objet d'une divergence d'opinion. Dans ces circonstances, il est possible de faire valoir que la subjectivité est maintenue et respectée puisque la décision est élaborée en prenant en compte toutes les particularités de l'affaire même si elle est établie par l'intermédiaire d'une comparaison avec d'autres cas. Ce propos peut être aussi rejeté en évoquant que la subjectivité ne peut jamais être déterminée avec une comparaison, puisque aucun fait n'est jamais totalement l'identique d'un autre (dans les autres cas, ce fait ne peut être automatiquement justifié de la même manière). Plus précisément, c'est « la singularité » des affaires qui impose une exigence de la subjectivité. Par conséquent, la question de la présence d'un tel risque dépend particulièrement des approches doctrinales.

Le système de modélisation algorithmique du raisonnement judiciaire dépasse une application mécanique d'une décision, rendue dans le passé portant sur des faits similaires (comme le cas des méthodes statistiques). Un raisonnement auto-élaboré grâce à ces modèles reste toujours plus ou moins subjectif puisqu'il s'adapte aux faits de chaque cas. Dans ce cadre, l'identification des similitudes entre les faits et les circonstances des affaires fournit une forme de subjectivité.

Dans ce système, la machine exploite et identifie l'origine du « raisonnement » des magistrats (la façon générale dont ils analysent les faits et les dispositions juridiques) et non les « décisions finales » des juridictions. Par conséquent, grâce à leur dynamique, les modèles rationnels peuvent s'adapter aux particularités de chaque affaire. Cela ne serait possible que dans un cas où les décisions du passé sont suffisamment claires, structurées et fournissent une quantité suffisante de données pour identifier son intention originelle.

Dans ces circonstances, la subjectivité de la justice n'aurait totalement pas disparue. Cependant, son sens et sa forme actuelle peuvent être changés, encadrés, réglementés et formalisés. Monsieur Antoine GARAPON explique, à ce sujet, que « les big data prétendent conférer en effet une consistance non pas juridique mais mathématique à une réalité que les juristes ne pouvaient atteindre que par un savoir intuitif et que la statique approchait de manière trop générale »[1]. Par ces mots, il défend l'idée que la subjectivité des éléments

---

[1] A. GARAPON, « Les enjeux de la justice prédictive », *La Semaine juridique*, éd. Générale, *LexisNexis*, 9 janvier 2017, n°1-2, p. 48, disponible sur

constituant l'affaire ne peut être prise en compte par la machine. Ce propos peut être valable dans le cas des logiciels basés sur des analyses strictement « statistiques », tels que ceux dédiés à la détermination de la chance de réussite dans un procès ou la prédiction de récidive des infractions pénales). Cependant, on ne peut pas le considérer automatiquement valable dans le cas de l'ensemble de ces systèmes[1]. Par exemple, les techniques de la modélisation visant à imiter la production d'un raisonnement subjectif peuvent être exclues de cette évocation.

Il convient de garder à l'esprit que, sur le plan théorique, les systèmes, basés sur les modèles cognitifs et connexionnistes imitent celui du cerveau humain, plus précisément, grâce aux techniques des réseaux de neurones artificiels. Même si son fondement formel ressemble au système de cette forme, sa capacité peut être parfois inférieure. Cela dépend non seulement de la capacité du calcul des algorithmes et de la qualité des données, mais aussi de la nature de chaque principe ou concept juridique et du degré de complexité de chaque affaire. À ce jour, le degré de l'exactitude de la prise en compte des éléments subjectifs des affaires juridiques par la machine n'a jamais été évalué par une étude scientifique. Ce sujet mérite d'être l'objet d'une étude distincte par les spécialistes d'informatique.

La subjectivité de certains cas peut être plus facilement évaluée et prise en compte que les autres par la machine. Par exemple, dans une affaire, « le droit à l'erreur » peut être reconnu, en prenant en compte le niveau de la complexité du cas, ainsi que les différents aspects de la vie privée du justiciable pouvant justifier l'existence d'une erreur. Pourtant, certains ne sont pas facilement analysables ni par la machine ni par l'homme. Dans ce cas, la qualité d'analyse algorithmique peut être considérablement baissée.

Un exemple illustratif de ce type d'analyse est l'évaluation de « bonne foi ». En France, l'article 2274 du code civil dispose que « la bonne foi est toujours présumée, et c'est à celui qui allègue la mauvaise foi à la prouver »[2]. Dans les systèmes de *Common law*, ce principe est connu sous le nom « *Bona fide* »[3]. Sa reconnaissance dépend fortement de l'appréciation du magistrat. Même si l'intelligence artificielle peut avoir une puissance suffisante pour identifier beaucoup de facteurs pouvant être déterminant dans son identification (telles que les explications décrites dans la requête, les émotions

---

https://www.cnil.fr/sites/default/files/atoms/files/justice_predictive.pdf (consulté le 12 avril 2021).

[1] L. B. ELIOT, « Legal Judgment Prediction (LJP) Amid the Advent of Autonomous AI Legal Reasoning », *CodeX: Stanford Center for Legal Informatics*, disponible sur https://arxiv.org/ftp/arxiv/papers/2009/2009.14620.pdf (consulté le 29 novembre 2021).

[2] En France, l'article 2274 du Code civil dispose que « *La bonne foi est toujours présumée, et c'est à celui qui allègue la mauvaise foi à la prouver* ». ; Cf. Les articles 6 et 1375 du Code civil du Québec.

[3] Cornell Law School, *Bona Fide*, disponible sur https://www.law.cornell.edu/wex/bona_fide (consulté le 22 février 2022).

exprimées lors du procès et etc.), son évaluation par la machine semble être difficilement imaginable. En effet, tant qu'il n'y a pas de « méthode » précise d'analyse et d'évaluation de ce concept, il est extrêmement difficile (voire impossible) de le modéliser. En général, on peut conclure que la subjectivité « globale » des décisions de justice se caractérise à la fois par celle de l'approche du magistrat ainsi que les spécificités des faits et des circonstances de chaque affaire.

L'atteinte à la subjectivité des décisions de justice centrée sur les magistrats peut se présenter « directement » ou « indirectement ». La seconde peut se manifester sous la forme d'un effet « conformiste »[1], poussant les magistrats à recourir au même modèle de raisonnement que celui de leurs prédécesseurs. Monsieur Antoine GARAPON estime que, dans une telle situation, « si la majorité de ses collègues (juges) tranche dans ce sens, le moins périlleux pour lui [le magistrat] est de les suivre »[2].

Cela peut conduire à l'émergence d'un phénomène sociologique qu'il qualifie comme « l'effet de performativité »[3]. Il peut être aussi défini comme « un effet domino ». Celui-ci, établissant « les normes jurisprudentielles plus strictes et limitatives », réduit la dynamique de l'interprétabilité des règles de droit et facilite la production des modèles décisionnels[4].

En France, la subjectivité des décisions judiciaires centrée sur les magistrats s'illustre de plus en plus en matière pénale, en particulier, par le mécanisme de « l'individualisation des peines » et le concept de « l'intime conviction du juge » décrit par l'article 427 du Code de procédure pénale disposant « hors les cas où la loi en dispose autrement, les infractions peuvent être établies par tout mode de preuve et le juge décide d'après son intime conviction », garantissant le pouvoir discrétionnaire du juge pénal[5,6]. Le Code de procédure pénale ne définit pas un cadre formel clair pour cette « conviction ». En accordant une telle liberté décisionnelle aux juges, on leur permettrait d'appuyer leurs raisonnements plutôt sur les sentiments que sur la raison basée sur un syllogisme et une logique « mathématique »[7].

Il convient de considérer qu'il y a une différence fondamentale entre la forme de la « subjectivité générale » et celle définie dans le cadre de « l'intime

---

[1] I. DIALLO, « Les enjeux de la justice prédictive », p.6, disponible sur https://hal.archives-ouvertes.fr/hal-02563645 (consulté le 28 novembre 2021).

[2] A. GARAPON, « Les enjeux de la justice prédictive », *op. cit.*, § 33.

[3] *Ibidem*, § 28.

[4] Cf. F. SCHAUER, « Prediction and particularity », *Boston University Law Review*, 1998, vol. 78, pp. 773-789. ; Cf. L. GERALD, « Comment on Frederick Schauer's Prediction and Particularity Comment », *Boston University Law Review*, vol. 78, n° 3, pp. 931-936.

[5] P. PONCELA, « L'intime conviction dans le jugement pénal », *Revue interdisciplinaire d'études juridiques*, vol. 11, n° 2, 1983, p. 106.

[6] Dans le système de *Common law*, ce principe est principalement connu sous le nom de « *Prima facie* ». ; Cornell Law School, *Prima facie*, disponible sur https://www.law.cornell.edu/wex/prima_facie (consulté le 22 février 2022).

[7] *Ibidem*, p. 116.

conviction du juge ». Dans la première, celle-ci se base sur les particularités de l'affaire et les éléments de preuve. Conformément aux sophismes « *cum hoc ergo propter hoc* » (en français : avec ceci, donc à cause de ceci) et « *post hoc ergo propter hoc* » (en français : à la suite de cela, donc à cause de cela), la raison est « un processus analytique », en établissant les liens de « causalité » et de « corrélation » entre les faits et les preuves[1].

Dans la seconde, « la subjectivité » se trouve dans le raisonnement des magistrats. Étant une particularité réservée au droit pénal et à celui d'asile[2], elle reconnaît, pour les magistrats, une liberté décisionnelle plus importante. À ce sujet, l'article 353 du Code de procédure pénale dispose que « sous réserve de l'exigence de motivation de la décision, la loi ne demande pas compte à chacun des juges et jurés composant la cour d'assises des moyens par lesquels ils se sont convaincus ».

Cela démontre que, techniquement, deux juges peuvent avoir des convictions différentes (voire opposées) en analysant les mêmes faits et éléments de preuve. Dans ces circonstances, les autres techniques de l'intelligence artificielle destinées au profilage des magistrats et à la modélisation du paradigme judiciaire deviennent plus importantes, puisqu'en absence d'une méthode et d'une « logique » (dans le sens mathématique) pour traiter ces affaires, le raisonnement peut être influencé par le paradigme régnant sur le système judiciaire ainsi que sur les idées et les préférences personnelles des magistrats.

La subjectivité « centrée sur les magistrats », peut se manifester aussi dans « le langage judiciaire ». Dans le contexte du droit américain, le Professeur Benjamin CARDOZO fait valoir que, d'un point de vue structurel, la rédaction d'un arrêt ressemble à « la création d'un texte littéraire »[3]. Il estime que, dans le langage juridique, comme dans l'art et la littérature, il y a certaines règles formelles « générales » appliquées par tous les acteurs de justice. Il considère également qu'il y a des règles plus « spécifiques » pouvant concerner un champ strictement limité de ces personnes. Elles peuvent être déterminées sous l'influence harmonisée des écoles et les courants juridiques de leurs partisans. Selon lui, le style rédactionnel des magistrats représente leur paradigme (comme les artistes qui sont soumis aux écoles et à des mouvements spécifiques)[4]. Ces similitudes permettent aux algorithmes d'identifier et sélectionner des décisions semblables pour modéliser un raisonnement juridique. Plus précisément, l'étude et l'analyse des similitudes « formelles et structurelles » permettent d'identifier celles « rationnelles ».

---

[1] Cf. J. PEARL, D. MACKENZIE, *The book of why: the new science of cause and effect*, Basic Books, éd. 1, 2018, 432 p.

[2] Cf. A. CAMUS, « Office du juge de l'asile et crédibilité du récit », *La Revue des droits de l'homme* [En ligne], n° 18, 2020 (mis en ligne le 24 juin 2020), disponible sur https://doi.org/10.4000/revdh.10078 (consulté le 29 novembre 2021).

[3] B. CARDOZO, « Law and literature », *Yale Law Journal*, vol. 48, 1938-1939, pp. 489-507.

[4] *Ibidem.*, p. 495.

Cela démontre que « la forme » des décisions de justice maintient une sorte de subjectivité, se caractérisant plus particulièrement par les acteurs du droit et non ses sujets. Cette comparaison entre « les juristes » et « les artistes » semble être de plus en plus valable dans le système *Common law*, où la règle de *precedent* exige une exploitation de l'intention originelle des autres magistrats lors du traitement d'affaires et de problématiques similaires, en particulier à travers d'une analyse de manière dont ils ont formulé leurs arguments. Cette particularité nous amène à conclure que la subjectivité des raisonnements judiciaires est naturellement plus importante aux États-Unis qu'en Europe. Cela ressemble à la façon dont nous analysons les œuvres d'art et les textes littéraires pour exploiter et comprendre l'intention (ou le sentiment) de l'artiste et l'auteur lors de la création d'une œuvre.

Dans les juridictions américaines où la prédiction des décisions et la modélisation du raisonnement dépendent plus particulièrement du profil et du paradigme des magistrats. Dans ce système, la règle de *precedent* exige les magistrats à recourir aux décisions et analyses issues des juridictions de différents degrés dans un champ géographique particulièrement vaste.

En principe, les juridictions sont libres de recourir aux décisions de toutes les juridictions américaines. Pourtant, celles des juridictions plus élevées disposent d'une valeur supérieure et contraignante. Les autres règles de *precedent* (dites persuasives) issues des juridictions inférieures peuvent être également reprises par les juges même si elles n'ont pas automatiquement une telle valeur. Dans le système judiciaire américain, le recours aux *precedents* des jurisprudences étrangères est également observé[1]. Cette interaction rationnelle, intellectuellement massive, et « décentralisée » entre « les magistrats » de 50 États (ainsi que cinq territoires des États-Unis, à savoir, le District of Columbia, la Puerto Rico, la Guam, les îles Mariannes du Nord et Îles Vierges des États-Unis) et « l'ensemble des théoriciens et praticiens du droit » rendent les interprétations juridiques « plus subjectives », « plus réalistes » et « moins formelles ».

Face à cela, dans les traditions juridiques romano-germaniques comme celles de l'Union européenne et ses États membres, le mécanisme d'interprétation de la règle du droit est particulièrement « centralisé » et « harmonisé », notamment grâce à la Cour de justice de l'Union européenne. C'est ainsi qu'on peut considérer que « le droit européen » est, par nature, plus formel que celui des États-Unis. Ainsi, contrairement à l'Europe, aux États-Unis, les magistrats sont partiellement « nommés » et « élus » (à l'exception de la Cour suprême des États-Unis où l'ensemble des magistrats sont

---

[1] Cf. Teacher, *Law, How the Doctrine of Precedent Operates*, novembre 2013, disponible sur https://www.lawteacher.net/free-law-essays/constitutional-law/how-the-doctrine-of-precedent-operates-constitutional-law-essay.php?vref=1 (consulté le 9 octobre 2021). ; Cf. J. WALDRON, « Stare Decisis and the Rule of Law: A Layered Approach », *Michigan Law Review*, vol. 111, n° 1, 2012, pp. 1-32.

nommés). Certains d'entre eux sont soutenus par les partis politiques et d'autres n'appartiennent pas à un courant spécifique, alors que dans chaque système « européen », ils sont nommés de la même manière et exercent sous un mandat uniforme. Cela peut être aussi considéré comme une caractéristique du réalisme du système judiciaire américain et du formalisme structurel de celui de l'Europe.

Cette particularité nous amène à conclure que « la subjectivité » des raisonnements judiciaires est naturellement plus importante aux États-Unis qu'en Europe. Par conséquent, dans la première dimension géographique, le risque de sa disparition par un recours excessif à l'intelligence artificielle est susceptible d'être relativement supérieur. Nous pouvons conclure que même si l'intelligence artificielle est capable d'identifier et modéliser (en particulier, grâce aux techniques du traitement du langage naturel) les particularités de chaque raisonnement et celles de la personnalité des magistrats, à long terme, ces mécanismes peuvent éviter l'émergence de nouvelles manières de raisonner et rédiger des arrêts et des requêtes. C'est ce qui peut conduire à l'émergence d'une « application mécanique du droit ».

Les outils d'élaboration automatisée de certains textes juridiques comme (les contrats, les conventions collectives et etc.) sont actuellement en plein commerce. Ils fonctionnent en prenant des éléments de textes similaires, auparavant rédigés dans le passé. Ils promeuvent une forme de dogmatisme rédactionnelle, limité à ceux rédigés antérieurement, par les autres. Dans l'hypothèse de mise en place des techniques similaires pour la rédaction des requêtes et des arrêts, le même effet peut se produire. On pourrait donc constater qu'ils peuvent correctement détecter « les subjectivités » des textes, mais en les modélisant et formalisant, ils élaborent une norme rédactionnelle et rationnelle plutôt objective.

En janvier 2017, Madame Chantal ARENS, ancienne première Présidente de la Cour d'appel de Paris a précisé, que « la justice prédictive pourrait entraîner une automaticité des décisions au détriment des " particularités saillantes des situations individuelles " »[1]. Ainsi, toutes les personnes interrogées sur ce sujet, par le Journal Libération, ont évoqué qu'elles partageaient la même crainte[2]. Cela nous amène à étudier une autre forme de la subjectivité des décisions de justice, basée sur les spécificités des situations des « justiciables ». Dans le contexte du droit américain, le Professeur DWORKIN précise, à ce propos que « les droits individuels doivent être considérés comme anti-utilitaristes ou anti-majoritaires »[3].

Leur prise en compte peut être également variable en fonction du paradigme de chaque système judiciaire. Par exemple, les partisans du courant

---

[1] J. BRAFMAN, « Justice prédictive, l'augure des procédures », *op. cit.*

[2] *Ibidem.*

[3] T. R. S. ALLAN, « Justice and Fairness in Law's Empire », *The Cambridge Law Journal*, vol. 52, n° 1, mars 1993, p. 64.

« réaliste »[1] estiment qu'en considérant les spécificités de chaque situation socio-économique, on peut mieux garantir les intérêts individuels et publics[2] qui se qualifient comme la raison primaire et principale de la création du droit[3]. Dans ces circonstances, la qualité des données d'entrée au système joue un rôle plus important que la puissance de calcul des algorithmes.

Il est à considérer que le contexte socio-économique de l'affaire peut être également modélisé par les algorithmes, dans la limite des données incluses dans la requête ainsi que celles externes, pouvant être exploitées et utilisées par le système de l'intelligence artificielle[4]. Dans ces circonstances, un problème peut se présenter lorsque les éléments extrajudiciaires nécessaires pour cette qualification, ne sont pas entrés dans le système ou ne sont pas automatiquement identifiés par celui-ci.

Dans le premier cas, en étudiant la façon dont les magistrats le déterminent et en la limitant, l'intelligence artificielle peut créer (en particulier grâce aux techniques des réseaux des neurones artificiels) un modèle rationnel évolutif de détermination de l'équité[5]. Celui-ci peut être adapté aux particularités de chaque affaire. Dans chaque cas, le degré de l'exactitude et la qualité du fonctionnement de machine peut être variable. Au cours du temps, la manière des magistrats d'analyser les choses est susceptible d'être changée. Ce mécanisme peut conduire la machine à ignorer des évolutions émergentes. Par conséquent, cela peut aboutir à une « normalisation » conservatrice du concept de l'équité. Cela peut être aussi considéré comme une démarche limitant la liberté décisionnelle et d'appréciation des magistrats. En limitant le rôle de ces spécificités, la machine peut garantir plus efficacement la cécité de l'ange de la justice.

Selon le Professeur Loïc CADIET « l'équité paraît *a priori*, être une notion indissociable de la justice »[6] pouvant s'opposer à « l'égalité »[7] et à « la règle

---

[1] K. N. LLEWELLYN, « A Realistic Jurisprudence - The Next Step », *op. cit.* ; Cf. H. HART, The Concept of Law, *op. cit.* ; F. MICHAUT, « Le rôle créateur du juge selon l'école de la " sociological jurisprudence " et le mouvement réaliste américain. Le juge et la règle de droit », *op. cit.*

[2] Cf. R. POUND, « A Survey of Social Interests », *Harvard Law Review*, vol. 57, n° 1, octobre 1943, pp. 1-39.

[3] Cf. B. Z. TAMANAHA, *Law as a Means to an End, Threat to the Rule of Law*, Cambridge University Press, 2006, 268 p.

[4] J-L. LE MOIGNE, « Modeling For Reasoning Socio-Economic Behaviors », *Cybernetics & Human Knowing*, 2006, vol. 13, pp. 9-26.

[5] Cf. T. RÄZ, « Fairness: Independence Revisited, Proceedings of the 2021 », *ACM Conference on Fairness, Accountability, and Transparency*, 3-10 mars 2021, pp. 129-137. : Cf. R. BERK, H. HEIDARI, Sh. JABBARI, M. KEARNS, A. ROTH, « Fairness in Criminal Justice Risk Assessments: The State of the Art », *Sociological Methods & Research*, vol. 50, n° 1, 2021, pp. 3-44.

[6] L. CADIET, *Dictionnaire de la justice*, Presses universitaires de France, 1re éd ; 2004, p. 425.

[7] Cf. Ch. SCHAEGIS, « La fonction rhétorique de l'équité » In. Th. LAMBERT (dir.), *Egalité et Equité, antagonisme ou complémentarité ?*, Economica, 1999, pp. 14-16.

du droit »[1]. Il affirme que « les relations entre l'équité et le juge sont ambiguës »[2]. La Professeure Catherine PUIGELIER et le Professeur Gérard CORNU la définissent respectivement comme « la représentation morale de ce qui apparaît juste et peut éventuellement s'éloigner de la règle de droit »[3] et « le sentiment de justice »[4]. On peut donc estimer que, dans le monde du droit, rien n'est plus vague et subjectif que ce concept, même s'il joue un rôle extrêmement important dans le processus de prise des décisions judiciaires.

Dans les ordres juridiques européens et américains, « l'équité » n'a pas le même statut et la même valeur. C'est ainsi que leur modélisation leur évaluation algorithmique et les impacts qu'ils produisent sont également susceptibles d'être différents. En France, la chambre civile de la Cour de cassation affirme dans une décision du 4 décembre 1996 que ce concept « n'est pas une source du droit ». Par conséquent, son usage est limité à des cas spécifiques. Monsieur Magdi Sami ZAKI, précise qu'elle ne constitue pas une exception au droit[5]. Au contraire, « elle se dégage d'une démonstration rigoureuse qui ne saurait être réfutée, infirmée, renversée par la preuve contraire »[6].

Aux États-Unis, étant associée au concept de « *fairness* »[7], elle constitue une règle importante du droit. Dans le système de *Common law*, elle est justifiée par un contexte historique. Le Professeur Loïc CADIET nous explique que ce concept a été apparu initialement, et développé en Angleterre à partir du XIIIe siècle[8]. À cette époque, les plaideurs avaient le droit de solliciter la couronne ou sa chancellerie pour casser la décision des tribunaux ordinaires, pratiquant le droit matériel, pour rendre une justice dite « équitable »[9] pouvant être opposée à la première forme de la justice.

Ce pouvoir discrétionnaire a été confié aux tribunaux de chancellerie (en anglais : *Court of Chancery*) pratiquant « les règles d'équité » au même titre que « celles juridiques ». Il précise que « dans les deux cas, les règles de l'équité se transformèrent en règles de droit »[10]. Il affirme aussi que, dans les pays pratiquant le système de la *Common law* (en particulier aux États-Unis

---

[1] Cf. Aristote, D. AGACINSKI (dir.), *Sur la justice: (Éthique à Nicomaque, livre V)*, Flammarion, 2008, 128 p.

[2] *Ibidem.*

[3] C. PUIGELIER *Dictionnaire juridique*, Larcier, coll. Paradigme, 1er éd., p. 366.

[4] G. CORNU, *Vocabulaire, juridique*, Presses universitaires de France, éd 13, 2020, p. 412.

[5] M. S. ZAKI, « Définir l'équité » In. *Archives de philosophie du droit*, Dalloz, vol. 35, 1990, p. 87.

[6] *Ibidem.*

[7] S. WACHTER, B. MITTELSTADT, Ch. RUSSELL, « Bias Preservation in Machine Learning: The Legality of Fairness Metrics Under EU Non-Discrimination Law », *West Virginia Law Review*, vol. 123, n° 3, 2021, disponible sur http://dx.doi.org/10.2139/ssrn.3792772 (consulté le 15 octobre 2021).

[8] L. CADIET, *Dictionnaire de la justice*, *op. cit.*, p. 426.

[9] *Ibidem.*

[10] *Ibidem.*

et au Royaume-Uni), le concept de l'*equity* fait partie des règles du « droit objectif »[1]. Cela démontre que la tendance de la formalisation et la codification de ce concept n'est pas un enjeu récent.

Ainsi, aujourd'hui, leur codification s'illustre dans le cadre des chartes éthiques, des conventions collectives, des codes déontologiques et etc.[2]. Pour qualifier ce concept, le juge doit prendre en compte des considérations morales[3]. Par exemple, aux États-Unis, la section n° 5 du *Federal Trade Commission Act,* largement applicable en matière de l'intelligence artificielle, exige une pratique « juste » et « équitable » de ces systèmes[4].

Théoriquement, si celles-ci peuvent être clairement décrites, on pourrait créer aussi, grâce aux algorithmes, un modèle de « la moralité », applicable à la détermination de l'équité. Cependant, en pratique, leur codification apparaît une tâche extrêmement difficile[5]. Par conséquent, nous estimons que la difficulté principale réside dans l'élaboration des données, et non le fonctionnement de l'intelligence artificielle. On peut expliquer, dans la forme d'une règle générale et simple que si elle ne peut être clairement et concrètement définie par les hommes, elle ne pourrait être non plus programmée ni modélisée par l'intelligence artificielle.

L'équité et la moralité peuvent être définies à la fois comme des concepts « naturels » (pour Aristote, l'équité, étant naturel, est une forme de la justice, supérieure à la loi créée par les hommes)[6] et « conventionnels » ou une combinaison de ces deux. Dans la première hypothèse, on considère qu'elles sont issues des « règles universelles » et soumises à certaines règles définies (existant sous la forme de celles de la nature)[7]. Dans ce cas, leur modélisation

---

[1] Cf. M. WARRINGTON, « L'Equity et le système juridique anglais. Vers un nouveau paradigme dialectique ? », *Revue interdisciplinaire d'études juridiques*, 1997, vol. 38, n° 1, pp. 173-215.

[2] F. BEN MRAD, « Équité, neutralité, responsabilité. À propos des principes de la médiation », *Négociations*, vol. 5, n° 1, 2006, pp. 51-52.

[3] D. REILING, « Quelle place pour l'intelligence artificielle dans le processus de décision d'un juge ? », *Les Cahiers de la Justice*, vol. 2, n° 2, 2019, p. 222.

[4] E. JILLSON, « Aiming for truth, fairness, and equity in your company's use of AI », *Federal Trade Commission*, 19 avril 2021, disponible sur https://www.ftc.gov/business-guidance/blog/2021/04/aiming-truth-fairness-equity-your-companys-use-ai (consulté le 17 mars 2022).

[5] Cf. S. WACHTER, B. MITTELSTADT, Ch. RUSSELL, « Why Fairness Cannot Be Automated: Bridging the Gap Between EU Non-Discrimination Law and AI », *Computer Law & Security Review*, vol. 41, 2021, doc. n° 105567 [enligne], pp. 49-52, disponible sur http://dx.doi.org/10.2139/ssrn.3547922 (consulté le 3 mars 2022).

[6] Cf. J-P. GASNIER, « L'équité, d'Aristote à Rawls », *Dossier de préparation des journées - La parité : est -ce un progrès d'être tous semblables ?*, 6 février 2014, disponible sur https://www.freud-lacan.com/getpagedocument/10504 (consulté le 29 novembre 2021).

[7] J.-J. ROUSSEAU, L. BARRÉ (dir.), *Oeuvres complètes de J.-J. Rousseau. Tome 5*, J. Bry aîné, 1856-1857, p. 15.

algorithmique peut se réaliser par l'intermédiaire de l'identification et l'analyse de ces dernières[1].

Dans la seconde hypothèse, on peut considérer qu'elles se caractérisent par des facteurs très variés telles les traditions, la culture populaire, les circonstances socio-économiques et etc. Dans ce cas, leur identification peut être réalisée grâce à une analyse sur les sondages, les réseaux sociaux et les textes définissant les règles éthiques existantes. Dans l'hypothèse de sa réalisation successive, cela consisterait en une évolution automatisée « liquide » et « en temps réel » de ce concept. En pratique, cela peut être difficile puisque les sources permettant de les identifier ne sont pas nécessairement bien définies et pas toujours fiables.

Nous avons évoqué que la prise en compte, par la machine, des particularités et de la subjectivité des données fournies par les arrêts, les requêtes, les mémoires de la défense et les transcriptions des communications entre les justiciables, leurs avocats et les membres des juridictions peut être parfaitement possible. Ce mécanise peut-être efficace si les requêtes et les arrêts portant sur des faits similaires contiennent les données textuelles suffisantes. Par conséquent, en pratique, sa mise en place peut nécessiter une structuration globale de l'ensemble des bases de données jurisprudentielles. Cela rend cette tâche extrêmement difficile (voire impossible, dans certains cas). Ainsi, on peut considérer que les facteurs évaluant l'existence de l'équité peuvent être déterminés grâce à l'analyse des autres paramètres et des considérations qui ne sont pas précisément décrits dans ces textes comme celles pouvant être, lors du procès, ressenties ou comprises par d'autres moyens.

Le sujet de la nécessité de leur prise en compte pour déterminer et évaluer l'équité nous amène à revenir sur l'idée initiale et originelle de l'existence de la justice, symbolisée par l'ange de la justice, principalement connu sous le nom *Iustitia* (inspiré par l'image de *Thémis*, la déesse grecque de la justice). Son image est caractérisée par le port d'un bandeau sur les yeux symbolisant « l'impartialité » de la justice et « l'application objective du droit », en excluant les considérations extra-juridiques[2]. Le fait de les ignorer peut être aussi considéré comme un élément favorisant la qualité de la justice. Par conséquent, une modélisation algorithmique de la pensée judiciaire strictement basée sur une approche positiviste et formaliste est susceptible de mieux garantir une application objective du droit.

---

[1] Cf. G. GRECO, D. REGOLI, « The Zoo of Fairness metrics in Machine Learning », texte soumis au groupe éditorial Elsevier, 14 décembre 2021, disponible sur https://arxiv.org/pdf/2106.00467v3.pdf (consulté le 20 janvier 2022).

[2] J. P. DOUCET, *Dictionnaires de droit criminel*, disponible sur https://www.archive.wikiwix.com/cache/index2.php?url=http%3A%2F%2Fledroitcriminel.free.fr%2Fdictionnaire%2Fnoms_propres%2Fnoms_propres_t_z.htm# (consulté le 17 octobre 2021).

Cette approche nous permet de guider les magistrats vers un raisonnement moins politicalisé ou émotionnel. Les prédictions algorithmiques sont plus exactes lorsque les positions des juges sont plus basées sur les règles de droit que les diverses positions personnelles. À ce titre, c'est aussi un moyen de « promouvoir la démocratie » et surtout « privilégier la position de la majorité du peuple sur celle des individus ». En conclusion, l'intelligence artificielle peut être imaginée comme un ange de la justice aveugle qui ne peut voir les particularités extra-judiciaires liées aux affaires, en analysant exclusivement les défenses des parties du litige, les faits et les dispositions juridiques. Les impacts produits par ce processus formalisateur, imposé par cette technologie peuvent être jugés différemment par « les positivistes » et « les jusnaturalistes ». Les premiers sont plus susceptibles de l'apprécier.

Section 2. Le formalisme, révélateur du risque d'une application mécanique du droit

La mise en place des réformes linguistiques et langagières ainsi que le recours aux systèmes de la modélisation automatisée des raisonnements et du paradigme judiciaire peuvent conduire à une standardisation progressive des méthodes d'élaboration d'un raisonnement judiciaire, non seulement par l'intelligence artificielle mais aussi par les acteurs de la justice puisqu'elle peut limiter indirectement la liberté interprétative des magistrats[1]. En fait, ce processus de mathématisation de « la pensée juridique »[2] peut conduire à une application mécanique du « droit », en Europe et de « la règle du droit » aux États-Unis.

Le sujet du caractère néfaste d'une application mécanique du droit a fait l'objet de débats historiques entre les juristes positivistes et jusnaturalistes[3]. Les critiques à son égard sont principalement manifestés par ces derniers. Certains penseurs vont plus loin en s'opposant au « caractère mathématique de la logique » et aux raisonnements cartésiens. C'est surtout le cas d'Antoine DE SAINT-EXUPÉRY. Il estime que « c'est l'esprit qui mène le monde et non l'intelligence »[4] et qu'« on ne voit bien qu'avec le cœur. L'essentiel est

---

[1] Cf. S. HARNAY, S. VIGOUROUX, « Pouvoir discrétionnaire et choix stratégiques du juge administratif : une analyse économique du gouvernement des juges », *Politiques et Management Public*, vol. 18, n° 2, 2000, pp. 69-92.

[2] Cf. H-J. De VLEESCHAUWER, « La genèse de la méthode mathématique de Wolf. Contribution à l'histoire des idées au XVIIIe siècle », *Revue belge de Philologie et d'Histoire*, vol. 11, n° 3, 1932, pp. 651-677.

[3] F. CHEVRETTE, H. CYR, « De quel positivisme parlez-vous? », *Lex Electronica*, vol. 15, n° 1, été 2010, éd. spéciale mélanges en l'honneur d'Andrée LAJOIE, 20 mai 2008, pp. 33-60.

[4] S. DESMOULIN-CANSELIER, « Les intelligences non humaines et le droit Observations à partir de l'intelligence animale et de l'intelligence artificielle » In. *Archives de philosophie du droit*, Dalloz, coll. le droit et les sciences de l'esprit, vol. 55, 2012, p. 66.

invisible pour les yeux »[1]. Il croit également que « le langage est source de malentendus »[2].

Le jusnaturalisme moderne a ses origines dans la tradition de *Common law*[3]. Il a été particulièrement développé et soutenu par les penseurs britanniques, Thomas HOBBES, John LOCKE et David HUME[4]. Aux États-Unis, il s'illustre dans des débats historiques entre Herbert Lionel Adolphus HART et Oliver W. HOLMES[5].

René Descartes explique, à ce sujet, que « lorsqu'il n'est pas en notre pouvoir de discerner les plus vraies opinions, nous devons suivre les plus probables ; et même, qu'encore que nous ne remarquions point davantage de probabilité aux unes qu'aux autres, nous devons néanmoins nous déterminer à quelques-unes, et les considérer après, non plus comme douteuses, en tant qu'elles se rapportent à la pratique, mais comme très vraies et très certaines, ça cause que la raison qui nous y a fait déterminer se trouve telle »[6]. Cette évocation apparaît aussi clairement positiviste. Elle affirme que le raisonnement humain a aussi (comme les algorithmes) une tendance à appliquer les mêmes règles aux faits similaires.

L'idée de la modélisation d'une « analyse juridique » est principalement inspirée par les travaux du célèbre juriste américain, Wesley Newcomb HOHFELD[7]. Il distingue « deux types de modèles »[8] applicables aux « droits absolus, prérogatifs et privilèges » et aux « droits créés par les responsabilités reconnues vis-à-vis d'autres »[9]. Il précise que, quel que soit le degré de la complexité d'une analyse juridique, elle s'appuyait toujours sur ces derniers. Il considère que cette forme de l'analyse est, par nature, « formelle » et « mécanique », même si elle peut être influencée par des éléments externes. C'est ainsi qu'elle peut être toujours modélisée. Cette théorie défend l'idée de

---

[1] A. DE SAINT -EXUPÉRY, *Le petit prince*, éd. du groupe Ebooks libres et gratuits, 1943, p. 83. , disponible sur www.cmls.polytechnique.fr/perso/tringali/documents/st_exupery_le_petit_prince.pdf (consulté le 19 décembre 2021).

[2] *Ibidem*, p. 80.

[3] Cf. L. STRAUSS, E. PATARD, « Le droit naturel », *Archives de Philosophie*, vol. 79, n° 3, juillet-septembre 2016, pp. 453-484.

[4] D. MANSUY, « Aristote, Leo Strauss et le droit naturel », *Laval théologique et philosophique*, vol. 70, n° 2, Juin 2014, p. 316.

[5] J. VAN MEERBEECK, « Lon Fuller, le jusnaturaliste procédural », *op. cit.*, p. 146, pp. 148-149.

[6] V. CARRAUD, « Morale par provision et probabilité », In. J. BIARD, R. RASHED, *Descartes et Le Moyen Age*, Vrin, 1997, coll. Latitudes, p. 278.

[7] W.N. HOHFELD, *Fundamental legal conceptions as applied in judicial reasoning : and other legal essays*, New Haven : Yale University Press, 1920, 114 p.

[8] R. MARKOVICH, « Understanding Hohfeld and Formalizing Legal Rights: The Hohfeldian Conceptions and Their Conditional Consequences », *Stud Logica*, vol. 108, 2020, p. 130, disponible sur https://doi.org/10.1007/s11225-019-09870-5 (consulté le 1 mai 2022).

[9] H.M. HURD, M.S. MOORE, « The Hohfeldian Analysis of Rights », *The American Journal of Jurisprudence*, vol. 63, n° 2, décembre 2018, p. 295, disponible sur https://doi.org/10.1093/ajj/auy015 (consulté le 1 mai 2022).

« la supranationalité » et « la neutralité » du modèle d'analyse des « droits » et des « obligations »[1]. Cette vision excessivement objective démontre que le système du raisonnement humain est aussi plus ou moins formalisé et mécanique. Monsieur Rob TOEWS, l'affirme en précisant que « parmi toutes les sciences sociales, le droit peut se rapprocher le plus à un système de logique formelle »[2].

Techniquement, les systèmes statistiques de l'intelligence artificielle, en particulier, ceux dédiés à la prédiction des décisions de justice, se basent sur une logique aristotélicienne « bivalente », dans laquelle une proposition peut avoir exclusivement deux valeurs, par exemple « vraie » ou « fausse ». Dans ce système, une information ne peut être à la fois vraie et fausse. Dans le contexte judiciaire, les données de sortie de ces systèmes peuvent être une « violation » ou « non violation » d'une disposition juridique, d'une obligation contractuelle ou même une « recevabilité » ou « non recevabilité » d'une demande. C'est ainsi que cela a été proposé et successivement appliqué par l'équipe de Monsieur ALETRAS dans la prédiction des décisions de la Cour européenne des droits de l'homme (basées toujours sur un résultat binaire)[3].

Une analyse algorithmique est plus délicate et moins fiable lorsqu'on envisage de modéliser et de reproduire « un raisonnement » puisque, dans ce cas, nous devons générer des raisonnements interprétatifs, optatifs (exprimant une ordonnance, un vœu, un souhait ou une recommandation), impératifs ou interrogatoires qui ne sont pas nécessairement « vrais » ni « faux ».

Contrairement aux systèmes « prédictifs », ceux dédiés à « la modélisation algorithmique » se basent sur un mécanisme plus compliqué et plus sophistiqué basé sur une « logique modale » qui est un système de l'intelligence artificielle basé sur cette logique peut permettre de mieux dégager l'intention originelle des législateurs à partir des constitutions et des textes législatifs. Larousse le définit comme un « système de logique qui comporte, en sus des connecteurs et quantificateurs de la logique classique, deux opérateurs unaires de modalité, l'un pour la nécessité (« il est nécessaire que… »), l'autre pour la possibilité (« il est possible que… ») ».

Selon ce dictionnaire, elle est une extension de la logique classique[4]. Grâce à cette logique formelle fournissant une multiplicité des "modalités", nous pouvons reproduire un raisonnement qui n'est ni vrai. Par exemple, grâce à

[1] R. MARKOVICH, « Understanding Hohfeld and Formalizing Legal Rights: The Hohfeldian Conceptions and Their Conditional Consequences », *préc.*, pp. 129-158.

[2] R. TOEWS, « I Will Transform The Field Of Law », *Forbes.com*, 19 décembre 2019, disponible sur https://www.forbes.com/sites/robtoews/2019/12/19/ai-will-transform-the-field-of-law/?sh=5890209e7f01 (consulté le 14 juin 2021).

[3] N. ALETRAS, D. TSARAPATSANIS, D. PREOŢIUC-PIETRO, V. LAMPOS, « Predicting judicial decisions of the European Court of Human Rights: a Natural Language Processing perspective », *op. cit.*

[4] Larousse, *logique modale*, disponible sur https://www.larousse.fr/encyclopedie/divers/logique_modale/70764 - consulté le 3 décembre 2021.

cette logique, une proposition comme « se maquiller » peut se formuler dans les modalités suivantes : (1) Il est absolument nécessaire de se maquiller, (2) Elle se maquille, (3), Il convient de se maquiller, (4) elle n'aurait pas dû se maquiller. Celle-ci, plus dynamique que sa forme « bivalente », a aussi une tendance d'éliminer l'aspect interprétatif des décisions judiciaires.

La capacité et la liberté interprétative des magistrats peuvent être jugées absolument nécessaires pour créer de nouvelles normes jurisprudentielles. La question pouvant se poser (même d'un point de vue jusnaturaliste) est si, dans les environnements judiciaires traditionnels, celles-ci sont « absolues » ou « toujours limitées aux formes rationnelles et matérielles ». En général, dans toutes les circonstances, il semble que l'interprétation des juges nécessite d'avoir une forme d'esprit innovant.

En droit des brevets, le sujet de l'invention et la créativité algorithmique a fait l'objet de débats[1]. Pour la première fois, la Commission sud-africaine de la propriété intellectuelle[2] et l'office australien des brevets[3] ont reconnu (respectivement en dates du 28 et du 30 juillet 2021), la possibilité d'attribution du statut d'« inventeur » à une machine[4] et celle de la délivrance du brevet à ses inventions. En août 2020, la demande de cette reconnaissance (ayant été déposée en automne 2018) a été rejetée par l'office européen des brevets (OEB) qui fait valoir que celle-ci n'est pas compatible avec les exigences juridiques prévues par la Convention sur le brevet européen (CBE)[5].

La division civile de la Cour d'appel du Royaume-Uni et de Wales ainsi que la Cour du district des États-Unis pour l'est de l'État de Virginie ont respectivement rejeté, le 2 et le 21 septembre 2021[6], cette possibilité.

Aujourd'hui, les machines sont capables de réaliser des innovations qui étaient auparavant réservées à l'esprit « humain » (comme celui dans le

---

[1] Cf. B. NEWMAN, « Solving the DABUS problem », *Intellectual Property Magazine*, Patent file, Juillet/Août 2021, p. 14, disponible sur https://www.bakermckenzie.com/-/media/files/people/newman-bradford/ipm--solving-the-dabus-problem-june-2021.pdf?la=en (consulté le 4 mai 2022).

[2] Adams&Adams, *South African Patent Office's Recent Grant of a Patent for an Invention Created by Artificial Intelligence*, disponible sur https://www.adams.africa/patents/south-african-patent-offices-recent-grant-of-a-patent-for-an-invention-created-by-artificial-intelligence/ (consulté le 4 mai 2022).

[3] *Thaler c. Commissioner of Patents*, 2021FCA 879.

[4] Il s'agit du projet Dabus, lancé par Mosnieur Stephen L. THALER. ; Pour plus d'informations v. *The Artificial inventor project*, disponible sur https://artificialinventor.com (consulté le 5 mai 2022).

[5] Office européen des berevts, *L'OEB publie sa décision de rejeter deux demandes de brevet désignant une machine comme inventeur*, 28 janvier 2020, disponible sur https://www.epo.org/news-events/news/2020/20200128.html (consulté le 4 mai 2022).

[6] PORTER J., « US patent office rules that artificial intelligence cannot be a legal inventor », *The Verge*, 29 avril 2020, disponible sur https://www.theverge.com/2020/4/29/21241251/artificial-intelligence-inventor-united-states-patent-trademark-office-intellectual-property (consulté le 4 mai 2022). ; *Thaler c. The Comptroller-General of Patents, Designs And Trade Marks*, [2020] EWHC 2412 (Pat).

contexte judiciaire) dont la création de nouvelles recettes de cuisine[1] de peintures et d'œuvres d'art plastique[2] et de parfumes[3]. Dans ces trois exemples, une « nouvelle » œuvre intellectuelle est fabriquée en modélisant des formes et des règles « existantes », exploitées à partir de celles similaires, définies et programmées par les hommes. Cela nous amène à conclure qu'une application mécanique du droit n'aboutit nécessairement pas à un blocage du « progrès » des normes judiciaires. Contrairement à ces exemples, son usage dans les juridictions peut porter des préjudices importants aux droits individuels C'est ce qui figure, dans la proposition du Règlement du Parlement européen et du Conseil établissant des règles harmonisées sur l'intelligence artificielle, au rang des usages à haut risque.

D'un point de vue strictement théorique, dans les futurs environnements judiciaires augmentés, ceux-ci peuvent avancer leur rythme normal en les limitant aux formes et aux dispositions juridiques existantes. Cela peut présenter deux types d'impacts favorisant « une application mécanique du droit ». À court terme, une implication « directe » des outils algorithmiques dans le processus de prise de décision judiciaire (quel que soit son usage comme un outil d'aide ou prise de décision) peut conduire à l'émergence d'une telle pratique. À long terme, le recours excessif à l'intelligence artificielle peut affaiblir la capacité naturelle d'analyse juridique par les hommes. Cela peut être comparé à l'exercice d'une activité sportive. Même si nous maîtrisons parfaitement la forme et les règles de celui-ci, un éloignement pratique peut conduire à l'incapacité de l'exercer, due à une perte de la capacité musculaire du corps. De cette façon, après quelque temps, même sans utiliser ces outils, ils raisonneraient de la même manière et adopteraient une tendance d'application mécanique du droit.

Les capacités d'« analyser » et de « synthétiser » sont définies par le dictionnaire Larousse respectivement comme « opération par laquelle l'esprit décompose un ensemble constitué, pour en déceler l'autonomie des parties, pour en apprécier mieux la congruence ou la finalité, ou simplement pour

---

[1] C. Zaghet, « NVIDIA présente un robot pour la cuisine doté d'intelligence artificielle », *Siècle Digital*, 14 janvier 2019, disponible sur https://siecledigital.fr/2019/01/14/nvidia-presente-un-robot-pour-la-cuisine-dote-dintelligence-artificielle (consulté le 11 septembre 2019).

[2] S. Kettley, « Artificial Intelligence BREAKTHROUGH: These incredible paintings were made by an AI ROBOT », *Express.co.uk*, 7 juin 2019 , disponible sur https://www.express.co.uk/news/science/1137207/Artificial-intelligence-news-AI-robot-artist-paintings-robot-painter-AiDa (consulté le 11 September 2019). ; Christie's, « Is artificial intelligence set to become art's next medium ? », 12 décembre 2018, disponible sur https://www.christies.com/features/A-collaboration-between-two-artists-one-human-one-a-machine-9332-1.aspx?sc_lang=en (consulté le 8 décembre 2021).

[3] Thomas J Watson Research Center, « Using AI to Create New Fragrances », *IBM*, 23 octobre 2018, disponible sur https://www.ibm.com/blogs/research/2018/10/ai-fragrances/ (consulté le 20 juillet 2019).

rendre accessible chacun de ses éléments »[1] et « opération intellectuelle par laquelle on réunit en un tout cohérent, structuré et homogène divers éléments de connaissance concernant un domaine particulier »[2].

Ce sont plus précisément des capacités cognitives à développer. Dans un environnement où elles se réalisent souvent par la machine, le cerveau humain s'habitue moins à ce type d'exercice. Par conséquent, cela peut poser deux risques. Le premier se manifeste dans l'hypothèse du retrait de ces outils (cela peut paralyser la pratique du droit par les hommes). Le second est le ralentissement du progrès de la capacité analytique des juristes et celui de l'avancement des évolutions jurisprudentielles, ainsi que sa soumission aux analyses génériques et éventuellement trop encadrées.

Un risque pouvant être présenté par la formalisation imposée par l'intelligence artificielle est l'affaiblissement du progrès, de l'importance et de l'influence des approches doctrinales des magistrats. En effet, en se basant sur leurs opinions du passé, la création des « nouvelles doctrines » judiciaires peut être évitée. En théorie, il peut être aussi envisageable de créer, grâce aux algorithmes, des nouvelles approches doctrinales à partir de comparaison des visions doctrinales existantes. Cela n'a jamais fait l'objet d'une étude. Sur le plan technique, cela semble être particulièrement difficile d'évaluer la qualité de doctrines auto-générées. Pourtant, afin d'effectuer cette élaboration, il serait possible de recourir à d'autres textes rédigés par les magistrats.

Dans le contexte de la justice augmentée, une application du droit ne se limite pas aux dispositions juridiques et réglementaires mais aussi aux approches doctrinales des magistrats, exprimées sur des faits similaires dans des arrêts et les autres textes (comme les publications scientifiques, les interviews, les communiqués officiels etc.).

La conception mécanique d'un raisonnement juridique par la machine (lorsqu'elle est utilisée comme un outil de prise de décision) ou par les hommes qu'elle influence, peut conduire à une application sévère (voire tyrannique) du droit (celle-ci peut être acceptée ou même appréciée par les positivistes). En effet, une concentration sur la réalisation des « modèles rationnels », au lieu des « techniques statistiques d'évaluation de la pertinence de l'applicabilité des dispositions juridiques » peut éliminer le risque d'une analyse trop mécanique.

Dès lors, le problème pouvant se poser est, si les algorithmes ne sont pas suffisamment puissants ou si les données ne sont pas correctement structurées pour garantir la dynamique de ces modèles, une telle application du droit peut devenir potentiellement inévitable. Sur le plan pratique, le taux de fiabilité de ces techniques n'a jamais été évalué par une étude scientifique.

---

[1] Larousse, *la définition d'« analyse »*, disponible sur https://www.larousse.fr/dictionnaires/francais/analyse/3235 (consulté le 7 septembre 2021).

[2] Larousse, *la définition de « synthèse »*, disponible sur https://www.larousse.fr/dictionnaires/francais/synth%C3%A8se/76220 (consulté le 7 septembre 2021).

Par conséquent, les vrais risques qu'ils peuvent produire sont inconnus. Pourtant, en théorie, on peut affirmer qu'ils peuvent aussi se présenter comme une alternative potentiellement plus efficace que les méthodes statistiques. L'intérêt de ce système se résume dans le fait qu'ils peuvent être évalués perpétuellement (même en temps réel), en fonction des caractéristiques des nouvelles opinions exprimées dans les jurisprudences, les publications scientifiques et les autres formes de communication. Ce propos serait valable s'il s'appliquait en parallèle d'un système judiciaire complètement dirigé par les hommes, puisque la machine a besoin de ces derniers afin de pouvoir bien réaliser le processus d'imitation de leur pensée et de leur raisonnement. Une application mécanique du droit, comme résultat direct de la formalisation extrême de la justice pourrait présenter des impacts importants sur le caractère « scientifique » et « démocratique » du droit.

Une analyse formalisée (ou positiviste) favorisée par la logique mathématique, utilisée dans le système de l'intelligence artificielle se base sur et produit une « logique déontique »[1]. Elle s'élabore en identifiant et établissant des liens de corrélation entre les quatre caractéristiques et valeurs définies par les lois : (1) l'obligation, (2) l'interdiction, (3) la permission et (4) le facultatif[2].

En 1670, Gottfried Wilheim LEIBNIZ, célèbre mathématicien, juriste et philosophe allemand, a démontré que grâce à cette forme de logique, extrêmement formelle, qu'il considère opportun pour la sauvegarde de la cohérence des normes juridiques, on peut modéliser[3], prédire et automatiser la conception d'un raisonnement juridique[4].

D'un point de vue théorique, afin de renforcer la flexibilité de l'interprétation des lois et d'optimiser la capacité de la machine pour créer des liens de corrélation entre les particularités des cas et des lois, leurs formes rédactionnelles et structurelles doivent faire l'objet d'une reconfiguration législative globale. Par conséquent, même si, sur le plan théorique, elle peut être jugée opportune, en pratique, elle est très difficilement réalisable.

Dès lors, il convient de faire une distinction entre la modélisation d'un raisonnement judiciaire portant sur des droits « objectifs » et « subjectifs ».

---

[1] Larousse la définit comme « *étude systématique des propriétés formelles vérifiées par des notions juridiques comme celles de droit et d'obligation* ». (Larousse, *Logique déontique*, disponible sur https://www.larousse.fr/dictionnaires/francais/déontique/23670 - consulté le 3 décembre 2021).

[2] G. KALINOWSKI, « Une nouvelle branche de la logique : la logique déontique. Son histoire, ses formes, ses résultats », *Archives de Philosophie*, vol. 34, n° 1, janvier-mars 1971, pp. 3-36.

[3] G. LAURENT, « Le statut du temps et de l'aspect dans la structure modale de l'énoncé. Esquisse d'un modèle global », *Syntaxe et Sémantique*, 2001, vol. 2, n° 1, pp. 57-80. ; Cf. J. BOUVERESSE, « Mathématiques et logique chez Leibniz », *Revue d'histoire des sciences*, 2001, vol. 54, n° 2, pp. 223-246.

[4] Cf. P. BAILHACHE, « Le droit peut-il être automatisé ? », *Pour la science*, dossier pour la science n° 49, 1er octobre 2005, disponible sur https://www.pourlascience.fr/p/fondamental/le-droit-peut-il-etre-automatise-5800.php (consulté le 3 décembre 2021).

L'application des premiers semble être plus compatible avec une analyse algorithmique et « une application mécanique » du droit, puisque le rôle interprétatif des juges dans leur analyse est mineur. Il est justifié par le caractère global de leur application.

Dans ces circonstances, une difficulté peut se présenter lorsque la machine est censée analyser les droits relevant de la seconde catégorie. Selon Jean CARBONNIER, « les droits subjectifs vident le droit objectif, mais ils ne le remplacent pas »[1]. Cela démontre que, d'un point de vue théorique, une concentration excessive sur le droit objectif, favorisant une application mécanique du droit peut être valable. Par conséquent, « l'exercice d'un droit n'est plus automatique »[2]. On peut donc considérer que l'analyse des premiers nécessite naturellement une évaluation plus personnalisée et plus profonde.

Le terme « mécanique » se caractérise par son fondement strictement logique (dans le sens mathématique et informatique). Aux États-Unis, le recours à ce dernier n'est certainement pas rejeté par Monsieur POSNER estimant que si les juges prennent une décision avec une logique purement mathématique (comme celle de l'intelligence artificielle), les décisions ne peuvent plus être critiquées[3]. Les partisans de cette théorie croient que, les faits et les textes des lois sont suffisants pour traiter des litiges. Autrement dit, ils dénoncent l'influence des éléments normatifs et les considérations émotionnelles, politiques, économiques etc. dans la prise de décision juridique.

En raison du renforcement de transparence de ce système, cela peut faciliter le traitement des affaires au niveau des juridictions du second degré et des suprêmes. Cela conduirait à garantir et appliquer une manière différente cette dernière catégorie des droits et peut la qualifier comme une « objectivisation des droits subjectifs ». Dans un pôle opposé, Oliver W. HOLMES Jr. a affirmé, dans l'affaire *Lochner c. New York*, que cette théorie, étant trop généraliste, ne considère pas les particularités des cas spécifiques[4,5].

Les partisans du courant de formalisme juridique soutiennent l'idée qu'« il n'est pas nécessaire de recourir à des raisons non juridiques pour justifier une décision judiciaire, le droit étant déterminé de façon rationnelle et la fonction de juger s'exerçant de façon mécanique »[6]. Par conséquent, ils sont susceptibles d'être plus favorables à une application mécanique du droit.

---

[1] J. CARBONNIER, *Droit et passion du droit sous la Ve République*, Flammarion, 1996, p. 125.

[2] V. LEMAIRE, « Le droit public numérique à travers ses concepts : émergence et transformation d'une terminologie juridique », *thèse en droit public*, soutenue le 1er juillet 2019, Université Paris 1 Panthéon-Sorbonne, p. 132.

[3] R. A. POSNER, *How Judges Think*, *op. cit.*, p. 41.

[4] *Lochner c. New York,* 198 U.S. 45 (1905).

[5] R. A. POSNER, « Legal formalism, legal realism, and the interpretation of statutes and the constitution », *Case Western Reserve Law Review*, vol. 37, n. 2, 1986-87, pp.179-217.

[6] B. LEITER, « Positivism, formalism, realism », *Columbia Law Review,* 1999, pp. 1145-1146. ; J. VAN MEERBEECK, « Lon Fuller, le jusnaturaliste procédural », *op. cit.*, 144 p.

James E. HERGET et Stephan WALLACE expliquent que « la pensée juridique américaine du XIXe siècle adhérait largement au positivisme juridique »[1]. Dans le XXIe siècle, la justice augmentée peut, en raison de ses formalisateurs, placer à nouveau les environnements judiciaires américains sous cette influence. L'émergence de la même situation dans les systèmes judiciaires européens semble être aussi envisageable.

En conclusion, dans l'hypothèse d'une application mécanique généralisée du droit, imposée par la logique mathématique de l'intelligence artificielle, elle fera sûrement l'objet d'appréciation d'une partie des communautés des juristes et d'opposition de la part des autres, en fonction de leurs approches doctrinales. Ce point extrêmement important doit être pris en compte lors de l'évaluation des bénéfices et des risques de tous les logiciels de legaltech. Dans le contexte des juridictions augmentées, le niveau du risque et de la pertinence d'une formalisation extrême ainsi que l'application mécanique du droit peuvent être différents dans chaque type de contentieux.

Monsieur Jean LASSÈGUE, explique, que dans le processus du fonctionnement de l'intelligence artificielle, « l'information suppose que le sens soit défini à l'avance et qu'il reste fixe durant l'interaction »[2]. Dans ces circonstances, il est nécessaire d'être attentif aux « informations » et aux « données » utilisées par la machine puisqu'elles, étant de natures formelles différentes, n'ont pas « la même utilité », « la même valeur » et « la même dynamique ». Une partie d'entre elles peut être utilisée directement sans la nécessité d'une manipulation spécifique et d'autres peuvent avoir besoin d'analyses sophistiquées. En fonction de la nature et de la complexité de chaque litige, un système de l'intelligence artificielle peut se baser sur chacune d'entre elles (ou la combinaison de deux).

Par exemple, en interdisant « la discrimination », l'article 14 de la Convention européenne des droits de l'homme fournit une « information générale » qui sera toujours « fixe ». Ainsi, le manuel de droit européen en matière de non-discrimination définit également une liste « non-exhaustive » composée de 11 caractéristiques, protégées par cet article[3]. Celles-ci restent également fixes. Dans le cas d'une discrimination envers une personne, le système peut recourir aux « informations » existant dans les bases de données judiciaires et législatives, pour évaluer l'applicabilité de ces dispositions.

Dans cet exemple (et les cas similaires), une application mécanique du droit peut être pertinente. Cependant, pour traiter les problématiques plus

[1] J. E. HERGET, S. WALLACE, « The German Free Law Movement as the Source of American Legal Realism », *Virginia Law Review*, 1987, p. 419. ; J. VAN MEERBEECK, « Lon Fuller, le jusnaturaliste procédural », *op. cit.*, p. 145.

[2] J. LASSÈGUE, « L'Intelligence artificielle, technologie de la vision numérique du monde », *Les cahiers de la justice*, 2019, n° 2, p. 211.

[3] Conseil de l'Europe, Agence des droits fondamentaux de l'Union européenne, *Manuel de droit européen en matière de non-discrimination*, éd. 2018, pp. 175-276.

subjectives, les données complémentaires doivent être exploitées (à partir d'une masse des textes législatifs, jurisprudentiels) et structurées pour former et élaborer des nouvelles « informations », permettant de concevoir « un raisonnement ». Dans ce processus, ces dernières données doivent être combinées avec les premières. Un traitement « mécanique » de cette catégorie des contentieux (les plus subjectifs) peut présenter des risques plus importants.

D'une manière plus générale, l'idée d'une application mécanique du droit peut se justifier par la célèbre locution juridique *Dura lex, sed lex* signifiant « la loi est dure, mais c'est la loi ». Cependant, la théorie classique du droit, héritage de la sagesse des juristes romains, reconnaît certaines limites à cette application sévère. Elles se justifient par la locution suivante : *Summun ius, summa injuria* signifie que « l'application excessive du droit conduit à l'injustice »[1].

Jean-Étienne-Marie PORTALIS précise, à ce sujet, qu'« une excessive rigueur dans l'administration de la justice aurait tous les caractères d'une tyrannique oppression [...]. Le bien se trouve entre deux limites ; il finit toujours où l'excès commence »[2]. Il rejette une aussi telle pratique dans son discours lors de la présentation du projet du premier code civil où il évoque que « les lois sont faites pour les hommes, et non les hommes pour les lois ; qu'elles doivent être adaptées au caractère, aux habitudes, à la situation du peuple pour lequel elles sont faites »[3].

La formalisation extrême du fonctionnement des systèmes judiciaires ne supprime pas le rôle interprétatif des magistrats. Néanmoins, elle peut limiter le champ de leurs analyses aux approches de leurs prédécesseurs et ralentir (ou même bloquer) l'évolution jurisprudentielle du droit. En considérant les différences fondamentales des systèmes juridiques américains et européens, elle est susceptible de se manifester différemment aux États-Unis et en Europe.

La formalisation extrême de la justice peut favoriser une application mécanique des « textes législatifs, réglementaires et constitutionnels » et des « règles jurisprudentielles ». Elle produit, dans chacune de ces catégories, des impacts différents. Les premiers, établissant souvent des droits objectifs, sont plus compatibles avec une application mécanique. Néanmoins celle de la seconde catégorie, ayant une forme plus normative et subjective, peut présenter des impacts de plus en plus importants. Celle-ci, en se distinguant

---

[1] Registres du Conseil, du 22 avril. Chronique msc. de Rozet, l.IV, ch. 18. Cité dans MERLE D'AUBIGNÉ (Jean-Henri), *Histoire de la Réformation en Europe au Temps de Calvin, Tomes 5 et 6*, ThéoTeX, 28 février 2017, p. 881. ; Celle-ci est empruntée de la pensée Cicéronienne.

[2] P-A. FENET, *Recueil complet des travaux préparatoires du Code civil*, T. XIV, Paris, éd. 1827, p. 123.

[3] J-É-M. PORTALIS, *Discours préliminaire du premier projet de Code civil - 21 janvier 1801*, Confluences, coll. Voix de la Cité, 2004, p. 14, disponible sur https://mafr.fr/IMG/pdf/discours_1er_code_civil.pdf (consulté le 5 décembre 2021).

du concept classique du « droit écrit », trouve une place importante dans les traditions juridiques anglo-américaines où elle a une flexibilité extrême.

Dans ce contexte, Monsieur le Professeur Karim BENYEKHLEF et Madame Jie ZHU, expliquent que « Joseph RAZ [[1]] fonde la légitimité d'une règle de droit sur sa vocation à prendre en compte les raisons et motivations applicables aux sujets de droit dont elle prétend réguler ou dicter le comportement (*dependence thesis*) tout en s'y substituant (*pre-emption thesis*) »[2]. Cela démontre qu'aux États-Unis, l'analyse algorithmique de « la règle de droit » et son adaptation (automatisée) aux faits et aux circonstances d'une affaire ne sont possibles qu'avec la prise en compte des interprétations décrites dans les jurisprudences (dans les affaires similaires). Une application mécanique de la règle de droit[3] ne peut se limiter à ce que la loi dispose. C'est ainsi qu'on peut évoquer que l'objectif primaire d'un système de modélisation du raisonnement judiciaire est l'exploitation et l'identification de la racine de « la règle du droit ».

Dans le système de *Common law*, elle ne présente pas « une vision stricte et clairement définie » mais des règles générales et formelles guidant les magistrats à identifier l'intention des législateurs et des autres magistrats lors de la création et de l'interprétation du droit. La qualité d'identification analogique de l'intention des magistrats dans les « lois ordinaires » et les « sources primaires » ordinaires peut être différente. Les travaux préparatoires des premiers fournissent des informations de plus en plus précises et subjectives. Par conséquent, dans le processus d'une analyse automatisée, elle ne peut être considérée comme une source primaire et à part entière.

Dès lors, un risque majeur peut se poser s'il y a une erreur du fond dans un arrêt. Tant qu'elle est exprimée par une juridiction, désormais, dans les contentieux similaires, elle peut être systématiquement appliquée par toutes les autres juridictions, utilisant les mêmes algorithmes. Le même risque peut être aussi présent lorsque les affaires sont traitées par les hommes. Pourtant, dans un processus dit « humain », cette erreur est plus susceptible d'être vue, détectée et corrigée par les hommes dans les autres affaires.

C'est ainsi qu'ils peuvent devenir un outil de légitimation d'une telle erreur. On peut donc conclure qu'une application mécanique du droit par (ou sous l'influence de) l'intelligence artificielle peut produire « un effet domino » transformant progressivement cette erreur en une règle

---

[1] RAZ, *Between Authority and Interpretation: On the Theory of Law and Practical Reason*, Oxford University Press, 2010, 424 p.

[2] K. BENYEKHLEF, J. ZHU, « Intelligence artificielle et justice : justice prédictive, conflits de basse intensité et données massives », *op.cit.*, p. 807. ; Cf. J. RAZ, « Authority, Law, and Morality » In. J. RAZ, *Ethics in the Public Domain: Essays in the Morality of Law and Politics*, Oxford University Press, 1994, pp. 210-215.

[3] Cf. F. PIRIE, *The Rule of Laws, a 4,000-year quest to order the world*, Profile Books Ltd, éd. Main, 18 novembre 2021, 576 p.

jurisprudentielle. Une approche formaliste peut éventuellement réduire ce risque[1].

La limitation restrictive de l'approche des magistrats à celle de leurs prédécesseurs, sous cet effet peut, à long terme, présenter des impacts plus profonds et plus radicaux. Cela peut éviter l'émergence des « grandes » évolutions jurisprudentielles. Dans le système judiciaire américain, les impacts de ce phénomène sont susceptibles d'être plus importants que ceux d'Europe, puisqu'en général, dans les pays pratiquant la tradition *Common law*, beaucoup d'évolutions juridiques se présentent par des changements d'approche des juridictions.

Parmi eux, le rôle de la Cour suprême des États-Unis est de plus en plus remarquable. Théoriquement, le statut « fonctionnaire » des magistrats européens ne reconnaît pas la légitimité d'intervenir dans des changements si fondamentaux. Cependant, les magistrats américains, soit directement élus soit nommés par les élus directs (le président et les membres du Sénat ou ceux des législatures des États fédérés) en disposent.

Certaines de ses grandes décisions sont rendues sans un contexte constitutionnel, sous l'influence des changements de la société et de la pression des mouvements sociaux[2]. Un exemple illustratif est celui de la reconnaissance des mariages « de personnes de même sexe » et « celles des races différentes ».

S'agissant du premier, malgré plusieurs jurisprudences fédérales opposantes à ces formes[3] du mariage et l'existence du *Defense of Marriage Act* (DOMA), permettant aux États fédérés de refuser un mariage homosexuel[4], la Cour suprême des États-Unis a jugé, respectivement en 2013[5] et 2015[6], que ces dispositions sont « anticonstitutionnelles »[7], alors que leur

[1] Cf. J. A. Gealfow, « Case Law and its Binding Effect in the System of Formal Sources of Law », *Journal of the University of Latvia*, n° 11, 2018, pp. 38-61.

[2] M. Long, « Coretta's Big Dream: Coretta Scott King on Gay Rights », *Huffpost*, 31 janvier 2013 (mis à jour le 2 février 2016), disponible sur https://www.huffpost.com/entry/coretta-scott-king_b_2592049 (consulté le 4 décembre 2021).

[3] *Richard John Baker c. Gerald R. Nelson*, 291 Minn. 310, 191 N.W.2d 185 (1971). ; *Baehr c. Lewin*, 74 Haw. 530, 852 P.2d 44 (1993). ; *Goodridge c. Dept. of Public Health*, 798 N.E.2d 941 (Mass. 2003).

[4] Signé par le Président Bil Clinton, en vigueur depuis le 21 septembre 1996.

[5] *United States c. Windsor*, 570 U.S. 744 (2013).

[6] *Obergefell c. Hodges*, 576 U.S. 644 (2015).

[7] Cf. *United States c. Windsor*, 570 U.S. 744 (2013).

valeur constitutionnelle avait été auparavant validée par le Congrès[1] et le Président du gouvernement fédéral[2].

Depuis la fin de la guerre civile, le second type du mariage, a été interdit dans 16 États fédérés[3]. En 1883, la Cour suprême a donné à cette interdiction, une applicabilité globale (au niveau fédéral). Dans l'affaire *Pace c. Alabama*, elle a jugé qu'elle était conforme au quatorzième amendement de la Constitution des États-Unis[4]. Cette interdiction a été affirmée par les textes législatifs connus sous le nom des *Black Codes*[5].

En 1948, la Cour suprême de Californie a estimé, dans l'affaire Perez c. Sharp[6], que ces dispositions étaient contre cet amendement. En 1967, dans la célèbre affaire *Loving c. Virginia*, cela a été affirmé par la Cour suprême des États-Unis (à l'unanimité de tous les 9 magistrats de la Cour). Un tel changement radical d'approche est complètement incompatible avec la logique mathématique appliquée dans le système de l'intelligence artificielle.

De la même manière, il semble être impossible de reconnaître une discrimination positive, en faisant recours à une logique aristotélicienne, puisqu'elle est « logiquement » contre les dispositions de textes suprêmes, c'est ainsi qu'elle ne pourrait être jamais reconnue par un système de l'intelligence artificielle. Plus précisément, dans un système judiciaire automatisé (ou excessivement augmentée par cette technologie), si une telle disposition a été jugée et reconnue conforme à la constitution, elle aura toujours le même statut dans les décisions et les analyses intérieures. Plus précisément, selon la logique classique (binaire ou aristotélicienne) une loi ne peut être à la fois « conforme » et « non conforme » à une règle supérieure.

Cela révèle à la fois un grand écart entre le fondement d'analyse de la machine et celui de l'humain et aussi entre « le système du raisonnement de ce dernier » et « la logique classique ». Ces exemples montrent qu'aux États-Unis, une décision peut être plus influencée par les changements sociaux que le cadre défini par la constitution, et les analyses jurisprudentielles du passé.

---

1 Sénat (USA), *Roll Call Vote 104th Congress - 2nd Session - Vote Summary*, disponible sur https://www.senate.gov/legislative/LIS/roll_call_lists/roll_call_vote_cfm.cfm?congress=104&session=2&vote=00280 (consulté le 4 décembre 2021). ; Chambre des représentants (USA), *Final vote results for roll call 316*, disponible sur https://clerk.house.gov/evs/1996/roll316.xml (consulté le 4 décembre 2021).

2 Cf. P. Johnson, « "The Choice of Wording must be Regarded as Deliberate": same-sex marriage and Article 12 of the European Convention on Human Rights." », *European Law Review*, 2015, pp. 207-224. ; Law Library - American Law and Legal Information, *Defense of Marriage Act of (1996)*, disponible sur https://law.jrank.org/pages/6038/Defense-Marriage-Act-1996.html (consulté le 4 décembre 2021).

3 G. M. Fredrickson, E. E. Robinson, *The Black Image in the White Mind: The Debate on Afro-American Character and Destiny, 1817–1914*, Wesleyan University Press, 1987, 343 p.

4 *Pace c. Alabama*, 106 U.S. 583 (1883).

5 Cf. Britannica, *Black code*, révisé et mis à jour par Amy McKenna, disponible sur https://www.britannica.com/topic/black-code (consulté le 4 décembre 2021).

6 *Perez c. Sharp*, 32 Cal. 2d 711, 198 P. 2d 17 (Cal. 1948).

En effet, une analyse algorithmique de masse sur des contenus en ligne, peut permettre d'évaluer et d'identifier des facteurs sociaux ou économiques et modéliser les tendances sociales. Lors du processus d'une élaboration automatisée d'un avis ou d'un arrêt, celles-ci peuvent être prises en compte par la machine. Le même usage est valable lorsqu'elle est employée comme outil d'aide à la décision. Par exemple, dans le cas des mariages homosexuels et mixtes, une analyse algorithmique sur les réseaux sociaux peut déterminer l'avis de la majorité de ses utilisateurs sur ce sujet. Le système de l'intelligence artificielle peut préparer un rapport contenant des bilans précis pouvant être utilisés par les juges. Le recours à ceux-ci peut être une pratique plus démocratique que l'influence des mouvements sociaux et associatifs.

Une analyse « mathématique » basée sur des dispositions juridiques et des circonstances socio-économiques et politiques ne permettrait nécessairement pas l'émergence d'une évolution si complexe. Cela se justifie par le fait qu'en théorie, un changement d'approche excessivement radical ne pourrait jamais être exploité par la sémantique de la constitution et des jurisprudences, puisque les règles qu'elles définissent sont stables. Il convient de considérer que dans ces circonstances, l'absence d'une base législative et réglementaire sur une problématique juridique nouvelle peut éliminer considérablement l'efficacité de ces systèmes. On peut donc conclure qu'une application mécanique de la règle de droit peut reconfigurer le rythme « naturel » du progrès du droit américain.

Le caractère mécanique d'application du droit, rejeté par Roscoe POUND, dans son article intitulé *Mechanical Jurisprudence*[1,2], peut conduire à l'émergence d'un phénomène connu, dans la culture juridique romaine, sous le nom *Ius strictum* (application stricte de droit)[3]. Cela vise à une minimalisation de l'interprétation de magistrat et à un renforcement de l'applicabilité automatique du droit. Actuellement, dans les systèmes judiciaires européens, la règle de *precedent* n'est pas reconnue comme une source primaire et à part entière du droit. Cependant, une formalisation extrême de la justice sous l'influence des systèmes algorithmiques peut conduire, dans cette dimension géographique, à l'émergence d'une règle similaire[4].

Dans cette hypothèse, cela peut être considéré, à la fois comme « un effet » produit par un recours excessif aux calculs algorithmiques dans le processus

---

[1] Cf. B. BARRAUD, « Un algorithme capable de prédire les décisions des juges : vers une robotisation de la justice?, *op. cit.*, p. 135.

[2] N. ROSCOE POUND, « Mechanical Jurisprudence », *op. cit.* ; Cf. D.A. HEDIN, *Mechanical Jurisprudence by Roscoe Pound*, étude de The Minnesota Legal History Project, 2014, disponible sur http://www.minnesotalegalhistoryproject.org/assets/Pound-%20Mech.J.%20(1908)-MM.pdf (consulté le 7 septembre 2021).

[3] P. H. NEUHAUS, « Law and Contemporary Problems», *New Trends in the Conflict of Laws*, vol. 28, n° 4, autumn 1963, pp. 795-807.

[4] *Ibidem*, p. 795.

de prise de décision, et aussi comme un « vecteur » du renforcement de la qualité technique du fonctionnement de la machine[1], puisque dans ce cadre, les données d'entrée au système sont moins complexes, plus cohérentes et plus harmonisées.

Au niveau des États la limitation du rôle créateur des magistrats[2], sous l'influence de ce phénomène, est susceptible d'être moins problématique dans les juridictions du premier degré et du second degré, où l'application du droit existant peut être théoriquement suffisante. Au même titre que les juridictions suprêmes étatiques, son apparition dans le contexte de la Cour de justice de l'Union européenne peut présenter un risque majeur puisqu'en jouant son rôle d'interprétation, elle est garante de l'évolution du droit de l'Union européenne. Le degré et l'importance de cet impact peuvent être différents dans chaque type de décision et de l'interprétation de cette juridiction. Par exemple, celui-ci peut être absolument problématique dans le cas des recours, et plus spécifiquement celui « en annulation » puisque dans cette pratique, la Cour peut annuler un acte « législatif » de l'Union. Il est totalement opposé à l'idée d'une « application stricte du droit existant »[3].

Le droit de l'Union européenne se caractérise par une multiplicité des liens et des interdépendances, non seulement avec un grand nombre des acteurs, des actes législatifs et des jurisprudentiels dans les différents niveaux (national, régional, international et supranational) mais aussi avec des facteurs sociaux, économiques et politiques très variés[4]. C'est ainsi que les interprétations faites par la Cour de justice peuvent être particulièrement complexes et avoir des évolutions radicales. Cet impact peut être de moins en moins important au niveau de la Cour européenne des droits de l'homme, pratiquant strictement un champ extrêmement limité des dispositions et des engagements (uniquement celles définies par la Convention européenne des droits de l'homme).

Une application mécanique du droit sous l'influence des limites imposées par la nature mathématique de la logique algorithmique, peut renforcer les aspects « scientifiques » et « démocratiques » du fonctionnement de la justice. Ces impacts peuvent être jugés positifs ou négatifs, selon la vision de chaque personne et la tradition juridique de chaque pays.

Le dictionnaire Larousse définit « la science » comme « l'ensemble cohérent de connaissances relatives à certaines catégories de faits, d'objets ou

---

[1] Cf. B. BARRAUD, « Un algorithme capable de prédire les décisions des juges : vers une robotisation de la justice ?, *préc.*, p. 135.

[2] G. GUASTINI, « Les juges créent-ils du droit ? Les idées de Alf Ross », *Revus* [Online], vol. 24, 2014, pp. 99-113.

[3] *Ibidem.*

[4] Cf. J-Ch. BARBATO, *La diversité culturelle en droit communautaire, contribution à l'analyse de la spécificité de la construction européenne - Prix de thèse en droit public de l'Université de Nancy*, Presses Universitaires d'Aix-Marseille, coll. Centre de Recherches Administratives, sous-coll. Droit - Culture, 2008, 599 p.

de phénomènes obéissant à des lois et/ou vérifiés par les méthodes expérimentales »[1]. La « science du droit » est définie par Gérard CORNU comme « [une] connaissance approfondie et méthodique du droit, englobant non seulement celle de ses règles mais la maîtrise de l'ensemble des ressources de la pensée juridique […] »[2]. Pour lui, ce concept comprend aussi des sciences fondamentales et appliquées[3].

L'aspect scientifique du droit est manifestement et largement présent dans les cadres législatifs et réglementaires puisque le processus de « création des lois » est plus fondé sur des méthodes fixes que des « opinions judiciaires ». C'est ainsi que dans un premier regard, on peut conclure que les pratiques juridiques dans les systèmes romano-germaniques, pratiquant plus particulièrement les dispositions juridiques écrites, semblent être plus scientifiques.

Selon Monsieur le Professeur Loïc CADIET, un procès est soumis à la fois aux règles contraignantes définies par les textes, notamment celles imposées « sous la pression du droit à un procès équitable »[4] et aussi celles créées par les traditions judiciaires et pratiquées par l'ensemble des juges[5] (notamment dans leurs analyses). Sir. Edward COKE estime que le système de *Common law* introduit « une science particulière des magistrats »[6] visant à réaliser une perfection formelle du raisonnement[7]. Selon lui, celle-ci reste exclusivement compréhensible par les juristes. Cette définition correspond également à l'approche positiviste dans la tradition juridique romano-germanique. On peut donc conclure que dans ces deux grandes traditions juridiques, les activités judiciaires sont régies par un certain nombre de « règles » régissant « la pratique » et « l'analyse » du droit.

Aux États-Unis, à la fin des années 1870, grâce aux idées et à l'influence d'Olivier W. HOLMES JR., la structure des pratiques de la prise de décision et de l'interprétation du droit est passée d'une « classification analytique » à « une synthèse philosophique »[8]. Au cours des années 1880, il a mis l'intérêt

---

[1] Larousse, « Science », disponible sur https://www.larousse.fr/dictionnaires/francais/science/71467 (consulté le 17 décembre 2021).

[2] G. CORNU, *Vocabulaire, juridique*, Presses universitaires de France, éd. 13, 2020, p. 938.

[3] *Ibidem.*

[4] L. CADIET, *Dictionnaire de la justice, op. cit.*, p. 1204. ; Cf. J. DE CODT, « Justice et algorithme : danger pour le procès équitable et la démocratie ? », *Revue trimestrielle des droits de l'homme*, 30e année, n° 117, 1er janvier 2019, pp. 3-11.

[5] *Ibidem*, pp. 1204-1205.

[6] E. S. CROWIN, R. LOSS, *Crown on the Constitution, The foundations of american constitutional and political thought, the powers of Congress, and the President's power of Removal*, *op. cit.*, pp. 103 et 107. ; A. DILLARD BOYER, « "Understanding,Authority, and Will": Sir Edward Coke and the Elizabethan Origins of Judicial Review », *op. cit.*, pp. 43-93.

[7] *Ibidem.*

[8] G. E. WHITE, « The Integrity of Holmes' Jurisprudence », *Hofstra Law Review*, vol. 10, n° 3, art. n° 1, 1982, pp. 633 et 637.

de l'aspect « scientifique » (formel) du droit (basé sur des analyses strictement logiques des sources reconnues et existantes du droit) en question[1].

Il a fait valoir qu'il est tout à fait normal et « justifié » pour les magistrats d'avoir une préférence personnelle, et l'exprimer dans leurs décisions[2]. En insistant sur le fait que ces opinions garantissent mieux la subjectivité des décisions, il s'oppose à la théorie kantienne du « droit strict »[3] et à celle du « contrat social » de ROUSSEAU[4]. Toutes les deux sont de grandes bases intellectuelles des systèmes juridiques romano-germaniques modernes. Olivier W. HOLMES estime que « tandis que la *Common law* était expérimentale et inductive, le droit romain, en revanche, était catégorique et déductif »[5]. Ce caractère expérimental ne met en cause ni sa structure, ni sa nature scientifique.

Nathan ROSCOE POUND précise, en critiquant le fondement scientifique des activités judiciaires, que « l'un des obstacles à progresser dans chaque science est la domination des fantômes des anciens maîtres disparus. Leurs méthodes saines sont oubliées tandis que leurs conclusions malsaines sont retenues pour nous »[6]. Cela reflète bien l'hostilité des partisans du courant « réalisme » à un tel caractère du droit. Un grand nombre de similitudes rédactionnelles dans les arrêts de la Cour européenne des droits de l'homme[7] et de la Cour suprême des États-Unis[8] démontrent que l'existence d'un certain nombre de règles scientifiques et méthodologiques dans la pratique judiciaire est incontestable. Même si elles ne sont pas véritablement normalisées et codifiées.

Ronald DWORKIN explique, dans l'un de ses articles les plus célèbres, que « l'interprétation en tant qu'une technique de l'analyse juridique est moins

---

[1] O. W. HOLMES, M. A. DE WOLFE HOWE, *The Common Law*, Belknap Press, 1963, 337 p. D. M. RABBAN, « Review: The Historiography of "The Common Law" », *Law & Social Inquiry*, vol. 28, n° 4, 2003, pp. 1161-1201.

[2] Cf. O. W. HOLMES, M. A. DE WOLFE HOWE, *The Common Law*, p. 38.

[3] E. KANT, A. PHILONENKO (trad.), *Métaphysique des moeurs. Première partie, Doctrine du droit*, J. Vrin, 1971, p. 103. ; A. BRAZ, *Chapitre V. La logique de la division In : Droit et éthique chez Kant : L'idée d'une destination communautaire de l'existence*, éditions de la Sorbonne, 2005, 356 p.

[4] Affirmant le principe de la souveraineté du peuple. ; Cf. J-J. ROUSSEAU, *Du contrat social*, *op. cit.*, pp. 522-524.

[5] O. W. HOLMES, M. A. DE WOLFE HOWE, *The Common Law*, *préc.*, p. 36. ; D. P. O'GORMAN, « Oliver Wendell Holmes's Theory of Contract Law at the Massachusetts Supreme Judicial Court », *Northeastern University Law Review*, janvier 2021, disponible sur https://nulawreview.org/volume-13-issue-1-articles/ogorman#_ftn38 (consulté le 12 octobre 2021).

[6] N. ROSCOE POUND, « Mechanical Jurisprudence », *op. cit.*, p. 606.

[7] N. ALETRAS, D. TSARAPATSANIS, D. PREOTIUC-PIETRO, V. LAMPOS, « Predicting judicial decisions of the European Court of Human Rights: a Natural Language Processing perspective », *op. cit.*

[8] D.-M. KATZ, M-J. BOMMARITO II, J. BLACKMAN, « A general approach for predicting the behavior of the Supreme Court of the United States », *op. cit.* ; R. GUIMERA, M. SALES-PARDO, « Justice blocks and predictability of U.S. Supreme Court votes ». *op. cit.*

familière dans le cas de la *Common law* ». En employant le terme « technique », il le qualifie implicitement comme « une méthode formelle » basée sur « l'analogie ». On peut donc conclure que, pour lui, l'interprétation par les magistrats ne peut être vue comme une pratique scientifique. Ces règles dites « scientifiques » du droit peuvent être soit naturelles (comme la logique utilisée dans le traitement des faits) soit conventionnelles (comme les règles de procédure). En théorie, les deux catégories peuvent être identifiées et modélisées par les algorithmes, tant qu'elles sont basées sur des méthodes définies et reconnues. La réflexion sur l'aspect « naturel » des premières, a mené Alf ROSS à prendre une position plus modérée que celle de DWORKIN en disant que les normes juridiques (comprenant accessoirement la manière dont les magistrats analysent les choses) sont également soumises aux « règles » dans les mêmes conditions et à la même forme que celles de « la mathématique » et « la logique »[1] (et l'informatique).

Selon Monsieur le Professeur Éric MILLARD, la théorie générale du réalisme juridique, dans la forme qu'on connaît aujourd'hui comprend non seulement les caractéristiques des réalismes « américains » et « scandinaves » mais aussi celles des « sciences » empiriques telles que « les études juridiques critiques » (notamment aux États-Unis), « l'analyse critique du langage » et « la théorie de l'interprétation juridique » (en Europe et en Amérique latine)[2].

L'étude de ces approches a été la source principale d'inspiration pour réaliser les premiers projets, visant à prédire et reproduire les décisions de la Cour européenne des droits de l'homme[3], où l'équipe de Monsieur ALETRAS affirme que « les juges sont principalement sensibles aux raisons non-juridiques, plutôt qu'aux juridiques, lorsqu'ils traitent des cas difficiles »[4]. En effet, cette étude (strictement basée sur les éléments informatiques) est porteuse (sans le prétendre) d'un grand développement du courant réaliste, affirmant le fondement scientifique du mécanisme de prise de décision judiciaire. Cette approche modérée de ce courant vise à créer « une méthode scientifique », régissant non seulement « l'application », mais aussi « l'évolution » du droit par l'étude des sciences juridiques et celles qui y sont « associées », comme celles « sociales », « économiques » et « politiques ».

En principe, en tant que les sciences, elles sont toutes basées sur un certain nombre des règles. Monsieur Jérémie VAN MEERBEECK, explique que la

---

[1] A. ROSS, *Towards a realistic jurisprudence; a criticism of the dualism in law*, E. Munksgaard, 1946, 304 p. ; Cf. G. TUSSEAU, « La théorie des normes de compétence d'Alf Ross », *Revus* [en ligne], n° 24, 2014, pp. 115-140), disponible sur https://doi.org/10.4000/revus.3070 (consulté le 17 décembre 2021).

[2] E. MILLARD, *Positivisme logique et réalisme juridique* In. J.-Y. CHÉROT, É. MILLARD (dir.), *La dichotomie faits/valeurs en question*, Analisi e Diritto, Marcial Pons, 2008, p. 177.

[3] N. ALETRAS, D. TSARAPATSANIS, D. PREOTJUC-PIETRO, V. LAMPOS, « Predicting judicial decisions of the European Court of Human Rights: a Natural Language Processing perspective », *op. cit.*

[4] *Ibidem.*

question principale se trouve « dans la dichotomie entre être (« *is* ») et devoir-être (« *ought* »). Alors que [les réalistes] associaient les deux, les [les formalistes] considèrent que les juristes doivent limiter leur étude à ce que le droit est, et non à ce qu'il devrait être »[1]. Tant que les règles sont basées sur cette seconde approche, elles seront plus stables et plus faciles à être modélisées par les algorithmes. Lon L. FULLER dénonce la divergence de l'opinion radicale des réalistes et formalistes sur ce sujet (notamment John GRAY, Olivier W. HOLMES et Hans KELSEN). Il explique, dans son ouvrage célèbre intitulé *The Law in Quest of Itself* « qu'on ne peut dissocier le droit tel qu'il devrait être du droit tel qu'il est »[2].

En s'appuyant sur l'idée du renforcement de l'aspect scientifique des analyses juridiques, grâce aux systèmes automatisés, Monsieur Antoine GARAPON estime que les pratiques relevant de la « justice prédictive », rendent la manière des analyses juridiques plus mécanique et cela peut conduire à la production d'un « raisonnement, plus stratégique d'ailleurs que juridique »[3]. Plus précisément, dans ce contexte, l'encadrement et la formalisation des méthodes du raisonnement permettent aux professionnels du droit de dessiner des stratégies avec une logique plus méthodologique.

Dès lors, la question pouvant se poser est savoir si une telle « scientifisation » du système judiciaire[4] est techniquement incompatible avec les méthodes actuelles de la résolution des litiges et, si elle peut présenter un risque lié à la qualité des arrêts. Afin de mieux étudier l'existence de celui-ci, il convient d'étudier séparément les impacts qu'il peut présenter en matières « civile », « administrative » et « pénale ».

Comme nous l'avons auparavant évoqué, contrairement aux premières, dans certains pays comme la France[5] et le Canada[6], dans certains cas spécifiques, la justice pénale reconnaît une « individualisation de la peine ». Cette proportionnalité nécessitant la prise en compte d'éléments divers, non exhaustifs, peut être potentiellement incompatible avec des méthodes formalisées et « scientifiques » du raisonnement judiciaire. Dans ce contexte, le problème principal est qu'il n'y a pas « une méthode » spécifique et

---

[1] J. VAN MEERBEECK, « Lon Fuller, le jusnaturaliste procédural », *op. cit.*, p. 151. ; Cf. L. L. FULLER, « American legal philosophy at mid-century », *Journal of Legal Education*, vol. 6, n° 4, 1954, pp.467-469 et 471. ; L. L. FULLER, J. VAN MEERBEECK (trad.), *La moralité du droit*, Presses de l'Université Saint-Louis, 2017, p. 154.

[2] J. VAN MEERBEECK, « Lon Fuller, le jusnaturaliste procédural », *préc.*, p. 147.

[3] A. GARAPON, « Les enjeux de la justice prédictive », *op. cit.*, p. 49.

[4] Cf. L. BRULÉ NAUDET, *De l'émergence d'une scientificité du Droit*, avril 2022, disponible sur https://www.researchgate.net/publication/359669046_De_l'emergence_d'une_scientificite_du_Droit (consulté le 7 avril 2022).

[5] Arts. 132-18 à 132-21 et articles 132-24 du code pénal. ; Loi du 15 août 2014 *relative à l'individualisation des peines et renforçant l'efficacité des sanctions pénales.* ; Décision n° 2005-520 DC du 22 juillet 2005 du Conseil constitutionnel sur *la loi précisant le déroulement de l'audience d'homologation de la comparution sur reconnaissance préalable de culpabilité.*

[6] Les codes 718.1 et 718.2 du Code criminel du Canada.

clairement définie d'évaluation et de détermination individualisée des peines. Théoriquement, par l'intermédiaire d'analyse et d'identification des similitudes des approches des magistrats pratiquant cette individualisation, l'intelligence artificielle peut élaborer un « mécanisme scientifique » basé sur des paramètres bien définis. Par exemple, elle peut définir les éléments dont les juges prennent en compte (ainsi que la valeur de chacun) lors de cette pratique.

Aux États-Unis, en 2013 et en 2014, elle a été respectivement appliquée par la Cour de circuit du comté de la Crosse[1] et la Cour d'appel d'État du Wisconsin[2], grâce aux algorithmes du logiciel COMPAS, où les rapports présentenciels autogénérés par ce logiciel, contenaient des propositions « personnalisées » de la durée d'emprisonnement du justiciable.

La machine pourrait également les tenir en compte si les données fournies dans l'entrée du système sont suffisamment riches et structurées et si son programme est pertinent. En théorie, il est possible de programmer un modèle algorithmique de la proportionnalité, en identifiant la nature de certains facteurs essentiels ainsi que leur degré d'influence sur la détermination de la peine. En 2017, le Conseil d'État français a affirmé, dans l'un de ses rapports, que « la dynamique d'individualisation du service est aussi et avant tout le fruit de la sophistication croissante des algorithmes et du développement de l'intelligence artificielle »[3].

Au niveau de l'Union européenne et celui des États-Unis, il n'y a pas un tel principe. Ainsi, ni en France[4,5] ni au Canada[6], il n'existe aucun cadre formel et précis pour la mise en œuvre d'une telle individualisation. Cette technologie peut être considérée comme un outil de scientifisation de cette pratique. Cela peut également concevoir une méthode, globalement applicable dans tous les pays qui permettraient d'harmoniser son application aux niveaux régionaux ou fédéraux[7].

Le grand intérêt des algorithmes est qu'elles peuvent s'adapter facilement à tout type de données (tant qu'elles sont suffisamment correctes et bien

---

[1] Cf. *State c. Loomis*, n° 2015AP157-CR (Wis. Ct. App. Sept. 17, 2015), 2015 WL 1724741, iii–2.

[2] Cf. *State c. Samsa*, 2015 WI App 6, 359 Wis. 2d 580, 859. N.W.2d 149.

[3] Conseil d'État (fr), *étude annuelle 2017 - Puissance publique et plateformes numériques : accompagner l'ubérisation*, 28 septembre 2018, p. 38.

[4] Loi n°2014-896 du 15 août 2014 *relative à l'individualisation des peines et renforçant l'efficacité des sanctions pénales.*

[5] M. GROULEZ, « L'individualisation de la sanction pénale », *Mémoire de Master 2 Droit pénale*, Université de Lille, 2016-2017.

[6]Ce mécanisme est reconnu par la Cour suprême du Canada. ; *R. c. L.M.*, 2008 CSC 31 (CanLII), [2008] 2 RCS 163.

[7] Cf. É. LAMBERT-ABDELGAWAD, « L'Harmonisation des sanctions pénales en Europe : Étude comparée de faisabilité appliquée aux sanctions applicables, au prononcé des sanctions et aux mesures d'aménagement des peines privatives de liberté », *Archives de politique criminelle*, 2002, vol. 1, n° 24, pp. 177-194.

structurées). Si « les méthodes » d'évaluation des peines par la machine sont acceptées par les États, son applicabilité pourrait être considérée *a priori* pertinente. Cela permet notamment de déterminer « le minimum » « le maximum » du degré de la peine pouvant être appliqué à un crime ou une infraction spécifique[1]. Par conséquent, en étant particulièrement basé sur des éléments subjectivistes purs, il ressemble aussi à un processus de formalisation et de codification du raisonnement du magistrat. En conclusion, il semble être aussi compatible avec les exigences formelles d'une modélisation algorithmique.

En France, le Code pénal dispose que « toute peine prononcée par une juridiction doit être individualisée »[2] (art. 132-1(2)) et qu'elle doit être adaptée à « la situation matérielle, familiale et sociale »[3] des justiciables (art. 132-1(3)). Dans la même perspective, la chambre criminelle de la Cour de cassation précise dans un arrêt du 11 mai 2021[4] que, dans la prononciation de la peine d'emprisonnement sans sursis, le magistrat doit obligatoirement motiver l'aspect individualisé de sa décision en établissant des liens entre le degré et la nature de la peine, les spécificités des circonstances de l'affaire et le profil du justiciable[5]. Cela peut également renforcer la transparence du processus et le rendre plus justifié, notamment dans le cas d'appel devant les juridictions supérieures.

Techniquement, si les données d'entrée au système fournissaient des informations suffisamment claires, complètes et correctement structurées, un système de l'intelligence artificielle serait capable de prendre en compte l'ensemble de ces éléments et les modéliser correctement. Sur la base des raisonnements exprimés dans des jurisprudences « similaires » ainsi que les autres facteurs mentionnés, elle peut bien déterminer, à titre indicatif, « une peine individualisée ». La pertinence et le caractère réalisable de ce système peuvent être jugés différents dans chaque pays et éventuellement par chaque personne (s'il relève des doctrines). Cela dépend si nous considérons que sa détermination relève strictement du pouvoir discrétionnaire du juge pénal ou si ses modalités doivent être fixées par les autorités législatives[6].

Cette question se présente d'une manière plus significative lorsque les données fournies par « les éléments de preuve » et celles liées au profil personnel de la personne concernée ne sont pas suffisantes pour recourir à un

---

[1] S. HALLOT, « L'individualisation légale de la peine », *Mémoire de Master 2 droit privé fondamental*, Université Paris-Sud, 2012-2013, pp. 19-21.

[2] L'alinéa 2 de l'article 132-1 du Code pénal.

[3] *Ibidem*, l'alinéa 3.

[4] L'Arrêt n° 20-83.507.

[5] *Ibidem*.

[6] Cf. S. HARNAY, S. VIGOUROUX, « Pouvoir discrétionnaire et choix stratégiques du juge administratif : une analyse économique du gouvernement des juges », *op. cit.*, pp. 69-92. ; Conseil d'État (fr), *L'étendue et les limites du pouvoir du juge*, rapporteur : Monsieur Jean-Marc SAUVÉ, 31 octobre 2014, disponible sur https://www.conseil-etat.fr/actualites/discours-et-interventions/l-etendue-et-les-limites-du-pouvoir-du-juge (consulté le 25 octobre 2021).

mécanisme « scientifique » de détermination de la peine. Si, la méthodologie, les critères et les modalités de détermination « individualisées » de la peine sont suffisamment clairs et formalisés, la machine sera potentiellement capable de procéder à cette tâche sur la base des éléments extra juridiques et en réalisant une comparaison avec des avis d'autres magistrats sur les faits similaires.

Dans ces circonstances, deux cas de figure peuvent être imaginables : le premier est lorsque les données portant sur les faits et les circonstances de l'affaire et sur la personnalité du justiciable sont suffisantes pour établir une peine individualisée. Dans ce cas, on peut recourir aux algorithmes pour réaliser une évaluation purement automatisée. Dans le second, si les données ne sont pas suffisantes, il convient de la déterminer par la conviction intime du juge. Dans ce dernier cas, les techniques de l'intelligence artificielle peuvent être aussi utilisées (comme des outils d'aide à la décision) pour analyser certaines caractéristiques de l'affaire (par exemple pour identifier les émotions des justiciables).

En identifiant, modélisant et formalisant les règles régissant « le procès » et « l'analyse juridique », cette technologie consolide leur base scientifique. À long terme, elle peut renforcer la cohérence et la qualité de la production des données d'entrée au système. Ainsi, la normalisation et la stabilisation du cadre rationnel et structurel de prise de décision pourraient potentiellement renforcer la qualité des algorithmes. Plus précisément, cela permet de mieux concilier le droit et l'informatique.

L'ensemble de ces considérations nous amène à conclure que dans le contexte de la justice augmentée, il y a un lien (réciproque) de causalité entre le renforcement de la base scientifique des arrêts et celui du fonctionnement des algorithmes ainsi que le renforcement de l'aspect scientifique des procès sous l'influence d'une formalisation extrême de la justice est de plus en plus envisageable dans le cas des procès simples (en particulier dans les juridictions de premier degré et second degré) où leur fondement est plus particulièrement basé sur « le syllogisme » (en raison de sa nature logique (et similaire à celle de la mathématique), on peut estimer que celui-ci est, par nature, une pratique scientifique). Celui-ci constitue également la base des autres sciences associées telles que l'architecture[1], littérature[2] et la médecine[3]. En raison de sa nature logique et similaire à celle de la mathématique, on peut estimer qu'il est, par nature, une pratique scientifique).

S'agissant l'interprétation des dispositions juridiques par les juridictions suprêmes, une « scientifisation » peut présenter des impacts contradictoires.

[1] Cf. H. KARAM, « L'abduction en conception architecturale, Une sémiose hypostatique », *op. cit.*

[2] Cf. S. CATELLIN, « L'abduction : une pratique de la découverte scientifique et littéraire », *op. cit.*

[3] Cf. L'institut national de la santé et de la recherche médicale, *Intelligence artificielle et santé, des algorithmes au service de la médecine*, *op. cit.*

Cela peut renforcer le fondement « logique » et la cohérence des analyses. Au niveau régional (comme l'Union européenne) ou fédéral (comme les États-Unis), cela peut, en raison de sa nature formelle, faciliter l'harmonisation de l'interprétation des règles supérieures par les juridictions suprêmes des états membres (ou fédérés).

Elle peut également imposer des limites aux raisonnements des magistrats et les empêcher d'interpréter librement des dispositions juridiques « comme ils souhaitent ». Il semble qu'il n'y a pas un consensus au sujet du niveau de la liberté des magistrats des juridictions suprêmes dans l'interprétation des dispositions juridiques. D'un point de vue radicalement positiviste, on peut estimer que cela ne poserait nécessairement pas un problème puisqu'en principe, l'interprétation des lois doit se limiter strictement aux analyses exploitées à partir du texte de la constitution et les textes législatifs et jurisprudentiels existants.

Elle peut être compatible avec certaines considérations sociales, politiques et économiques ou même des opinions strictement personnelles des magistrats tant qu'elles sont compréhensibles par une « logique » (mathématique). Les partisans du courant « réalisme juridique » croient que dans une analyse juridique, l'intervention de ces éléments est non seulement « justifiée » mais aussi « nécessaire ».

Si les limites aux interprétations des juges suprêmes sont clarifiées et clairement définies, il serait plus facile de juger les intérêts et les risques d'une scientifisation dans ce contexte précis. En effet, cela peut être plus problématique si nous considérons que leur liberté dans la réalisation de cette tâche doit être certainement absolue ou extrêmement large.

Selon Marie GOUPY « le juriste n'a pas pour principale cible le libéralisme, ni le rationalisme politique, mais bien la démocratie »[1]. L'article 6 de la déclaration des droits de l'Homme et du citoyen de 1789 dispose que « la loi est l'expression de la volonté générale ». L'utilisation du terme « loi » représente l'influence de la théorie classique de la démocratie, l'héritage de la pensée de MONTESQUIEU[2] et celle de ROUSSEAU[3], favorable au monopole de la production du droit par l'intermédiaire du pouvoir législatif. En effet, plus que les termes « la loi » et « la volonté générale »[4], cette formule se caractérise par celui de « l'expression ». Par conséquent, en théorie, une norme ou une volonté générale ne peut prendre la forme d'une règle, tant qu'elle n'est pas

---

[1] M. GOUPY, *L'essor de la théorie juridico-politique sur l'état d'exception dans l'entre-deux guerres en France et en Allemagne : une genèse de l'état d'exception comme enjeu pour la démocratie,* École Normale Supérieure de Lyon, 2011, p. 411.

[2] Ch. L. DE MONTESQUIEU, *De l'esprit des lois*, 1748, Livre XI.

[3] J-J. ROUSSEAU, *Considérations sur le gouvernement de Pologne et sur sa réformation projettée,* 1782, 274 p.

[4] Cf. P. JOXE, « La loi est-elle "l'expression de la volonté générale" ? », *Après-demain*, vol. 7, n° 3, 2008, pp. 11-14.

« exprimée ». Cela justifie également le fondement théorique de la séparation du pouvoir et le rôle créateur du parlement.

Dans les systèmes romano-germaniques (comme ceux européens), les membres du pouvoir judiciaire sont des agents publics. À ce titre, ils sont des garants du respect des « lois ». Aux États-Unis, où une grande partie des magistrats est directement (par l'intermédiaire des élections dites partisanes ou locales[1]) ou indirectement élue (nommée par le président de l'État fédéral ou les gouverneurs des États fédérés)[2], le pouvoir judiciaire a un grand caractère démocratique. Dans ces deux cas, le pouvoir du magistrat dans la création et l'interprétation du droit se limite au cadre défini et fixé par les constitutions et les autres textes juridiques suprêmes (comme les traités dans l'Union européenne).

Cela établit la structure de la hiérarchie des normes dans l'Union européenne et aux États-Unis. Dans la première, les jurisprudences de la Cour de justice ne sont que des sources subsidiaires du droit. À ce titre, le Traité sur le fonctionnement de l'Union européenne reconnaît une supériorité de tous les actes législatifs contraignants de l'Union sur les décisions de la Cour, sauf lorsque la Cour reconnaît des « principes généraux » du droit de l'Union européenne[3]. Aux États-Unis, la supériorité de la constitution et l'ensemble des lois fédérales et fédérées sur les décisions de justice est reconnue par la deuxième clause de l'article VI de la Constitution de l'État fédéral, connue sous le nom de clause de suprématie.

Contrairement aux « normes » et aux « autres éléments extrajudiciaires » pouvant être sous des formes différentes, les dispositions juridiques sont formellement « logiques », « cohérentes » et « stables ». C'est ainsi que, théoriquement, elles fournissent des données d'entrée plus fiables que celles exploitées à partir des normes. Une scientifisation du système judiciaire peut limiter le raisonnement des magistrats aux dispositions juridiques, sauf lorsque le juge est censé statuer spécifiquement sur les normes. Dans ce cas, l'analyse algorithmique maintient son caractère « scientifique » si le raisonnement du magistrat est justifié par des sources fournissant des informations « logiques » et « cohérentes »[4].

---

[1] Cf. Cornell University Law School, *limited jurisdiction*, *op. cit.* ; Cf. A. NATAPOFF, « Criminal Municipal Courts », *op. cit.*

[2] Dans le contexte du droit américain, la nomination des magistrats fédéraux est particulièrement mise en cause par John Hart ELY qui a considéré que ce mode de désignation peut impacter leur indépendance. ; J. HART ELY, *Democracy and Distrust: A Theory of Judicial Review*, Harvard University Press, 1 juillet 1980, 304 p.

[3] V. art. 288 du Traité sur le fonctionnement de l'Union Européenne.

[4] Cf. B. MATHIEU, « La normativité de la loi : une exigence démocratique », *Conseil constitutionnel*, Cahiers du Conseil constitutionnel n° 21 (dossier : la normativité), janvier 2007, disponible sur https://www.conseil-constitutionnel.fr/nouveaux-cahiers-du-conseil-constitutionnel/la-normativite-de-la-loi-une-exigence-democratique (consulté le 20 décembre 2021).

En général, on peut dire que dans un environnement judiciaire augmenté, les normes de la société ne peuvent être prises en compte si elles ne sont pas conformes à une logique aristotélicienne. À ce titre, ce système est susceptible d'être plus « évaluatif » et « normatif » que celui traditionnel, où les normes peuvent être librement prises en compte.

C'est ainsi que, grâce à sa nature mathématique, l'intelligence artificielle peut mieux distinguer le rôle « créateur » des législateurs de celui « interprétateur » des magistrats. Cela peut considérablement éviter le conflit des rôles des pouvoirs législatifs et judiciaires. Dans les systèmes romano-germaniques, une règle juridique créée sur la base de l'opinion d'un magistrat peut être jugée non démocratique, puisqu'elle ne représente nécessairement pas, contrairement aux lois, la volonté de « la majorité » du peuple. Par conséquent, un système algorithmique formalisé du traitement des affaires peut aussi mieux garantir le fondement démocratique d'un système juridique et judiciaire.

Ce raisonnement est parfaitement compatible avec les idées soutenues par les partisans du courant « formalisme juridique » qui soutiennent que cette approche maintient l'esprit originaire des lois, qui représente la volonté de la nation, et empêche les magistrats de recourir, dans leurs interprétations, à des opinions personnelles. Cette base intellectuelle, constituant le fondement d'une hiérarchie « à l'européenne » des normes[1], met en cause « la supériorité du droit naturel au droit positif »[2].

La création du droit par le juge peut être aussi considérée comme une atteinte au principe de « non-rétroactivité de la loi », puisque cela permet au magistrat de créer une nouvelle règle juridique après accomplissement d'un fait par le justiciable. En limitant l'interprétation des règles du droit aux dispositions juridiques existantes, l'intelligence artificielle sera un outil d'instrumentalisation des « lois »[3]. Du point de vue terminologique, un instrument « désigne un objet fabriqué servant à exécuter un travail »[4] ou une chose « qui sert à obtenir un résultat » et, par analogie, un « objet utilisé pour une fin déterminée »[5]. Par conséquent, l'usage de ce terme pour le décrire comme « un effet direct de scientifisation et formalisation du droit » semble être pertinent. On peut évoquer que dans un environnement judiciaire augmenté, les évolutions fondamentales et radicales du droit seront plus

---

[1] Cf. R.S. SUMMERS, « The Formal Character of Law », *The Cambridge Law Journal*, vol. 51, n° 2, 1992, pp. 242-262.

[2] J. VAN MEERBEECK, « Lon Fuller, le jusnaturaliste procédural », *op. cit.*, p. 151.

[3] Dans le sens décrit par l'article 6 de la déclaration des droits de l'homme et du citoyen de 1789.

[4] D. KAMINSKI, F. DIGNEFFE, Ch. ADAM, J-F. CAUCHIE, M-S. DEVRESSE, V. FRANCI, « L'instrumentalisation dans les pratiques pénales, Construction et déconstruction d'un concept », *Sociologie et sociétés*, vol. 33, n° 1, printemps 2001, p. 27.

[5] A. REY, *Le Dictionnaire Historique de la langue française*, Le Robert, vol. 1, tome 1, 1994, pp. 1035-1036.

particulièrement dans le monopole du pouvoir législatif. En conférant ce rôle aux législateurs, on faciliterait le fonctionnement des systèmes de l'intelligence artificielle puisqu'il semble être plus facile de garantir la clarté et la cohérence logique d'une loi que l'opinion d'un magistrat.

Dans ces circonstances, une réforme visant à simplifier le langage législatif et judiciaire peut considérablement renforcer l'efficacité du processus de l'identification de l'intention originelle du législateur, lors de création d'une loi. Par exemple, dans la phrase suivante dans la loi relative à la croissance et la transformation des entreprises (loi PACTE), « ce projet d'article incite ainsi, sous la forme d'un effet d'entrainement, les sociétés à ne plus être guidées par une seule « raison d'avoir », mais également par une raison d'être, forme de doute existentiel fécond permettant de l'orienter vers une recherche du long terme », l'identification de l'intention du parlement dans l'utilisation de l'expression « doute existentiel fécond » ne semble pas être facile ni pour la machine ni pour les hommes.

Sa reformulation simplifiée peut faciliter son adaptation automatisée aux faits et aux circonstances de chaque affaire. Dans ces circonstances, le renforcement du fondement démocratique du droit se réalise à travers une garantie plus efficace de séparation des pouvoirs. Une formalisation extrême du système peut aussi présenter des impacts négatifs sur le contrôle de la constitutionnalité, mené par les juridictions suprêmes.

Le principe de « la séparation des pouvoirs définit la condition nécessaire de la justice »[1] et du fonctionnement de la démocratie. Pour MONTESQUIEU (comme il explique dans son œuvre célèbre l'Esprit des lois) « les lois sont les yeux du prince ; il voit par elles ce qu'il ne pourrait pas voir sans elles [...] »[2]. C'est ainsi qu'il les reconnaît comme « les sources primaires de l'exercice de la justice » et « le seul instrument de travail du juge » qu'il qualifie[3] comme « la bouche de la loi »[4]. Il semble que cette pensée de MONTESQUIEU influence plus la culture juridique européenne que celle américaine, accordant un pouvoir de plus en plus important au pouvoir judiciaire.

À cet égard, Monsieur Boris BARRAUD précise qu'« en France du moins, les théories de l'interprétation ont sacralisé la loi : la doctrine légaliste de la seconde moitié du XIX^{e}s., dite « de l'Exégèse », considérait que chaque disposition légale ne possèderait qu'un seul et unique sens et que le rôle du juge serait simplement de l'identifier »[5]. Ainsi, il précise que « cette

---

[1] L. CADIET, *Dictionnaire de la justice*, *op. cit.*, 2004, p. 1212.

[2] Ch-L. DE MONTESQUIEU, *Œuvres de Montesquieu*, *op. cit.*, p. 230.

[3] Dans le chapitre 6 de livre XI (de la constitution d'Angleterre) de *l'Esprit des lois.*

[4] Cf. C. SPECTOR, « La bouche de la loi ? Les figures du juge dans L'Esprit des lois », *Montesquieu Law Review*, Université de Bordeaux, Forum Montesquieu, 2015, pp. 95-96, disponible sur https://hal.sorbonne-universite.fr/hal-02476028/document (consulté le 18 mai 2021).

[5] B. BARRAUD, « Un algorithme capable de prédire les décisions des juges : vers une robotisation de la justice ? », *Les Cahiers de la Justice*, 2017, vol.1, n°1, p. 128.

conception est logique dès lors que les fonctions de création et d'application du droit sont clairement identifiées et séparées dans l'État : le législateur crée, le juge applique »[1]. Cette approche correspond aux caractéristiques de la théorie du « formalisme juridique », favorisée par les systèmes algorithmiques de prise de décision.

Aux États-Unis, d'un point de vue strictement théorique, une scientifisation du système juridique peut être jugée possible. Cependant, en pratique, cela semble être incompatible avec la perspective de l'évolution du droit américain dans le passé. Dans cette dimension géographique, dès le début du XIXe siècle, le concept de la séparation du pouvoir a été radicalement changé. En 1803, la compétence du contrôle de constitutionnalité a été auto-attribuée à la Cour suprême (ainsi que les autres tribunaux fédérés et fédéraux)[2] par l'arrêt *Marbury c. Madison*[3]. En théorie, si nous considérons que les règles établissant la hiérarchie des normes sont stables, une telle compétence aurait dû être attribuée seulement par la constitution ou par le pouvoir législatif. Son attribution a été notamment contestée par Thomas JEFFERSON qui a estimé que ce pouvoir place les États-Unis « sous le despotisme d'une oligarchie »[4].

Face à cette critique, quelques réalistes radicaux comme John CHIPMAN GRAY sont allés même plus loin en refusant le rôle central du pouvoir législatif dans la création de droit. Dans une formule de plus en plus simple, on peut évoquer que le réalisme s'intéresse aux comportements des magistrats alors que le formalisme favorise la pensée des législateurs. Ce dernier précise que « le droit n'est constitué que par des règles posées par les tribunaux, les lois ne constituant que des sources d'interprétation pour les juges »[5]. Malgré l'influence massive de ce courtant sur le système judiciaire américain[6], la tendance « formaliste » n'y a pas totalement disparue. Un exemple remarquable à l'époque contemporaine est la position du Juge Antonin SCALIA[7] qui a fait valoir que le droit est « formaliste par définition et par nature »[8].

---

1 *Ibidem*.
2 L. H. TRIBE, *American constitutional law*, Foundation Pr, éd. 2,1988, pp. 62-63.
3 *Marbury c. Madison,* 5 U.S. 137 (1803).
4 T. JEFFERSON, *The Writings of Thomas Jefferson: Correspondence*, vol. 7, New York: Derby & Jackson, 1859, p. 178.
5 J. CHIPMAN GRAY, *The Nature and Sources of the Law*, Aldershot-Brookfield-Singapore-Sydney, Ashgate Dartmouth, 1921, p. 54 et p. 63. ; J. VAN MEERBEECK, « Lon Fuller, le jusnaturaliste procédural », *op. cit.*, p. 145.
6 W. TWINING, *Karl Llewellyn and the Realist Movement*, *op. cit.*, p. 382.
7 Cf. A. SCALIA, « The Rule of Law as a Law of Rules », *University of Chicago Law Review*, vol. 56, n° 4, 1989, art. n° 1, pp. 1175-1188, disponible sur https://chicagounbound.uchicago.edu/uclrev/vol56/iss4/1 (consulté le 21 décembre 2021).
8 A. SCALIA, *A Matter of Interpretation: Federal Courts and The Law, op. cit.*, 176 p.

En outre, il précise dans son livre intitulé *A Matter of Interpretation: Federal Courts and The Law*[1] que « l'État de droit est une question de la forme [...], vive le formalisme. Le formalisme est ce qui fait d'un gouvernement, un gouvernement des lois et non d'un gouvernement d'hommes »[2]. Face à cette position radicale du Juge SCALIA en faveur du formalisme juridique, Ronald DWORKIN reconnaît « deux catégories » de concepts juridiques. Selon lui, dans la première catégorie, il y a des « lois » strictement concrètes, claires et définies. La seconde catégorie comprend les « principes généraux du droit ». Il considère que, contrairement à la première catégorie, l'évolution des principes généraux nécessite une interprétation personnalisée par les magistrats. Le compromis entre Ronald DWORKIN et Antonin SCALIA à ce sujet s'illustre dans l'un des ouvrages les plus célèbres de SCALIA intitulé *A Matter of Interpretation : Federal Courts and The Law*.

Dans les environnements judiciaires augmentés, la prise en compte de cette catégorisation dans la programmation des algorithmes peut à la fois permettre de renforcer le fondement « scientifique » des dispositions relevant de la première catégorie et de préserver (ou même favoriser) « la cohérence » de l'évolution de celles de la seconde[3]. Grâce à une telle programmation, la nature et la catégorie de chaque principe juridique dans les requêtes et les arrêts peuvent être identifiées par un système de l'intelligence artificielle. Ensuite il peut établir une hiérarchisation différente dans le traitement de chacune. Plus précisément, la machine peut appliquer automatiquement les dispositions relevant de la première catégorie sur les faits des affaires. Cela semble être particulièrement pertinent dans le cas des procédures simplifiées, comme ceux de recouvrement des créances etc.

Concernant l'évaluation automatisée de sa qualité, elle peut considérer que l'application de ces dernières est naturellement « plus fiable » que la seconde catégorie puisqu'elle est moins susceptible d'être reconfigurée ou interprétée différemment par les magistrats. Cependant, dans l'analyse des principes généraux, la machine doit systématiquement recourir aux jurisprudences et aux sources doctrinales pour « définir » une règle juridique avant qu'elle l'adapte aux faits et des circonstances de l'affaire. Plus précisément, le système à la fois exploite et identifie l'intention originelle des législateurs et aussi formalise et codifie les raisonnements décrits dans les jurisprudences. Théoriquement, un tel système est susceptible d'être plus dynamique qu'une approche formaliste classique. Pourtant, cela peut potentiellement empêcher ou ralentir le rythme dit « naturel » de l'évolution jurisprudentielle du droit.

En conclusion, dans une affaire, plus les éléments de première catégorie sont plus présents, plus la qualité de la prédiction et de la reproduction

---

[1] *Ibidem.*

[2] *Ibidem,* p. 25.

[3] Cf ; J. E. HERGET, « The scientific study of law : a critique », *Jurimetrics*, vol. 24, n° 2, hiver 1984, pp. 99-126.

automatisée des analyses juridiques et judiciaires sera importante. Ce mécanisme permet de mettre en œuvre une application « demi-mécanique » du droit préservant à la fois « l'analyse scientifique » de la première catégorie et « l'évolution naturelle » de la seconde, tout en respectant le principe de la séparation des pouvoirs. L'idée de l'analyse scientifique de droit a été particulièrement développée par les initiateurs de « l'école de Chicano d'analyse économique du droit » et notamment Richard Allen POSNER[1]. Dans le contexte de la justice augmentée, un tel renforcement du fondement démocratique de la justice par l'intermédiaire d'une séparation plus effective des pouvoirs peut être plus spécifiquement envisageable dans le fonctionnement classique des juridictions ordinaires (en particulier celles de première instance et d'appel).

Il est important de garder à l'esprit qu'une séparation trop stricte des pouvoirs peut aussi produire des impacts néfastes, en considérant que son efficacité nécessite également « un équilibre organique » et « une interaction entre eux ». En général, cela peut éviter « une confrontation fonctionnelle » entre ces pouvoirs. Cependant, dans celui du judiciaire, il peut présenter un problème fondamental si la constitution ou les autres textes législatifs confient une responsabilité et une capacité totale d'intervention des magistrats dans des affaires du pouvoir législatif. Ce propos est aussi valable dans le cas de la Cour suprême des États-Unis qui a reconnu sa propre compétence du contrôle de constitutionnalité[2]. Dans ce contexte, une formalisation extrême imposée par le système de l'intelligence artificielle peut être potentiellement pertinente lorsqu'une juridiction suprême est censée « contrôler la constitutionnalité d'un acte législatif ».

Le renforcement de la puissance des analyses déductives menées par les algorithmes peut faciliter l'exploitation, la codification de l'esprit et le sens originel des concepts juridiques, définis par les constitutions ainsi que leur comptabilité avec les autres textes législatifs. Cela peut être aussi paralysant dans le cas de l'interprétation des règles juridiques suprêmes, où le juge est censé « créer des nouveaux droits »[3].

Cela semble être plus pertinent dans le cas des juridictions disposant du pouvoir d'annuler les lois organiques. Par exemple, les contrôles menés par le Conseil constitutionnel (sur les propositions des lois)[4] et la Cour de justice de

[1] R. A. POSNER, « Economic Analysis of Law », *Aspen Publishers*, 2003, 747 p. ; M. FEELEY, « Economic Analysis of Law. By Richard A. Posner », *American Political Science Review*, vol. 71, n° 1, 1977, pp. 422-423. ; R. A. POSNER, « Economic Analysis of Law », *Aspen Publishers*, 2003, 747 p. ; G. MINDA, « The Lawyer - Economist at Chicago: Richard A. Posner and the Economic Analysis of Law », *Ohio State Law Journal*, vol. 39, 1978, pp. 439-475.

[2] Cf. *Marbury c. Madison*, 5 U.S. 137, 1803.

[3] Cf. F. MICHAUT, « Le rôle créateur du juge selon l'école de la " sociological jurisprudence " et le mouvement réaliste américain. Le juge et la règle de droit », *op. cit.*, pp. 343-371.

[4] Art. 61 de la Constitution du 4 octobre 1958 ; L. CADIET, *Dictionnaire de la justice*, *op. cit.*, p. 1221.

l'Union européenne (dans le cadre des recours en annulation)[1] semblent être compatibles avec un écosystème « formalisé » (émergé sous l'influence de la justice augmentée), tant que dans ce cadre, elles n'interviennent pas dans le processus de création du droit.

Il est extrêmement difficile d'évaluer le risque et l'intérêt d'une telle formalisation garantissant la séparation des pouvoirs aux États-Unis, où ce principe est beaucoup moins strict (comparé à l'Europe). Théoriquement, le contrôle de la constitutionnalité peut y être appliqué à la fois par « toutes les juridictions fédérales » et « tous les gouvernements des états fédérés »[2]. Une annulation d'un acte législatif (fédéré ou fédéral) par les gouvernements peut faire l'objet d'un recours devant les juridictions fédérales. En pratique, les juridictions n'ont jamais validé une telle annulation[3]. Par conséquent, le champ de son étude dépasse le sujet de « la justice augmentée ». Cela souligne le fait qu'il y a un grand écart entre le niveau et la nature des impacts de la formalisation extrême du système juridique, imposés par la mise en place des systèmes de l'intelligence artificielle dans les futurs environnements juridiques et judiciaires augmentés américains et européens.

---

[1] Art. 263 du Traité sur le fonctionnement de l'Union européenne.

[2] *Kentucky resolutions* de 1799. ; v. Federalists nn° 22, 33, 39, 44, 78, 80 et 82. ; v. *United States c. Alvarez*, 567 U.S. 709 (2012).

[3] Cf. R. Card, « Can States "Just Say No" to Federal Health Care Reform ? The Constitutional and Political Implications of State Attempts to Nullify Federal Law », *BYU Law Review*, vol. 2010, n° 5, 2010, pp. 1795-2010. ; V. *Cooper c. Aaron*, 358 U.S. 1 (1958).

TITRE 2. VERS UN RAPPROCHEMENT DES APPROCHES DES JURIDICTIONS AMÉRICAINES ET EUROPÉENNES

La révolution de la justice augmentée est porteuse d'une reconfiguration fondamentale des méthodes d'analyses juridiques. Messieurs Richard et Daniel SUSSKIND précisent, à ce sujet que « nous sommes à l'aube d'une période de changement fondamental et irréversible » en ajoutant que « la technologie sera le principal vecteur de reconfiguration [des métiers, en particulier, ceux du droit]. Et, à long terme, nous n'aurons ni besoin ni envie que les professionnels travaillent comme ils le faisaient au XXe siècle ou avant »[1]. Aux États-Unis et en Europe, sa mise en place massive peut potentiellement aboutir à un rapprochement des approches de leurs magistrats. Ce phénomène se caractérise à la fois par les effets « supranationaux », « transnationaux » et « internationaux » que les systèmes de l'intelligence artificielle peuvent produire.

Les premiers apportent une subordination des raisonnements juridiques et judiciaires aux cadres rationnels, excessivement « logiques » (dans le sens mathématique)[2], imposés par la structure formelle de cette technologie[3]. Elle favorise une objectivisation à la manière du raisonnement des juristes. Cela s'explique par le fait que « la mathématique » est essentiellement soumise aux « règles de la nature » (donc supranationales)[4]. En appuyant sur la théorie du

[1] R. SUSSKIND, D. SUSSKIND, *The Future of the Professions: How Technology Will Transform the Work of Human Experts*, OUP Oxford, 2015, p. 1.
[2] Cf. G. MITSOPOULOS, *Themes de théorie générale et de logique du droit*, Académie d'Athènes, Centre de Recherche sur la Philosophie Grecque, 2006, 182 p.
[3] Cf. H. REICHENBACH, *Elements of Symbolic Logic*, Dover Publications Inc.,1981, 444 p.
[4] Cf. I. NEWTON, *Principia - Principes mathématiques de la philosophie naturelle: Principes mathématiques de la philosophie naturelle*, Dunod, 2011, 656 p. ; Cf. J-P. CHANGEUX, *Fondements naturels de l'éthique*, Odile Jacob, 1993, 334 p.

droit naturel[1], Henry John TEMPLE, Vicomte PALMERSTON[2] a évoqué, dans son discours du 3 février 1808 (portant sur le bombardement de la ville de Copenhague) que « la loi de la nature est même plus puissante que les lois des nations »[3]. Les deuxièmes se présentent sous l'influence de son usage par les populations.

En effet, le recours à l'intelligence artificielle en dehors des environnements judiciaires peut également influencer non seulement les moyens d'« application » et de « garantir » mais aussi ceux de « création » du droit[4]. Cela peut se refléter dans les raisonnements exprimés dans les jurisprudences élaborées à l'aide de cette technologie. Il peut aussi se présenter dans le contexte législatif par l'intermédiaire des influences programmées et personnalisées des algorithmes sur les populations à travers des réseaux sociaux. À ce propos, dans son arrêt du 27 mars 1996, la grande chambre de la Cour européenne des droits de l'homme a affirmé que les médias en pratiquant une fonction de « chien de grade » jouent un rôle essentiel dans les sociétés démocratiques[5].

Selon Jean-Jacques ROUSSEAU[6], Émile DURKHEIM[7] et Hans KELSEN[8], dans les systèmes démocratiques, la législation de chaque État est le produit de « l'état social » de son peuple, qui est la source primaire de création des « règles juridiques »[9]. Pour Alexis de Tocqueville « l'état social est ordinairement le produit d'un fait, quelquefois des lois, le plus souvent de ces deux causes réunies ; mais une fois qu'il existe, on peut le considérer lui-même comme la cause première de la plupart des lois, des coutumes et des idées qui règlent la conduite des nations ; ce qu'il ne produit pas, il le modifie »[10].

---

[1] Cf. L. STRAUSS, *Droit naturel et histoire*, Flammarion, coll. Champs essais, n° 158, 2008, 324 p. ; Cf. B. KRIEGEL, *Les droits de l'homme et le droit naturel*, PUF, coll. Quadrige, 1989, 128 p.

[2] Cf. H. LYTTON-BULWER, *Life of Lord Palmerston*, J. B. Lipppincott, 1871, vol. 2, 388 p.

[3] H. J. TEMPLE, *Opinions and Policy of the Right Honourable Viscount Palmerston, G.C.B., M.P., &c. as Minister, Diplomatist, and Statesman, During More Than Forty Years of Public Life*, Colburn and Co., 1852, p. 1.

[4] Cf. G. MARTI, « Droit et Intelligence artificielle », *La Semaine juridique : édition générale (JCP)*, 95e année, n° 26, 28 juin 2021, pp. 1268-1273.

[5] CEDH (gde. ch.), *Goodwin c. Royaume-Uni*, 27 mars 1996, n° 17488/90, §39).

[6] T.ARPPE, « Rousseau, Durkheim et la constitution affective du social, Rousseau, Durkheim and the Affective Constitution of the Social », *op. cit.*, pp. 5-31. ; J-H. DÉCHAUX, « Rousseau et la médiation symbolique entre les hommes : contribution à un individualisme structurel », *op. cit.*, pp. 273-286.

[7] M. PIRAS, « Les fondements sociaux de l'agir normatif chez Durkheim et Weber : le rôle du sacré », *op. cit.*, pp. 140-149.

[8] E. PICAVET, « Vie sociale et ordres normatifs selon Kelsen » In. E. PICAVET (sous la dir.), *Kelsen et Hart. La norme et la conduite*, *op. cit.*, pp. 43-60. ; Cf. H. KELSEN, *Théorie générale du droit et de l'État*, LGDJ, 1997, 517 p.

[9] Cf. F. H. LAWSON, « A Common Lawyer Looks at the Civil Law », *op. cit.*, p. 695.

[10] A. DE TOCQUEVILLE, *De la démocratie en Amérique*, Pagnerre, Bibliothèque nationale de France, T. 1, 1848, p. 72.

Au XXIe siècle, l'importance de cette influence est devenue plus remarquable dû au renforcement des interactions internationales et transnationales sur les réseaux sociaux et au développement des outils numériques de la communication et de la personnalisation d'influences.

Monsieur le Professeur Karim BENYEKHLEF et Madame Jie ZHU expliquent que « l'émergence de la justice prédictive ou quantitative est l'aboutissement de la révolution probabiliste combinée aux avancées computationnelles en informatique »[1]. Par ces mots, ils affirment que la base matérielle et législative de la mise en place et le fonctionnement de la justice augmentée (comme prédictive) dépendent des autres outils du numérique utilisés non seulement dans les juridictions et les cabinets d'avocats mais aussi par l'ensemble des membres de la société.

Madame la Professeure Edith BROWN WEISS explique, dans son célèbre article intitulé *International Law in a Kaleidoscopic* World que le monde d'aujourd'hui est marqué par des problématiques globales multiples telles que « la mondialisation et l'intégration, la fragmentation et la décentralisation, et l'autonomisation ascendante apparaissent simultanément parmi des peuples très divers et civilisations »[2]. Elle ajoute que « cette période est caractérisée par des changements imprévus avec des effets généralisés »[3]. Elle souligne également le rôle central des avancées technologiques dans ces évolutions, en précisant que « les changements technologiques sont également kaléidoscopiques »[4].

Étant très rapides et souvent imprévus, ils produisent des effets généralisés qui dépassent les frontières et établissent, dans le monde entier, des interactions et interdépendances extrêmes entre les individus. L'ensemble de ces évolutions produit des influences similaires sur les peuples américains et européens. À ce titre, cela peut être considéré comme l'origine d'un rapprochement entre leurs visions et approches. En raison de l'implication des acteurs transnationaux, englobant les géants du numérique, dans la création, la commercialisation et l'usage de ces outils, le champ de leur influence dépasse les frontières étatiques. Elles produisent donc des effets transnationaux.

L'émergence des troisièmes se justifie par la théorie de « la circulation de l'influence » de W. Alan J. WATSONN (principalement connue sous le nom de *legal transplantation*)[5]. Elle démontre qu'il y a une horizontalité de l'influence entre les droits étatiques. Par conséquent, l'influence directe de

---

[1] K. BENYEKHLEF, J. ZHU, « Intelligence artificielle et justice : justice prédictive, conflits de basse intensité et données massives », *op. cit.*, p. 795.

[2] E. BROWN WEISS, « International Law in a Kaleidoscopic World », *Asian Journal of International Law*, vol. 1, 2011, p. 21.

[3] *Ibidem.*

[4] *Ibidem*, p. 23.

[5] A. WATSON, *Legal transplants: an approach to comparative law*, University Press of Virginia, 1974, 106 p.

cette technologie sur l'évolution des règles juridiques d'un État peut indirectement influencer celles des autres. Ce propos semble être valable non seulement aux niveaux régionaux et fédéraux mais aussi internationaux. Nous pouvons donc conclure que par ses effets « supranationaux » (les cadres mathématiques) et « transnationaux » (imposée par une circulation de l'influence entre les membres des sociétés et les États), l'intelligence artificielle impose aux systèmes judiciaires et législatifs, respectivement des influences « verticales » et « horizontales ». Aux niveaux régionaux ou fédéraux, l'émergence d'un tel rapprochement peut être considérée comme une « évolution » alors que celui entre les systèmes judiciaires et législatifs européens et américains sera « certainement » une révolution.

En raison de la nature mathématique du fonctionnement des systèmes de l'intelligence artificielle, la mise en place de la justice augmentée produit des impacts similaires sur le travail des acteurs européens et américains de justice. Cela peut aussi indirectement former un rapprochement entre leurs approches et leurs paradigmes. L'usage de cette technologie dans les juridictions et les cabinets d'avocats est susceptible de produire des impacts « directs » sur le système du fonctionnement de système judiciaire. À long terme, cela peut indirectement influencer, de la même manière, l'évolution jurisprudentielle et législative des droits européens et américains. Dans ce dernier contexte, cette influence se caractérise à la fois par l'usage des technologies de l'intelligence artificielle et du numérique dans les environnements judiciaires et par les citoyens. Du point de vue des effets qu'elle produit, elle peut être qualifiée « quasi uniforme », dans ces deux dimensions géographiques.

Chapitre 1. L'influence uniforme de la justice augmentée sur les approches des juges européens et américains

La « supranationalité » est le caractère essentiel de la quatrième révolution industrielle fondée sur les technologies de l'intelligence artificielle. C'est ce qui la distingue des précédentes produisant plutôt des effets « internationaux » (en particulier la colonisation et le besoin de conquérir des marchés étrangers et des ressources naturelles).

Le système du calcul des algorithmes est universellement identique. Même si la programmation de chaque outil peut être différente, il se base toujours sur une logique mathématique[1]. Cela signifie que, dans le monde entier, les raisonnements des juristes utilisant des outils de legaltech sont soumis aux mêmes limites formelles. Dans sa forme radicale, cela peut conduire à l'émergence d'une manière « universelle » d'interprétation du droit et à la réalisation du rêve de création des « lois universelles »[2], développée par MONTESQUIEU. Dans le contexte de la justice augmentée, le terme « universelle » apparaît trop radical, notamment lorsqu'il concerne « les lois » et non « les approches juridiques ». Dans son ouvrage intitulé *De l'esprit des lois*, il évite d'utiliser ce terme puisqu'il ne voulait pas exclure l'existence d'exceptions à ce phénomène[3]. La sagesse qu'il a ainsi exprimée nous conduit à utiliser le terme « rapprochement » qui semble être plus approprié pour décrire les impacts de la justice augmentée sur ces deux systèmes.

Dans ce contexte, le caractère universel concerne plus particulièrement « les formes » des analyses et des textes juridiques et non « leur fond ». Cela peut être aussi considéré comme une atteinte aux aspects « conventionnels »

---

[1] Cf. J.-P. PACCIONI, « Wolff, l'expérience et la raison non pure », *Revue philosophique de la France et de l'étranger*, vol. 128, n° 3, T. 128, 2003, pp. 307-322.

[2] Cf. B. BINOCHE, *Introduction esprit des lois de Montesquieu*, Presses Universitaires de France, coll. Grands Livres Philosophie, 1998, pp. 35-36. ; Cf. G. DUPRAT, « Bertrand Binoche, Introduction à De l'esprit des lois de Montesquieu », *Revue française de science politique*, vol. 48, n° 6, 1998, pp. 791-792.

[3] J. GOLDZINK, « Au seuil de l'esprit des lois », *Revue de métaphysique et de morale*, vol. 40, n° 4, 2003, pp. 438-439.

et « démocratiques » du droit. Dans le contexte de la création du droit, une telle harmonisation a fait l'objet de réflexions qui ont amené Denis TALLON à l'étudier d'une façon plus approfondie[1]. Le sujet de celle des « approches des magistrats » et des « paradigmes judiciaires » dans ces dimensions, semble être encore plus délicat et révolutionnaire.

Ces considérations nous permettent de conclure que, de manière générale, la justice augmentée impose une soumission pratique aux nouvelles modes du travail. Elle pourra aussi limiter la pensée des juges aux nouveaux impératifs « supranationaux », à savoir des règles scientifiques formelles. À long terme, cela peut aboutir à la création d'une « transnationalisation » des paradigmes judiciaires américains et européens.

[1] D. TALLON, « L'harmonisation des règles du droit privé entre pays de droit civil et de Common law », *Revue internationale de droit comparé*, vol. 42, n° 2, 1990, pp. 513-523.

Section 1. La soumission de la pensée des acteurs de la justice aux nouveaux impératifs scientifiques

Le formalisme produit (ou favorisé) par l'intelligence artificielle impose aux acteurs de justice, des cadres « fonctionnels » et « matériels » bien définis. Il s'agit, plus précisément, des règles pouvant être qualifiées comme « scientifiques »[1]. Elles se basent sur des modèles et des logiques mathématiques et peuvent être jugées comme « supranationaux »[2]. C'est ainsi que cela peut conduire à une subordination intellectuelle aux formes mathématiques. Cela révèle également la nécessité impérieuse et inévitable d'une adaptation, non seulement aux nouvelles méthodes d'« analyse » mais aussi aux nouvelles manières du « raisonnement » judiciaire. Madame la Professeure Laurence DEVILLERS explique à ce sujet que « pour les robots [et les systèmes de l'intelligence artificielle], les mots [en général, toutes les données], ne sont que des formes »[3].

Cette forme de subordination peut se réaliser sous la pression de deux facteurs influents. Le premier se présente par la mise en œuvre des formes génériques et formelles de rédaction[4] et de mise en page des documents juridiques. Le second est, par ailleurs, causé par la nature mathématique du fonctionnement des algorithmiques, lors des analyses faites par l'intelligence artificielle. Par conséquent, les formes mathématiques sont bien présentes aux niveaux de « la production des documents juridiques », « leurs analyses » et éventuellement « la reproduction des futurs textes et futures analyses des problématiques similaires ».

---

[1] Cf. N. M. LE DOUARIN, C. PUIGELIER, *Science, éthique et droit*, Odile Jacob, 2007, 359 p.

[2] Cf. W. SABETE, « La théorie du Droit et le problème de la scientificité : Quelques réflexions sur le mythe de l'objectivité de la théorie positiviste », *Archives for Philosophy of Law and Social Philosophy*, vol. 85, n° 1, 1999, pp. 95-111.

[3] L'intervention de Professeure Laurence DEVILLERS, *Homme, robots et intelligence artificielle : quelle place donne-t-on aux algorithmes* ?, 12 février 2022, Cité de l'économie, Paris.

[4] Cf. P. DEUMIER, « Pouvoir créateur du juge et méthodes de rédaction des décisions » In. *Archives de philosophie du droit*, coll. La création du droit par le juge, T. 50, 2007, pp. 49-76.

Les programmes algorithmiques sont dédiés à la modélisation et à l'imitation des méthodes du raisonnement humain (avec ses propres spécificités)[1]. À long terme, leur traitement mathématique peut influencer non seulement les futures analyses conçues par la machine mais aussi celles des humains puisque dans ces circonstances, les mêmes méthodes sont susceptibles d'être reprises par les magistrats, comme les sources jurisprudentielles. Même si en Europe et aux États-Unis, les formes imposées par la mise en œuvre de ces systèmes sont plus ou moins identiques, le degré des impacts qu'elles produisent peut y être nettement différent.

Dans les systèmes européens où l'influence des facteurs politico-socio-culturels sur la création du droit se cristallise et se manifeste plus particulièrement dans les textes législatifs, le recours à une logique mathématique dans l'interprétation des lois est moins problématique. Au contraire, la mise en place de la justice augmentée peut présenter des impacts plus fondamentaux sur la culture judiciaire américaine, fondée plus spécifiquement sur les règles non écrites et sur les raisonnements de magistrats.

Selon Lewis CARROLL, romancier et mathématicien célèbre du XIXe siècle, la logique (en tant que forme de calcul mathématique des données) est un élément nécessaire pour éviter les erreurs du raisonnement[2]. Par conséquent, malgré les potentiels effets dogmatiques et limitatifs qu'elle peut produire, elle ne peut être automatiquement jugée néfaste. À long terme, une soumission radicale des méthodes du raisonnement des juristes aux cadres et aux formes mathématiques peut devenir progressivement plus profonde et persistante. Ce risque se présente particulièrement par l'émergence d'une dépendance aux technologies de l'intelligence artificielle.

Cette évolution rapprochant les formes de méthodes du travail ne se limite pas au secteur judiciaire. Cela peut être considéré comme un effet naturel de l'intelligence artificielle dans tous les domaines y compris la conception et l'utilisation de voitures autonomes.

En utilisant les mêmes algorithmes, ces derniers fonctionnent tous de la même manière. C'est ainsi que, dans le monde entier, ils imposent à leurs utilisateurs, les mêmes règles de conduite et de route, les mêmes méthodes d'utilisation et les mêmes habitudes. Cela révèle une normalisation (voire harmonisation) universelle (ou au moins transnationale) des comportements et des raisonnements humains sous ses effets[3].

---

[1] Cf. E. L. RISSLAND, « Artificial Intelligence as Law: stepping stones to a model of legal reasoning », *The Yale Law Journal*, vol. 99, n° 8, 1990, pp. 1957-1981.

[2] L. CARROLL, *The Game of Logic*, Macmillan, éd. 2, 1887, p. 32.

[3] A. BENSOUSSAN, « Droit des robots, Adoption d'une norme internationale pour les véhicules autonomes », *Planète Robots*, n° 65, novembre / décembre 2020, pp. 14-16, disponible sur https://www.alain-bensoussan.com/wp-content/uploads/2020/12/20200511.pdf (consulté le 14 janvier 2021). ; Commission économique pour l'Europe des Nations Unies (UNECE), Règlements concernant les véhicules. 181e session. Genève, 23-25 juin 2020, doc. n°

La même tendance est également observée à la médecine. Ainsi, dans tous les pays du monde, les médecins utilisent les mêmes algorithmes pour réaliser des tâches spécifiques[1]. Cela conduit à une harmonisation de leurs méthodes de travail et, par conséquent, la manière dont ils diagnostiquent des problèmes, analysent des choses et résolvent les problèmes. Dans cette pratique, les médecins sont « guidés » et en même temps « limités » et pratiquement « forcés » à suivre un chemin défini par l'intelligence artificielle. Dans les sciences dures, ces effets peuvent être considérés bien appropriés (ou au moins acceptables). Cependant, cela peut être potentiellement problématique lorsqu'ils se présentent en sciences humaines et sociales. Dans le secteur juridique, le problème d'une telle harmonisation s'explique par le caractère subjectif des analyses. Contrairement aux domaines mentionnés, en droit, il n'y a pas de méthodes formelles et strictement définies du raisonnement. C'est pourquoi une telle soumission méthodologique suscite de plus en plus d'inquiétude.

Dans les environnements judiciaires, la mise en place massive des outils de legaltech peut développer un risque de l'émergence d'une dépendance matérielle à la technologie de l'intelligence artificielle. Il est à considérer que cela peut également conduire à produire une forme plus profonde de dépendance, touchant le fonctionnement du cerveau humain[2]. Le développement de l'intelligence artificielle nécessite une connaissance plus approfondie et plus réaliste du fonctionnement du cerveau humain dont les algorithmes sont censés imiter. Le développement de recherche sur le fonctionnement de cerveau humain peut aussi nous aider à ouvrir les boîtes noires des algorithmes de l'apprentissage profond.

Les algorithmes programmés pour « analyser » et « produire » des raisonnements juridiques fonctionnent sur les modèles des réseaux de neurones artificiels. D'un point de vue extrêmement technique, on peut

---

ECE/TRANS/WP29/2020/81. ; Conseil de l'Union européenne, *Annexe de la proposition de décision du Conseil relative à la position à prendre au nom de l'Union européenne, au sein du Forum mondial de l'harmonisation des règlements concernant les véhicules de la Commission économique pour l'Europe des Nations unies, sur les propositions de modifications des règlements ONU nos 13, 14, 16, 22, 30, 41, 78, 79, 83,94, 95, 101, 108, 109, 117, 129, 137, 138, 140 et 152, sur les propositions de modifications aux règlements techniques mondiaux nos 3, 6, 7, 16 et19, sur la proposition d'amendements à la résolution d'ensemble R.E.3. et sur les propositions de cinq nouveaux règlements ONU relatifs à la sécurité, aux émissions et à l'automatisation dans le domaine des véhicules à moteur*, dossier interinstitutionnel n° 2020/0092(NLE), n° 8162/20 ADD 1, 20 mai 2020, disponible sur https://data.consilium.europa.eu/doc/document/ST-8162-2020-ADD-1/fr/pdf (consulté le 14 janvier 2021).

[1] Cf. J. CHARLET, S. BRINGAY, « Intelligence Artificielle et Santé. Une analyse rétrospective depuis 2010, *30es Journées Francophones d'Ingénierie des Connaissances*, 2019, juillet 2019, pp. 26-42.

[2] Cf. ; O. OULLIER, « Introduction » In O. OULLIER, *Le Cerveau et la Loi : analyse de l'émergence du neurodroit*, Centre d'analyse stratégique, document de travail n° 2012-07, 2012, pp. 7-12.

estimer qu'en réalité, dans un procès, ce n'est pas le juge qui analyse le dossier mais les neurones de son cerveau[1].

Les résultats du premier projet réussi de recherches sur les réseaux des neurones artificiels ont été présentés en 1957[2]. Ils sont censés imiter le système de production d'une analyse par les interactions entre les neurones dans le cerveau. Par conséquent, la modélisation des neurones des cerveaux des personnes ayant des degrés différents de quotient intellectuel peut être aussi différente.

Il est à considérer que le recours aux algorithmes peut aussi impacter le fonctionnement des neurones du cerveau[3]. On peut donc conclure que les influences entre « le cerveau » et « le système de l'intelligence artificielle » peuvent être bien réciproques. Plus précisément, « le second imite le premier » alors que « le premier se fait influencer par le second ».

Dans le cerveau, l'élaboration d'un raisonnement ou même une simple compréhension d'une information se réalise par des interactions et des communications entre les neurones[4]. Ceux-ci se transmettent des « signaux » (ils sont connus comme « électriques ») par « les zones synaptiques »[5] des neurones. Ces derniers vont vers les synapses des autres neurones, grâce aux « axones »[6]. Ils sont enroulés par une gaine de myéline protégeant les fibres nerveuses et renforçant la vitesse de transmission des signaux entre les neurones[7]. Leur affaiblissement peut perturber le mécanisme global de transmission[8] des signaux.

En général, la capacité d'analyse dépend considérablement de la vitesse de propagation, circulation et transmission de l'influx nerveux et les canaux qu'ils établissent.

Si la vitesse de transmission et d'analyse de données par un système d l'intelligence artificielle devient supérieure à celle des neurones du cerveau,

---

[1] Le Progrès, « " Monsieur le juge, ce n'est pas lui, c'est son cerveau " ! », 8 juin 2014, disponible sur https://www.leprogres.fr/rhone/2014/06/08/monsieur-le-juge-ce-n-est-pas-lui-c-est-son-cerveau -consulté le 3 mars 2021).

[2] L'intervention de Professeure Laurence DEVILLERS, *Homme, robots et intelligence artificielle : quelle place donne-t-on aux algorithmes* ?, *op. cit.*

[3] Cf. F. TERRÉ, « Droit, éthique et neurosciences », *Revue Médecine & Droit*, 2011, n° 106, p. 64-66.

[4] L'Institut du Cerveau et de la Moelle épinière, *Comprendre le cerveau, son développement, son fonctionnement, sa plasticité et ses pathologies*, 1 juillet 2020, disponible sur https://institutducerveau-icm.org/fr/actualite/comprendre-le-cerveau-et-son-fonctionnement/ (consulté le 15 janvier 2022).

[5] Constitués par les synapses. ; J. SACKUR, « Les neurosciences cognitives, sciences naturelles de l'esprit : Révolution ou restauration ? », *Cités*, vol. 60, n° 4, 2014, pp. 71-82.

[6] D. BÊME, « La transmission neuronale : définition, fonctionnement », validation médicale : J. CARDENAS, *Doctissimo*, 27 juin 2014, disponible sur https://www.doctissimo.fr/html/dossiers/alzheimer/11723-transmission-neuronale.htm (consulté le 15 janvier 2022).

[7] *Ibidem.*

[8] *Ibidem.*

la création de singularité sera réalisable[1]. C'est ainsi que certains jeux d'entraînement cérébral (comme le *Sudoko*, *Binero* ou *Takuzu*) peuvent stimuler et renforcer leur fonctionnement et la vitesse de leur transmission. Cela permet de créer des nouveaux canaux [2]. Cependant, un tel entraînement n'est pas suffisant pour optimiser la capacité et la dynamique analytique du cerveau[3].

Selon *Global Council on Brain Health* (GCBH), « la nouveauté est primordiale pour challenger sans cesse le cerveau »[4,5]. Cela démontre que l'apprentissage de nouvelles choses et d'activités créatives est « indispensable » pour préserver la capacité d'analyse[6]. Certaines études prouvent que l'écriture manuscrite (surtout la calligraphie) peut aussi considérablement réduire le risque de déclin du système cognitif de l'apprentissage et de la transmission des nuerons[7]. Par conséquent, un simple recours aux outils numériques de rédaction peut réduire cette capacité du cerveau. Ses impacts peuvent être de plus en plus remarquables et signifiantes, lorsque le système du raisonnement humain est augmenté, guidé ou aidé par les outils de l'intelligence artificielle.

Comme toutes les autres cellules, les neurones se caractérisent principalement par leur base biologique et génétique. Toutefois, ils peuvent être mutés et modifiés pour des causes différentes[8], en particulier sous

---

[1] V. VINGE, « The coming technological singularity: How to survive in the post-human era », *VISION-21 Symposium*, 1993, disponible sur https://users.manchester.edu/Facstaff/SSNaragon/Online/100-FYS-F15/Readings/Vinge,%20The%20Coming%20Technological%20Singularity.pdf (consulté le 6 mai 2022). ; R. KURZWEIL, *The Singularity Is Near: When Humans Transcend Biology*, *op. cit.*

[2] I. J. ABERKANE, « Comment le Binairo stimule les neurones ! », *Le Point*, 18 juillet 2016, disponible sur https://www.lepoint.fr/art-de-vivre/comment-le-binairo-stimule-les-neurones-18-07-2016-2055179_4.php (consulté le 22 janvir 2022).

[3] Cf. D. J. SIMONS, W. R. BOOT, N. CHARNESS, S. E. GATHERCOLE, Ch. F. CHABRIS, D. Z. HAMBRICK, E. A. L. STINE-MORROW, « Do "Brain-Training" Programs Work? », *Psychological Science in the Public interest*, vol. 17, n° 3, 2016, pp. 103-186.

[4] L. MARCHAND, « Les jeux d'entraînement cérébral ne servent à rien, d'après les experts », *LesEchos*, 5 août 2017, disponible sur https://www.lesechos.fr/2017/08/les-jeux-dentrainement-cerebral-ne-servent-a-rien-dapres-les-experts-181082 (consulté le 21 janvier 2022).

[5] Global Council on Brain Health (GCBH), *Engage Your Brain: GCBH Recommendations on Cognitively Stimulating Activities*, 2017, pp. 2, 4, 6 et 10, disponible sur http://www.tmslab.org/publications/637.pdf (consulté le 21 janvier 2022).

[6] *Ibidem*, p. 3.

[7] M. XU, H. S. R. KAO, M. ZHANG, S. P. W. LAM, W. WANG, « Cognitive-Neural Effects of Brush Writing of Chinese Characters: Cortical Excitation of Theta Rhythm », *Evidence-Based Complementary and Alternative Medicine*, vol. 2013, art. n° 975190, disponible sur https://doi.org/10.1155/2013/975190 (consulté le 22 janvier 2022).

[8] A. C. M. PAQUOLA, J. A. ERWIN, F. H. GAGE, « Insights into the role of somatic mosaicism in the brain », *Current Opinion in Systems Biology*, vol. 1, 1er février 2017, p. 90, disponible sur https://www.ncbi.nlm.nih.gov/pmc/articles/PMC5718369/pdf/nihms923640.pdf (consulté le 15 janvier 2022).

l'influence des facteurs environnementaux[1]. Son degré peut être varié durant les différentes périodes de la vie[2]. Ils peuvent être la cause du renforcement ou d'affaiblissement des synapses. Ils peuvent aussi reconfigurer ou former les canaux neuronaux. Cela peut surtout affecter le système de représentation des choses dans le cerveau (et de la même manière dans les systèmes de l'intelligence artificielle)[3].

Les règles conventionnelles et les méthodes analytiques encadrent et limitent le mécanisme naturel de la pensée. Un exemple illustratif de ces limites est l'interdiction des biais discriminatoires et le principe de préemption d'innocence. Le système normal de l'apprentissage neuronal est basé sur les biais. La compréhension de chaque élément se réalise par une analyse de ceux similaires, compris dans le passé. Cette comparaison nous permet de comprendre (par exemple) la différence entre un chat et un chien. Un apprentissage biaisé nous permet aussi de comprendre qu'un tigre affamé est dangereux et un papillon ne l'est pas. Certes, nous pouvons faire valoir que cette pensée est biaisée et qu'un tigre affamé n'est pas forcément dangereux et qu'il doit être réputé innocent tant qu'il n'a pas encore dévoré quelqu'un. Pourtant, quand un homme se rapproche d'un tigre, son cerveau ne fonctionne naturellement pas de cette manière.

On peut également prétendre que la discrimination, de la part des hommes, entre « un tigre affamé et un chat persan » et entre « un vautour et un paon » n'est pas justifiée car tous les animaux doivent posséder un minimum de dignité[4]. Même si cette analyse peut être théoriquement possible, elle semble être incompatible avec le système « naturel » de l'apprentissage humain. En général, l'apprentissage, l'analyse et l'évaluation des comportements des autres hommes se réalisent aussi de la même manière. On peut donc conclure qu'« une analyse non biaisée peut être idéale mais n'est pas tout à fait naturelle et humaine ». En effet, les mesures luttant contre la discrimination (et celles similaires) reconfigurent le système naturel (dit animal) d'analyses. Plus précisément, l'homme auto-limite sa nature afin de devenir plus civilisé.

Cela nous conduit à conclure que, d'un point de vue technique, la neutralisation totale des données est impossible. En effet, une donnée débiaisée n'est pas analysable. Dans le processus de création et de programmation des systèmes de l'intelligence artificielle, l'objectif peut être

---

[1] *Ibidem*, p. 94.

[2] S. LOGEAN, « Les performances du cerveau évoluent avec l'âge, mais ne déclinent pas », *Le Temps*, 25 avril 2017 (modifié le 15 juin 2017), disponible sur https://www.letemps.ch/sciences/performances-cerveau-evoluent-lage-ne-declinent (consulté le 15 janvier 2022).

[3] G. BUREL, « Une nouvelle approche pour les réseaux de neurones : la Représentation Scalaire Distribuée », *Traitement du Signal*, 1993, vol. 10 n° 1, pp. 41-51.

[4] Cf. V. GIROUX, « Les droits fondamentaux des animaux : une approche anti-spéciste », *thèse de doctorat de philosophie*, août 2011, Université de Montréal, p. 28.

la suppression ou la minimalisation des biais interdis par les lois tels que ceux « discriminatoires ».

Psychologue et économiste célèbre, Daniel KAHNEMAN fait une distinction entre « le biais classique » et celui issu de « l'humeur des personnes » (en particulier, les magistrats). Il appelle ce dernier « le bruit ». Il croit que celui-ci est également soumis à un système cognitif prédictible et modélisable par les algorithmes[1]. La prise en compte de ces derniers peut être même déterminante et nécessaire pour élaborer une analyse juridique à l'aide des systèmes de l'intelligence artificielle, d'une façon de plus en plus réelle.

Monsieur Robert H. CARLSON explique, dans son livre intitulé *Biology Is Technology*[2], que le développement de nouveaux outils mathématiques et informatiques impacterait l'ingénierie des artefacts biologiques. En explorant les avancées technologiques du passé, il explique comment les objets construits virtuellement à l'aide de modèles mathématiques sophistiqués, ont finalement abouti à des changements fondamentaux dans le monde réel, y compris les systèmes neuronaux du cerveau.

Dans les environnements judiciaires, l'émergence d'une formalisation extrême sous l'effet de recours massifs aux systèmes algorithmiques peut progressivement établir des limites dites « formelles », et empêcher la création, dans le cerveau, de nouveaux canaux neuronaux. Cela peut être également une cause directe du déclin (et dans sa forme radicale, de la destruction) des canaux existants. Sur un plan plus sophistiqué et plus global, le recours excessif aux bases des données et leur traitement automatisé peuvent aussi conduire progressivement à la perte ou l'oubli des connaissances des informations juridiques. Ces deux impacts sur « la mémoire » et « la capacité d'analyse » des juristes européens et américains semblent être théoriquement similaires, puisqu'ils sont imposés aux systèmes produisant des effets identiques (mathématiques).

En général, on peut conclure que les environnements judiciaires augmentés peuvent conduire les juristes européens et américains vers une paresse générale et à une tendance conformiste. Cela nous amène à nous interroger sur la réflexion d'Emmanuel KANT concernant le concept des « lumières ». Selon lui, « la paresse et la lâcheté sont les causes qui font qu'une si grande partie

---

[1] D. KAHNEMAN, O. SIBONY, C. R. SUNSTEIN, *Noise: A Flaw in Human Judgment*, Little, Brown Spark, 2021, 464 p. ; D. KAHNEMAN, A. M. ROSENFIELD, L. GANDHI, T. BLASER, « Noise: How to Overcome the High, Hidden Cost of Inconsistent Decision-Making », *Harvard Business Review*, vol. 94, n° 10, octobre 2016, pp. 36-43. ; Cf. D. KAHNEMAN, D. LOVALLO, O. SIBONY, « A Structured Approach to Strategic Decisions Reducing errors in judgment requires a disciplined process », *printemps*, vol. 60, n° 3, 2019, pp. 67-74, disponible sur https://omegaleadership.com/media/Structured_Approach_to_Strategic_Decisions.pdf (consulté le 2 avril 2022). ; Cf. D. KAHNEMAN, *Judgment under Uncertainty: Heuristics and Biases*, Cambridge University Press, 1982, 576 p.

[2] R. H. CARLSON, *Biology Is Technology, The Promise, Peril, and New Business of Engineering Life*, Harvard University Press, 2011, 288 p.

des hommes, après avoir été depuis longtemps affranchis par la nature de toute direction étrangère (*naturaliter majorennes*), restent volontiers mineurs toute leur vie, et qu'il est si facile aux autres de s'ériger en tuteurs. Il est si commode d'être mineur ! »[1].

Dans cette hypothèse, en encadrant (et affaiblissant) la capacité cognitive du cerveau humain, l'imitation de son fonctionnement par les algorithmes devient automatiquement plus facile[2]. Selon le Conseil d'État de la France « *l'intelligence artificielle est la reproduction, par des dispositifs techniques ou numériques, de fonctions cognitives de l'être humain ou issues du règne animal. Même si certaines avancées sont à cet égard fascinantes* »[3]. Par conséquent, les raisonnements deviennent aussi plus faciles à être modélisés et prédits. Il est justifié par la réduction du champ des données nécessaires pour modéliser une raison. Cela s'explique également par le fait que, désormais, les modes de fonctionnement des neurones se limitent à ceux qui sont auparavant reconnus par les systèmes de l'intelligence artificielle, puisque les canaux neuronaux sont formés sous l'influence uniforme de ces derniers.

Dans une formule plus simple, on peut conclure que dans cette hypothèse, « le renforcement de qualité des algorithmes » se justifie par « l'affaiblissement de la capacité cognitif du cerveau des juristes ». Cette mathématisation du système de la pensée humaine peut être légitimement interprétée comme une soumission intellectuelle. Compte tenu de ces considérations, elle est susceptible d'être apparue de même manière aux États-Unis et en Europe.

Charles Louis MONTESQUIEU précise dans ses Lettres persanes que « les hommes sont comme les plantes, qui ne croissent jamais heureusement si elles ne sont bien cultivées »[4]. Ce propos semble être aussi parfaitement valable dans le cas de l'exercice des travaux juridiques et judiciaires. Dans un environnement où une grande partie de ses membres confie, dès le début de leur carrière, une grande partie de ses travaux aux machines, les juristes peuvent perdre l'opportunité de s'améliorer et se corriger. C'est ce qui VOLTAIRE affirme lorsqu'il dit dans son roman célèbre, Candide ou l'Optimisme, qu'« il faut cultiver notre jardin »[5]. Par cette phrase, il insiste sur

---

[1] E. KANT, J. BARNI (trad.), *Éléments métaphysiques de la doctrine du droit*, Auguste Durand, 1853, p. 281.

[2] Cf. H. LITWIN, E. SCHWARTZ, N. DAMRI, « Cognitively Stimulating Leisure Activity and Subsequent Cognitive Function: A SHARE-based Analysis », *The Gerontologist*, vol. 57, n° 5, 2017, pp. 940-948, disponible sur https://doi.org/10.1093/geront/gnw084 (consulté le 22 janvier 2022).

[3] Conseil d'État (fr), *étude annuelle 2017 - Puissance publique et plateformes numériques : accompagner l'ubérisation*, *op. cit.*, p. 60.

[4] Ch. L. MONTESQUIEU, A. LEFÈVRE (éd.), *Lettres persanes*, Lettre CXXIII, A. Lemerre, 1873 (version initiale : 1721), T. 2, p. 73.

[5] F-M. AROUET, F. DELOFFRE, *Candide ou l'Optimisme*, Gallimard, coll. Folio. Classique, 2015, p. 154.

le fait que le travail intellectuel est indispensable pour se libérer des idées fermées et trop prédéterminées.

Ce sujet est illustré également dans l'expression latine *Sapere aude* (signifiant littéralement « ose penser par toi-même » ou « aie le courage de te servir de ton propre entendement »). Initialement exprimée par Horace dans son épître adressée à Lollius Maximus[1] et reprise par Emmanuel KANT pour souligner la nécessité de l'exercice analytique au cours de la vie[2].

Les outils de la legaltech sont originellement conçus pour débarrasser les juristes des tâches jugées « répétitives »[3]. La facilitation des tâches juridiques grâce à la technologie de l'intelligence artificielle peut apporter agréablement un sentiment « artificiel » de la subtilité et de l'ingéniosité. C'est ainsi qu'ils s'appellent « augmentés ». Cette illusion de l'augmentation de leur capacité peut renforcer leurs recours à ces outils et affaiblir leurs capacités « naturelles » et « réelles ».

Cependant, il faut considérer qu'ils font partie aussi de la formation et du processus d'amélioration de la capacité analytique des juristes et sont un moyen leur permettant de ne pas oublier les connaissances et des informations, relevant de la pratique du droit. En affaiblissant ces capacités, ces outils développent une aggravation de soumission aux systèmes de l'intelligence artificielle et des impératifs techniques et formels qu'ils imposent.

La réalisation de ces tâches répétitives peut être comparée à un entraînement dans une salle de musculation, où les sportifs répètent régulièrement les mêmes exercices visant à cultiver les mêmes muscles. Ces exercices peuvent être extrêmement répétitifs et même fatigants. Dans ce processus, la personne concernée ne crée pratiquement rien, toutefois, ils permettent de renforcer très progressivement et lentement la puissance des muscles. L'arrêt de ces exercices rend la vie des sportifs « plus facile », en affaiblissant (voire la disparition totale) des muscles. Cela conduira à l'émergence d'une dépendance aux outils mécaniques pour réaliser des tâches nécessitant une capacité physique.

Imaginons qu'un Européen et un Américain perdent leurs muscles de la même manière en évitant les exercices sportifs. Dans cette hypothèse, ils se confrontent à des limites identiques et auront des besoins similaires dans la conduite de leurs quotidiens (par exemple, ils auront besoin du même outil

---

[1] Cf. HORACE, L. DE LISLE (trad.), *Les Épitres*, première livre, Épitres II (à Lollius), Alphonse Lemerre, T. 2, éditeur, S. D., 1873, pp. 164-169. ; Cf. G. M. MÜLLER, « Pourquoi la sagesse est-elle une entreprise ? Les conseils éthiques d'Horace et leurs implications culturelles » In. É. Gavoille, F. Guillaumont (dir.), *Conseiller, diriger par lettre*, Presses universitaires François-Rabelais, coll. Perspectives Littéraires, 2017, pp. 237-252.

[2] E. KANT, J. BARNI (trad.), *Éléments métaphysiques de la doctrine du droit*, *préc.*, p. 281.

[3] E. ASLAN, « Opinion | LegalTech et IA : le secteur juridique s'ouvre aux technologies disruptives », *Les Echos*, 7 mars 2019, disponible sur https://www.lesechos.fr/idees-debats/cercle/opinion-legaltech-et-ia-le-secteur-juridique-souvre-aux-technologies-disruptives-998470 (consuté le 22 janvier 2022).

pour déplacer un poids). Le caractère « uniforme » de cette dépendance peut amener à un rapprochement entre leurs activités. Les juristes européens et américains, utilisant les systèmes algorithmiques peuvent se trouver dans la même situation.

À long terme, les environnements judiciaires augmentés peuvent produire ces effets sur certaines capacités des juristes. Cette dépendance ne se limite pas à la mémorisation des informations et aux analyses juridiques. Cela peut également toucher leurs compétences plus générales. Par exemple, dans une juridiction où, lors des procès, les communications, la préparation des comptes rendus et la rédaction des transcriptions des échanges se réaliseront exclusivement par la machine, leurs membres courent le risque même d'oublier l'orthographe et les règles de grammaire[1].

L'apprentissage consiste en un processus de création de nouveaux canaux neuronaux. Ils restent actifs tant qu'ils sont utilisés. Afin d'optimiser sa capacité et son fonctionnement, le cerveau (ayant une capacité limitée) a tendance à désactiver (temporairement ou définitivement) les canaux qui ne servent pas assez. C'est ainsi que certaines connaissances (comme les langues étrangères) peuvent être facilement oubliées si elles ne sont pas pratiquées pendant longtemps[2]. Ces canaux peuvent être mis en sommeil. Dans ce cas, grâce au repris des exercices, ils peuvent être réactivés[3]. Néanmoins, la génération future des juristes utilisant les outils du numérique et de l'intelligence artificielle, dès le début de leurs formations académiques et professionnelles, risque de se confronter à un blocage ou à un affaiblissement initial ou précoce de ces canaux neuronaux.

Une soumission excessive et une telle dépendance uniforme des juristes aux limites et aux impératifs scientifiques, imposées par les systèmes informatiques, peut aboutir à un rapprochement de leurs approches. Cela peut être comparé à une situation où deux personnes ayant perdu leur capacité de voir (de la même manière) sont guidées (toutes les deux) par une seule personne tierce.

En réduisant les capacités et l'importance des expertises humaines, le rôle des hommes au sein de la justice peut devenir progressivement et

---

[1] C. ARMAND, « Le digital mine l'écriture manuelle », *Bilan Innovation*, 16 février 2013, disponible sur https://www.bilan.ch/techno/le_digital_mine_l_ecriture_manuelle_ (consulté le 22 janvier 2022).

[2] Cf. L. J. PIERCEA, D. KLEINB, J-K. CHENC, A. DELCENSERIED, F. GENESEEA, « Mapping the unconscious maintenance of a lost first language », *Proceedings of the National Academy of Sciences of the United States of America*, vol. 48, 2014, pp. 17314-17319.

[3] Cf. J. S. BOWERS, S. L. MATTYS, S. GAGE, « Preserved Implicit Knowledge of a Forgotten Childhood Language », *Psychological Science*, vol. 20, n° 9, 2009, pp. 1064-1069. ; Cf. O. KHAZAN, « Forgetting and Remembering Your First Language », *The Atlantic*, 24 juillet 2014, disponible sur https://www.theatlantic.com/international/archive/2014/07/learning-forgetting-and-remembering-your-first-language/374906/ (consulté le 22 janvier 2022).

inévitablement diminué[1]. Dans sa forme radicale, il peut y avoir même une réduction de leur rôle (et par conséquent, de leurs compétences) pour celui des contrôleurs des systèmes de l'intelligence artificielle. Il s'agit d'une tâche correspondant plutôt aux sciences « dures » que celles « humaines et sociales »[2]. Dans cette hypothèse, ses effets se présentent à la fois sur les programmes algorithmiques et sur le système du raisonnement des cerveaux des juristes. L'ensemble de ces effets produit dans les communautés des juristes, une subordination « persistante » et « harmonisée ».

Cet écosystème amène les juristes européens et américains à analyser « des règles juridiques différentes » (créées en fonction des particularités de chaque pays) « de la même manière ». Ce rapprochement de vision judiciaire peut, à long terme, impacter et influencer le fond des règles juridiques. Même si les cadres pouvant être imposés à ces acteurs sont globalement similaires, les conséquences qu'ils produisent, dans ces deux systèmes, ne sont pas tout à fait identiques. En effet, cela révèle la nécessité d'une adaptation à des nouvelles techniques, méthodes et moyens du raisonnement, tout en considérant qu'ils ne les adaptent pas de même manière.

La scientifisation des raisonnements juridiques, sous l'influence formalisatrice de l'intelligence artificielle, peut produire des nouvelles techniques et méthodes du raisonnement et l'émergence d'une rationalité instrumentale, fonctionnaliste et strictement méthodologique[3].

Sir Frederick POLLOCK, estime que « le droit moderne ne saurait échapper au caractère scientifique et artificiel que lui impose la demande des sociétés modernes d'une justice pleine, égale et exacte »[4,5]. Il explique que la première (justice pleine) nécessite un retour à l'origine de la raison originelle et initiale de la création des règles juridiques et que la dernière (une justice exacte) exige avoir une rationalité et une logique pure[6]. Il fait valoir que le caractère prédictible des règles de droit et des décisions judiciaires se caractérise par cette « exactitude »[7]. Par conséquent, la caractéristique primaire et principale du droit se traduit par sa conformité à la logique et à la certitude[8]. Celles-ci nécessitent la création de méthodes formelles fixes et stables permettant d'établir les paramètres de son évaluation. Leur création pourra

---

[1] Cf. X. LABBÉE (dir.), *L'homme augmenté face au droit*, éd. 1, Presses Universitaires du Septentrion, 2015, 248 p.

[2] G. SAMUEL, « Is Law Really a Social Science? A View from Comparative Law », *The Cambridge Law Journal*, vol. 67, n° 2, juillet 2008, pp. 288-321.

[3] G. FRANKENBERG, « Critical comparisons: Re-thinking comparative law », *Harvard International Law Journal*, vol. 26, n° 2, 1985, p. 429. ; Cf. M. VILLEY, « Chapitre I, premiers systèmes du rationalisme juridique » In. M. VILLEY (éd.), *La formation de la pensée juridique moderne*, Presses Universitaires de France, coll. Quadrige, 2013, pp. 513–558.

[4] F. POLLOCK, *A First Book of Jurisprudence for Students of the Common Law*, *op. cit.*, p. 56.

[5] N. ROSCOE POUND, « Mechanical Jurisprudence », *op. cit.*, p. 605.

[6] *Ibidem.*

[7] *Ibidem.*

[8] *Ibidem.*

potentiellement faciliter la programmation des algorithmes, visant à modéliser des raisonnements judiciaires[1].

Dans un environnement judiciaire à la fois augmenté et limité par l'intelligence artificielle, un juge adopte une approche scientifique et des méthodes de plus en plus prédéfinies (et prédictibles) d'analyse. C'est ainsi que son rôle se réduit à celui d'un mandataire des élus et garant d'un bon respect de l'opinion publique, illustrée et formulée sous la forme de la « loi ».

Dans les environnements judiciaires augmentés, ces méthodes seront fixées en fonction des exigences techniques (informatiques) des systèmes de l'intelligence artificielle. La limitation des actions des juristes peut automatiquement (et indirectement) renforcer la qualité du fonctionnement des procès purement automatisés, puisque désormais les programmes algorithmiques peuvent s'adapter aux méthodes validées et jugées par les hommes, *a priori* « fiables ». Aux États-Unis et en Europe, l'adaptation progressive des cerveaux des juristes face à ces méthodes se forme d'une manière similaire, sous l'effet d'une subordination aux impératifs scientifiques. Pourtant, dans chacune de ces deux dimensions géographiques, ils peuvent s'illustrer de façons différentes. Dans tous les deux, cela peut jouer un rôle limitatif, et développer une caractéristique conservatrice des systèmes de justice.

La subordination progressive de la pensée des juristes américains aux impératifs scientifiques, peut être considérée à la fois comme « le résultat » et « le vecteur » de la création de nouvelles méthodes de prise de décision et de nouvelles approches. Dans les environnements judiciaires augmentés, cela peut se présenter à deux niveaux. Le premier est lorsqu'ils sont assistés, lors de l'élaboration de leur raisonnement, par les outils de l'intelligence artificielle. Dans ce cas, au moment de la saisine des informations, ils doivent s'adapter à certaines règles informatiques visant à leur « structuration » qui renforce leur qualité, leur neutralité et leur détectabilité, ainsi que leur caractère analysable pour les systèmes algorithmiques. C'est ainsi que dès le début de ce processus, les juristes se soumettent aux nouvelles règles formelles des nouveaux cadres méthodologiques.

Grâce à la formalité de leur programmation, ils fournissent de nouvelles méthodes analytiques. Par conséquent, les données de sorties sont extrêmement formelles et basées sur des méthodes strictement prédéfinies et prédictibles. Si les avocats et les magistrats les reprennent en tant que les sources dans la rédaction des requêtes et des arrêts, ils adoptent automatiquement les mêmes méthodes d'analyse. Cette subordination à ces nouvelles règles peut être encore plus radiale lorsqu'un texte est entièrement élaboré par la machine. Ces systèmes sont capables d'élaborer (avec une

---

[1] D. BOURCIER, « L'acte de juger est-il modélisable ? De la logique à la justice », *Archives de philosophie du droit*, n° 54, 2011, pp. 37-53.

logique mathématique et formelle) une conclusion, un résumé, un rapport technique ou une analyse d'un texte juridique ou jurisprudentiel.

Le second niveau est lorsque les juristes sont censés reprendre les règles établies par les jurisprudences portant sur des problématiques similaires, afin d'élaborer un nouveau raisonnement. En effet, les traces que les analyses algorithmes laissent dans chaque arrêt élaboré à l'aide des outils algorithmiques « d'aide à la décision », se présentent désormais comme des parties indétachables des règles du *precedent* (particulièrement dans le système de *Common law*). Par conséquent, cela constituera aussi le cœur des futurs raisonnements des juristes sur des faits et des raisonnements similaires. Cet effet peut être plus radical ou plus formel lorsqu'il fait l'objet d'analyse d'une autre machine (en particulier, lorsque l'intelligence artificielle est utilisée comme un outil de « prise de décision »). Dans ce cas, elle examine un raisonnement qui a été initialement élaboré sous une forme mathématique. Par conséquent, le second système le rend encore plus formel. Ce processus du renforcement de formalisation se réalise dans toutes les reprises postérieures par les autres machines.

Tant que le sujet est plus complexe, les impératifs formels imposés par ces systèmes deviennent aussi plus importants. Dans tous ces cas de figure, cela peut affecter le fondement des règles de droit. Au niveau de la Cour suprême des États-Unis, ce sujet est de plus en plus délicat, puisqu'elle peut annuler, sous cette influence, les actes législatifs[1,2]. C'est ainsi que le recours à ces systèmes dans les juridictions peut imposer aussi aux législateurs de mêmes impératifs. Cela peut être potentiellement considéré comme une atteinte indirecte à la démocratie, si les cadres définis par les machines limitent des décisions prises par les élus du peuple. Par conséquent, on peut estimer que ces derniers produisent non seulement « une méthode définie du raisonnement » mais aussi « un cadre légalisé et légitimisé » par l'intermédiaire de la conception et de l'interprétation automatisée du *ratio decidendi*.

Théoriquement, ce risque ne pourra être reconnu dans le cas où ceux-ci sont imposés par les systèmes utilisés directement par les législateurs. Cela se justifie par le fait que leur rôle de représentateur leur accorde une liberté à se soumettre à ces limites.

Aux États-Unis, une décision de justice ne crée pas une règle juridique fermée et encadrée (comme celles législatives et réglementaires). Elle fournit une nouvelle façon de raisonner visant à résoudre une problématique juridique. Dans le système de *Common law*, celle-ci est connue sous le nom

---

[1] *Marbury c. Madison*, 5 U.S. 137 (1803).

[2] Cf. E. ZOLLER, « Présentation de la Cour suprême des Etats-Unis, Conseil Constitutionnel », *Cahiers du Conseil Constitutionnel*, n° 5 - dossier États-Unis, novembre 1998, disponible sur https://www.conseil-constitutionnel.fr/nouveaux-cahiers-du-conseil-constitutionnel/presentation-de-la-cour-supreme-des-etats-unis (consulté le 23 janvier 2022).

de ratio *decidendi*. Cela consiste en une chaine de raisonnements aboutissant à une conclusion qui est la décision finale de la Cour sur un point factuel[1].

Dans ce système, la création par les juridictions se limite à l'interprétation du ratio des décisions précédentes des juges dans les cas similaires. Par conséquent, la règle du *precedent* (le *stare decisis*) réside au cœur de « la raison » exprimée par le magistrat[2]. C'est surtout elle qui aura une force contraignante (dans les juridictions inférieures), et non la décision de la Cour[3]. Le ratio détermine également les limites et les caractéristiques des actes législatives[4].

Il peut être aussi considéré comme un moyen de justifier ou rejeter leur pertinence[5]. Par conséquent, l'usage du ratio ne se limite pas aux règles jurisprudentielles. L'émergence de ces impératifs et la création de ces nouvelles méthodes analytiques peuvent renforcer et préserver le caractère *elegantia juris*[6] des analyses juridiques[7].

L'impact de cette forme de subordination intellectuelle des magistrats et des autres membres de la communauté des juristes peut être variable dans différents cas, notamment en fonction de la nature, la complexité et le domaine de problématique ainsi que le degré et la composition de la juridiction concernée. Par exemple, en matière pénale, où la liberté discrétionnaire des juges est de plus en plus importante, cette soumission devient relativement plus remarquable. Un exemple illustratif de la soumission du système du raisonnement des acteurs de la justice aux formes mathématiques se manifeste dans l'usage des rapports présentenciels, élaborés par le logiciel COMPAS. Son influence est manifestement observée lors d'un procès visant à condamner Monsieur Eric LOOMIS par les magistrats de la Cour de circuit du comté de la Crosse[8].

---

[1] Legal Information Institute, *Ratio decidendi*, disponible sur https://www.law.cornell.edu/wex/ratio_decidendi (consulté le 24 janvier 2022).

[2] Cf. A. L. GOODHART, « Determining the Ratio Decidendi of a Case », *Yale Law Journal*, vol. 40, n° 2, 1931, pp. 161-183. ; A. L. GOODHART, « The Ratio Decidendi of a Case », *The Modern Law Review*, vol. 22, n° 2, 1959, pp. 117-124. ; J. STONE, « The Ratio of the Ratio Decidendi », *The Modern Law Review*, vol. 22, n° 6, 1959, pp. 597-620.

[3] Oxford Reference, *ratio decidendi*, disponible sur https://www.oxfordreference.com/view/10.1093/oi/authority.20110803100405351 (consulté le 24 janvier 2022).

[4] M. S. QUINN, « Argument and Authority in Common Law Advocacy and Adjudication: An Irreducible Pluralism of Principles », *Chicago-Kent Law Review*, vol. 74, n° 2 (Symposium on Taking Legal Argument Seriously), p. 711.

[5] *Ibidem*.

[6] La définition de *elegantia juris* : l'intégrité et la cohérence logique entre les parties. ; S. HAACK, « On Logic in the Law: 'Something, But Not All' », *op. cit.*, pp. 1, 2 et 9. ; O. W. Holmes, « Book Review », *op. cit.*, pp. 233-234.

[7] Principalement inspirée par les juristes romains, il a été soutenu par Oliver Wendell HOLMES. ; Cf. B. BROWN, B. A. KIMBALL, « when Holmes Borrowed from Langdell: The "Ultra Legal" Formalism and Public Policy of Northern Securities (1904) », *American Journal of Legal History*, vol. 45, n. 3, juillet 2001, pp. 278-321.

[8] *State c. Loomis*, 881 N.W.2d 749 (Wis. 2016).

Au cours de ce procès, le jury a repris une logique mathématique et plutôt mécanique produite par ce logiciel. Plus précisément, il a adapté (et limité) son propre raisonnement à celui défini par cette logique. Dans ces circonstances, l'avis de cette juridiction n'a pas été conçu par les algorithmes, mais a été formé, encadré et limité par ces dernières. Son impact sur un nombre limité des arrêts peut être particulièrement mineur. Pourtant, le recours massif ou généralisé à ces systèmes peut conduire à la création des cadres formels biens définis et des méthodes harmonisées du raisonnement. Cela peut aboutir non seulement à l'établissement de nouveaux cadres méthodologiques, mais aussi à un changement paradigmatique global.

Dans cet exemple, une nouvelle méthode du raisonnement a été créée par la machine et intégrée à une décision de justice. Dans le système du Common law, cela peut être légitimement considéré comme un ratio et une règle du *precedent*. Désormais, pour trancher des affaires similaires, en suivant ce ratio, les avocats et les juristes américains doivent suivre la même voie et élaborer leur nouveau raisonnement avec les mêmes méthodes, initialement conçues par le logiciel COMPAS (ou ceux similaires). Cet effet ne se présente pas seulement dans le cas d'usage de ces systèmes par les magistrats. Le recours à ces systèmes par les avocats peut également former et guider leur raisonnement de la même manière. S'il est apprécié et jugé convaincant par le magistrat, il peut le reprendre dans sa décision. C'est ainsi qu'il peut devenir également une règle du *precedent*.

Le 23 mai 2017, la Cour suprême des États-Unis a affirmé que même dans l'hypothèse de production d'erreur par les systèmes algorithmiques comme COMPAS, ce sera anodin et ne présentera pas une atteinte fondamentale aux droits constitutionnels et individuels des justiciables[1]. Par conséquent, les effets immédiats d'une telle soumission intellectuelle ne sont pas très inquiétants.

Le recours aux systèmes similaires dans l'Union européenne et ses membres peut être aussi techniquement envisageable, tant que leurs caractéristiques techniques correspondent aux cadres législatifs et règlementaires en vigueur. Dans le contexte français, la conviction intime du juge peut aussi se baser sur les rapports similaires, puisque dans ce cas, il n'existe pas un traitement purement automatisé des données et que la décision finale est prise par des hommes. En théorie, cette conformité peut être parfaitement envisageable. Cependant, les vrais risques qu'un tel système peut produire dans les différents domaines de droit ne peuvent être réellement facilement évalués avant qu'il soit mis en place[2].

---

[1] Cour suprême des États-Unis, *Brief for the United States as Amicus Curiae, Eric L. Loomis v. State of Wisconsin*, 23 mai 2017, n° 16-6387, p. 22, disponible sur https://www.scotusblog.com/wp-content/uploads/2017/05/16-6387-CVSG-Loomis-AC-Pet.pdf (consulté le 14 janvier 2021).

[2] Cf. R. A. EDGELL, R. VOGL, « A Theory of Innovation: Benefit, Harm, and Legal Regimes », *Law, Innovation and technology*, vol. 5, n° 1, 2013, pp. 21-53.

Le 14 mai 2018, lors du colloque biennal de l'Association des Conseils d'État et des juridictions administratives, Monsieur Myron Michael NICOLATOS, Président de la Cour Suprême de Chypre a expliqué qu'« à l'ère du e-gouvernement, il n'est pas surprenant que le langage du gouvernement ait connu une évolution rapide car les systèmes automatisés sont utilisés au quotidien »[1]. Il ajoute que « la Cour administrative de Chypre est compétente pour examiner [...] la justesse de la décision »[2]. Du point de vue littéral et lexique, la « justesse » se définit comme « la qualité qui rend une chose parfaitement, [et] exactement adaptée »[3]. En utilisant ce terme, il affirme que le positionnement des magistrats européens est soumis à certaines limites formelles et méthodologiques. Par une analyse et une modélisation d'un système du raisonnement, les algorithmes peuvent fournir des cadres rationnels, ayant la capacité de guider les canaux neuraux des cerveaux des juristes européens vers un chemin prédéfini. Tant que ces méthodes sont reconnues, les juristes se trouvent tenues à les pratiquer et les respecter.

Au niveau national, le degré de son impact peut être variable en fonction de la liberté des magistrats de chaque pays dans l'interprétation des règles juridiques. Par exemple, en 2005, par l'adoption d'une loi sur l'interprétation (intitulé de la loi en anglais : *Interpretation Act of 2005*), l'Irlande a adopté une position plus dynamique par rapport à celle des autres États membres de l'Union européenne, en particulier, la France et l'Allemagne (cette évolution a été défendue par la Cour suprême britannique)[4]. Par conséquent, dans ce pays, la subordination de la pensée des juges à ces limites méthodologiques peut impacter plus le fond de droit.

En Estonie, la mise en place des procès purement automatisés peut accélérer et aggraver cette subordination. Son degré peut être différent dans deux catégories des contentieux. Les tribunaux estoniens utilisent ces systèmes pour trancher les litiges dans un champ strictement limité de contentieux (principalement ceux liés au recouvrement de créances)[5]. Ainsi, la subordination des juristes aux impératifs imposés par les algorithmes peut

---

[1] L'intervention de Monsieur Myron Michael NICOLATOS lors du colloque biennal de l'Association des Conseils d'État et des juridictions administratives, 14 mai 2018, disponible sur https://www.aca-europe.eu/index.php/fr/evenements/638-la-haye-14-mai-2018-colloque-une-exploration-de-la-technologie-et-du-droit (consulté le 26 janvier 2022).

[2] *Ibidem.*

[3] Le dictionnaire Le Robert (en ligne), *Justesse*, disponible sur https://dictionnaire.lerobert.com/definition/justesse (consulté le 26 janvier 2022).

[4] L'intervention de Lord Robert CARNWATH de Notting Hill, lors du colloque biennal de l'Association des Conseils d'État et des juridictions administratives suprêmes de l'Union européenne qui a eu lieu en date du 14 mai 2018 à La Haye.

[5] European E-Justice, *National justice systems Estonia, Organisation of justice - judicial systems*, 6 janvier 2022, disponible sur https://e-justice.europa.eu/16/EN/national_justice_systems?ESTONIA&member=1 (consulté le 22 janvier 2022).

y être plus radicale. Cependant, il ne faut pas oublier que les différents domaines du droit ne sont pas strictement et nettement séparés.

La limitation du système du raisonnement des juristes aux méthodes définies par l'intelligence artificielle, dans le traitement d'une catégorie des litiges peut directement ou indirectement impacter celui utilisé dans les autres[1]. Le même effet est aussi susceptible d'apparaître dans les autres États, s'ils recourent aux systèmes purement automatisés de la résolution des litiges. En fait, lorsqu'un juriste s'habitue à utiliser une méthodologie et à prendre une approche spécifique pour analyser une catégorie des contentieux, il peut rester aussi inconsciemment soumis aux mêmes limites dans l'analyse des autres litiges. Cela se justifie par la formation progressive et la reconfiguration du fonctionnement des canaux neuraux décrits auparavant. Par exemple, si, pendant longtemps, nous obligeons un expert à rédiger ses rapports sur le droit sur la base d'un plan binaire, il y aura aussi une forte chance qu'il rédige aussi (par habitude) ses rapports (même ceux portant sur les autres domaines) sous la même forme. Dans ces circonstances, les neurones de son cerveau s'habituent à fonctionner exclusivement d'une seule manière et dans un cadre strictement défini. C'est ainsi qu'il peut perdre la capacité d'autres formes d'analyse.

Le cerveau a tendance à mettre en sommeil les canaux neuronaux non actifs pendant longtemps. C'est ainsi que la pensée d'un expert peut devenir prisonnière des règles qui lui ne sont pas directement imposées. Dans les environnements judiciaires, l'émergence des paradigmes, des consensus analytiques et des traditions peut être aussi considérée comme un effet de la soumission neuronale uniforme des cerveaux des juristes aux mêmes impératifs formels et méthodologiques[2]. Cela peut les amener à analyser différentes dispositions juridiques avec une vision et une approche stable et plutôt harmonisée.

L'impact d'une interprétation ou d'une analyse harmonisée des principes généraux du droit est susceptible d'être de plus en plus important, puisque, contrairement aux règles spécifiques, ils se caractérisent, se définissent et s'évoluent plus particulièrement par la façon dont les magistrats (en particulier, ceux des juridictions suprêmes) les interprètent. Par rapport aux États-Unis, ces impacts sont susceptibles d'être moins remarquables en Europe, puisque dans la culture juridique européenne, les règles jurisprudentielles principalement sont plus limitées à celles législatives.

---

[1] Cf. P. MOOR, « Savoirs juridiques et savoirs sur le droit. Brève intervention à propos du texte introductif de Denise Pumain », *Revue européenne des sciences sociales*, vol. XLIII-131 (La cumulativité des savoirs en sciences sociales), 2005, pp. 13-22.

[2] Cf. T. S. KUHN, *La structure des révolutions scientifiques*, Flammarion, coll. Champs, 1983, 1er éd. 1962 (révision 1970), p. 30.

Dans l'Union européenne, le système de la détermination de la valeur des sources juridiques est principalement inspiré de la pyramide de Kelsen[1]. Par conséquent, l'impact de la soumission de la pensée des juristes aux impératifs, imposés par l'intelligence artificielle, sur le fond des règles de droit sera moins important. Alors qu'aux États-Unis (où la Cour peut créer des nouvelles règles sans une base législative), ce risque est de plus en plus majeur. Cela se justifie aussi par le fait qu'aux États-Unis, le contrôle de constitutionnalité et légalité des actes peut être appliqué par toutes les juridictions de droit commun (en principe, par les juridictions fédérales et dans certaines conditions spécifiques par celles fédérées. Une annulation des actes par les tribunaux fédéraux ordinaires peut être rejetée par la Cour suprême des États-Unis)[2], alors que dans les traditions juridiques européennes, cette compétence est réservée aux juridictions suprêmes[3]. Ces impacts sur les règles jurisprudentielles peuvent apparaître d'une façon plus signifiante lorsque les cours suprêmes des États ou la Cour de justice de l'Union européenne contrôlent la légalité des actes législatifs.

En prenant en compte de l'ensemble de ces considérations, nous pouvons conclure que la subordination rationnelle et intellectuelle des juristes européens aux cadres imposés par l'intelligence artificielle peut être à la fois le résultat d'une « formalisation extrême des règles procédurales », d'une « reconfiguration du système du raisonnement des juristes sous l'effet de l'usage excessif des méthodes et des modèles algorithmiques » ainsi que « l'effet conformiste, poussant les juristes à stabiliser, sanctifier et reprendre ces dernières dans la résolution des nouveaux contentieux ».

[1] Cf. Vie Publique, *La hiérarchie des normes de l'Union européenne (UE)*, 3 juillet 2019, disponible sur https://www.vie-publique.fr/infographie/38756-infographie-la-hierarchie-des-normes-de-lunion-europeenne (consulté le 22 janvier 2022).

[2] Sénat (fr), *Projet de loi organique relatif à l'application de l'article 61-1 de la Constitution, 2. Les enseignements des expériences étrangères*, rapport législatif, disponible sur https://www.senat.fr/rap/l08-637/l08-6372.html#:~:text=Le%20contrôle%20de%20constitutionnalité%20de,un%20litige%20porté%20devant%20elles (consulté le 23 février 2022).

[3] Cf. J. WILDEMEERSCH, *Contentieux de la légalité des actes de l'Union européenne, Le mythe du droit à un recours effectif*, Bruylant, coll. Droit de l'Union européenne, sous-coll. Thèses, 2019, 666 p.

Section 2. Les impératifs scientifiques, créateurs d'un paradigme judiciaire transnational

Dans le contexte de la justice augmentée, la modélisation d'un raisonnement humain peut être considérée comme un retour à la théorie aristotélicienne d'élaboration de « la logique binaire ». Comme auparavant expliqué, en raison de sa nature universelle et mathématique, ce type d'analyse est moins susceptible d'être influencé par les facteurs politiques et socio-culturels[1]. Cela peut renforcer le rapprochement des sciences juridiques aux sciences dures.

Selon Monsieur Olivier LECLERC, « le syllogisme est sans doute la forme la plus connue (à défaut d'être la seule) de raisonnement juridique »[2]. Celui-ci, constituant la base de la logique aristotélicienne, est une forme d'analyse utilisée dans la conception des « algorithmes ». En 1876, en France, la modélisation mathématique d'une logique sur la base du « syllogisme » a été initialement (au milieu du XIXe siècle) proposée par George BOOLE[3]. Ce sujet a été ensuite développé par Claude SHANNON (au début du XXe siècle)[4]. En 1876, il a fait aussi l'objet d'une étude approfondie par le mathématicien célèbre, Joseph DELBŒUF[5].

Selon Monsieur le Professeur Karim BENYEKHLEF et Madame Jie ZHU, « la pénétration du paradigme probabiliste promet une approche chiffrée de l'aléatoire pavant la voie à une maîtrise rapide et économique de l'aléa

---

[1] J. CAVAILLÈS, « Logique mathématique et syllogisme », *Revue Philosophique de la France et de l'Étranger*, T. 123, nn° 3-4, mars-avril 1937, pp. 163-175.

[2] O. LECLERC, « [Focus] Les raisonnements probatoires des juges », *Lexbase*, 6 décembre 2019, disponible sur https://www.lexbase.fr/revues-juridiques/55170891-focus-les-raisonnements-probatoires-des-juges (consulté le 21 septembre 2021).

[3] G. BOOLE, *The Laws of Thought*, Walton and Maberly, 1854, 472 p.

[4] Cf. C.E. SHANNON, « Une théorie mathématique de la communication », *The bell system technical Journal*, vol. 27, octobre 1948, pp. 379-423.

[5] J. DELBŒUF, « Logique algorithmique », *Revue Philosophique de la France et de l'Étranger*, T. 2, juillet décembre 1876, 545-595.

judiciaire »[1]. Dans ce contexte, l'utilisation du terme « approche chiffrée »[2] semble être particulièrement pertinente. Cela explique son caractère « universel ». Ce processus de transformation peut être considéré comme un moyen de simplification de la compréhension des règles juridiques et du renforcement de la transparence et de l'explicabilité[3] de leurs analyses. Une telle approche peut permettre de rendre les analyses « faites par » et « à l'aide des » algorithmes plus explicables, transparentes et compréhensibles. Cela influence, de la même manière, les habitudes des juristes et des cultures juridiques et judiciaires.
À long terme, cette approche dite « chiffrée » et strictement logique, peut laisser ses traces sur le système du raisonnement des cerveaux des juristes. C'est ainsi que même sans recourir à ces derniers, les juristes américains et européens qui les utilisent vont continuer à analyser dans le même sens et de même façon (à savoir mathématique ou chiffrée). Cela peut fortement renforcer l'explicabilité des analyses juridiques.

La justice augmentée est particulièrement basée sur les techniques du traitement et de la production automatisée des textes. Nous avons ainsi expliqué qu'afin de garantir l'efficacité de la justice augmentée, ses acteurs doivent adapter leur mode de travail à certaines exigences et impératifs informatiques. Dans le monde entier, ces mesures sont universelles et génériques. Par conséquent, si nous considérons les systèmes européens de la justice comme « A » et celui des États-Unis comme « B » et les cadres et les règles informatiques comme « C », le rapprochement de « A et B » à « C » peut aboutir au rapprochement entre « A et B ».

L'universalité des exigences informatiques n'est pas le seul vecteur du renforcement du rapprochement entre ces systèmes. Il se caractérise aussi par celui des règles grammaticales des langues[4]. Cela démontre que, dans les cultures juridiques européennes et américaines, il y a une tendance potentielle d'un rapprochement de leurs « manières d'expression ». Par conséquent, celui-ci est susceptible d'être aussi considérablement présent sur le fond que sur la forme des analyses.

---

[1] K. BENYEKHLEF, J. ZHU, « Intelligence artificielle et justice : justice prédictive, conflits de basse intensité et données massives », *op. cit.*, p. 795.

[2] Cf. A. SUPIOT, *La gouvernance par les nombres*, Fayard, coll. Sciences humaines, 2015, 512 p.

[3] Cf. L'Agence européenne chargée de la sécurité des réseaux et de l'information est une agence de l'Union européenne, *Securing Machine Learning Algorithms*, décembre 2021, p. 10, disponible sur https://www.enisa.europa.eu/publications/securing-machine-learning-algorithms (consulté le 22 janvier 2022).

[4] L'intervention du Professeur Frederick J. NEWMEYER, Séminaire « Une langue peut-elle être plus complexe qu'une autre ? », 7 mai 2014, Département de linguistique de l'université de Genève, disponible sur https://mediaserver.unige.ch/play/84639 et https://www.unige.ch/lettres/linguistique/seminaire/media/265/Newmeyer%20slides.pdf (consulté le 8 mai 2021).

Malgré l'écart important des fondements structurels et rationnels des deux grandes traditions juridiques civiles et romano-germaniques, même hors du contexte de la justice augmentée, un rapprochement, sur le plan rationnel et analytique, est théoriquement possible et envisageable. Monsieur le Professeur Günter FRANKENBERG affirme qu'actuellement, lors d'élaboration d'un raisonnement, les avocats du système *Common law* se penchent naturellement sur les méthodes du raisonnement de la culture romano-germanique, et vice-versa[1]. Ces considérations nous amènent à conclure que, théoriquement, la base d'une transnationalisation des paradigmes judiciaires est déjà existante. Cette évolution peut être donc, renforcée, formalisée et surtout canalisée, dans les environnements judiciaires augmentés, par la mise en place des systèmes de l'intelligence artificielle. Cela nous amène à nous interroger sur la possibilité technique, les risques et les intérêts d'élaboration d'un « paradigme judiciaire transnational ».

Ce phénomène trouve son origine dans une supranationalisation (et une éventuelle harmonisation) des méthodes du raisonnement juridique, résultat de recours aux méthodes mathématiques et uniformes d'analyses dépassant les manières conventionnelles ou individuelles du raisonnement. La conventionalité est le caractère essentiel de l'établissement et la reconnaissance de « la démocratie » et de « la souveraineté ». Les sociétés et les communautés se distinguent, chacune des autres, par « une détermination conventionnelle des normes ». Ces dernières ne sont pas forcément conçues avec une logique aristotélicienne. Par conséquent, la disparition progressive de l'individualisme peut aboutir à un dépassement national, puisqu'un système strictement (ou excessivement) scientifique s'appuie sur les mécanismes du fonctionnement des neurones du cerveau, partagés entre tous les individus. Cela peut être considéré comme l'un des premiers signes du début de l'ère du « post-humanisme juridique ».

Dans les environnements judiciaires (excessivement) augmentés, les impératifs scientifiques consolident le fondement « logique » des analyses juridiques. Par conséquent, les formules et les modèles mathématiques se prévalent sur les règles conventionnelles programmées par les hommes. Cela peut certainement toucher le pouvoir discrétionnaire des juges. Ce sujet a fait l'objet d'inquiétude de Monsieur Jean-Marc SAUVÉ qui a évoqué que « le développement des algorithmes prédictifs ne doit pas aboutir à ce que l'intelligence artificielle se substitue, à terme, à l'analyse juridique et au raisonnement personnel du juge »[2]. Un regard plus profond à ce sujet nous amène à conclure que ces impératifs ne constituent véritablement pas des

---

[1] G. FRANKENBERG, « Critical comparisons: Re-thinking comparative law », *Harvard International Law Journal*, vol. 26, n° 2, 1985, p. 432.

[2] L'intervention de Monsieur Jean-Marc SAUVÉ lors du colloque « la justice prédictive » organisé à l'occasion du bicentenaire de l'Ordre des avocats au Conseil d'État et à la Cour de cassation en date du 12 février 2018, disponible sur https://www.conseil-etat.fr/actualites/discours-et-interventions/la-justice-predictive (consulté le 14 mars 2021).

« limites matérielles » à la pensée humaine mais un « dépassement » de son système actuel du raisonnement. Cela peut être considéré comme le résultat direct de l'augmentation radicale de certaines de ses capacités (telle l'analyse extrêmement rapide de tous les éléments des bases jurisprudentielles) et l'affaiblissement des autres (comme la prise en compte des considérations émotionnelles et le caractère équitable des faits).

En identifiant et établissant des règles méthodologiques d'analyse juridique basées sur « un rationalisme formalisé et mathématique » ainsi que sur « l'analyse des profils des magistrats », l'intelligence artificielle peut à la fois créer des méthodes « individuelles » et « générales » du raisonnement. Elle peut également modéliser leurs approches « individuelles » sur une problématique et leur vision « globale » vis-à-vis des sujets spécifiques. En exploitant et analysant les approches d'un ensemble de magistrats, elle peut aussi identifier les paradigmes régnant sur les systèmes judiciaires.

Dans un tel environnement, les hommes s'adaptent de plus en plus aux « méthodes prédéfinies » et « mathématiques »[1] du raisonnement. En analysant leurs approches, la machine les met dans un cadre strict de la « logique mathématique ».

Cette soumission rationnelle minimalise les aspects « personnels » et « individuels » de leurs analyses. En raison de la nature universelle de cette forme de logique, ce processus peut conduire à une codification algorithmique et « supranationale » des méthodes de l'analyse juridique. La participation massive des magistrats des différents pays à cet écosystème supranational et le renforcement de leur soumission aux impératifs scientifiques évoqués, peuvent aboutir à une normalisation progressive des approches des magistrats.

Selon certaines études réalisées sur la prédiction des décisions de justice, les comportements des magistrats et leurs raisonnements sont soumis à certaines méthodes et cadres. La justice augmentée nous permet de les identifier alors que dans les environnements judiciaires traditionnels, ils existent sans être clairement ressentis, identifiés ou directement imposés. Une réflexion sur la possibilité de leur codification nous amène à nous interroger sur le sujet de la transparence des « méthodes classiques » d'analyse juridique et « celle des algorithmes » lors de leur identification.

L'explicabilité et la transparence des algorithmes ont fait l'objet de nombreuses réflexions et inquiétudes, notamment lorsqu'il concerne leur usage au sein des administrations publiques[2]. Avant de s'interroger sur ce

---

[1] Le Professeur BENYEKHLEF et Madame ZHU préfèrent d'utiliser le terme « chiffrées ». (K. BENYEKHLEF, J. ZHU, « Intelligence artificielle et justice : justice prédictive, conflits de basse intensité et données massives », *op. cit.*, p. 795).

[2]Décret n° 2017-330 du 14 mars 2017 *relatif aux droits des personnes faisant l'objet de décisions individuelles prises sur le fondement d'un traitement algorithmique.* ; V. Art. 22 et le considérant n° 71 du Règlement (UE) 2016/679 du Parlement européen et du Conseil du 27 avril 2016, *op. cit.* ; Information Commissioner's Office (ICO), The Alan Turing Institute, *Explaining decisions made with AI*, *op. cit.* ; I. BUDOR, « Explicabilité de l'Intelligence

sujet, il faut se demander si la façon dont les juristes analysent des choses (sans aide des systèmes de l'intelligence artificielle) est toujours suffisamment explicable[1]. Il faut considérer que le manque de transparence d'une analyse humaine peut être l'origine de celui des analyses algorithmiques et vice-versa. Ce second problème est plus important puisqu'il conduit le système de l'intelligence artificielle à imiter un raisonnement ou un comportement humain qui n'est pas, à l'origine, clairement explicable (ou définissable).

Monsieur Yann LECUN précise, à ce sujet, que « même les apprentissages autodirigés et les apprentissages de la neurobiologie ne suffiront pas pour atteindre une intelligence algorithmique hypothétique ayant la capacité de comprendre ou d'apprendre toutes les tâches. C'est parce que l'intelligence (même l'intelligence humaine) est très spécifique »[2].

Dans ce cas, on peut conclure qu'en raison de cette complexité, le raisonnement d'un magistrat peut être aussi incompréhensible pour un autre se trouvant dans le même système juridique ou la même juridiction. Un rapprochement des approches des magistrats européens et américains sous l'effet des impacts uniformes de l'intelligence artificielle sur « les méthodes de leur travail » et « leur manière de raisonnement » facilite non seulement leur compréhension par la machine, mais aussi par les autres juristes.

En raison de la complexité (et l'inexplicabilité du fonctionnement de certaines parties) du système du fonctionnement du cerveau humain, les méthodes exploitées et identifiées par la machine ne seront pas toujours parfaitement conformes et identiques à celles utilisées par les hommes. Pourtant, cela ne signifie pas qu'elles sont nécessairement plus ou moins pertinentes. Une telle codification de ces méthodes sur un niveau supranational peut potentiellement renforcer l'efficacité des systèmes de justice et faciliter le déroulement des procès et même mettre en place massive des tribunaux automatisés.

Dans ces circonstances, la justice augmentée n'impactera pas directement le fondement des sources des droits nationaux ou régionaux. Plus précisément, les juristes américains et européens analyseront les règles juridiques différentes avec des approches de plus en plus similaires et normalisées. Cela

---

Artificielle – un défi majeur pour une adoption durable », *étude de Capgemini*, 29 mai 2020, disponible sur https://www.capgemini.com/fr-fr/2020/05/explicabilite-intelligence-artificielle/ (consulté le 19 janvier 2022).

[1] Cf. P. P. ANGELOV, E. A. SOARES, R. JIANG, N. I. ARNOLD, P. M. ATKINSON, « Explainable artificial intelligence : an analytical review », *WIREs Data Mining and knowledge discovery*, vol. 11, n° 5, septembre / octobre 2021, art. n° e1424, disponible sur https://doi.org/10.1002/widm.1424 (consulté le 30 anvier 2022).

[2] WIGGERS K., « Yann LeCun and Yoshua Bengio: Self-supervised learning is the key to human-level intelligence », *VentureBeat*, 2 mai 2020, disponible sur https://venturebeat.com/2020/05/02/yann-lecun-and-yoshua-bengio-self-supervised-learning-is-the-key-to-human-level-intelligence/?fbclid=IwAR2CyxBWC-54Cl2Ktp87jKKWQYIv3KKU29Uh_QNU3S_KxcV1pH6KUduIg50 (consulté le 2 mai 2020).

peut être à la fois vu comme un moyen d'optimisation et de facilitation de « l'accès matériel au droit » ainsi qu'à la compréhension des « règles juridiques » et aux « méthodes par lesquelles les juristes les analysent ». Toutes ces formes d'accès peuvent être interprétées comme le droit fondamental des justiciables à l'information.

Selon Monsieur Jean LASSÈGUE « les langages de programmation sont tous identiques »[1]. C'est ainsi que le recours excessif aux outils algorithmique peut encadrer et former, par défaut ou par choix, le langage des juristes. Il faut considérer que ses impacts ne se limitent pas à leur manière et leur capacité d'expression. Cela pourrait imposer les mêmes impacts sur leur système du fonctionnement neuronal. De cette façon, l'intelligence artificielle peut limiter leur fonctionnalité aux programmations pouvant être qualifiées comme « identiques » (ou similaires).

Les impacts d'une codification supranationale des méthodes analytiques et celles du « raisonnement » peuvent se refléter directement sur leurs approches globales vis-à-vis des problématiques juridiques et leurs interprétations des règles juridiques. Dans l'exemple célèbre de l'usage du logiciel COMPAS par la Cour de circuit du comté de la Crosse[2] que nous avons auparavant expliqué, les raisonnements des magistrats étaient encadrés et conduits par une logique chiffrée, conçue par la machine et que cela peut potentiellement aboutir à un changement paradigmatique au niveau des autres juridictions.

Dans les environnements judiciaires « classiques » (en particulier, aux États-Unis), l'approche des magistrats peut s'élaborer sous l'influence des facteurs personnels et ceux liés aux caractéristiques culturelles, traditionnelles, populaires et même des tendances politiques. Ils relèvent de « l'individualité » et de « la collectivité », alors que les impacts et les cadres imposés par les algorithmes sont « identiques » pour tous les juristes du monde. C'est ainsi qu'en utilisant les systèmes de l'intelligence artificielle, ils restent soumis aux changements paradigmatiques « très similaires ».

En principe, ces approches ne seront pas totalement similaires puisqu'ils sont limités et encadrés par les règles législatives. Même aux États-Unis où une grande partie des règles juridiques sont jurisprudentielles, une approche déjà « limitée par des formes mathématiques et chiffrées » est, avant tout, limitée aux cadres rationnels et formels, définis par les législateurs (en particulier, les constitutions). On peut donc conclure que dans les environnements judiciaires « augmentés », il y a une hiérarchie des « impératifs » et des « normes » où ceux « législatifs » s'emparent sur les « technologiques » (les limites matérielles imposées par les cadres formels des algorithmes) et « scientifiques ». Plus précisément, le degré d'influence des

---

[1] J. LASSÈGUE, « L'Intelligence artificielle, technologie de la vision numérique du monde », *op. cit.*, p. 211.

[2] V. *State c. Loomis*, 881 N.W.2d 749 (Wis. 2016).

premiers est limité par (et dépend de) celui de la précision et la stabilité des seconds.

L'influence des premiers est susceptible d'être moins ou plus importante dans chaque « catégorie des règles juridiques » et dans chaque « domaine du droit ». Plus le champ de liberté des magistrats dans leurs interprétations est important, plus ils courront le risque d'être soumis, encadrés et formés par les impératifs scientifiques et mathématiques. Par conséquent, dans ces dimensions, l'importance et le degré de cette forme d'impacts seront supérieurs. En effet, plus les règles sont « générales », plus elles sont susceptibles d'être formalisées et harmonisées (par les algorithmes).

Cela peut se manifester, en particulier, dans certaines catégories de règles comme « les droits fondamentaux » et « les principes constitutionnels », où les règles sont trop larges et se délimitent et se définissent par les jurisprudences. Dans leur analyse, la liberté des juges peut être aussi limitée, lorsque leur cadre interprétatif est fixé par les décisions des juridictions supérieures (en particulier celles suprêmes). Dans ce cas de figure, le recours aux plus pertinentes et leurs interprétations a fortiori seront aussi limités aux impératifs mathématiques et scientifiques.

Dans l'hypothèse de présence de deux jugements très différents portant sur une problématique, les systèmes de l'intelligence artificielle utilisés dans deux juridictions différentes auront tendance à sélectionner la même jurisprudence. Par conséquent, même les outils d'aide à la décision fournissant la possibilité d'évaluer l'adéquation des jurisprudences peuvent produire, sur leurs utilisateurs, des effets harmonisateurs.

Cette influence peut être radicale, voire excessive lorsqu'elle concerne l'analyse des sujets et des problématiques « émergentes » sur lesquels les législateurs et les juges suprêmes n'ont pas encore statué. Un exemple illustratif de ce cas de figure est le statut et le régime juridique applicable aux jetons non fongibles (NFT)[1]. Ils sont des jetons créés et certifiés par un système de blockchain, hébergés sur le réseau célèbre de blockchain, Ethereum[2]. Contrairement aux cryptomonnaies, ils ne peuvent être échangés avec un autre jeton non fongible ou avec des monnaies traditionnelles. Chaque pièce, unique et originale, produit son propre droit de la propriété intellectuelle[3]. Elle peut être créée seulement à l'initiative d'une seule

---

[1] Cf. J. ZHOU, « NFT digital artwork by humanoid robot Sophia up for auction », *Reuters*, 22 mars 2021, disponible sur https://www.reuters.com/article/us-hongkong-robot-idUSKBN2BE0HM (consulté le 6 décembre 2021). ; O. HOLLAND, « Sophia the Robot 'self-portrait' NFT sells for almost $700K, 25 mars 2021», *CNN Style*, 25 avril 2021, disponible sur https://edition.cnn.com/style/article/nft-art-sophia-robot-self-portrait-scn/index.html (consulté le 6 décembre 2021).

[2] Ethereum, *Non-fungible tokens (NFT)*, disponible sur https://ethereum.org/en/nft/ (consulté le 6 décembre 2021).

[3] Cf. P. TAN, « NFTs and the IP conundrum », *Asia Business Law Journal*, 3 novembre 2021, disponible sur https://law.asia/nfts-ip-conundrum/ (consulté le 6 décembre 2021).

personne. Ce sont des caractéristiques spécifiques qui les distinguent des autres formes des actifs numériques et fournissent la possibilité de les reconnaître comme un objet d'art.

Au début de l'année 2022, ni aux États-Unis ni en Europe, les législateurs n'ont pas encore défini un encadrement spécifique pour ce phénomène. Théoriquement, ses caractéristiques techniques permettent de les identifier à la fois comme un « objet d'art numérique »[1] et « un actif numérique équivalant aux cryptomonnaies »[2].

Il est aussi possible de lui créer ou reconnaître un encadrement propre et distinct des autres. Dans ces circonstances, les magistrats (ainsi que les législateurs et les régulateurs) doivent décider quelle option est plus appropriée. Dans cet exemple, en ce qui concerne le droit français, un changement d'approche des magistrats peut radicalement impacter la base de l'ensemble de ses caractéristiques juridiques. Par exemple, le régime fiscal applicable aux jetons non fongibles sera complètement différent si le juge le qualifie selon chacun des statuts mentionnés[3].

Dans ces circonstances, aux États-Unis et en Europe, grâce aux méthodes mathématiques et harmonisées du raisonnement, les phénomènes émergés après la mise en place des environnements judiciaires augmentés seront susceptibles d'être interprétés, définis et encadrés de façons similaires (puisque ces sujets seront analysés avec la même forme de logique). C'est ainsi que leur encadrement jurisprudentiel pourra être aussi normalisé dans les dimensions internationales et supranationales. À long terme, son impact sur le fondement du droit peut être progressivement augmenté.

Avec le temps, sous l'effet des changements dans la société, son rythme peut être également s'accélérer. Un tel rapprochement des paradigmes peut se présenter dans des niveaux différents. Par exemple, aux États-Unis, il est

---

[1] Cf. *Visual Artists Rights Act of 1990.*

[2] Cf. W. HINMAN, « Digital Asset Transactions: When Howey Met Gary (Plastic) », *U.S. Securities and Exchange Commission,* 14 juin 2018, disponible sur https://www.sec.gov/news/speech/speech-hinman-061418 (consulté le 9 février 2022). ; Cf. Art. 86 de la Loi PACTE du 22 mai 2019. ; Les articles L. 54-10-1 §2, L. 552-2, L.223-6 L223-12 du code monétaire et financier. ; Cf. Art. 168 de la loi n° 2015-990 du 6 août 2015 *pour la croissance, l'activité et l'égalité des chances économiques.* ; Cf. L'Ordonnance n° 2016-520 du 28 avril 2016 *relative aux bons de caisse.*

[3] Cf. Bulletin officiel de finance publique des Finances Publiques, Impôts, *BIC - Frais et charges d'exploitation - Dépenses non liées à l'objet de l'entrprise rendues déductibles par la loi : mesures en faveur du mécénat - Dépenses d'acquisition d'œuvres d'artistes vivants ou d'instruments de musique*, n° de référence : BOI-BIC-CHG-70-10, 3 février 2021.; Cf. Assemblée nationale (fr), *La question posée par Mme. Annie GENEVARD*, question n°. 22584, 3 September 2019 (la réponse a été publiée 12 janvier 2021), disponible sur https://questions.assemblee-nationale.fr/q15/15-22584QE.htm (consulté le 6 décembre 2021). ; Cf. M. BEUREL, « Déduction fiscale pour acquisition d'une œuvre d'art », *Les Echos Entrepreneurs*, 19 février 2020, disponible sur https://business.lesechos.fr/entrepreneurs/juridique/17137148-deduction-fiscale-pour-acquisition-d-une-uvre-d-art-342346.php (consulté le 6 démembre 2022).

susceptible d'être plus remarquable au niveau fédéré. Plus précisément, cela peut normaliser des approches des magistrats des juridictions fédérées, lorsqu'ils analysent des sujets n'étant pas clairement ou strictement encadrés par les sources législatives ou les juridictions fédérales.

Cette tendance peut aussi se révéler au niveau des États membres de l'Union européenne. L'adoption de ces méthodes analytiques et du raisonnement peut produire un rapprochement entre les juridictions étatiques (spécifiquement dans l'analyse des sujets sans lien avec le droit de l'Union européenne), sans intervention des organes suprêmes de l'Union. Cette évolution semble être compatible avec l'idée initiale de création et la raison d'être des fédérations, des confédérations et des entités supranationales, qui est le rapprochement (et même l'harmonisation) des politiques et des actions des membres[1]. Théoriquement, l'émergence d'une même évolution peut être envisageable dans tous les pays ayant le système fédéral. Pourtant, son degré peut être variable en fonction du « degré de précision des règles juridiques fédérales » et celui de « la liberté interprétative de juridictions fédérées ».

Cela peut également aboutir à une simplification du traitement, par les juridictions nationales, des affaires relevant du droit international privé. Cela peut surtout éviter l'émergence des tendances relevant de « crypto-nationalisme ». Ce dernier peut se révéler lorsqu'un juge national est censé appliquer des normes ou des règles juridiques d'un autre pays[2]. Dans ces circonstances, il est possible qu'il prenne « un rôle inconvenant, en confondant la raison et le sentiment »[3]. Il s'agit plus précisément d'un sentiment « nationaliste » l'empêchant d'appliquer des raisonnements et de reprendre des approches des magistrats étrangers[4].

Dans sa forme radicale, cela peut lui amener à refuser l'application d'une règle étrangère. Une soumission uniforme des magistrats de différents pays aux méthodes mathématiques du raisonnement et d'analyse peut mettre fin à tout sentiment de malaise face au recours aux décisions et aux approches de juges étrangers et/ou supérieurs (comme ceux des juridictions européennes et internationales). Les impacts similaires peuvent se manifester aussi dans l'arbitrage, la médiation, la conciliation et d'autres modes alternatifs de règlement des litiges. Par conséquent, cette évolution peut facilement dépasser les frontières des environnements « judiciaires ».

L'affaiblissement de l'aspect « individuel » des raisonnements juridiques pourrait impacter à la fois « la vision globale et les proches des magistrats » et « l'évolution jurisprudentielle du droit ». Cela peut conduire à l'émergence

---

[1] Cf. E. ARCQ , V. DE COOREBYTER, C. ISTASSE, « Fédéralisme et confédéralisme », *Dossiers du CRISP*, 2012, vol. 79, n° 1, pp. 111-125. ; Cf. O. BEAUD, *Théorie de la Fédération*, Presses Universitaires de France, coll. Léviathan, 2e éd., 2009, 448 p.

[2] R. SEFTON-GREEN, « French and English crypto-nationalism and European private law, An exercise in sentiment and reason », *op. cit.*, p. 260.

[3] *Ibidem.*

[4] *Ibidem.*

d'une supranationalisation et normalisation des paradigmes régnant des systèmes judiciaires augmentés des différents pays. Une telle normalisation des « méthodes » des raisonnements juridiques et judiciaires et le rapprochement des approches des juristes des différents pays et régions peuvent faciliter et renforcer les interactions « transnationales intellectuelles » entre eux. Même dans une hypothèse où ils ne manifestent pas un tel intérêt et la refusent, cette évolution fournit un canal d'échanges restant ouvert tant qu'ils pratiquement, dans leurs analyses, les mêmes méthodes et partagent la même logique (à savoir, mathématique).

En effet, dans un tel environnement, ils pourraient s'inspirer plus facilement les uns des autres. À long terme, ces échanges peuvent potentiellement aboutir à l'émergence d'un seul paradigme judiciaire « transnational », régnant sur l'ensemble des environnements judiciaires européens et américains. Ce système produit « un écosystème kaléidoscopique »[1], englobant ces dimensions géographiques.

Dans un kaléidoscope, chaque tour et chaque changement présentent une configuration nouvelle de l'ensemble des images, où les actions et les raisonnements de chacun de ses membres influencent ceux des autres, dans une dimension extrêmement large.

En 1666, Gottfried Wilhelm LEIBNIZ, philosophe, scientifique, mathématicien, logicien, diplomate, juriste et philologue allemand, a publié une thèse révolutionnaire, soutenant l'idée de l'analyse mathématique du droit dans la culture juridique civiliste[2]. Il a fait valoir que les impacts d'une telle analyse soient particulièrement opportuns. En particulier, dans l'hypothèse d'une imprécision des règles juridiques (écrites). Dans cette hypothèse, il propose de « recourir au droit de la nature, c'est à dire aux raisons morales des lois, puisque le droit est souvent incertain »[3]. Il explique que même dans le cas d'une précision suffisante, les règles statuaires (conventionnelles) doivent être interprétées avec celles morales (déterminées par une logique mathématique et cohérente)[4].

Ces dernières sont régies, à cause de leur nature universelle, par un système considérablement stable. C'est la raison pour laquelle elles peuvent être, théoriquement, identifiées et modélisées par un système de l'intelligence artificielle. Quand les modèles sont correctement créés, ils sont moins

---

[1] Cf. E. BROWN WEISS, « International Law in a Kaleidoscopic World », *op. cit.*

[2] Cf. C. HUNTINGTON, « Leibniz's Theory of Law », *Harvard Law Review*, vol. 60, n° 2, 1946, pp. 200-232. ; Cf. G. W. LEIBNIZ, *Nouvelle méthode pour apprendre et enseigner la jurisprudence*, Hachette BNF, coll. Sciences Sociales, 228 p.

[3] G. W. LEIBNIZ, P. BOUCHER (trad.), *Des cas perplexes en droit, De casibus perplexis in jure,1666*), Vrin, 2009, p. 116 ; Cf. Kh. DIKA, *L'affaire Loomis : Les fantômes de Descartes et de Grotius à l'assaut de la justice ?*, 20 avril 2020, p. 27, disponible sur https://hal.archives-ouvertes.fr/hal-02566382/document (consulté le 14 janvier 2022).

[4] S. GOYARD-FABRE, « Les rapports du droit et de la morale aujourd'hui » In. F. DERMANGE, L. FLACHON (dir.), *Éthique et droit, Labor et Fides*, 2002, p. 40-41.

susceptibles de faire l'objet d'évolutions ou de changements radicaux puisqu'ils seront moins dépendants des facteurs socio-économiques et politiques. Il s'agit de ceux associés au concept de « la démocratie » et à l'idée de la gouvernance du peuple sur le peuple. Pour lui, contrairement aux règles législatives particulièrement « conventionnelles », celles « morales » sont « naturelles et universelles ». Cette idée est une continuité de la théorie de l'universalité des règles morales présentée par Aristote[1].

D'un point de vue théorique, ce sujet peut être problématique, puisque le caractère conventionnel du droit illustre et constitue « sa base démocratique ». L'acceptation de ce nouveau paradigme, en s'appuyant sur les règles dites « naturelles » et « supralégislatives »[2], peut renforcer l'efficacité du fonctionnement des systèmes de l'intelligence artificielle au sein de la justice. En même temps, ce sera le début d'une révolution touchant le fondement des systèmes gouvernementaux « actuels ». Cela peut mettre en question le système de la gouvernance représentative[3]. Sa mise en place diminuerait le rôle et l'importance de la représentation parlementaire et renfoncerait la nécessité de création d'un nouveau mécanisme visant à déterminer les règles morales (avec une approche mathématique) pour création, proposition ou adaptation des règles juridiques.

Si nous réussissons à identifier ses caractéristiques et à élaborer des méthodes fiables de leur détermination, la machine pourra potentiellement les codifier, si le taux de sa qualité est jugé suffisamment supérieur. Cette évolution peut mettre fin à « l'humanisme juridique »[4]. En reprenant l'idée du professeur Bruno OPPETIT, la Professeur Catherine PUIGELIER précise, dans son dictionnaire juridique, que « théorie selon laquelle l'Homme est capable de s'élever à un universalisme abstrait transcendant les intérêts particuliers et en niant les sujétions particulières auxquelles les traditions l'ont soumis dans le passé »[5]. Si « l'efficacité » de ce système est prouvée, il mettrait en question « la pertinence » des « approches humanistes classiques », principalement

---

[1] Aristote, J. BARTHÉLEMY-SAINT-HILAIRE (trad.), *La Grande Morale: Livres I & II*, Independently published, 2018, 151 p.

[2] Cf. V. GIROUX, « Les droits fondamentaux des animaux : une approche anti-spéciste », *op. cit.*, p. 28. ; C. SUEUR, « Donner plus de droits aux animaux, est-ce réduire ceux des humains ? », *The Conversation*, 19 mai 2019, disponible sur https://theconversation.com/debat-donner-plus-de-droits-aux-animaux-est-ce-reduire-ceux-des-humains-116846 (consulté le 28 février 2022).

[3] A. MICHELS, « Les innovations dans la gouvernance démocratique – En quoi la participation citoyenne contribue-t-elle à l'amélioration de la démocratie ? », *Revue Internationale des Sciences Administratives*, vol. 77, n° 22, 2011, pp. 275-296.

[4] Cf. B. EDELMAN, « Critique de l'humanisme juridique » In. B. EDELMAN, M.-A. HERMITTE (dir.), *L'Homme, la nature et le droit*, C. Bourgeois, 1988, p. 287-307.

[5] C. PUIGELIER, *Dictionnaire juridique*, Bruylant, 2e éd., coll. Paradigme-Vocabulaire, 2017, § 2722. ; Q. LE PLUARD, « La fin de l'humanisme juridique ? Vers un dépassement de l'Homme comme seule fin du droit », *Cahiers Droit, Sciences & Technologies*, vol. 11 (L'humain en transformation - dossier thématique), 2020, note de bas de page 8, disponible sur https://doi.org/10.4000/cdst.2798 (consulté le 25 janvier 2022).

dominantes, dans les environnements juridiques et politiques, depuis le XVIIIe siècle[1].

Cette nouvelle forme d'humanisme jusnaturaliste[2], développée par l'intelligence artificielle, peut être à la fois considérée comme législative (par l'intermédiaire de la création et la reconnaissance des nouvelles règles morales) et jurisprudentielle (grâce à leur prise en compte par les magistrats)[3].

Les systèmes juridiques et politiques contemporains ont tendance à considérer « la personne » comme seule raison d'existence du droit. Le rattachement aux traditions actuelles, les tendances conformistes et la crainte du changement peuvent conduire à une opposition globale à cette idée, notamment de la part des membres des institutions traditionnelles fondées sur les idées classiques et humanistes.

L'humanisme soutenu par ces systèmes se caractérise par une conventionalité positiviste, caractérisée par « l'expression de la volonté » par les sujets du droit. C'est ainsi que, pour eux, le recours à une logique formelle, concentrée sur l'aspect « naturel » des règles morales, et limitant la liberté des magistrats et des législateurs peut être jugé « antihumaniste » ou « ultraconservateur ». Grâce aux travaux de John LOCKE et Thomas HOBBES, le jusnaturalisme et le recours à des règles naturelles et morales dans la création et l'application du droit ont été intégrés à l'ADN de la culture de *Common Law*[4].

Dans ce système de pensée, la valeur de « la volonté » peut s'emprunter à celle de « la moralité ». Par conséquent, au nom de la démocratie, une règle non morale souhaitée par la majorité de la population sera systématiquement considérée comme légitime. Tant qu'elle est dans le cadre des limites définies par les règles suprêmes. La soumission à ces dernières dépend aussi de la volonté de ses sujets. Par exemple, au nom de la démocratie, la majorité du peuple peut voter en faveur de la révision d'une constitution pour établir une règle suprême non morale. Une logique mathématique peut considérablement réduire le risque de « l'excès de la démocratie » et la limiter aux règles morales (dites naturelles) codifiées, grâce aux analyses algorithmiques. Il est impossible de dire que ce système est mieux ou pire que la démocratie

---

[1] Q. LE PLUARD, « La fin de l'humanisme juridique ? Vers un dépassement de l'Homme comme seule fin du droit », *préc.*, § 10, disponible sur https://journals.openedition.org/cdst/2798#bodyftn8 (consulté le 25 janvier 2022). ; Cf. M. ANCEL, « L'Humanisme et le droit », *Bulletin de l'Association Guillaume Budé*, 1947, vol. 3, pp. 38-45.

[2] Cf. N. CAMPAGNA, « Humanisme juridique et loi naturelle », *Revue de Théologie et de Philosophie*, série 3, vol. 133, n° 1, 2001, pp. 19-34.

[3] Cf. M. VILLEY, « Chapitre II. La jurisprudence humaniste » In. M. VILLEY, *La formation de la pensée juridique moderne*, Presses Universitaires de France, coll. Quadrige, 2013, pp. 454-487.

[4] J. LOCKE, *Two Treatises Of Government: In The Former, The False Principles And Foundation Of Sir Robert Filmer, And His Followers Are Detected And Overthrown; ... Original, Extent, and End of Civil-Government*, Lawbook Exchange, Ltd., 2010, 368 p.

classique. Chaque personne et chaque nation peut avoir un avis différent sur ce sujet.

Une approche jusnaturaliste radicale développée sous la pression des logiques mathématiques, peut devenir cible d'attaques, de peurs (voire de phobies) et de critiques de la part des experts positivistes, soi-disant « humanistes ». C'est une réaction normale de la part d'une partie de la société vis-à-vis de tous les changements fondamentaux et radicaux[1]. Il est extrêmement difficile de deviner si les vrais impacts d'un tel dépassement humain seront plutôt positifs ou négatifs.

Notre mémoire nous rappelle qu'au fil de l'histoire, en particulier durant les XIXe et (au début du) XXe siècles, face à l'accélération des tendances politiques en faveur de l'humanisme et de positivisme sur la scène internationale[2], beaucoup de penseurs et de communautés (surtout celles religieuses)[3] ont ouvertement critiqué et mis en question l'intérêt de ce concept. Parmi eux, on observe quelques critiques portées par NIETZSCHE[4] et MARX. Louis ALTHUSSER explique à ce sujet qu'« on peut et on doit parler ouvertement d'un antihumanisme théorique de MARX et, voir la condition de possibilité absolue (négative) de la connaissance (positive) du monde humain lui-même et de sa transformation pratique. On ne peut connaître quelque chose des hommes qu'à la condition absolue de réduire en cendres le mythe philosophique, théorique, de l'homme »[5]. En France, ce sujet a fait l'objet d'études approfondies par Messieurs Jacques MARITAIN[6] et Guillaume DE THIEULLOY[7].

L'affaiblissement du caractère démocratique du droit et de justice peut potentiellement conduire à celui du concept de « la souveraineté » (en particulier, dans la détermination des règles juridiques). Cette évolution ne

[1] Cf. D. FOREST, « Qui a peur de l'Internet des objets ? », *Revue Lamy droit de l'immatériel*, n° 54, 2009, pp. 45-46.
[2] Cf. P. GILLI, « Humanisme Juridique et Science du Droit au XV Siècle : tensions compétitives au sein des élites lettrées et réorganisation du champ politique », *Revue de Synthèse, Springer Verlag/Lavoisier*, vol. 130, n°4, 2009, pp. 571-593.
[3] F. LORDON, « Anti-humanisme théorique, humanisme et religion. Le don tel qu'il est, et non tel que l'on voudrait qu'il fût », *Revue du mouvement anti-utilitariste en sciences sociales*, vol. 27, n° 1, 2006, pp. 105-126.
[4] F. NIETZSCHE, H. ALBERT. *Le Gai Savoir*, Société du Mercure de France, Paris, vol. 8, 1901, p. 125. ; F. NIETZSCHE, L'antéchrist, Jean-Jacques Pauvert, 1967, p. 79.
[5] R. AUTHIER, « Le problème des universaux chez Marx. Michel Henry critique de Louis Althusser », *Le Philosophoire*, vol. 37, n° 1, 2012, pp. 249-250. ; Cf. L. ALTHUSSER, « Septième partie. Marxisme et humanisme » In. L. ALTHUSSER (dir.), *Pour Marx*, La Découverte, coll. Poche / Sciences humaines et sociales, 2005, p. 259-284.
[6] Ph. CHENAUX, *Humanisme intégral (1936) de Jacques Maritain*, Éditions du Cerf, 2006, 106 p.
[7] G. DE THIEULLOY, *Antihumanisme intégral ? : L'augustinisme de Jacques Maritain*, Pierre Téqui, 2006, 160 p.

relève pas de l'émergence d'une « déshumanisation »[1] des systèmes juridiques, mais celle d'une « nouvelle forme de l'humanité »[2] dépassant les frontières culturelles et politiques. Elle se réalise grâce à l'harmonisation des pratiques des juristes et leur recours globalisé et systématique à une « logique déontique ».

D'un point de vue strictement technique (informatique), le système de l'analyse automatisée des arrêts et des requêtes se base principalement sur l'identification, l'exploitation et la modélisation de cette forme de logique, à partir de la sémantique utilisée dans les textes contenant des raisonnements juridiques[3]. Cette logique est fondée sur des formules bien définies, formalisées et fixes. Par conséquent, dans l'analyse d'une problématique ou d'une question spécifique posée par différentes personnes, elle est toujours la même. Cela peut considérablement réduire le nombre des appels devant les juridictions de second degré. Pourtant, le droit de contester une décision de justice devant une nouvelle juridiction ne peut être retiré en faisant valoir que ces juridictions vont analyser l'affaire avec la même logique et conclure de la même manière. Il est garanti aux États-Unis (par le 10e amendement de la constitution) et en Europe (par l'article 6 de la Convention européenne des droits de l'homme et l'article 47 de la Charte européenne des droits fondamentaux de l'Union européenne) en tant qu'un droit fondamental. Cela explique son caractère « supra-personnel » ou « supra-individuel ».

Une telle « supranationalisation » et « supra-individualisation » des méthodes d'analyse peut aussi présenter des intérêts hors des juridictions, en particulier dans les entreprises. Il était évoqué qu'il est possible, grâce à la combinaison des technologies de l'intelligence artificielle et de la blockchain, de concevoir, d'une façon purement automatisée, des différents types de documents juridiques tels que les conventions collectives, les contrats et etc. En prenant en compte les caractéristiques de ces documents, ils peuvent être considérés comme des actes demi-complexes, puisqu'ils n'ont ni la simplicité des documents déclaratifs (comme les accusés de réception et les attestations ni la complexité des textes analytiques abordant des problématiques complexes). Les premiers et les seconds peuvent être respectivement considérés comme simples et complexes. Ces deux documents figurent entre ces deux catégories.

En théorie, en Europe et aux États-Unis, elles sont susceptibles d'être semblables dans leur utilisation, pour générer tous les types de contrat. Pourtant, en pratique, dans chacune de ces dimensions, leur qualité peut être

---

[1] Cf. R. Cellan-Jones, « Stephen Hawking warns artificial intelligence could end mankind », *BBC News*, 2 décembre 2014, disponible sur https://www.bbc.com/news/technology-30290540 (consulté le 3 mars 2022).

[2] Cf. R. Sève, *Vers de nouvelles humanités ? L''humanisme juridique face aux nouvelles technologies*, Dalloz, Archives de philosophie du droit, T. 59, 2017, 334 p.

[3] *Ibidem.*

différente, puisqu'il y a d'importantes différences dans la manière de rédaction de ces textes et leur mise en page.

Leur rédaction est partiellement soumise aux règles formelles et matérielles établies par les textes « législatifs et réglementaires ». Elle se caractérise également par celles « conventionnelles » et « contractuelles ». Ces derniers peuvent se manifester soit dans « la sémantique » du texte soit dans « la logique » et sa manière d'expression, soit par les idées qu'il contient (qui peuvent être issues des traditions et les cultures populaires). Dans le cas des contrats internationaux, la réalisation de cette tâche est extrêmement sensible[1], puisque la prise en compte de règles de dimensions géographiques multiples peut être nécessaire. Cela devient encore plus délicat lorsqu'il s'agit de cultures juridiques très différentes comme celles de l'Europe et des États-Unis. En effet, il y a donc une différence dans le fond entre les textes juridiques contractuels américains et européens.

Le sujet de la pertinence d'usage des modèles algorithmiques identiques pour leur analyse et leur reproduction a fait l'objet d'examens théoriques et pratiques par la société anglaise, Cognitif+. Ses dirigeants expliquent que l'analyse, par les modèles analytiques identiques, des contrats conclus entre les parties venant des systèmes romano-germaniques et civiles est extrêmement difficile[2]. Ils ajoutent que, sur le plan formel, « les contrats de *Common Law* sont généralement plus longs et plus détaillés. Les contrats de droit civil ont tendance à être plus courts »[3]. Un autre élément diversifiant le fondement de ces textes est « le langage » par lequel ils sont rédigés. On peut donc estimer que la mise en place d'une réforme linguistique peut potentiellement augmenter la qualité de ces analyses.

. Pourtant, la difficulté principale ne réside pas dans l'analyse de « la sémantique », « la forme » et « la mise en page » mais dans « l'exploitation de la logique » par laquelle le texte a été rédigé.

Théoriquement, l'intelligence artificielle peut être programmée pour modéliser et imiter une logique et une manière de raisonnement qui est propre à un système de pensée ou un paradigme judiciaire spécifique. Pourtant, l'application, en même temps, de deux modèles sur un texte unique peut perturber ou diminuer la qualité du fonctionnement des algorithmes[4]. La supranationalisation des méthodes analytiques peut produire un rapprochement des visions des juristes appartenant à ces deux systèmes. Par conséquent, les modèles algorithmiques de leur raisonnement se rapprocheront aussi automatiquement. Cette évolution peut permettre de créer

---

[1] Cf. F. COLLART DUTILLEUL, Ph. DELEBECQUE, *Contrats civils et commerciaux*, Dalloz, 9e éd., 2011, 1028 p.

[2] Cognitif+, *Common Law, Civil Law and Legal Tech*, 30 juillet 2020, disponible sur https://www.cognitivplus.com/common-law-civil-law-and-legal-tech/?cn-reloaded=1 (consulté le 14 janvier 2021).

[3] *Ibidem*.

[4] *Ibidem*.

des modèles uniques applicables sur les textes contractuels mixtes, à savoir, rédigés avec deux systèmes du raisonnement (civile et romano-germanique). Dans cette hypothèse, la question de la détermination de la juridiction compétente et de la loi applicable peut devenir aussi moins sensible. Cela peut également éliminer le risque d'usage abusif des systèmes algorithmiques, pour recourir au *forum shopping*[1].

La subordination « intellectuelle » et « méthodologique » des juristes européens et américains, aux impératifs scientifiques « uniformes » peut créer un écosystème global où ils analysent des « règles législatives différentes » avec une « logique harmonisée ». Dans un tel système chacun peut s'inspirer des raisonnements des autres, dans une dimension « transnationale ». Par exemple, cela peut permettre aux magistrats américains de recourir, pour concevoir une décision, aux arguments exprimés dans les juridictions européennes (et *vice-versa*).

Dans la tradition du *Common law* (en particulier aux États-Unis) le recours aux ratios (raisonnements) étrangers est légalement admis (même s'il n'est pas très courant)[2]. Théoriquement, une inspiration des ratios des magistrats étrangers par ceux européens semble être aussi parfaitement possible[3]. L'histoire de la Cour suprême des États-Unis est le témoin de références multiples aux lois et aux jurisprudences françaises, en particulier, en matière de la protection de la vie privée[4].

Dans les systèmes romano-germaniques, cette forme de recours se présente souvent dans le cadre de la résolution des contentieux relevant du droit international privé lorsque le magistrat (ou arbitre) est censé « interpréter » ou « appliquer »[5] un droit étranger (cette pratique est aussi courante aux États-Unis)[6]. Ce cas de figure ne doit pas être confondu avec celui du recours aux « manières de raisonnement », correspondant au concept anglo-américain du *ratio*. Dans le premier, le juge applique un droit étranger soit avec sa propre

---

[1] Cf. A. ZAVRŠNIK, « Criminal justice, artificial intelligence systems, and human rights », *ERA Forum*, 2020, p. 579. ; Cf. SAGAUT J-F., CAGNIART M., « Regard communautaire sur le forum shopping et le forum non conveniens », *op. cit.*, p. 51.

[2] F. VENTER, « The Use of Foreign Precedents by Constitutional Judges », *International Journal of Constitutional Law*, vol. 12, n° 1, janvier 2014, pp. 261-263, disponible sur https://doi.org/10.1093/icon/mou010 (consulté le 31 janvier 2022). ; K. G. BALAKRISHNAN, « The Role of Foreign Precedents in a Country's Legal System », *National Law School of India Review*, vol. 22, n° 1, 2010, pp. 1-16.

[3] Cf. E. FOHRER-DEDEURWAERDER, *La prise en considération des normes étrangères*, LGDJ, T. 501, 2008, 586 p.

[4] *Janecek c. Rosenthal*, A16-1885 (Minn. Ct. App. Jun. 12, 2017). ; J. Q. WHITMAN, « The Two Western Cultures of Privacy: Dignity versus Liberty », *The Yale Law Journal*, vol. 113, n° 6, avril 2004, pp. 1151-1221.

[5] Cf. C. ESPLUGUES, J. L. IGLESIAS, G. PALAO, *Application of Foreign Law*, Sellier, European Law Publishers, coll. Jurisprudence & Law, 2011, 444 p.

[6] J. WALDRON, « Foreign Law and the Modern Ius Gentium », *Harvard Law Review*, vol. 119, n° 1, 2005, pp. 129-147.

approche, soit par celle des magistrats de l'État d'origine du droit. Alors que dans le second, il applique une règle juridique de son propre État, avec une manière de raisonnement emprunté par un juge étranger.

Dans un environnement mondial dit « augmenté » où les approches des juristes des différents pays se sont rapprochées, sous l'influence des cadres établis par l'intelligence artificielle, les dialogues réguliers et les échanges massifs des raisonnements et des règles de droit entre les juridictions étatiques peuvent aboutir à la création d'un paradigme judiciaire transnational[1]. Dans ces circonstances, elle sera à la fois le résultat de « supranationalisation des méthodes du raisonnement », de « transnationalisation des dialogues entre les juges »[2] et de « globalisation progressive des approches analytiques des règles juridiques »[3]. Cette hypothèse permettant de mieux codifier les méthodes du raisonnement juridique peut potentiellement faciliter la création des tribunaux automatisés.

L'intelligence artificielle facilite les dialogues horizontaux entre les juridictions des différents États européens, la Cour européenne des droits de l'homme et la Cour de justice de l'Union européenne ainsi que les juridictions américaines. Elle favorise aussi ceux verticaux entre les juridictions des différents degrés. Il s'agit des dialogues intellectuels entre leurs membres. Cela ne doit pas être confondu avec ceux de « données judiciaires ». Le développement des plateformes d'*open source*, fournissant un accès supranational aux sources doctrinales, peut être considéré comme un catalyseur de ses échanges même en absence d'un dialogue direct entre eux.

Cette influence peut facilement prendre la forme d'une subordination inconsciente à certaines règles analytiques et formelles. Pourtant, elle ne peut être considérée comme une atteinte à la liberté discrétionnaire des magistrats, puisque ce principe leur autorise de s'inspirer des idées de n'importe quelle personne. Dans l'Union européenne et aux États-Unis, il semble, au moins, qu'il n'y a aucune limite législative ou jurisprudentielle pour l'inspiration extraterritoriale dans la manière du raisonnement des magistrats.

Selon Monsieur Norman DORSEN, aux États-Unis, les traces des raisonnements des magistrats étrangers (et même les droits nationaux des autres pays) sont manifestement visibles dans les communications entre les magistrats de la Cour suprême[4]. Ils semblent être plus remarquablement

---

[1] D. MAUS, « Le recours aux précédents étrangers et le dialogue des cours constitutionnelles », *Revue française de droit constitutionnel*, vol. 80, n° 4, 2009, pp. 675-696.

[2] L. BURGORGUE-LARSEN, « De l'internationalisation du dialogue des juges », *Mélanges en l'honneur du président Genevois*, Dalloz, France, 2008, pp. 95-130.

[3] K. BENYEKHLEF, « Vers un droit postnational ? Un court essai sur le droit cosmopolitique comme modèle de gouvernance globale », *Lex Electronica*, vol. 15 (édition spéciale Mélanges en l'honneur d'Andrée LAJOIE), n° 1, été 2010, pp. 909-976.

[4] N. DORSEN, « The relevance of foreign legal materials in U.S. constitutional cases: A conversation between Justice Antonin Scalia and Justice Stephen Breyer », *International*

présents dans les interprétations des constitutions (aux niveaux fédéral et fédéré)[1]. Sur le plan international, cette évolution devient progressivement de plus en plus importante[2]. Ce recours peut, par exemple, s'illustrer dans le cas du traitement des affaires liées aux droits fondamentaux, où il y a plus de similitude entre les règles législatives européennes et américaines. À titre d'exemple, en Europe et aux États-Unis, la liberté d'expression est protégée de la même manière respectivement par l'article 10 de la convention européenne des droits de l'homme, l'article 11 de la Charte européenne des droits fondamentaux et le premier amendement de la Constitution des États-Unis. Cette notion (dans le sens défini par la constitution des États-Unis est un complément à la liberté d'expression qui a été définie le 12 juin 1776 par l'article 12 de la déclaration des droits de l'État de Virginie précisant que « la liberté de la presse est l'un des plus grands remparts de la liberté et ne peut être restreinte que par des gouvernements despotiques ». Les caractéristiques et les limites à ce principe (étant extrêmement large) se définissent souvent grâce aux interprétations des juges suprêmes (aux niveaux nationaux régionaux). Ces derniers expliquent sa dynamique et son caractère subjectif.

Ce principe peut être interprété de façons radicalement différentes. Par exemple, en juin 2017, Monsieur Samuel ALITO, juge assesseur de la Cour suprême des États-Unis, a précisé qu'« un discours basé sur la race, l'ethnie, le sexe, la religion, l'âge, le handicap ou tout autre motif similaire est haineux ; toutefois, la plus grande fierté de notre jurisprudence en matière de liberté d'expression est que nous protégeons la liberté d'exprimer une pensée haineuse »[3]. Concernant le même sujet, en 2006, la Cour européenne des droits de l'homme a déclaré (dans l'arrêt *Erbakan c. Turquie*) que « [l]a tolérance et le respect de l'égale dignité de tous les êtres humains constituent le fondement d'une société démocratique et pluraliste. Il en résulte qu'en principe on peut juger nécessaire, dans les sociétés démocratiques, de sanctionner, voire de prévenir, toutes les formes d'expression qui propagent, incitent à, promeuvent ou justifient la haine fondée sur l'intolérance »[4]. Les jugements de cette juridiction, strictement limités à un texte juridique unique,

Journal of Constitutional Law, vol. 3, n° 4, 2005, pp. 519-541. ; Cf. *Printz c. United States*, 521 US 898 (1997).

[1] L. EPSTEIN, J. KNIGHT, « Constitutional Borrowing and Nonborrowing », *International Journal of Constitutional Law*, vol. 1, n° 2, pp. 196-223. ; Cf. A. L. PARRISH, « Storm in a Teacup: the U.S. Supreme Court's Use of Foreign Law », *University of Illinois Law Review*, 2007, vol. 2, pp. 637-680.

[2]B. MARKESINIS, J. FEDTKE, *Judicial Recourse to Foreign Law: A New Source of Inspiration ?*, Routledge-Cavendish, 1er éd., 2006, 440 p.

[3] *Matal c. Tam*, 582 (no. 15–1293.), 19 juin 2017, p. 25. ; Cf. Harvard Law Review, *Matal v. Tam*, 10 novembre 2017, disponible sur https://harvardlawreview.org/2017/11/matal-v-tam/ (consulté le 23 février 2022).

[4] CEDH, *Erbakan c. Turquie*, 6 juillet 2006, § 56.

s'élaborent plutôt sur la base des raisonnements des juges[1]. Par conséquent, une prise de décision très différente de leur part, comme celle de la Cour suprême des États-Unis peut être aussi théoriquement possible.

Cela démontre que, dans ce contexte, la différence d'encadrement juridique de ce principe est issue de la manière du raisonnement et des méthodes des magistrats (et non des textes législatifs). En considérant que dans ces deux dimensions géographiques, il y a une même base législative garantissant ce principe (et ceux similaires), une supranationalisation des méthodes du raisonnement peut permettre à chacun des juges européens et américains de faire référence aux analyses (ou aux techniques analytiques) des autres. En principe, il est aussi possible d'analyser des règles nationales avec un ratio étranger tant qu'il est admis dans le cadre de la liberté discrétionnaire des magistrats. En prenant les raisonnements de l'ensemble des membres de ces juridictions comme des données d'entrée au système, il sera aussi possible de créer, grâce aux algorithmes, un modèle rationnel et analytique « transnational ».

Dans l'hypothèse d'une conception réussie des modèles autonomes de l'évaluation des caractéristiques de ces principes, et en prenant en compte les ratios de l'ensemble de magistrats européens et américains, on peut créer des méthodes de raisonnement utilisable pour toutes ces juridictions. Cela peut à la fois « faciliter l'analyse des affaires », « renforcer la cohérence formelle des décisions de justice » et « augmenter la qualité des analyses purement automatisées ». En général, une codification supranationale des méthodes du raisonnement peut permettre de concevoir des programmes algorithmiques de plus en plus sophistiquées, méthodologiques et stables. Ils peuvent plus facilement s'adapter aux règles juridiques de chaque système.

La soumission de la pensée des juristes européens et américains aux impératifs et aux cadres rationnels et méthodologiques identiques (ou similaires) peut être comparée à l'inspiration « excessive » et « universelle » des écoles artistiques par les artistes du monde entier. Cette réflexion nous amène à nous interroger sur l'expérience de modélisation algorithmique de la pensée des artistes et la comparer avec celle des analyses juridiques. Selon Madame Valérie HASSON-BENILLOUCHE, le système de création automatisée de l'art numérique est intimement basé sur celui des œuvres classiques[2]. Par exemple en analysant les œuvres impressionnistes, les algorithmes sont capables de concevoir « une nouvelle œuvre » avec « la vision » des artistes

---

[1] Cour européenne des droits de l'homme, *Discours de haine*, Fiche thématique, janvier 2022, disponible sur https://www.echr.coe.int/documents/fs_hate_speech_fra.pdf (consulté le 2 février 2021). ; Cf. Conseil de l'Europe, *Recommandation n° R (97)20 du Comité des Ministres aux États membres sur le « discours de haine »*, 30 octobre 1997 , disponible sur https://rm.coe.int/168050116d (consulté le 2 février 2021).

[2] L'intervention de Madame Valérie HASSON-BENILLOUCHE, *Nocturne : L'IA s'invite dans l'art contemporain*, Cité de l'économie, 3 février 2022.

suivant ce mouvement[1]. Dans cet exemple, la machine ne prend pas simplement, comme données d'entrée au système, les similitudes entre les œuvres anciennes. Elle exploite les caractéristiques de « la vision » et de « l'approche » de leurs créateurs. Quand cette dernière est définie d'une façon suffisamment claire, il est possible, grâce aux algorithmes, de concevoir d'« autres formes » d'œuvres d'art avec « la même vision » et « les mêmes méthodes »[2].

Cet exemple semble être parfaitement comparable avec la modélisation de la vision des juristes, dans des dimensions spécifiques ou globales. Les styles et les écoles artistiques universellement reconnus inspirent, de même façon, tous les artistes. Plus précisément, ils définissent des méthodes et des cadres, les guidant vers une direction spécifique et déterminée (cela démontre que, malgré ce que l'on pourrait penser, l'artiste (comme le juriste) n'est pas totalement libre dans l'expression de sa créativité).

Ils sont comme des fantômes formant leur vision, sans y être véritablement présents. Pourtant, les œuvres des suiveurs des écoles et des courants artistiques ne se ressemblent toujours pas autant. Cela se justifie par le fait que les artistes adaptent ces règles dites « méthodologiques » à leurs propres idées et aux caractéristiques de leur personnalité et leur environnement. C'est ainsi qu'elles évoluent et ne disparaissent jamais. Dans les environnements juridiques et judiciaires, les paradigmes transnationaux peuvent jouer un rôle similaire à celui des courants artistiques. En effet, grâce à ces systèmes, il est théoriquement possible de « créer » ou « reconnaître » des visions ou des paradigmes judiciaires dits « transnationaux ».

Ils peuvent être perpétuellement enrichis, complétés et évolués par l'ensemble de leurs acteurs dans des pays différents. Les modèles analytiques conçus sur cette base peuvent être aussi utilisés par eux, lors d'élaboration de leurs futures analyses, comme une source d'inspiration. Cela peut garantir une évolution plus harmoniums des approches des juristes dans une dimension transnationale (par exemple, transatlantique).

Cette stabilisation des méthodes analytiques peut aussi renforcer la qualité et l'efficacité du fonctionnement des tribunaux purement automatisés. Sur la scène internationale, leur mise en œuvre sur la base de ces mécanismes peut à la fois « éviter l'émergence de nouveaux courants et paradigmes judiciaires » et « stabiliser et maintenir la cohérence des analyses juridiques ». Dans une telle atmosphère, « l'innovation » pourra être sacrifiée au nom de « la facilité ». C'est ainsi que « l'innovation » technologique peut conduire à l'émergence d'un « dogmatisme » humain.

Ce cas de figure nous amène à revenir à la comparaison entre le monde du droit et celui de l'art. Si nous imaginons une hypothèse où les machines sont les seuls acteurs de ce dernier, et qu'elles n'appliquent que des méthodes

---

[1] *Ibidem.*

[2] *Ibidem.*

définies à partir des courants artistiques existants, aucun mouvement nouveau n'y naîtra jamais. Dans le monde du droit, la production des mêmes effets peut être envisageable.

Dans une formule plus simple, on peut dire que le processus d'élaboration d'un paradigme judiciaire transnational se réalise à travers les changements progressifs des « méthodes de travail » des juristes reconfigurant « leur manière de raisonnement ». Si cela influence « leur vision et leur approche » vis-à-vis des problématiques. Dans sa forme radicale, cela pourra aussi influencer « les paradigmes régnant des systèmes judicaires ». En raison de la nature mathématique du fonctionnement des algorithmes, dans l'ensemble des environnements judiciaires dits augmentés, cette évolution sera susceptible de se présenter de la même façon. Son caractère « uniforme » peut aboutir, dans des dimensions transnationales, à la création d'un paradigme judiciaire « commun » ou « partagé ». Celui-ci ne peut être considéré comme « supranational » puisqu'il n'est pas totalement soumis aux cadres et aux règles mathématiques. Il ne peut être non plus considéré comme « international » tant qu'il n'est pas établi en accord et sur la base des règles conventionnelles définies par les États. Il se caractérise essentiellement par les échanges entre les juristes des différents pays, partageant le même paradigme. C'est la raison pour laquelle on estime que sa nature correspond mieux au terme « transnational ».

Le caractère positif ou néfaste des impacts de « la supranationalisation des méthodes du raisonnement » et de « la transnationalisation des paradigmes judiciaires » peut être jugé différemment, en fonction de l'approche générale et des idées de chacun. Certes, cela peut faciliter le traitement de certaines affaires, mais aussi affaiblir le caractère national (reflétant le fondement démocratique du système de justice) des décisions. Notre opinion sur ce sujet dépendra de la valeur que nous attribuons à chacun de ces éléments.

Chapitre 2. L'influence quasi-uniforme de la justice augmentée sur l'évolution jurisprudentielle et législative des droits européens et américains

Pendant les dernières décennies, grâce au développement des réseaux sociaux et des outils de communication, les interactions sociales et économiques transnationales ont été considérablement renforcées. La révolution industrielle, sous la pression de l'émergence de la nécessité d'accès aux matières premières et à conquérir de nouveaux marchés a considérablement renforcé les échanges internationaux. La société post-industrielle, née de la révolution de l'internet réside dans une sphère plutôt dématérialisée et supranationale, puisqu'elle dépasse les frontières « étatiques ». À ce titre, le numérique est devenu à la fois instrument de « mondialisation » et celui d'imposition d'une « influence extranationale ».

La combinaison de ces technologies avec celles de l'intelligence artificielle produit par défaut des impacts de plus en plus importants, présentant le risque d'ingérence, d'indépendance et de manipulation. À ce sujet, le 5 mars 2020, Monsieur Cédric O a précisé, lors du « *AI France Summit* » qu'aujourd'hui « les français utilisent les appareils américains, chinois ou coréen qui sont tous connectés aux réseaux étrangers »[1]. Par conséquent, pour trancher un litige interne au sein de l'Union européenne, on aurait probablement besoin d'« outils » et de « données stockées dans les bases étrangères » (englobant celles qui sont collectées à partir des territoires de l'Union européenne et stockées, dès lors, dans les bases de données étrangères, en particulières américaines). L'ensemble de ces facteurs « sociaux » et « matériels » reconfigure non seulement l'ingénierie des méthodes du raisonnement des magistrats, mais aussi celle de la volonté générale[2] des populations, source originaire de création du droit. Un système démocratique basé strictement sur

[1] AI France Summit à Paris a été un événement organisé le 5 mars 2020 à Bercy, par « Tech In France » (un syndicat des professionnels français de l'industrie du numérique) et le secrétariat d'État chargé du numérique.

[2] Cf. R. STAMMLER, « Notion et portée de la " volonté générale " cher Jean-Jacques Rousseau », *Revue de Métaphysique et de Morale*, T. 20, n° 3, mai 1912, pp. 383-389.

la volonté du peuple, sans la prise en compte des considérations éthiques et morales peut renforcer ces effets, puisque dans un tel système, l'influence des idées imposées par les systèmes de l'intelligence artificielle sera reflétée rapidement et directement, par l'intermédiaire des votes parlementaires, dans les textes des lois. Cela crée un système réciproque d'influence : l'intelligence artificielle à la fois modélise, codifie et imite les comportements et les raisonnements des hommes et aussi les influence.

Le processus de codification des règles juridiques et leur application ressemblent au fonctionnement d'un système informatique. Il est composé de quatre niveaux (ou étapes). L'émergence d'un changement dans chacun impacte automatiquement les autres. Le premier consiste en « l'évolution du système social ». Le deuxième est le processus de « l'identification de ses caractéristiques ». Le troisième est « leur transformation en forme de règles écrites ». Le quatrième est « le contrôle de leur respect ». Le cinquième est « la prise en compte des évolutions socio-économiques pour changer et mettre à jour les règles juridiques ». Elles évoluent ensemble et perpétuellement.

Sur les plans formel et rationnel, l'importance du caractère mécanique de ce mécanisme est d'autant plus considérable qu'en 1950, Albert DE GEOUFFRE DE LA PRADELLE a précisé que « ce ne sont pas les philosophes avec leurs théories, ni les juristes avec leurs formules, mais les ingénieurs avec leurs inventions qui font le droit et surtout le progrès du droit »[1]. Jean-Claude COLLIARD affirme que dans le jeu de l'influence réciproque entre « le droit » et « les techniques scientifiques », ces dernières, étant plus fortes, s'emparent sur le premier[2].

Leur influence ne se limite pas aux processus de la création et de l'application des règles juridiques et vise aussi les valeurs et les normes sociales qui sont, dans les sociétés démocratiques, les sources originelles des droits. Nous pouvons donc conclure que l'influence de cette technologie sur les méthodes d'analyse et sur les celles du raisonnement des juristes se manifeste dans l'évolution jurisprudentielle du droit, alors que la seconde forme d'influence, étant une forme de l'ingénierie des comportements et des normes sociales se reflète dans l'évolution législative du droit. L'ensemble de ces influences peut produire un changement juridique fondamental.

---

[1] C-A. COLLIARD, « La machine et le droit privé français contemporain » In. G. RIPERT (dir.), *Le droit privé français au milieu du XXème siècle; Etudes offertes à Georges Ripert*. t.1. LGDJ, 1950, p. 115.

[2] *Ibidem.*

Section 1. L'intelligence artificielle, outil d'ingénierie de l'évolution jurisprudentielle du droit

Malgré les différences culturelles et l'immense disparité entre les traditions juridiques, une transnationalisation des approches des magistrats peut les conduire à se rapprocher. Pourtant, avant s'interroger sur le sujet de l'émergence de ce phénomène au niveau « transnational », il faut examiner les impacts des systèmes algorithmiques sur les jurisprudences de chacun de ces systèmes.

Dans les environnements judiciaires augmentés, des méthodes mathématiques du raisonnement entrent directement au cœur des jurisprudences et reconfigurent celles-ci ainsi que les futures décisions des magistrats[1]. En effet, ils reconfigurent directement leurs ADNs. Aux États-Unis et en Europe, le recours aux systèmes de l'intelligence artificielle laissera des traces sur le système de l'évolution du droit. Pourtant, le degré et la nature de ses impacts de peuvent être variables. Dans la première dimension, ils sont susceptibles d'être plus importants. Dans le contexte du *Common law*, Ronald M. DWORINK définit l'évolution « jurisprudentielle » ou « analytique » du droit comme « une chaîne de romans »[2].

Il estime qu'en interprétant le droit, dans chaque décision, le magistrat écrit un roman, en analysant, par son propre moyen et vision, des faits et des règles du droit[3]. Ce roman sera ensuite suivi et complété par un autre magistrat dans sa prochaine décision. C'est ainsi qu'il produirait « une chaîne évolutive »[4]. Ce propos, n'est nécessairement pas valable dans le cas de l'ensemble des décisions judiciaires européennes (plus précisément, celles de la Cour de justice de l'Union européenne et la Cour européenne des droits de l'homme) puisqu'elles sont *a priroi* suffisamment complètes, détaillées et précises.

En comparant « l'analyse jurisprudentielle » à « une création artistique ou littéraire »[5], DWORKIN affirme le caractère « unique » de chaque analyse. Cependant, il considère (comme les pratiques artistiques) qu'elle est également soumise à des formes définies et logiques. Ce raisonnement nous amène à conclure que l'intelligence artificielle est capable de modéliser ces règles formelles. En conclusion, chacune transforme plus ou moins le fondement du système juridique. Dans le système romano-germanique, ce propos peut être moins valable puisque dans celui-ci, les pensées et les avis

---

[1] M. S. WILLICK, « L'intelligence artificielle : les approches juridiques et leurs implications ». *Ordre juridique et ordre 4 technologique. Cahiers S.T.S.*, Editions du CNRS, 1986, p. 54.

[2] R. DWORKIN, « Law as Interpretation », *Texas Law Review*, vol. 60, 1982, pp. 540-541.

[3] *Ibidem.*

[4] *Ibidem.*

[5] *Ibidem.*, pp. 529-530.

des magistrats sont plus spécifiquement guidés par les approches des législateurs et des régulateurs que leurs autres propres collègues. Plus précisément, ils interprètent et continuent des romans écrits par les législateurs. Par conséquent, ce système est plus compatible avec le fondement d'une « logique inductive » (et des méthodes hypothétiques) visant à établir des règles générales et génériques pour répondre aux questions.

On peut donc conclure que le recours aux outils d'aide à la décision et ceux destinés à la reproduction des analyses juridiques peuvent aussi « directement » et/ou « indirectement » impacter l'évolution jurisprudentielle du droit. Cette seconde forme d'influence peut plus spécifiquement se présenter comme la conséquence du recours aux techniques de la modélisation du raisonnement et des méthodes analytiques des magistrats. En Europe, son émergence est plus probable. Aux États-Unis, en raison de l'importance et de la dynamique du fondement théorique des règles du *precedent*, l'émergence de première forme est de plus en plus envisageable. Cela peut se manifester par leur création « à l'aide » ou « directement par » des systèmes de l'intelligence artificielle ou sous l'influence des effets qu'ils produisent.

Dans les environnements judiciaires, les tâches réalisées par les systèmes algorithmiques d'aide à la décision peuvent être soit « statistiques et non prédictives » soit « prédictives ». La première catégorie englobe la plupart des services de documentation juridique, présentés par les legaltechs visant à la détection et la sélection automatique des documents les plus pertinents. La seconde comprend les systèmes dédiés à la prédiction des décisions de justice, de la chance du succès dans une affaire ou des comportements des justiciables. Toutes ces deux catégories peuvent influencer l'évolution jurisprudentielle du droit. Pourtant, le point ultime de cette influence se présente dans la performance des techniques de la modélisation des raisonnements judiciaires.

La première peut être potentiellement mineure mais aussi très apparente. Théoriquement, le choix des jurisprudences et des avis juridiques précédents peut considérablement influencer les futures décisions de justice. Par conséquent, leur sélection automatisée peut encadrer et guider les raisonnements exprimés dans les requêtes et les arrêts. Dans la seconde, la prédiction faite par le système de l'intelligence artificielle peut pousser les avocats et les magistrats à raisonner d'une manière prédéfinie. Cette influence peut s'émerger aussi à cause de la répétition des mêmes références et l'absence de reconfiguration des avis des anciens magistrats par les nouveaux. Celles-ci ne se limitent pas aux avis de ces derniers et peuvent englober les propos exprimés par des diverses personnes impliquées dans le litige, par exemple, dans le cadre d'élément de preuve et des témoins.

La multiplicité des éléments langagiers, comportementaux et rationnels peut révéler les vérités qui sont cachées des yeux des hommes. Cela comprend notamment des pensées et des idées qui existent inconsciemment. Ils sont aussi déterminants dans l'évaluation, car ils sont parfois difficiles à être identifiés et écrits par les hommes. Par exemple, si un magistrat a des idées discriminatoires, cela impacterait non seulement sa vision mais aussi la manière dont il analyse des choses. La révélation d'une telle tendance par lecture de ses décisions par les hommes peut être difficile. Pourtant, une compassion massive avec un grand nombre des textes dits « neutres » permet les systèmes de l'intelligence artificielle de l'identifier plus facilement. En l'absence d'un contrôle et d'un processus de neutralisation des algorithmes, cette approche peut être modélisée par ces derniers. Dans ce cas, cette modélisation fournit un modèle « réaliste » alors qu'en appliquant un processus de suppression des biais discriminatoire, nous élaborons un modèle « idéalisé ». Ainsi, la répétition d'un propos discriminatoire dans plusieurs textes peut conduire à la création d'un « modèle de discrimination » intégré aux analyses juridiques. Le champ de ses impacts peut être encore plus large, englobant des paroles et des comportements qui ne sont pas directement exprimés dans les requêtes et les autres textes législatifs, réglementaires ou jurisprudentiels.

Même si nous imaginons que la pensée des magistrats, des justiciables et des avocats est purement neutre et débiaisée, les biais discriminatoires peuvent être exploités, détectés et modélisés depuis le langage utilisé par les personnes impliquées dans l'affaire.

D'un point de vue technique, cela semble être très difficilement imaginable, voire impossible, puisque, à chaque moment, les biais discriminatoires peuvent être produits inconsciemment par les comparaisons réalisées par les neurones du cerveau[1]. Certains mots et des expressions dans le langage commun sont porteurs des biais discriminatoires[2], même s'ils ne transfèrent pas directement un tel message. Il s'agit de celles inconsciemment utilisées et globalement acceptées dans le langage populaire. Dans ce cas, une opinion discriminatoire et personnelle d'un individu peut être modélisée, reconnue et faire partie de textes jurisprudentiels, ayant une force juridique contraignante. Afin de les éliminer, il convient de procéder à un processus général et global de neutralisation du langage judiciaire des éventuelles expressions, susceptibles d'être porteuses d'un « biais ».

En conclusion, pour élaborer une décision ou une analyse juridique, les algorithmes sont capables de « prendre en compte » ou « être influencés » par une multiplicité de facteurs et éléments. Une partie d'entre eux peut être subjective et exclusivement liée aux faits et aux circonstances particulières de chaque affaire. D'autre peut être plus générale et liée aux considérations extrajudiciaires. Cette dernière peut être analysée de la même manière dans l'ensemble des affaires. La différence de la nature des influences que ces deux

---

[1] Cf. J. Lassègue, A. Garapon, *Justice digitale Révolution graphique et rupture anthropologique*, Presses universitaires de France, 2018, 368 p.

[2] Cf. R.A. Ravishankar, « Why You Need to Stop Using These Words and Phrases », *Harvard Business Review*, 15 decembre 2020, disponible sur https://hbr.org/2020/12/why-you-need-to-stop-using-these-words-and-phrases (consulté le 15 decembre 2020).

catégories produisent, nous permet de créer deux types différents de modèles algorithmiques. Une concentration sur la seconde peut permettre de créer un modèle évolutif. Techniquement, cela demande un accès massif aux différentes catégories des données, ainsi qu'à leur qualité et précision. La seconde catégorie présente la possibilité de création d'un modèle prédictif de l'évolution jurisprudentielle. Celui-ci peut être utilisé afin d'analyser des sujets et de répondre à des questions spécifiques.

Le raisonnement des magistrats est soumis non seulement à leur vision, leurs sentiments et au paradigme dominant les environnements judiciaires, mais aussi à d'autres éléments extérieurs du litige et du procès, tels que les lobbies, les considérations socio-économiques ainsi que la politique et les besoins commerciaux.

Pour modéliser la vision et l'approche générale et individuelle des magistrats, une analyse des premiers éléments peut être suffisante. Pourtant, un tel modèle ne sera applicable que dans une dimension extrêmement limitée et surtout dans des affaires suivies par les mêmes personnes ou dans les mêmes juridictions. Leur intégration aux modèles peut être jugée nécessaire afin d'augmenter leur précision ou élargir le champ de l'applicabilité ou éviter une application trop mécanique du droit.

Dans les différents systèmes juridiques et dans les différents pays, le degré de sa nécessité peut être largement variable. Selon Madame Ruth SEFTON-GREEN, le système politique et judiciaire américain peut être comparé à « un marché », régi par une multiplicité de facteurs économiques et politiques[1]. Malgré leur multiplicité, ils peuvent être identifiés et modélisés.

Dans les secteurs de l'économie et de la finance, les systèmes algorithmiques sont utilisés par les analystes et analyseurs du marché pour créer des modèles évolutifs et prédictifs des évolutions de celui-ci ainsi que de l'identification automatisée des opportunités financières les plus pertinentes[2]. Le recours aux systèmes similaires peut aussi favoriser la performance des algorithmes et la qualité des modèles conçus grâce à ces derniers.

L'analyse de ces éléments peut être réalisée par une surveillance automatique, par les systèmes de l'intelligence artificielle, sur les espaces en ligne, notamment à l'aide des systèmes de l'apprentissage automatique des

---

[1] Évoqué lors du Séminaire « pensée juridique en anglais », 5 octobre 2021, Institut de recherche juridique de la Sorbonne.

[2] Bercy Infos, « La Fintech, le numérique au service du secteur financier », *Le ministère de l'Économie, des Finances et de la Relance*, 19 janvier 2018, disponible sur https://www.economie.gouv.fr/entreprises/fintech-innovation-finance (consulté le 21 mars 2022). ; A. DE CATHEU, C. TEISSIER, « Les FinTech, nouveau souffle pour le secteur bancaire », *PWC*, disponible sur https://www.pwc.fr/fr/decryptages/transformation/les-fintech-nouveau-souffle-pour-le-secteur-bancaire.html (consulté le 21 mars 2021). ; M-A. DEVAL, « De la Fintech à la Fintech 2.0 », *Medium*, 16 novembre 2017, disponible sur https://medium.com/mti-review/de-la-fintech-à-la-fintech-2-0-9dbf4ac778a8#_ftnref4 (consulté le 21 mars 2021).

images et des textes. Cela peut se réaliser aussi par une manipulation mécanique, l'ajout direct des informations et données ou une programmation manuelle par les fournisseurs ou les utilisateurs des systèmes.

Afin de faciliter la création un modèle général et évolutif du raisonnement judiciaire, il sera possible de créer une banque décentralisée des raisonnements. Cela demande un accès à l'ensemble des bases juridiques et jurisprudentielles. Dans les différentes dimensions géographiques, sectorielles et matérielles. En ce qui concerne les sujets dont leur encadrement juridique n'est pas encore suffisamment clair ou défini, ces analyses peuvent être également réalisées sur les raisonnements, issus des textes délivrés dans les autres systèmes juridiques. Dans un monde qui évolue et change très rapidement comme celui d'aujourd'hui, un tel recours peut être de plus en plus opportun. Cela se justifie par le développement de la mondialisation pendant les XXe et XXIe siècles.

Dans ce cadre, ces derniers doivent être détectés et exploités, grâce à une chaîne des analyses algorithmiques, à partir de l'ensemble des bases de données jurisprudentielles et législatives. Celles-ci doivent être alimentées perpétuellement dès la délivrance d'un document dans chacun des organes judiciaires, législatifs ou régulateurs. Dans ces circonstances, les textes des requêtes, étant plus précis et plus explicatifs que les arrêts, peuvent jouer un rôle considérablement important.

Les textes des arrêts peuvent être suffisants pour élaborer automatiquement des modèles rationnels très généraux. Plus précisément, grâce à ces textes, il est possible de créer un modèle évolutif de l'approche des magistrats et de leur l'interprétation lato sensu d'une question ou d'un principe juridique. Par conséquent, cela paraît peu efficace pour créer des modèles précis, utilisables pour évaluer l'applicabilité d'une règle juridique sur un fait spécifique. Cela se justifie par le fait que pour défendre leur demande, les avocats doivent présenter des arguments clairs, précis et détaillés alors que, dans l'arrêt, les magistrats n'ont pas l'obligation de reprendre les explications des parties dans le corps de l'arrêt pour justifier leur décision.

Le recours à une telle analyse des requêtes nous permet aussi de créer deux sous-modèles distincts en présence des faits, des circonstances et des dispositions juridiques similaires, à savoir l'un pour les avocats du requérant et l'autre pour le défendeur. Cela peut apparaître très avantageux, puisque, dans un litige, leur position doit être différente, voire contradictoire.

Il semble que la faiblesse des logiciels actuels de la legaltech réside du fait qu'ils fournissent les mêmes résultats et proposent des positions plus ou moins identiques à l'ensemble des parties du litige (dans une hypothèse, où les données relatives aux faits et aux circonstances entrées au système par les deux parties sont identiques). Par conséquent, la création d'une base des données, contenant les textes des requêtes et les comptes rendus des plaidoiries des avocats et leurs échanges (écrits et oraux) avec les membres des juridictions peut permettre de renforcer considérablement la qualité et la précision de ces modèles.

Cette banque et ce réseau décentralisé de données peuvent être conçus soit à l'initiative des États, soit des organisations régionales et internationales ou des entreprises privées. Elle peut être accessible et être enrichie perpétuellement par ses adhérents à des niveaux différents. Celle-ci peut être élaborée aux niveaux national, régional ou transnational, en proposant à tous les pays d'y participer, dans le cadre d'un accord de coopération. Cela peut être très utile dans le traitement des affaires relevant du droit international privé. Même si en théorie, ces modèles s'évoluent perpétuellement et en temps réel en fonction des changements des approches des juristes, en pratique, ils peuvent produire, sur leurs utilisateurs, un effet formateur et harmonisateur. En particulier, aux États-Unis, l'intelligence artificielle peut être considérée comme un instrument de codification de la règle du droit. Cela se présente comme une forme de rapprochement entre le système américain et celui romano-germanique, ou dans un sens plus général et plus large « le système de droit écrit ». À ce titre, on peut dire que l'intelligence artificielle peut pousser le système juridique et judiciaire « américain » à se rapprocher de celui « européen ». Cela peut renforcer progressivement la stabilité de ces modèles.

La création de et le recours à ces systèmes peuvent aussi faire disparaître quelques faiblesses du système juridique américain. Oliver Wendell HOLMES Jr., explique que dans le système judiciaire américain, il y a des « obligations légales qui existent mais ne peuvent être appliquées »[1]. Il les qualifie comme « des fantômes que l'on voit en droit mais qui sont insaisissables »[2]. La création d'un modèle évolutif peut potentiellement conduire à leur disparition progressive.

Dans ce système, le raisonnement judiciaire est un moyen de création de la règle du droit. C'est la raison pour laquelle, ces modèles peuvent être aussi utilisés par les législateurs et les régulateurs américains pour créer des règles juridiques. En juin 2018, Monsieur le Sénateur Jean-Christophe FRASSA a affirmé que, dans le contexte européen, « ces outils peuvent être [aussi] un moyen pour les magistrats d'un même tribunal d'harmoniser leurs décisions »[3]. La réalisation d'une telle harmonisation des approches grâce aux modèles rationnels évolutifs peut nous permettre d'élargir le champ d'applicabilité de l'adage célèbre « nul n'est censé ignorer la loi »[4] aux

---

[1] B. CARDOZO, « Law and literature », *Yale Law Journal*, vol. 48, 1938-1939, p. 498.

[2] *Ibidem.*

[3] L'intervention de Monsieur Jean-Christophe FRASSA lors de la Commission des lois du Sénat (fr), twitter, 18juin 2018, disponible sur https://twitter.com/senat/status/1008708611747426306 (consulté le 22 avril 2021)

[4] Cf. Vie publique, « Que signifie "nul n'est censé ignorer la loi" ? », Fiche thématique, 21 septembre 2021, disponible sur https://www.vie-publique.fr/fiches/23898-que-signifie-nul-nest-cense-ignorer-la-loi (consulté le 24 mars 2021).

« visions et aux approches des magistrats ». Cela peut aboutir à la création de la règle suivante : « nul n'est censé ignorer l'approche probable du juge ». En pratique, l'idée de sa qualification comme « une règle » peut apparaître radicale (même si elle peut être techniquement possible). Pourtant, l'accès de l'ensemble des membres de la société à ces modèles peut permettre aux personnes physiques et morales de mieux (et plus facilement) interpréter les lois, d'adopter des mesures *ex ante* plus compatibles avec des approches « probables » des magistrats.

L'évolution automatisée de ces modèles peut relever d'un mécanise dit « scientifique ». Dans les sens « matériel » et « rationnel », ce concept peut être interprété différemment. Le premier consiste en un recours aux outils et aux moyens scientifiques afin d'élaborer une analyse juridique. Dans ce cas, le raisonnement de ses utilisateurs peut être relativement encadré et limité à un système de la logique mathématique. L'alimentation des systèmes de modélisation par cette forme de raisonnement peut faciliter le processus de leur analyse et garantir une évolution harmonieuse de ces modèles.

Le second se définit comme une analyse fondée sur des méthodes rationnelles logiques qui sont à la fois prédéfinies et prédictibles. À la fin de XIXe siècle, William BALIOL BRETT, un juriste proche de Benjamin DISRAELI a précisé que « le droit anglais n'est pas une science »[1]. Par cette évocation, il a tenté de rejeter le recours, dans le processus de la prise des décisions, aux mesures innovantes relevant de « la pseudoscience »[2,3]. Contrairement, à cette interprétation, aux États-Unis, ce concept est défini comme une approche. À ce titre, il est vu comme un « instrument » de l'argumentation et du raisonnement, et non un outil fournissant une « solution ». C'est ainsi qu'il fournit « une formule ».

Les facteurs extrajudiciaires influençant l'évolution des modèles rationnels et paradigmatiques des juristes sont particulièrement issus des changements dans les systèmes économiques, politiques et sociaux. Ils relèvent tous des « sciences » fondées sur la base des « formules ». Dès que les formules évolutives de chacun sont identifiées, leur influence sur le modèle du raisonnement juridique peut être aussi modélisée. En pratique, ces modèles ne sont pas toujours ni « totalement » fiables ni facilement identifiables. C'est ce qui explique l'existence d'erreurs stratégiques, en faisant recours à ces derniers. Cette caractéristique peut affirmer la qualification de ces systèmes comme « à haut risque » dans le sens de la proposition de règlement de la Commission européenne sur l'intelligence artificielle. Malgré le manque de leur certitude, elles peuvent être un indicatif relativement acceptable pour évaluer ces évolutions.

---

1 R. ROSCOE POUND, « Mechanical Jurisprudence », *op. cit.*, p. 606.
2 *Ibidem.*
3 Cf. E. W. D. MANSON, *Builders of Our Law During the Reign of Queen Victoria (1904)*, Kessinger Publishing, 2008, 528 p.

L'ensemble de ces considérations nous permet de reconnaître le processus de création de ces modèles comme une véritable pratique scientifique, tant sur le fond que la forme. Leur système de fonctionnement peut aussi être considéré comme une science à part entière et interdisciplinaire. Il se réalise à deux niveaux. Le premier consiste en une modélisation (séparée) de l'évolution de chacun des systèmes dénotés. Le second est celui de l'identification des impacts qu'ils produisent (ou doivent produire) sur le modèle du raisonnement juridique. La création et l'interaction massive entre ces modèles peuvent permettre également aux experts des autres domaines scientifiques mentionnés d'évaluer les impacts des changements dans les approches des magistrats sur les évolutions politiques, économiques et sociales[1]. La prédiction des comportements sociaux et leur prise en compte peuvent aussi jouer un rôle important dans le renforcement de la qualité de ces modèles.

Comme nous l'avons auparavant expliqué, ces modèles sont utilisés par des experts de différents secteurs, tels que l'économie, la finance, le commerce et la politique[2]. Pourtant, seule la création d'un grand réseau entre les utilisateurs de l'ensemble de ces logiciels peut fournir une telle possibilité.

Avant d'approfondir le sujet, il est nécessaire d'éviter toute confusion entre les systèmes de « la prédiction des décisions de justice et des comportements des justiciables » et ceux dédiés à « prédire le rythme et la direction des futures évolutions jurisprudentielles du droit »[3]. Ces derniers identifient les facteurs influençant les évolutions des approches judiciaires et jurisprudentielles. Ensuite, ils analysent les modèles ainsi que les formes des impacts qu'ils peuvent imposer au système. Puis, en considérant les perspectives identifiées, ils peuvent fournir un modèle « probabiliste » et « prédictif »[4] de l'évolution jurisprudentielle du droit.

À ce titre, ils peuvent être plutôt considérés comme des outils de stratégie commerciale ou même ceux de la mise en conformité prédictive des systèmes, en particulier, par des entreprises. Par exemple, celles fournissant des logiciels d'informatique ont la possibilité de les utiliser pour recourir à des mesures plus avancées de prévention et de contrôle. Cela peut renforcer le respect au principe de due diligence. Ainsi, si les statistiques montrent que dans une grande partie des États fédérés des États-Unis la tendance à adopter des lois,

---

[1] Cf. C. PUIGELIER, « Temps et création jurisprudentielle », In. *Archives de philosophie du droit*, coll. La création du droit par le juge, T. 50, 2007, pp. 89-147.

[2] Cf. F. PASQUALE, « Humans Judged by Machines: The Rise of Artificial Intelligence in Finance, Insurance, and Real Estate », *Robotics, AI, and Humanity: Science, Ethics, and Policy (J. von Braun, M.S. Archer, G.M. Reichberg, & M. Sanchez-Sorondo)*, Springer-Verlag, art. n° 665, 2021, pp. 119-128, disponible sur https://ssrn.com/abstract=3793965 (consulté le 14 avril 2022).

[3] Cf. L. LOEVINGER, « Jurimetrics -- The Next Step Forward », *Minnesota Law Review*, vol. 33, n° 5, 1949, pp. 455-493.

[4] Cf. M. PARMENTIER. « Concepts juridiques et probabilistes chez Leibniz ». *Revue d'histoire des sciences*, vol. 46, n° 4, 1993, pp. 439-485.

protégeant les données personnelles augmente, un système de modélisation algorithmique peut déterminer le taux de probabilité d'adoption d'une telle loi dans un autre État et prédire les probables approches des juges fédérés vis-à-vis de ce sujet (grâce à une analyse sur les paradigmes régnant sur le système et les caractéristiques des profils des magistrats et les tendances politiques des législateurs et celles du gouvernement fédéré) après la création d'un tel encadrement.

Il convient également de considérer la différence de nature des résultats qu'ils produisent. Les modèles « évolutifs » présentent des indices « en temps réel » alors que ceux « prédictifs » fournissent des éléments modèles « probabilistes ». Par conséquent, les premiers sont susceptibles d'être plus fiables, puisque l'analyse algorithmique des éléments « existants » pour évaluer une situation présente est techniquement plus facile. Si les données d'entrée sont suffisamment riches et correctement structurées, la réalisation d'un modèle évolutif correct sera de plus en plus imaginable. Celle des seconds peut être potentiellement plus risquée. Cela s'explique par le fait que certaines évolutions *ex post* du système juridique et d'autres systèmes associés à celui-ci peuvent émerger par des éléments n'existant pas au moment de la modélisation et ainsi ne peuvent être pris en compte ni analysés par les systèmes de l'intelligence artificielle.

Dans l'Union européenne et aux États-Unis, ces modèles pouvant être combinés avec (ou complétés par) les systèmes du traitement (purement utilisé) des affaires juridiques constituent le premier pas vers la mise en place « généralisée » des tribunaux automatisés. En théorie, dans la première dimension, cela ne présente pas directement un risque aux droits fondamentaux et à ceux définis par les normes européennes (en particulier, les droits protégés par la Convention européenne des droits de l'homme)[1], telles que la présomption d'innocence[2], le principe du contradictoire[3] ainsi que le droit à un procès équitable et à un tribunal impartial[4].

Dans l'hypothèse de l'adoption du règlement européen harmonisant les règles en matière d'intelligence artificielle, ces systèmes seront soumis au même encadrement que les systèmes de la justice prédictive. Ainsi, cet usage correspond aux systèmes à haut risque (au sens de ce règlement), non par la nature de leur finalité mais le secteur où ils sont employés[5]. Par conséquent,

---

[1] Cf. N. BRACONNAY, *La justice et les institutions juridictionnelles*, Découverte de la vie publique, éd. 3, 2019, 180 p.

[2] L'art. 48 de la charte des droits fondamentaux de l'Union européenne ainsi que le troisième et le quatrième paragraphes de l'article 5 et le second paragraphe de l'article 6§2 de la Convention européenne des droits de l'homme.

[3] L'art. 47 de la charte européenne des droits fondamentaux. ; L'art. 6 de la Convention européenne des droits de l'homme. ; Cf. CEDH, *J. J. c. Pays-Bas*, 27 mars 1998.

[4] L'art. 47 de la charte européenne des droits fondamentaux.

[5] Les Cons. 3 et 40 ainsi que l'alinéa 2 de l'article 14 de proposition de règlement du Parlement européen et du Conseil établissant des règles harmonisées concernant l'intelligence artificielle (*op. cit.*)

ils peuvent être mis en place si les exigences du contrôle et de la documentation définie par ce règlement sont respectées.

Aux États-Unis, l'absence d'une intervention directe des résultats de ces systèmes dans le processus de prise de décision judiciaire, peut exclure également une éventuelle violation du principe du *due process*[1] garantissant, un procès équitable et juste. Par conséquent, leur usage est susceptible d'être moins problématique que les outils existants de la justice prédictive tel que COMPAS, puisque leur analyse ne vise pas une « personne » ou un « procès » spécifique.

En général, étant d'une nature extrêmement subjective (cela explique l'hypothèse de supériorité de leur taux de précision par rapport aux modèles évolutifs), les modèles prédictifs ne sont pas généralement applicables (contrairement aux modèles évolutifs) pour analyser et trancher toutes les affaires (et restant utilisable seulement pour une affaire, des comportements d'une personne et la décision d'un magistrat spécifique dans une dimension limitée et définie). Cela explique l'hypothèse de supériorité de leur taux de précision par rapport aux modèles évolutifs.

En principe, le *due process* est un droit pour les parties du litige et non une obligation propre et positive pour les États (fédérés et celui fédéral). Dans ces circonstances, les parties d'un litige ne sont pas directement l'objet de cette modélisation. C'est la raison pour laquelle, il apparaît extrêmement difficile de prouver l'existence d'un tel impact. Les Cours suprêmes de l'État du Wisconsin et des États-Unis ont affirmé que même dans les cas plus radicaux d'usage des systèmes prédictifs où les justiciables sont directement visés, comme celui du logiciel COMPAS par les autorités judiciaires et policières, ce principe peut être parfaitement respecté[2].

Ce dernier est spécifiquement lié au caractère impartial, équitable et juste du procès. Par conséquent, d'un point de vue législatif et jurisprudentiel, la création et le recours à ces modèles à l'extérieur des environnements judiciaires (en particulier, par les entreprises et les cabinets de conseil stratégique) peuvent être de moins en moins problématiques, tant que les dispositions relatives à la protection des consommateurs, comme celles des États fédérés protégeant les données personnelles et la vie privée sont respectées. L'ensemble de ces considérations nous permet de conclure que

---

[1] Cf. E. Israni, « Algorithmic Due Process: Mistaken Accountability and Attribution in State v. Loomis », *Harvard Law School, Jolt Digest*, 31 août 2017, disponible sur https://jolt.law.harvard.edu/digest/algorithmic-due-process-mistaken-accountability-and-attribution-in-state-v-loomis-1 (consulté le 6 avril 2021). ; Cf. P. Mbongo, « Procès équitable et Due Process of Law », *Conseil constitutionnel, nouveaux cahiers du Conseil constitutionnel*, n° 44, juin 2014, disponible sur https://www.conseil-constitutionnel.fr/nouveaux-cahiers-du-conseil-constitutionnel/proces-equitable-et-due-process-of-law (consulté le 29 mars 2022).

[2] *State c. Loomis*, 881 N.W.2d 749 (Wis. 2016), ¶ 8. ; Les informations complémentaires sur l'évolution du traitement de la *petition for certiorari* présentée par Monsieur Loomis à la Cour suprême des États-Unis sont disponibles sur http://www.scotusblog.com/case-files/cases/loomis-v-wisconsin/ (consulté le 31 mars 2022).

d'un point de vue technique, la fiabilité de ces systèmes est inférieure à celle des modèles évolutifs et prédictifs (en particulier, ceux basés spécifiquement sur les profils des personnes). En revanche, d'un point de vue législatif et réglementaire, leur création et leur usage sont plus facilement réalisables et présentent moins de risques pour les droits fondamentaux.

Aux États-Unis et au Royaume-Uni, les systèmes prédictifs sont particulièrement utilisés par les autorités policières et judiciaires pour prévenir la délinquance et réduire le risque de récidive des crimes par les personnes physiques. Pourtant, l'application du même système pour prévenir les criminalités parmi des « personnes morales » (par exemple, les entreprises et les États) peut être aussi parfaitement envisageable. Les « activités » de ces dernières peuvent être comparées aussi aux « comportements » des personnes physiques. Par conséquent, ils peuvent être aussi modélisés et servis aux autorités nationales, transnationales, internationales et supranationales pour recourir à une surveillance « prédictive ».

Les systèmes de justice sont régis par « les règles », « les méthodes », « les habitudes » et « les paradigmes » bien identifiés ou identifiables. Cela crée un modèle « général » du fonctionnement. La modélisation de son évolution dans le passé peut nous permettre de prédire celle de l'avenir. Dans le processus de la prise de décision, celui-ci se complète ou se combine avec l'approche individuelle des magistrats, pouvant être aussi séparément analysée et modélisée. En conclusion, il y a « deux systèmes » dans « deux niveaux horizontaux » pouvant être qualifiés respectivement comme des « macro » et « micro » systèmes.

Cela peut être réalisé en prenant en considération les spécificités des avis et les actions des magistrats (tant sur le plan professionnel que personnel). Cela permet de créer un modèle évolutif et dynamique prédisant les probables évolutions paradigmatiques d'un magistrat ou d'un groupe de magistrats dans l'avenir. Par conséquent, leurs approches et leurs visions personnelles peuvent faire à la fois l'objet de modélisations « évolutives » et « prédictives ». Dans ces circonstances, l'anonymisation des décisions de justice[1] peut être un obstacle important pour la seconde catégorie des systèmes, alors qu'il n'impacterait pas la première.

En France, le Conseil d'État affirme le fait que « la justice prédictive soit possible démontre que les juges eux-mêmes n'échappent pas aux déterminants sociaux et culturels et soulève des dilemmes éthiques essentiels »[2].

---

[1] Cf. L'art. 33 de la loi française n° 2019-222 du 23 mars 2019. ; Cf. N. BLANC, P-Y. GAUTIER, « Contre l'anonymisation d'arrêts publiés : décadence des références de jurisprudence », *Dalloz Actualité*, 6 septembre 2019, disponible sur https://www.dalloz-actualite.fr/interview/contre-l-anonymisation-des-arrets-publies-decadence-des-references-de-jurisprudence#.YkckIE3P3IU (consulté le 1er avril 2022).

[2] Conseil d'État (fr), « étude annuelle 2017 - Puissance publique et plateformes numériques : accompagner l'ubérisation », 28 septembre 2018, p. 97.

Ce phénomène peut être considéré non seulement comme une preuve de cette vérité mais aussi son catalyseur. Cela, étant déjà apparent dans les systèmes romano germaniques tel que celui de la France, semble être plus important et radical dans le système de *Common law*. Aux États-Unis, le caractère démocratique de l'élection et de nomination des magistrats démontre que ce lien y est plus important que dans les autres pays pratiquant la même tradition juridique tels que le Royaume-Uni[1], le Canada[2] et l'Australie[3], où les magistrats sont nommés par la couronne ou ses représentants. À ce titre, les magistrats anglais et ceux des membres du *Commonwealth*, étant membres de la pairie (ou la noblesse de robe) britannique peuvent être plutôt considérés comme les agents de la couronne que les représentants du peuple[4].

Le recours excessif aux analyses algorithmiques ou aux systèmes purement automatisés de prise de décision présente le risque d'une application ou d'une interprétation (trop) mécanique du droit. Dans la tradition civiliste, une telle pratique, même répétitive, ne présente pas un impact direct sur l'évolution du droit, puisque dans ce système, celui-ci est dirigé et limité par les règles législatives. Pourtant dans le système *Common law*, cela peut reconfigurer le fondement du droit. Dans ces circonstances, le fonctionnement de la production et de l'analyse des raisonnements juridiques (grâce aux systèmes de l'intelligence artificielle) est susceptible d'être de plus en plus cohérent (d'un point de vue technique). Cela peut renforcer également l'autonomie de ces systèmes.

Nous avons également expliqué que la règle du précédent peut être modélisée, grâce à une analyse de la vision et des approches individuelles des magistrats, ainsi que les paradigmes dominants dans les environnements judiciaires spécifiques. En théorie, l'élément essentiel de création d'une règle de précédent est l'exploitation de « l'esprit du droit », caractérisé par les valeurs et les normes de la société. C'est ce qui justifie son caractère démocratique. En effet, dans ce système, la décision de justice est une sorte

---

[1] Courts and tribunals judiciary, *Judicial appointments*, disponible sur https://www.judiciary.uk/about-the-judiciary/the-judiciary-the-government-and-the-constitution/jud-acc-ind/jud-appts/ (consulté le 6 avril 2022).

[2] Gouvernement du Canada, *The Judiciary*, 1 septembre 2021, disponible sur https://www.justice.gc.ca/eng/csj-sjc/ccs-ajc/05.html (consulté le 5 avril 2022). Cf. Gouvernement du canada, Commissariat à la magistrature fédérale Canada, *Nombre de juges de nomination fédérale à compter du 1 avril 2022*, disponible sur https://www.fja.gc.ca/appointments-nominations/judges-juges-fra.aspx (consulté le 6 avril 2022). ; Cf. La Cour suprême du Canada, à propos des juges, 1 juillet 2017, disponible sur https://www.scc-csc.ca/judges-juges/about-apropos-fra.aspx (consulté le 6 avril 2022).

[3] C. DAVIS, « Judicial Appointments », *Parlement of Australia*, 10 novembre 2021, disponible sur https://www.aph.gov.au/About_Parliament/Parliamentary_Departments/Parliamentary_Library/FlagPost/2021/November/Judicial_Appointments (consulté le 5 avril 2022).

[4] La Cour suprême du Royaume-Uni, *Courtesy titles for Justices of the Supreme Court*, Communiquée de presse n° 13/2010, 13 décembre 2010, disponible sur https://www.supremecourt.uk/docs/pr_1013.pdf (consulté le 6 avril 2022).

de miroir, reflétant les valeurs et normes sociales. Selon la théorie des « normes de compétence » du magistrat, juriste et philosophe danois, Alf ROSS, « le droit consiste en normes résultant d'actes de volonté historiques. Le positivisme traditionnel attribue ces actes au législateur ou à l'État, tandis que le réalisme américain les impute aux juges »[1].

Il prend une position véritablement réaliste et dynamique vis-à-vis de l'évolution de la science du droit. Il la construit sur une logique scientifique, conformant à « la théorie normative » de KELSEN[2] ainsi qu'à la théorie « réaliste » américaine[3]. Cela explique l'importance du rôle central des juges dans le maintien d'équilibre de l'évolution des règles du *precedent* en droit américain. Le recours aux systèmes « automatisés » et « demi-automatisés » d'analyse et de prise de décision codifie et harmonise les méthodes du raisonnement et définit une direction stable et prédictible de l'évolution jurisprudentielle du droit.

Les Professeurs François CHEVRETTE et Hugo CYR expliquent à ce sujet que sur le plan intellectuel et interprétatif, le positivisme (classique) produit des impacts « délimitatifs », « théoriques » et « idéologiques »[4]. Ils font valoir que chacun est respectivement le résultat de son précèdent[5]. On peut donc conclure que si le recours aux systèmes de l'intelligence artificielle peut aboutir (due à son caractère formalisant, structurant et encadrant), à une positivisation du système judiciaire américain, un changement paradigmatique et idéologique global sera fort probable (ou même inévitable). Cela peut conduire à une diminution *ipso facto* du degré de l'importance du rôle central des magistrats américains à celui des juges du système romano-germanique et l'émergence d'une évolution plus régressive des règles jurisprudentielles.

En France, le rôle interprétatif des magistrats américains (considéré par les partisans du courant de réalisme juridique, comme l'élément essentiel de de l'évolution du droit) [6] dans la création des règles du *precedent* a fait l'objet d'une réflexion de la part d'Édouard LAMBERT. Celle-ci a été exprimée dans son célèbre ouvrage, intitulé *Le gouvernement des juges et la lutte contre la législation sociale aux États-Unis*, dans lequel il a utilisé l'expression du

[1] G. TUSSEAU, « La théorie des normes de compétence d'Alf Ross », *op. cit.*, p. 116.
[2] Cf. H. KELESN, *Théorie pure du droit*, LGDJ, 1999, 367 p. ; Cf. G. ALEXANDER, « Comparing the two legal realisms: American and Scandinavian », *Journal of American Comparative Law*, vol. 50, 2002, pp. 131-174.
[3] G. TUSSEAU, « La théorie des normes de compétence d'Alf Ross », *préc.*, p. 115. ; G. TUSSEAU, « La théorie des normes de compétence d'Alf Ross », *Revus. Journal for Constitutional Theory and Philosophy of Law*, n° 24, 2014, pp. 141-164.
[4] F. CHEVRETTE, H. CYR, « De quel positivisme parlez-vous ? », *Lex Electronica*, vol. 15 (édition spéciale Mélanges en l'honneur d'Andrée LAJOIE), n° 1, été 2010, pp. 29-60.
[5] *Ibidem.*
[6] Cf. M. TROPER, « Le réalisme et le juge constitutionnel », *op. cit.* ; E. MILLARD, « Positivisme logique et réalisme juridique » In. J.-Y. CHÉROT, É. MILLARD (dir.), *La dichotomie faits/valeurs en question*, *op. cit.*

« gouvernement des juges »[1], pour décrire la suprématie pratique du pouvoir judiciaire sur celui du législatif, en matière de création et d'évolution du droit.

Une mise en œuvre efficace des systèmes d'analyse, de modélisation et de création des règles du *precedent* peut fondamentalement impacter la légitimité et la nécessité de cette « suprématie ». La limitation de la capacité actionnelle des magistrats par la mise en place de ces systèmes peut pousser le système du fonctionnement de la justice américaine vers celui de l'Europe. Nous pouvons donc conclure que, d'un point de vue technique, en Europe et aux États-Unis, les « impacts » formalisants de ces systèmes sur l'élaboration des raisonnements judiciaires, sont de plus en plus similaires. Pourtant les « résultats » et les « conséquences » qu'ils produisent peuvent être radicalement différents. Plus précisément et théoriquement, dans la seconde dimension géographique mentionnée, ceux-ci sont susceptibles d'être plus profonds.

Ce mouvement positiviste semble être de moins en moins problématique dans les juridictions du premier degré, où les magistrats pratiquent souvent les règles du *precedent* existantes. À ce niveau, la création de nouvelles règles jurisprudentielles par les algorithmes n'est pas toujours nécessaire. Par conséquent, une sélection algorithmique de celles plus pertinentes peut être suffisante pour trancher un grand nombre de litiges. Une inquiétude peut se présenter aux niveaux des juridictions de second degré et celles suprêmes, où le rôle et le pouvoir créateur des magistrats sont plus importants.

En principe, ni en Europe, ni aux États-Unis, les magistrats ne créent « un droit ». Ils interprètent les règles juridiques et exploitent leur racine pour les adapter aux nouveaux faits. Cela se réalise sur la base des interprétations précédentes des « lois » par les législateurs et les autres magistrats. C'est ce qui définit son caractère démocratique. Même, les partisans du réalisme juridique, croyant en la suprématie des interprétations des juridictions sur celles des législateurs affirment que la mission des premières se limite à l'interprétation des règles constitutionnelles. Par conséquent, aux États-Unis et en Europe, le fondement théorique de l'interprétation des « lois » est similaire.

Cela nous conduit à une nouvelle comparaison entre « le raisonnement juridique » et « la pratique artistique ». Même en matière de l'art plastique basé sur une capacité créative illimitée, les artistes sont souvent sous l'influence d'un courant ou une école artistique spécifique et continue le chemin de leurs prédécesseurs. C'est cette caractéristique qui permet la création des nouvelles œuvres artistiques par l'intelligence artificielle[2].

---

[1] E. LAMBERT, *Le gouvernement des juges et la lutte contre la lutte contre la législation sociale aux États-Unis*, Dalloz, 2005, 276 p.

[2] Cf. D. AUBEL, « Computer Love dans la galerie Charlot a été basée sur le même système », *Galerie Charlot*, *op. cit.* ; S. KETTLEY, « Artificial Intelligence BREAKTHROUGH: These incredible paintings were made by an AI ROBOT », *op. cit.* ; Christie's, « Is artificial intelligence set to become art's next medium ? », *op. cit.* ; P. ABRY, H. WENDT, S. JAFFARD, «

La divergence réside dans la manière de son application. Nous avons également expliqué que leur modélisation et leur reproduction par les algorithmes se réalisent grâce à une imitation du système neuronal de la conception des raisonnements (dans le cerveau humain). En conclusion, la différence principale des deux systèmes se caractérise par « le degré de la liberté interprétative des magistrats ». Dans ces deux systèmes juridiques, sa diminution, sous la pression du formalisme imposé par les cadres mathématiques des algorithmes, peut être interprétée comme un facteur de rapprochement entre eux.

Cette conséquence peut être analysée et jugée de manières différentes. Selon, le magistrat français, Monsieur Denis SALAS, dans le contexte de la justice augmentée, « l'effet de vérité d'une science algorithmique peut tétaniser les juges [...] là, ce serait catastrophique »[1]. Ce propos peut être opposé par ceux qui évaluent l'action de la justice « humaine » et celle « algorithmique » en comparant les résultats que chacune produise. D'un point de vue théorique, cela peut être contesté, puisque l'analyse juridique est, elle-même, une science basée sur des règles et des formes définies. En prenant cette logique, on doit aussi conclure que le recours aux outils numériques de rédaction (comme Microsoft Word) et de peinture tétanise les mains et que ceux de la prédiction du marché boursier tétanisent la logique économique des experts.

En prenant les termes utilisés par Monsieur SALAS, nous pouvons conclure que la tétanisation des magistrats (dans le sens décrit par lui) peut être aussi sans risque si ses actions sont correctement réalisées par la machine. Par exemple, pour une personne, la perte de capacité de cuisinier ne sera pas problématique si une machine pourrait le faire correctement pour elle.

Cette hypothèse n'exclût pas la présomption de risque de ce remplacement. Dans l'Union européenne, celle-ci doit être considérée comme l'hypothèse la plus probable, afin de respecter les exigences de prévention de risque, prévues par le futur règlement concernant l'intelligence artificielle[2].

Aux États-Unis, la diminution de l'importance du rôle interprétatif des magistrats peut conduire à l'émergence d'une évolution jurisprudentielle plus régressive que celle d'aujourd'hui. Cet impact peut se présenter très progressivement et à long terme. La diminution de l'importance de leur rôle dans la création des règles jurisprudentielles peut créer des vides juridiques. Afin d'éviter ce problème, une implication plus active du pouvoir législatif sera nécessaire. Il sera donc indispensable de rendre les dispositions juridiques

---

When Van Gogh Meets Mandelbrot: Multifractal classification of painting's texture », *Signal Processing*, vol. 93, n° 3, 2013, pp. 554-572. ; Cf. M. MAZZONE, A. ELGAMMAL, « Art, Creativity, and the Potential of Artificial Intelligence », *Artnodes*, n° 26, 2020, pp. 1-8, disponible sur https://orcid.org/0000-0002-4016-6297 (consulté le 8 décembre 2021).

[1] J. BRAFMAN, « Justice prédictive, l'augure des procédures », *op. cit.*

[2] Cf. Commission européenne, *Proposition du règlement du Parlement européen et du conseil établissant des règles harmonisées sur l'intelligence artificielle (règlement sur l'intelligence artificielle) modifiant certains actes législatifs de l'union*, *op. cit.*, art. 11 à 15.

plus claires et plus précises. Elles doivent devenir plus compréhensibles, analysables et modélisables pour les systèmes de l'intelligence artificielle. Cette tendance ressemble à celle déjà existant dans les traditions civilistes, en particulier en Europe où les lois sont de plus en plus précises.

La Cour suprême des États-Unis a reconnu par sa décision *Marbury c. Madison*[1], sa propre compétence d'interpréter la constitution et d'annuler des actes législatifs. Malgré cela, le Congrès peut être toujours considéré comme l'organe le plus démocratique et légitime pour réaliser cette tâche. Ainsi, ce mouvement peut renforcer le rôle interprétatif du Congrès. Par conséquent, cet effet ne peut être nécessairement interprété comme négatif.

En théorie, ce changement dans « le rythme » de l'évolution jurisprudentielle peut impacter progressivement « le fondement » du fonctionnement du système de la justice américaine. En pratique, un tel impact est plus particulièrement envisageable lorsque les systèmes automatisés sont massivement mis en place dans les différents niveaux et types de juridictions et sont appliqués dans des matières variées.

Dans l'hypothèse d'une telle mise en œuvre dans « une dimension définie » (par exemple celui d'un État fédéré), cet impact y sera isolé. En parallèle, le rythme actuel de l'évolution jurisprudentielle fédérale peut être poursuivi grâce aux règles du précédent, établies par les juridictions des autres États et celles fédérales. Par conséquent, au niveau fédéral, le fondement structurel du système juridique ne sera impacté. Il convient de considérer que cette gravité d'impact peut être plus particulièrement envisageable dans l'hypothèse d'une mise en œuvre de systèmes sophistiqués de modélisation et de création automatisée des « raisonnements ».

Le recours aux systèmes prédictifs comme celui du logiciel COMPAS, étant un outil d'aide à la décision, à usage ponctuel, ne présentera pas un tel impact sur le rythme de l'évolution jurisprudentielle américaine. Ce propos est justifié par trois raisons : (1) ce logiciel ne peut être utilisé, en raison de sa fonctionnalité purement statistique, au niveau des juridictions de second degré et celles suprêmes[2]. (2) Son usage est soumis à la décision et à l'appréciation de chaque juridiction fédérée (et même de chaque magistrat). Il n'y a aucun encadrement fédéré ou fédéral et aucune harmonisation, dans les tribunaux américains, pour l'usage de ce logiciel. Par conséquent, ses impacts ne seront pas à une grande échelle, en particulier celle fédérale. (3) Le champ de son applicabilité est extrêmement limité. Étant utilisables uniquement en matière pénale, ses impacts ne concerneraient qu'une partie isolée de l'ordre juridique[3].

Celui-ci et les autres logiciels d'évaluation de risque tels que HART et COMPSTAT sont programmés pour être uniquement utilisés en matières

---

[1] Cf. *Marbury c. Madison,* 5 U.S. 137 (1803).

[2] Northpointe, *practitioner's Guide to COMPAS Core*, 19 mars 2015, *op. cit.*, pp. 1-2.

[3] *Ibidem.*, pp. 1-2.

pénale, policière et sécuritaire. Un élargissement de leur usage à des autres fins est soumis à leurs évolutions techniques dans l'avenir[1]. Ce ralentissement du rythme de l'évolution se caractérise et se justifie à la fois par la capacité interprétative et analytique plus limitée de l'intelligence artificielle, par rapport à celle des hommes et à la stabilité du fondement « naturel » de « la logique mathématique », dont les systèmes algorithmiques ont tendance à appliquer. Dans ces circonstances, l'heure du progrès jurisprudentiel ne sera pas bloquée à celle de mise en place de ces systèmes. Pourtant, sa forme est susceptible d'être changée. Ainsi, les normes et les règles jurisprudentielles continuent à évaluer, mais d'une manière plus formelle, prédictive et encadrée. C'est ainsi que cela peut être jugé régressif. La logique est un système d'analyse. En principe, la moralité et l'éthique peuvent se définir également grâce à celui-ci[2]. Par conséquent, cet impact (sur le rythme d'évolution jurisprudentielle) peut être aussi qualifié comme un facteur renforçant une tendance au droit naturel.

---

[1] Cf. M. VAN NOSTRAND (dir.), « Assessing risk among pretrial defendants in Virginia: The Virginia pretrial risk assessment instrument (Tech. Rep.) », *Virginia Department of Criminal Justice Services*, avril 2003, disponible sur https://www.dcjs.virginia.gov/sites/dcjs.virginia.gov/files/publications/corrections/assessing-risk-among-pretrial-defendants-virginia-virginia-pretrial-risk-assessment-instrument.pdf (consulté le 12 avril 2022). ; Cf. R. STANSFIELD, K. R. WILLIAMS, « Predicting family violence recidivism using the DVSI-R », *Criminal Justice and Behavior*, vol. 41, 2014, pp. 163-180.

[2] J-P. CHANGEUX, *Fondements naturels de l'éthique*, Odile Jacob, 1993, 334 p.

Section 2. L'influence de l'intelligence artificielle sur la société, outil d'ingénierie de l'évolution législative du droit

La réciprocité de l'influence entre « le droit » et « l'intelligence artificielle » ne se limite pas aux environnements judiciaires. Elle peut aussi se manifester au niveau « législatif », à la fois pour définir les lois organiques et les concepts conventionnels relevant de la moralité, l'éthique et la justice. Cela peut imposer son influence, directement ou indirectement de manières différentes.

Il peut y avoir des utilités différentes dans les organes législatifs, allant de l'analyse de la pertinence des lois et des projets des lois élaborés par les hommes en passant par l'identification algorithmique et la modélisation de la volonté générale à la reproduction automatisée des projets des lois. L'influence des systèmes de l'intelligence artificielle sur l'évolution jurisprudentielle du droit peut se présenter également par l'intermédiaire des influences qu'ils produisent sur la société et sur la pensée des législateurs. Monsieur Marcello IENCA affirme, dans son rapport pour le Conseil de l'Europe, que « la perspective d'influencer les capacités cognitives humaines, […] [a] […] un effet non négligeable sur l'évolution culturelle humaine et les équilibres mondiaux »[1].

Cette influence est combinée par celles imposées par « les outils du numérique » et « les réseaux sociaux ». Ces derniers fournissant la possibilité d'une interconnexion sans précédente, modifient également la forme traditionnelle de l'expression des personnes, en présentant de nouvelles libertés et des limites. La société moderne se caractérise par une multiplicité croissante de sous-systèmes qui sont à la fois liés les uns aux autres et aussi aux facteurs externes.

La révolution du numérique et la mondialisation extrême grâce aux outils de la communication ont renforcé le détachement de certains d'entre eux des facteurs influents existant hors du système général de la société. En effet, même sans la mise en place des outils de l'intelligence artificielle dans les organes législatifs et juridictionnels, leur utilisation pour programmer les outils de communication, les réseaux sociaux etc. peut impacter le processus de création des « lois », basées essentiellement sur la capacité d'expression des personnes. Il n'est pas un phénomène sans précédent. La reconnaissance

[1] Conseil de l'Europe, *Les interfaces cerveau-machine : nouveaux droits ou nouveaux dangers pour les libertés fondamentales ?*, Rapport de la Commission des questions juridiques et des droits de l'homme, Rapporteur: M. Olivier BECHT, doc. n° 15147, 24 septembre 2020, p. 16.

de la capacité d'expression des personnes morales et leur prise en compte dans le cadre de pratique de lobbying peuvent être considérées comme des exemples de cette transformation du concept d'expression de la volonté[1].

Avant la révolution du numérique (dès la fin du XXe siècle) et l'émergence de l'internet, les caractéristiques sociales étaient particulièrement limitées aux frontières étatiques. Ses technologies ont renforcé la supranationalisation des cultures populaires. Nous pouvons même dire que le numérique, en renforçant la mondialisation a changé (ou élargi) le concept de la souveraineté. Par conséquent, le numérique a légèrement impacté l'élaboration de la volonté générale ainsi que des normes sociales et populaires. Cette évolution a été radicalement augmentée par l'implication des technologies de l'intelligence artificielle pouvant être aussi utilisées comme outil d'influence et de manipulation[2]. Les mêmes outils peuvent être utilisés en même temps, comme la démocratisation de l'expression de la volonté et de la manipulation.

Finalement, cette technologie peut servir pour fabriquer des « influences culturelles », alors que celles du numérique peuvent être utilisées pour les imposer aux populations. Elles peuvent être programmées pour influencer une catégorie spécifique de populations ou une personne physique ou morale spécifique. La création d'un programme algorithmique, influençant cette dernière catégorie est tout à fait possible. Il peut être utilisé par les entreprises, les individus ou les pouvoirs publics[3].

Par exemple, au Royaume-Uni, la couronne est une personne morale[4] composée par des acteurs spécifiques. Il s'agit principalement du monarque et éventuellement d'autres personnes, comme les membres de son Conseil privé (en anglais : *Her Majesty's Most Honourable Privy Council*) et, dans des contextes spécifiques, les gouverneurs généraux (dans certains pays du *Commonwealth* tels que le Canada et l'Australie) et ses ministres plénipotentiaires ayant un *plenus potentiā* (plein pouvoir en représentant la couronne). En imposant une influence sur chacun de ces individus, grâce aux programmations algorithmiques personnalisées, on peut l'influencer en tant que personnalité morale. La même pratique est aussi réalisable sur les autres personnes morales, telles que les entreprises. Dans ce cas, les sujets peuvent être l'ensemble des membres de leur directoire et les dirigeants de ses filiales ainsi que leurs directoires respectifs.

---

[1] X. DUPRÉ DE BOULOIS, « Les droits fondamentaux des personnes morales » In. X. BIOY (dir.), La personnalité juridique, *Presses de l'Université Toulouse 1 Capitole, LGDJ - Lextenso Edition*, coll. Travaux de l'IFR, vol. 14, 2013, pp. 203-219. ; O. DUFOUR, J-F. KERLÉO, « Quand le droit s'empare du lobbying (et inversement) », *Actu-Juridique.fr*, 15 septembre 2020 (mis à jour le 15 septembre 2020), disponible sur https://www.actu-juridique.fr/constitutionnel/le-droit-objet-de-convoitise-du-lobbying/ (consulté le 13 avril 2022).

[2] Cf. D. E. NYE, « Technology and the Production of Difference », *American Quarterly*, vol. 58, n° 3, 2006, pp. 597-618.

[3] Cf. A. ZAVRŠNIK, *Big Data, Crime and Social Control*, Routledge, éd. 1, 2017, 248 p.

[4] A. CARROLL, *Constitutional and administrative law*, Pearson Longman, éd. 3, 2003, p. 7.

La quatrième révolution industrielle a produit une interconnexion transnationale massive entre les populations du monde. Dans sa forme radicale, cela peut même produire une sorte d'interdépendance entre eux. Cela conduit à la création d'un monde dont Madame la Professeure Edith BROWN WEISS qualifie de « kaléidoscopique »[1]. Elle explique que celui-ci produit des effets généralisés, dépassant les frontières, qui touchent tout le monde[2]. À ce titre, ces technologies peuvent être considérées comme des outils « supranationaux » d'ingénierie de la société. Cette théorie est une continuité de la pensée de Michel FOUCAULT concernant « la création » et « le gouvernement » des normes[3]. Cela semble être aussi compatible avec « la théorie de l'acculturation » créée à la fin du XIXe siècle. Selon cette théorie, « l'acculturation » se définit comme « l'ensemble des phénomènes résultant d'un contact continu et direct entre groupes d'individus appartenant à différentes cultures, et aboutissant à des transformations qui affectent les modèles culturels originaux de l'un ou des deux groupes » [4].

Ces changements peuvent modifier non seulement les lois, mais aussi la manière de garantir la justice. Michel FOUCAULT explique qu'il y a une forme de justice, admise dans chaque culture populaire[5]. L'adoption de la même approche par les magistrats pour définir « la justice », « la justesse », « la moralité » et « l'éthique » garantit le caractère « démocratique et populaire » de l'évolution jurisprudentielle du droit. En conclusion, non seulement « la création » du droit mais aussi son interprétation et son application ressemblent à « la modélisation de la volonté générale »[6].

En théorie, les mêmes systèmes algorithmiques peuvent être également utilisés pour modéliser « l'intérêt général »[7]. Oliver Wendell HOLMES JR. l'affirme, en précisant que l'objet de ses études « est la prédiction, la prédiction de l'incidence de la force publique [en tant que représentant du peuple (dans les systèmes démocratiques)] par l'intermédiaire des tribunaux »[8]. C'est ainsi qu'il confirme l'influence des changements sociaux sur la manière du raisonnement des magistrats. M^e^. Omer TENE et Monsieur Jules POLONETSKY

---

1 E. BROWN WEISS, « International Law in a Kaleidoscopic World », *op. cit*, p. 21

2 *Ibidem.*

3 Cf. P. MACHEREY, *De Canguilhem à Foucault, la force des normes*, La fabrique éditions, 2009, 145 p.

4 A. AMIN, « Stratégies identitaires et stratégies d'acculturation : deux modèles complémentaires », *Revue internationale de la recherche interculturelle*, vol. 2, n° 2, 2012, p. 106.

5 M. FOUCAULT, C. GORDON (éd.), *Power/knowledge, Selected Interviews and Other Writings 1972-1977*, Pantheon Books, 1980, pp. 1-36.

6 Cf. J-F LE NY, *Comment l'esprit produit du sens*, Odile Jacob, 2005, 416 p. ; Cf. T. BERN (dir.), *Le Droit saisi par le collectif*, Bruylan, 2004, 220 p.

7 B. MATHIEU, « Les rôles du juge et du législateur dans la détermination de l'intérêt général » In. *Archives de philosophie du droit*, coll. La création du droit par le juge, T. 50, 2007, pp. 41-48.

8 O. W. HOLMES, « The Path of the Law », *op. cit.*, p. 457.

expliquent que les systèmes algorithmiques encadrent, formalisent et modélisent des « biais humains »[1].

En faisant référence aux travaux et aux idées du Professeur Frank PASQUALE[2], ils font valoir que, dans le contexte juridique, les problématiques liées à l'intelligence artificielle relèvent de deux catégories, à savoir, celles de « la prise de décision automatisée » et « l'ingénierie sociale par l'intelligence artificielle »[3]. Par conséquent, ce sujet peut être étudié à la fois du point de vue des « impacts que cette technologie produit sur la société » et de celui de « sa modélisation » a posteriori par la même technologie.

Par conséquent, elle peut être considérée comme un outil de création indirecte des normes sociales et juridiques, par l'intermédiaire de réseaux numériques. Elle peut également présenter de nouvelles formes et fournir de nouveaux moyens de création de règles législatives. Les impacts d'usage des outils du numérique, de communication sur « les comportements humains » et les systèmes cognitifs d'apprentissage du cerveau sont incontestables[4]. Ceux-ci deviennent de plus en plus importants, lorsque les individus utilisent « les réseaux sociaux ». Ils peuvent être même encore multipliés, sous l'effet des programmations extrêmement sophistiquées, conçues « par » ou « à l'aide » des systèmes de l'intelligence artificielle. Ces systèmes s'adaptent aussi perpétuellement aux spécificités de la pensée de chaque personne et de leur environnement.

À long terme, cette réciprocité d'influence les amène à être fusionnés et à constituer un système unique, qualifié par le Comité *ad hoc* du Conseil de l'Europe sur l'intelligence artificielle comme « un système sociotechnique »[5]. Il affirme que le fonctionnement des systèmes algorithmiques dépend non seulement de leur programmation initiale, mais aussi de la façon dont ils sont utilisés et leurs interactions avec leur environnement ainsi que les particularités les contextes sociaux et juridiques de ce dernier[6]. Il ajoute aussi que le caractère éthique de ces machines dépend particulièrement de celui des comportements de leurs utilisateurs[7]. Dans ces circonstances, en utilisant les

---

[1] O. TENE, J. POLONETSKY, « Taming the Golem: Challenges of Ethical Algorithmic Decision Making », *North Carolina Journal of Law and Technology*, 2017, pp. 5-6, disponible sur https://ssrn.com/abstract=2981466 (consulté le 14 avril 2022).

[2] F. PASQUALE, *The black box society, The Secret Algorithms That Control Money and Information*, Harvard University Press, 2016, 320 p.

[3] O. TENE, J. POLONETSKY, « Taming the Golem: Challenges of Ethical Algorithmic Decision Making », *North Carolina Journal of Law and Technology*, *préc.*

[4] E. BLANCO-SUAREZ, « Neurorights and Why We Need Them », *Psychology Today*, 25 juin 2020, disponible sur https://www.psychologytoday.com/us/blog/brain-chemistry/202006/neurorights-and-why-we-need-them (consulté le 4 février 2022).

[5] Conseil de l'Europe, *Étude de faisabilité*, Comité *ad hoc* sur l'intelligence artificielle, 17 décembre 2020, p. 5, disponible sur https://rm.coe.int/cahai-2020-23-final-etude-de-faisabilite-fr-2787-2531-2514-v-1/1680a1160f (consulté le 17 avril 2022).

[6] *Ibidem.*

[7] *Ibidem.*

outils du numérique, les hommes s'adaptent aussi aux systèmes « mathématiques » du fonctionnement. Cela facilite la formalisation, l'identification et l'analyse algorithmique des pensées et des comportements humains. Plus précisément, les technologies du numérique facilitent la structuration des données, pouvant être utilisées ensuite par celles de l'intelligence artificielle.

Madame la Professeure Corien PRINS l'affirme en précisant que « la technologie et la société s'influencent mutuellement et dès lors qu'une technologie commence à jouer un certain rôle dans la société, il est difficile de revenir en arrière » (précisé par Corien PRINS lors du colloque biennal de l'Association des Conseils d'État et des juridictions administratives). Selon Madame Dory REILING, cette influence est inévitable « puisqu'il embrasse le monde juridique dans sa globalité et la société elle-même, dans toutes ses sphères »[1].

Même s'il est un enjeu mondial d'une nature supranationale, dans chacun des systèmes sociaux, juridiques et culturels, le degré de sa profondeur et d'importance peut être différent. Par exemple, dans les pays anglo-saxons où « la norme fait le droit » (comme précise Monsieur Romain GARU[2]), l'influence imposée par les réseaux sociaux sur la création des règles juridiques est de plus en plus importante[3].

Par l'intermédiaire de manipulations et de la création de fausses informations diffusées à partir de plateformes de réseaux sociaux, les prestataires de ces réseaux sont en mesure d'influencer et même concevoir artificiellement de fausses cultures pouvant reconfigurer la volonté générale et entraîner la création de nouveaux droits normatifs[4], tout en se conformant à la théorie classique de la démocratie, plaçant la volonté du peuple au cœur de la légitimité de création du droit[5]. Cette influence peut également conduire à un changement des paradigmes sociaux. Ce phénomène intimement lié non seulement à « l'identité numérique » mais aussi à « la réalité virtuelle ». Cette technologie est capable, à la fois, de simuler la réalité et de la créer « artificiellement ». C'est pourquoi l'usage de cette technologie dans le monde virtuel (plus spécifiquement, en ligne) peut conduire, volontairement ou involontairement, à la manipulation des internautes[6]. À ce titre, les réseaux

---

[1] D. REILING, « Quelle place pour l'intelligence artificielle dans le processus de décision d'un juge ? », *op. cit.*, p. 222.

[2] L'intervention de Monsieur Romain GARU lors du Sommet du droit en entreprise, 9 novembre 2021.

[3] *Ibidem.*

[4] Cf. R. CARRÉ DE MALBERG, *La loi, expression de la volonté générale*, Economica, coll. Classique, 1984, p. 288.

[5] Cf. L'art. 6 de la Déclaration des Droits de l'Homme et du Citoyen de 1789.

[6] Cf. D. BOURCIER, « De l'intelligence artificielle à la personne virtuelle : émergence d'une entité juridique ? », *op. cit.*, pp. 847-871.

sociaux et leurs acteurs peuvent être respectivement considérés comme des « instruments de l'ingénierie » et des « ingénieurs » de la société[1].

Avant d'étudier les particularités du rôle que l'intelligence artificielle peut jouer dans le processus de création du droit, il convient de s'interroger sur la base sociale des règles « normatives » et « législatives ».

Nous pouvons définir la « législation » de chaque État comme la production ou la réflexion de « l'état social » de son peuple. Ce dernier concept est défini comme par Alexis DE TOCQUEVILLE « comme le produit d'un fait, et quelquefois des lois, mais le plus souvent par la combinaison des deux ; mais une fois qu'il existe, on le considère lui-même comme la cause première de la plupart des lois, des coutumes et des idées qui règlent la conduite des nations ; ce qu'il ne produit pas, il le modifie »[2].

En effet, la législation peut être aussi interprétée comme une version codifiée de l'état social. En 1955, Georges RIPERT a expliqué, dans son célèbre ouvrage intitulé *les forces créatrices du droit*, que « le positivisme juridique ne reconnaît d'autre droit que celui qui est créé par l'État »[3]. Pourtant, malgré ses tendances positivistes[4], il n'a pas rejeté l'existence de certains pouvoirs (en parallèle du pouvoir dit « législatif ») produisant des règles régissant la société, dans des dimensions spécifiques[5].

Cela englobe les croyances produites par l'intermédiaire des réseaux enlignes. Il est possible, grâce à ce pouvoir de l'intelligence artificielle, d'établir une « société de contrôle » décrite par Michel FOUCAULT[6], précisant que « le pouvoir est automatisé et désindividualisé, puisqu'il n'est pas vu »[7].

En faisant référence à ses descriptions, Monsieur le Professeur Roland GORI explique qu'une telle société des « normes » produit une « démocratie dégrénée », limitée par les normes et les règles imposées non seulement par les membres de la société des « experts », mais aussi par tous les autres

---

[1] Cf. V. DUSEK, *Philosophy of Technology : An Introduction*, Blackwell Publishing, 2006, p. 46.

[2] A. DE TOCQUEVILLE, *De la démocratie en Amérique*, Institut Coppet, janvier 2012, p. 45, disponible sur https://www.institutcoppet.org/wp-content/uploads/2012/01/De-la-démocratie-en-Amérique.pdf (disponible sur 17 avril 2022). ; N. ARENS, « La démocratie tocquevillienne. Un parcours dialectique (travaux de fin d'études), *Revue interdisciplinaire d'études juridiques*, 2015, vol. 74, n°1, pp. 183-184.

[3] G. RIPERT, *Les forces créatrices du droit*, Librairie générale de droit et de jurisprudence, 1955, p. 413.

[4] J-P. ALLINNE, « Georges Ripert, un positiviste spiritualiste » In Ph. NÉLIDOFF (dir.), *Les Facultés de droit de province au xixe siècle : Bilan et perspectives de la recherche*, T. 2, Presses de l'Université Toulouse 1 Capitole, 2011, pp. 221-241.

[5] *Ibidem.*

[6] L'intervention de Monsieur Jean HARVEL, « De la liberté individuelle face à l'intérêt général », lors des 6èmes journées universitaires sur les enjeux des gouvernements ouverts et du numérique, 10 novembre 2021.

[7] P. ROPERT, « La société de surveillance de Foucault », *France Culture*, 13 juin 2014, disponible sur https://www.franceculture.fr/philosophie/la-societe-de-surveillance-de-foucault (consulté le 21 avril 2022).

membres de la société[1]. Selon Alexis DE TOCQUEVILLE, la création du droit par intermédiaire d'une démocratie représentative peut conduire à l'émergence de « la tyrannie de la majorité du peuple »[2]. Une situation dont il qualifie comme un résultat fort probable et indésirable de la démocratie[3]. Edmund BURKE l'affirme en soutenant que « la majorité des citoyens est capable d'exercer les oppressions les plus cruelles sur la minorité »[4].

Dans un tel écosystème, en parallèle de règles juridiques, il y a deux autres types de règles définies par la « technocratie » et par « la culture populaire ». La réalisation du transhumanisme technologique grâce à l'intelligence artificielle peut développer la « technocratie ». Cela peut être incompatible avec la théorie classique de la démocratie puisqu'elle limite le choix du peuple aux membres des sociétés des experts.

Le renforcement des interactions transnationales fournies par les réseaux sociaux (cela se caractérise par la transnationalité de « ses sources » et des « effets » qu'ils produisent), peut produire des sociétés transnationales et supranationales de contrôle. C'est ce qui peut conduire au rapprochement des normes sociales dans les différents pays, résultant potentiellement celui de leurs règles juridiques sous l'influence de premières. Dans sa forme extrême, cela peut produire une sorte d'universalisation des paradigmes des populations et dans la manière dont les experts analysent des faits, incluant les questions juridiques.

L'influence imposée à la société par l'intermédiaire de ces outils, étant basée sur une logique mathématique et universelle, peut être qualifiée comme une sorte de production ou de renforcement de « cosmopolitisme ». Signifiant littéralement « une conscience appartenant à l'ensemble des hommes »[5], il était initialement introduit par Diogène DE SINOPE[6] et particulièrement développé par son élève, Cratès DE THÈBES et Zénon DE KITION. C'était également une source d'inspiration pour création des droits « universels » de l'homme. Diogène DE SINOPE dénonce les règles imposées par les pouvoirs

---

[1] Discours du Professeur Roland GORI, « La fabrique des imposteurs et la toute puissance du pervers narcissique », *France culture*, 8 septembre 2017 (mis à jour le 12 octobre 2021), disponible sur https://www.franceculture.fr/conferences/universite-de-nantes/la-fabrique-des-imposteurs-et-la-toute-puissance-du-pervers (consulté le 18 janvier 2021).

[2] F.A. HERMENS, « The " Tyranny of the Majority " », *Social Research*, The Johns Hopkins University Press, vol. 25, n° 1, printemps 1958, pp. 37-52.

[3] A. DE TOCQUEVILLE , *De la démocratie en Amérique*, Institut Coppet, 2012, pp. 250-273.

[4] J. KAY, « The tyranny of the minority in the age of technology », *Financial Times*, 11 juin 2013, disponible sur https://www.ft.com/content/7cee4b2c-d1df-11e2-9336-00144feab7de (consulté le 2 août 2021).

[5] Cf. A. BAUDART, « Individualisme et cosmopolitisme », *Revue de métaphysique et de morale*, vol. 61, n° 1, 2009, pp. 5-18.

[6] Cf. L'intervention de Monsieur Thomas HONNET intitulée « La cybercitoyenneté : de Diogène le cynique à la Silicon Valley, de la pensée d'État à la pensée de société » lors de 6e édition des journées académiques sur les enjeux des gouvernements ouverts et du numérique, 9 novembre 2021.

publics et les communautés, en les qualifiant comme « les artifices » de la société. Il défend l'idée que la pensée, le raisonnement et les comportements « humains » sont soumis aux règles de la nature[1].

Sur le plan juridique, cette cosmopolitisation des sociétés peut se refléter non seulement dans « les comportements » et « la pensée » des populations (résultant une volonté populaire) mais aussi dans la manière de « l'interprétation du droit par les magistrats et les législateurs ». Par conséquent, le recours à l'intelligence artificielle dans les juridictions et son usage massif par les membres de la société peuvent aboutir à l'émergence de cosmopolitanismes « populaires », « judiciaires » et « législatifs ».

De manière générale, on peut en déduire que dans un système démocratique, l'intelligence artificielle change la société et la société modifie les lois. Compte tenu de l'extraterritorialité du droit américain, aux États-Unis, ce cycle peut avoir des effets plus considérables. Dans une formule plus simple, on peut dire que les changements dans la société américaine peuvent transformer leur législation et cette dernière peut, sous les influences produites grâce à ou par l'intermédiaire de l'intelligence artificielle, peut impacter les systèmes juridiques, économiques, administratifs et sociaux des autres pays. Ces impacts peuvent ensuite aboutir au changement des droits dans les autres pays. En conclusion, la combinaison des technologies de l'intelligence artificielle et du numérique peut élaborer (ou développer la production) des nouvelles normes sociales pouvant être à l'origine de nouvelles évolutions législatives.

Selon Monsieur Richard STRAUB, « les synergies entre l'homme et la machine offrent déjà un potentiel énorme en termes de création de valeur[s] »[2]. Cela signifie que ces interactions permettent aux hommes de créer plus facilement et concrètement des normes et déterminer des valeurs ou reconfigurer celles existantes.

L'intelligence artificielle peut être aussi utilisée de façon autonome pour détecter, exploiter et modéliser les valeurs sociales par l'intermédiaire de l'analyse des comportements des membres d'une société. Ce système peut être utilisé par les acteurs privés à des fins commerciaux et par les pouvoirs publics pour améliorer les lois et leurs interprétations. Madame Antoinette ROUVROY et Monsieur Thomas BERNS, affirment le caractère réalisable de ces systèmes, en précisant que « le nouveau régime de vérité numérique s'incarne dans une multitude de nouveaux systèmes automatiques de modélisation

---

[1] Cf. Lucrèce, O. SERS (trad.), *De Natura Rerum, De la Nature*, Les Belles Lettres, Les belles lettres, 2012, 512 p.

[2] R STRAUB, « L'intelligence artificielle a aussi besoin d'humanité », *Harvard Business Review France*, 31 octobre 2018, disponible sur https://www.hbrfrance.fr/chroniques-experts/2018/10/23037-lintelligence-artificielle-a-aussi-besoin-dhumanite/ (consulté le 18 mai 2021).

du " social " »[1]. En conclusion, l'intelligence artificielle peut présenter ses forces créatrices du droit soit par l'intermédiaire des actions des magistrats[2], soit par celui de la reconfiguration des valeurs sociales. Dans ces circonstances, elle peut être aussi considérée comme un outil de l'exercice de ce pouvoir, non seulement par les magistrats mais aussi par les acteurs de legaltech fournissant sa possibilité technique, par l'intermédiaire de programmation des algorithmes.

Dans le premier contexte, le pouvoir d'annulation des actes législatifs et les règles jurisprudentielles par les juridictions suprêmes, comme celle des États-Unis et la Cour de justice de l'Union européenne, peut être considéré comme « une force destructive du droit »[3] pouvant être aussi développée par cette technologie de la même façon que celle de « la création » des droits. Celle-ci peut être aussi exercée, en effaçant des normes et des valeurs sociales existantes.

Aux États-Unis, le *Federalist* n° 78 dispose que les tribunaux fédéraux « sont créés pour être un organe intermédiaire entre le peuple et sa législature »[4]. Par conséquent, la prise en compte, par les magistrats, des valeurs et des normes sociales ainsi que des opinions populaires dans leurs interprétations semble être une obligation positive pour eux.

Les réseaux sociaux présentant la possibilité d'une expression quasi-libre des citoyens peuvent être considérés comme un moyen de collection et d'analyse des opinions des membres de la société[5]. Les données qu'ils fournissent peuvent faire l'objet d'une modélisation a posteriori par l'intelligence artificielle. Les modèles fournis par ces systèmes peuvent devenir des instruments d'aide à la décision et à l'interprétation des droits normatifs, législatifs et jurisprudentiels.

Selon Monsieur Gaston BACHELARD, « le progrès des sciences de la nature est toujours ordonné, celui des sciences humaines est toujours désordonné »[6].

---

[1] A. ROUVROY, T. BERNS, « Gouvernementalité algorithmique et perspectives d'émancipation, Le disparate comme condition d'individuation par la relation ? », *Réseaux*, vol. no 177, no. 1, 2013, p. 165. ; Cf. P. VIRILIO, « Banlieues en crise : La grippe viaire », *Urbanisme*, n° 347, 2006, p. 4.

[2] Ch. DE LA MARDIÈRE, « Le pouvoir créateur du juge de l'impôt » In. *Archives de philosophie du droit*, coll. La création du droit par le juge, T. 50, 2007, pp. 229-235.

[3] E. ZOLLER, « La Cour suprême des États-Unis entre création et destruction du droit » In. *Archives de philosophie du droit*, coll. La création du droit par le juge, T. 50, 2007, pp. 277-287.

[4] United States Courts, *Overview - Rule of Law*, disponible sur https://www.uscourts.gov/educational-resources/educational-activities/overview-rule-law (consulté le 9 décembre 2021).

[5] F GONÇALES, « Privacy, Data Protection and the Age of Algorithms », *Revue Internationale de droit des données et du numérique*, vol. 7, n°1, 2021, p. 151.

[6] G. BACHELARD, « Les vertus du non (4/4) : La philosophie du non de Gaston Bachelard », *France culture*, 17 oct. 2013, disponible sur https://www.franceculture.fr/emissions/les-nouveaux-chemins-de-la-connaissance/les-vertus-du-non-44-la-philosophie-du-non-de

Malgré son caractère institutionnel, les sciences juridiques ne s'excluent pas de cette règle, d'autant plus qu'elles sont associées à des facteurs variés et multiples, issus des autres branches des sciences sociales (sur les plan social, économique et politique). Par conséquent, la combinaison de ces systèmes numériques et algorithmiques peut être particulièrement utile. Elles peuvent produire aussi des effets normalisateurs sur la société, en imposant des influences identiques (et éventuellement programmées) sur tous ses utilisateurs. Cela peut potentiellement conduire à l'émergence d'une société « dogmatique », faisant, dès le début du XIXe siècle, l'objet de réflexion et de crainte pour Alexis DE TOCQUEVILLE[1].

Lors des élections législatives, le recours à l'intelligence artificielle pour influencer les électeurs en manipulant et reconfigurant leurs tendances politiques et sociales peut produire des effets plus directs sur la création du droit. Aux États-Unis, cela peut être plus signifiant que dans les pays européens, en particulier en raison du caractère électif d'une partie des magistrats (le mécanisme du vote de rétention). Cela permet de reconnaître le concept particulièrement anglo-saxon de « la justice démocratique ». En principe, dans les systèmes romano-germaniques, l'organisation judiciaire, représentant le pouvoir public, est censée être indépendante et impartiale mais pas forcément démocratique, puisque ses membres sont simplement des fonctionnaires de l'État. La mise en place d'un système de votation par la technologie de la blockchain peut permettre de renforcer la sécurité et la traçabilité d'enregistrement des tendances populaires identifiées à partir des réseaux enlignes.

Aujourd'hui, cet enjeu n'est pas inconnu. Son exemple le plus illustratif est la fuite de données « Facebook-Cambridge Analytica », lors des élections présidentielles américaines de 2016 où les données personnelles de 87 millions d'utilisateurs de Facebook ont été exploitées pour faire l'objet de modélisations algorithmiques personnalisées, fabriquant des instruments d'influence[2]. Cet usage des algorithmes a été massivement jugé comme « une atteinte à la démocratie »[3]. Dès lors, la question pouvant se poser et de savoir si cette qualification peut être vraiment légitime. Pour répondre à cette question, il convient de s'interroger, en premier lieu, sur la notion de «

(consulté le 18 décembre 2021). ; B. BARRAUD, *Théories du droit et pluralisme juridique*, Presses Universitaires d'Aix-Marseille, coll. Inter-normes, 2016, p. 14.

[1] A. DE TOCQUEVILLE, *De la démocratie en Amérique (1835 et 1840)*, Flammarion, coll. GF, 2010, pp. 248-249.

[2] Cf. A. HERN, « Cambridge Analytica: how did it turn clicks into votes? », *op. cit.* ; O. SOLON, « Facebook says Cambridge Analytica may have gained 37m more users' data », *The Guardian*, 4 avril 2018, disponible sur https://www.theguardian.com/technology/2018/apr/04/facebook-cambridge-analytica-user-data-latest-more-than-thought (consulté le 19 avril 2022).

[3] B. KAISER, *Targeted: My Inside Story of Cambridge Analytica and How Trump, Brexit and Facebook Broke Democracy*, Harper Collins, 23 octobre 2019, 400 p. ; S. AHMAD, « Unmaking democrac : How corporate influence is eroding democratic governance », *Harvard International Review*, vol. 41, n° 2, printemps 2020, pp. 54-57.

démocratie », définie par Larousse comme un « système politique, forme de gouvernement dans lequel la souveraineté émane du peuple. [...] Le respect des libertés publiques est au cœur même du fonctionnement de la démocratie dite aujourd'hui " libérale " »[1].

Nous pouvons considérer que sa légitimité se caractérise par la gouvernance de la volonté du peuple. Dans ces circonstances, même si la présence d'une manipulation à l'aide des systèmes de l'intelligence artificielle à partir des réseaux en lignes est incontestable, techniquement, elle ne peut être reconnue comme une atteinte à la démocratie, puisqu'elle n'empêche pas le processus de l'expression et de la gouvernance de l'opinion publique, tout en reconfigurant son fond.

Du point de vue juridique, dans l'exemple de Cambridge Analytica, les problématiques juridiques s'articulaient principalement autour du sujet de la protection des données personnelles. Dans une hypothèse où elles ont été mises à la disposition de cette entreprise, avec le consentement des utilisateurs de Facebook, cette pratique ne pourrait être considérée comme illégitime et illégale, sinon les autres formes de publicité des campagnes électorales devraient être aussi considérées comme une atteinte à la démocratie, puisqu'elles peuvent être aussi qualifiées comme des moyens visant à influencer, voire manipuler, la pensée des électeurs.

L'importance considérable de ces pratiques sur la création d'un droit dur ainsi que l'essor de la puissance des algorithmes et l'usage massif et la dépendance des populations aux réseaux en lignes suscitent une nouvelle réflexion sur les impacts qu'ils peuvent produire dans l'avenir.

Les technologies du numérique et de l'intelligence artificielle ont permis de favoriser les débats participatifs et de renforcer la facilité d'expression. Dans la même perspective, les systèmes algorithmiques de détection et d'analyse des paroles peuvent présenter un grand avantage. En l'appliquant sur des débats lancés sur les réseaux enlignes, on pourrait enrichir des bases des données destinées à modéliser l'opinion publique. À ce titre, ils peuvent optimiser l'accès à la démocratie. La professeure Corien PRINS l'affirme, lors du colloque biennal de l'Association des Conseils d'État et des juridictions administratives suprêmes de l'Union européenne en précisant que « les plateformes de ce type contribuent à dynamiser le débat au sein de la société civile et constituent l'un des aspects essentiels du fonctionnement d'une société démocratique »[2]. Elle a expliqué également que les activités de la page Facebook du Conseil d'État des Pays-Bas l'ont prouvé [3].

---

[1]Larousse, *Démocratie*, disponible sur https://www.larousse.fr/dictionnaires/francais/d%C3%A9mocratie/23429 (consulté le 19 avril 2022).

[2] L'intervention de professeure Corien PRINS, lors du colloque *une exploration de la technologie et du droit*, 14 mai 2018, 14 mai 2018, disponible sur http://www.aca-europe.eu/index.php/fr/evenements/638-la-haye-14-mai-2018-colloque-une-exploration-de-la-technologie-et-du-droit (consulté le 2 septembre 2019).

[3] *Ibidem.*

Le Juge Myron NICOLATOS explique aussi qu'à l'ère du gouvernement ouvert « le langage du gouvernement ait connu une évolution rapide car les systèmes automatisés sont utilisés au quotidien »[1]. Cela démontre que ces systèmes visent aussi directement les magistrats. Ce fait est à la fois porteur d'une promesse d'une démocratie plus accessible et d'une crainte des manipulations « illégitimes » dans le processus de création du droit.

Dans ce contexte, une « illégitimité » peut être reconnue lorsque l'intervention menée par l'intermédiaire de ces outils se réalise sans le consentement des individus. Compte tenu de l'absence d'extraterritorialité du droit de l'Union européenne, en matière du traitement des données (en particulier, au sujet du droit au déréférencement), reconnue par les deux arrêts de la cour de justice de l'Union européenne[2], cela pose également la question du transfert des données aux pays où les législations en matière de la protection des données sont moins rigoureuses, afin de fabriquer des modèles algorithmiques d'influence et les appliquer ensuite aux utilisateurs des réseaux sociaux. Même si dans les affaires *Google c. Cnil*[3] et *Facebook-Cambridge Analytica*[4], le transfert des données a été particulièrement vers le Royaume-Uni, avec l'adoption, par les différents pays, des textes législatifs protégeant les données personnelles, la situation peut être changée dans l'avenir. Cela peut aboutir à la création d'un phénomène pouvant être qualifié comme « le tourisme du traitement des données » sous le même modèle que celui du fonctionnement des « paradis fiscaux ».

Si ces données sont stockées à l'extérieur des territoires où le traitement des données n'est pas légalement exigé, leur neutralité et leur qualité ne sont pas garanties. Le lancement des plateformes dirigées par les institutions gouvernementales dédiées à ces débats peut réduire ce risque. Cela peut présenter aussi le risque d'une inégalité d'accès à la démocratie pour ceux qui n'ont pas un accès à ces outils.

Le risque de manipulation de la part (ou par l'intermédiaire) des réseaux sociaux[5] ne se limite pas à la création et à la tentative d'une reconfiguration des règles législatives existantes. Cela peut se manifester comme un blocage

---

[1] L'intervention de Monsieur Myron NICOLATOS lors du colloque biennal de l'Association des Conseils d'État et des juridictions administratives suprêmes de l'Union européenne qui a eu lieu en date du 14 mai 2018 à La Haye.

[2] CJUE, *Google LLC c. la Commission nationale de l'informatique et des libertés*, C-507/17, 24 septembre 2019 et CJUE, *Google LLC c. la Commission nationale de l'informatique et des libertés*, C-136/17, 24 septembre 2019.

[3] *Ibidem.*

[4] Résolution du Parlement européen du 25 octobre 2018 sur *l'exploitation des données des utilisateurs de Facebook par Cambridge Analytica et les conséquences en matière de protection des données* (2018/2855(RSP).

[5] N. DE MARCELLIS-WARIN, F. MARTY, E. THELISSON, Th. WARIN, « Artificial intelligence and consumer manipulations: from consumer's counter algorithms to firm's self-regulation tools », *AI Ethics*, 2022, disponible sur https://doi.org/10.1007/s43681-022-00149-5 (consulté le 1er avril 2022).

pour la création de nouvelles règles sociales, en limitant la liberté d'expression des internautes. Une telle intervention des fournisseurs, des dirigeants et des contrôleurs de ces réseaux peut être jugée légitime, voire indispensable lorsqu'elle est autorisée par les législations. C'est ainsi que la grande chambre de la Cour européenne des droits de l'homme a précisé, dans son arrêt du 27 mars 1996 que dans les sociétés démocratiques, les médias en pratiquant une fonction de « chien de garde » (en anglais: *Watchdog*) jouent un rôle essentiel[1]. Cela se justifie également par le fait que si ces propos peuvent faire directement ou indirectement l'objet de création de nouvelles lois, ils ne doivent être contraires aux règles supérieures (en particulier, constitutionnelles). Ce contrôle peut être exercé sur ces réseaux. Par conséquent, la frontière de la légitimité de l'intervention de ces acteurs peut être aussi particulièrement fine.

Sur le plan technique (d'un point de vue théorique), un système de l'intelligence artificielle alimenté par des données neutres ou neutralisées, ne produit pas des biais discriminatoires, sauf dans l'hypothèse d'existence d'une discrimination dans les données d'entrée au système ou l'erreur dans les calculs (la première hypothèse est la plus probable). Cependant, il peut être naturellement un moyen de production des biais discriminatoires. Ces programmes peuvent aussi permettre de les provoquer indirectement dans la pensée des individus. Cette action peut être autorisée ou interdite selon les législations de chaque pays. Par exemple, aux États-Unis, elle peut être jugée « légitime » si elle ne relève pas de dix discriminations interdites par *Civil Rights Act* de 1964. Leur légitimité peut être aussi reconnue même s'ils sont qualifiés comme propos haineux[2].

Contrairement à l'Union européenne (l'art. 21 de la charte européenne des droits fondamentaux exigeant une interdiction de toute discrimination), aux États-Unis, il n'y a pas une interdiction totale des discriminations. Elle s'y applique uniquement aux discriminations spécifiques définies par les sources dérivées du droit, en particulier, *Civil Rights Act* de 1964. L'exercice d'une forme de discrimination peut être aussi banni par les juridictions en s'appuyant sur la volonté du peuple ou l'exploitation du sens originel des règles constitutionnelles et suprêmes.

Au niveau du Conseil de l'Europe, cette forme de manipulation semble être conciliable avec l'article 10 de la Convention européenne des droits de l'homme, protégeant la liberté d'expression. Dans l'Union européenne, l'interdiction des « contenus haineux » n'est reconnue que dans ce contexte spécifique. Il convient de noter qu'au niveau de l'Union européenne, cette notion n'a jamais été clairement déterminée[3].

---

[1] CEDH, *Goodwin c. Royaume-Uni*, 17488/90, n° 27 mars 1996.

[2] *Matal c. Tam*, 582 U.S. ___ (2017).

[3] Cf. Parlement européen, *Discours et crimes de haine dans l'Union européenne - Évaluation des stratégies pour la réglementation des contenus en ligne*, Synthèse réalisée par la

En conclusion, la création de règles législatives sous cette influence peut être potentiellement compatible avec les règles suprêmes de l'Union européenne et des États-Unis. Par conséquent, la production des biais haineux non discriminatoires peut y être aussi légalement réalisée.

Selon Monsieur Serge AUDIER, « la démocratie est menacée de corruption quand les citoyens préfèrent l'inégalité et le luxe plutôt que la frugalité »[1]. Cette évocation peut être interprétée en prenant en considération la définition particulièrement libérale qu'Abraham LINCOLN a donnée de la démocratie. Il a précisé, dans son célèbre discours de Gettysburg, que « la démocratie est le gouvernement du peuple, par le peuple et pour le peuple »[2]. Ainsi, la légalisation d'une « corruption sociale » ne menace pas la démocratie tant qu'elle est « l'expression de la volonté générale »[3]. Dans ces circonstances, la démocratie (si on la définit comme un système institutionnel de gouvernance et une machine de transformation de « la volonté générale » en « droit ») peut être un moyen de légitimation et légalisation des corruptions existant dans la société.

À une époque où les systèmes de l'intelligence artificielle renforcent et facilitent la possibilité de manipulation des sociétés, cette hypothèse devient de plus en plus inquiétante, puisqu'elle peut reconfigurer le fond et la structure du droit. Il s'agit d'un instrument destiné à encadrer cette technologie. Il est un signe d'impuissance du droit face aux nouvelles technologies en particulier, l'intelligence artificielle.

En 1513, ce sujet a fait l'objet d'une réflexion provocante de la part de Nicolas MACHIAVEL. Il explique, dans son célèbre ouvrage, *Le Prince*, que la corruption des dirigeants de l'Empire romain a été due par celle de ses citoyens. Il croit qu'elle a été transmise par les populations au gouvernement par l'intermédiaire de la démocratie[4].

Le libéralisme lincolnien a été mis en cause par les grands penseurs de l'école des « études juridiques critiques », en particulier Karl LLEWELLYN, Jérôme FRANK et Oliver Wendell HOLMES Jr. Elle s'oppose à une éventuelle création des « mauvaises lois » par l'intermédiaire de la codification de

---

Commission la commission des libertés civiles, de la justice et des affaires intérieures, le Département thématique des droits des citoyens et des affaires constitutionnelles la Direction générale des politiques internes, juillet 2020, disponible sur https://www.europarl.europa.eu/RegData/etudes/STUD/2020/655135/IPOL_STU(2020)655135(SUM01)_FR.pdf (consulté le 19 avril 2022).

[1] S. AUDIER, *Les théories de la république*, La découverte, 2004, p. 28.

[2] Cf. J. PEATMAN, *The Long Shadow of Lincoln's Gettysburg Address*, Southern Illinois University Press; 1st edition, 2013, 266 p.

[3] Cf. L'art. 6 de la déclaration des droits de l'homme et du citoyen de 1789.

[4] N. MACHIAVEL, *Le Prince et autres textes*, Union générale d'Éditions, coll : Les classiques des sciences sociales, 1962 (version numérique réalisée le 12 octobre 200), p. 154, pp. 161-162 et pp. 178-184, disponible sur https://prepasaintsernin.files.wordpress.com/2018/06/machiavel-le-prince.pdf (consulté le 20 avril 2022). ; Cf. Ch. Bec, *Machiavel*, éditions Balland, 1985, 411 p.

certaines pensées « malsaines » de la société. D'une manière plus simple, cette théorie fait valoir que le processus de création des lois est celui de codification des préjugés et des biais exprimés démocratiquement par les membres de la société[1]. Dans ces circonstances, le problème pouvant se poser est que dans une société massivement influencée, voire manipulée par des réseaux enlignes[2], les spécificités du caractère « malsain » des pensées peuvent être aussi déterminées par ceux qui sont, eux-mêmes, soumis à ces influences et manipulations.

Celles-ci, produisant des « forces créatrices du droit », peuvent cibler non seulement les membres ordinaires de la société (englobant les personnes physiques comme morales), les magistrats, les législateurs et les régulateurs, mais aussi « les penseurs » des sciences juridiques. Les doctrines élaborées par ces derniers peuvent influencer les analyses et les interprétations de l'ensemble des experts du monde du droit.

Leur soumission consciente ou inconsciente à ces pressions s'explique par le fait qu'ils sont obligés de conformer leurs travaux à certaines exigences et demandes de la société pouvant être elles-mêmes sous l'influence des idées et des paradigmes conçus par l'intelligence artificielle (même dans l'hypothèse où ils ne le sont pas).

En 2018, ses spécificités ont été décrites par Monsieur Omri BEN-ZVI et Madame Eden SARID. En s'inspirant par des travaux de Joseph CAMPBELL[3], ils ont fait valoir que la rédaction de textes juridiques doctrinaux est soumise à certaines formes « esthétiques » qu'ils qualifient comme « un modèle formel ». Dans les années 80s, ce sujet a été étudié et remarquablement développé par Richard A. POSNER[4].

Celui-ci définit un dispositif narratif où l'auteur se présente comme un « protagoniste » (décrit par ces chercheurs comme un héros du voyage) surmontant une menace effrayante (la problématique juridique), rentrant chez lui avec la prime (une solution)[5]. Ils estiment que les théoriciens du droit cherchent, à travers ces histoires, à apporter aux lecteurs, un plaisir dit « esthétique »[6].

---

[1] Legal Information Institute (Cornell Law School*), Critical Legal Theory*, disponible sur https://www.law.cornell.edu/wex/critical_legal_theory (consulté le 20 avril 2022).

[2] V. LAMPOS, N. CRISTIANINI, « Nowcasting Events from the Social Web with Statistical Learning », *ACM Transactions on Intelligent Systems and Technology*, vol. 3, n. 4, September 2012, article n. 72, pp 1-22.

[3] J. CAMPBELL, *The Hero with a Thousand Faces : The Collected Works of Joseph Campbell*, New World Library, éd. 3, 2008, 224 p.

[4] R. A. POSNER, « The State of Legal Scholarship Today: A Comment on Schlag », *Georgetown Law Journal*, vol. 97, 2008, pp. 845-855. ; Cf. R. A. POSNER, *How Judges Think*, Harvard University Press, 2010, 400 p.

[5] O. BEN-ZVI, E. SARID, « Legal Scholarship as Spectacular Failure », *Yale Journal of Law & the Humanities*, vol. 30, n° 1, hiver 2018, p. 1.

[6] *Ibidem.*

Cette caractéristique peut se justifier par l'aspect commercial des travaux universitaires et de recherches, destinés à une clientèle ciblée. En fait, le chercheur joue le rôle d'un marchand vendant, à ses clients, des idées et des solutions. À ce titre il ne peut prendre une décision à leur place. Cette vision vis-à-vis de ces pratiques peut être considérée comme « postmoderne ». Dans ce contexte, l'auteur est non seulement responsable de garantir la qualité technique de ses travaux, mais aussi celui d'impressionner et d'attirer les potentiels acheteurs, en les adaptant à leurs attentes. Cela souligne le rôle de l'opinion publique dans l'évolution des travaux universitaires (en particulier en sciences humaines et sociales) et des doctrines juridiques.

Ils expliquent également que le paradigme des environnements académiques exige aux lecteurs de traiter les textes doctrinaux avec méfiance et qu'il développe un sentiment obsessif de responsabilité pour trouver une erreur ou une information fausse dans les travaux des autres chercheurs qui peut alimenter leurs critiques[1]. Selon les spécificités de chaque tradition judiciaire et législative, ces critiques peuvent se baser sur des paramètres et critères différents. Dans le *Common law*, le contexte social joue un rôle extrêmement important dans l'analyse des praticiens et des théoriciens du droit, puisque dans ce système, leurs analyses se caractérisent plus particulièrement par les changements sociaux que par les textes législatifs doctrinaux existants.

Ces chercheurs croient aussi qu'il y a effectivement un lien (pouvant être à la fois corrélatif ou de causalité) entre « les valeurs normatives » et « les considérations esthétiques » et que, pour les juristes, « la qualité esthétique » d'un texte doctrinal est, un facteur primaire de détermination de sa « qualité globale »[2]. Dans ces circonstances, l'interprétation, par les magistrats, des principes constitutionnels et des règles suprêmes peut être influencée de la même manière. Le sens de ces derniers se dégage par les juges suprêmes (en particulier, aux États-Unis) en prenant en compte les tendances et les évolutions sociales. L'exemple des mariages mixtes et homosexuels démontre que, dans deux périodes différentes, selon les caractéristiques des tendances sociales, « une pratique » peut être jugée à la fois « conforme » et « contre » la Constitution, alors que le texte de la constitution et la définition des principes concernés ne sont pas changés.

En conclusion, les développeurs, les fournisseurs et les utilisateurs des systèmes de l'intelligence artificielle et du numérique peuvent créer des idées ciblées (à des fins déterminés)[3] et les imposer aux internautes. En reconfigurant les paradigmes sociaux, ils peuvent diriger leurs tendances et

---

[1] *Ibidem.*, pp. 12-24.

[2] *Ibidem.*, p. 2.

[3] Cf. P. FRAGA-LAMAS, T.M. FERNÁNDEZ-CARAMÉS, « Fake News, Disinformation, and Deepfakes: Leveraging Distributed Ledger Technologies and Blockchain to Combat Digital Deception and Counterfeit Reality », *IT Professional*, vol. 22, n° 2, mars-avril 2020, pp. 53-59.

leurs votes, lors de référendums et d'élections. La même pratique peut se réaliser aussi par les États. Dans ces circonstances où « les instruments » et « les sujets » des manipulations dépassent les frontières, sur la scène internationale, le pays avançant plus vite en matière de l'intelligence artificielle est plus susceptible d'imposer ses propres règles aux citoyens des autres pays et des autres régions.

En utilisant ces réseaux, les internautes consentent des obligations qu'ils définissent. Par conséquent, leur manipulation peut être qualifiée comme « consentie » et « légitime ». Pour les entreprises, cela peut même être un instrument plus efficace que les mécanismes actuels du « lobbying » pour préserver leurs intérêts.

En conclusion, le peuple peut transférer ces influences (fabriquées par l'intelligence artificielle), comme un cheval de Troie, au cœur de processus de création du droit. Ce sujet a été judicieusement décrit dans le *livre le paradis perdu* où John Milton précise que « *notre raison est notre loi* »[1]. C'est ainsi qu'il serait un instrument de mutation de l'ADN du système juridique. Cela peut amener le peuple à redéfinir les notions de la justice, de la démocratie, de l'intérêt général et collectif etc. À ce titre, l'intelligence artificielle peut être considérée comme un outil de légitimation des manipulations, menées par l'intermédiaire des réseaux en lignes et les résultats qu'elles peuvent produire (comme la reconnaissance législative ou jurisprudentielle de certaines formes de discrimination).

D'un point de vue technique, l'analyse scientifique des évolutions juridiques, sociales, économiques et politiques peut être réalisée de la même manière par des machines. Selon « la théorie de Luhmann » (également reconnue comme « la théorie des systèmes sociaux »)[2], tous les microsystèmes sociaux allant de « la réglementation et la régulation juridique et politique » aux « relations amoureuses et intimes » possèdent une valeur égale et un degré équivalent de complexité formelle[3].

Cette comparaison entre « l'amour » et « le droit » paraît très provocante. C'est de cette façon qu'il prouve que tous les microsystèmes, quelle que soit leur nature, sont basés sur le même cycle et système d'évolution. Il « considère que cette détermination de la " nature " d'un système vivant permet de déduire la forme que doivent prendre des systèmes d'ordre différents, comme les systèmes sociaux par exemple »[4]. Selon cette théorie, la société est le produit

[1] J. MILTON, F-R DE CHATEAUBRIAND (trad.) R. ELLRODT (éd.), *Le Paradis perdu*, Gaillimard, 1995, p. 9. ; Cf. M. SCHOENFELDT, « Obedience and Autonomy in Paradise Lost » In. Th. N. CORNS (ed.), *A Companion to Milton,* Oxford: Blackwell, 2001, pp. 391-407.

[2] S. BORNHAUSEN, « La théorie de la théorie chez Niklas Luhmann », *Hermès*, vol. 22, 1998, pp. 41-46.

[3] N. LUHMANN, GAINES J. (trad.), JONES D. L. (trad.), *Love as Passion The Codification of Intimacy*, John Wiley & Sons, 2014, 200 p.

[4] S. BORNHAUSEN, « La théorie de la théorie chez Niklas Luhmann », *préc.*, p. 45, note n° 2.

de l'interaction et des communications entre ses composants, évoluant et se transformant sur des modèles similaires.

En conclusion, les principaux facteurs influençant la création du droit sont régis par des règles modélisables et prédictives. En 1944, John VON NEUMANN et Oskar MORGENSTERN ont prouvé que tous les jeux (stratégiques) sont également soumis à des règles formelles. C'est ainsi qu'elles peuvent être modélisées[1]. Dans le monde entier, ce mécanisme est actuellement utilisé par les acteurs économiques, sociaux et politiques afin de déterminer (automatiquement) les stratégies les plus pertinentes[2]. Cela démontre qu'une telle démarche semble être (au moins, d'un point de vue théorique) réalisable et efficace.

La performance des algorithmies dans la réalisation de ces analyses est particulièrement considérable. Madame Barbara F. WALTER explique dans son livre *How Civil Wars Start*, qu'il est même possible, grâce à ceux-ci, de prédire le temps exact de l'émergence des guerres civiles, des révolutions et des changements politiques et sociaux[3].

L'intelligence artificielle peut être utilisée pour exploiter, identifier et modéliser l'intention originelle des législateurs lors de la création des règles suprêmes. Nous avons aussi évoqué la possibilité de modélisation et de prédiction des évolutions jurisprudentielles. Il convient de noter qu'elle peut être aussi utilisée pour créer de nouvelles règles législatives, en identifiant, analysant et modélisant « la volonté du peuple »[4]. C'est ce qui la transforme en un instrument de « la prédiction » des analyses juridiques.

Une analyse algorithmique des valeurs et des normes sociales offre la possibilité de codifier les caractéristiques par lesquels le peuple définit le concept de la justice. Il apparaît que celui-ci est « conventionnel » et « modélisable ». À ce sujet, Victor Hugo précise, dans son roman célèbre *L'homme qui rit*, qu'« il est effrayant de penser que cette chose qu'on a en soi, le jugement, n'est pas la justice. Le jugement, c'est le relatif. La justice, c'est l'absolu. Réfléchissez à la différence entre un juge et juste »[5].

Par cette évocation, il essaye de démontrer que « la justice » (au moins dans son sens juridique) n'est pas subjective, alors que « la justesse » et

---

[1] J. VON NEUMANN, O. MORGENSTERN, *Theory of Games and Economic Behavior: 60th Anniversary Commemorative Edition*, Princeton University Press, 2007, 776 p. ; Cf. P. C. ORDESHOOK, *Game Theory and Political Theory : An Introduction*, Cambridge University Press, 1986, 511 p.

[2] *Ibidem*.

[3] B. F. WALTER, *How Civil Wars Start*, Penguin, 6 janvier 2022, 320 p.

[4] Cf. D.M. RASMUSSEN, « Public Reason and Constitutional Interpretation » In. A. AGRAWAL, J. GANS, A. GOLDFARB (dir.), *The Economics of Artificial Intelligence: An Agenda*, University of Chicago Press, 2019, pp. 89-96. ; Cf. D.K. SCHNEIDER, *Modélisation de la démarche du décideur politique dans la perspective de l'intelligence artificielle*, Université de Genève, 1996, disponible sur https://tecfa.unige.ch/tecfa/publicat/schneider/these-daniel/book.pdf (consulté le 30 août 2021).

[5] V. HUGO, H.C.O. HUSS (éd.), *L'homme Qui Rit*, Ripol, 1876, p. 239.

« l'équité » sont plus susceptibles d'être changées dans des circonstances différentes. La modélisation de premier (constituant le fondement des règles juridiques) peut permettre de renforcer le caractère démocratique du processus d'élaboration des projets de loi d'amélioration des règles existantes, surtout en matière pénale.

L'intelligence artificielle peut être considérée comme un outil de l'ingénierie et de la reconfiguration de « la volonté générale » du peuple. Cependant, elle peut être également utilisée pour modéliser celle existante[1]. Cela peut se réaliser aux niveaux individuels et collectifs (au niveau des communautés ou celui des dimensions géographiques)[2]. Il sera également possible de créer un modèle global et plus large, en identifiant les éléments communs, et partagés entre l'ensemble ou la majorité des membres d'un champ spécifique des communautés. Cela peut permettre d'évaluer la volonté générale sur les plans internationaux et supranationaux. Par exemple pour évaluer la popularité des règles établies ou proposées par les organes de l'Union européenne ou les dispositions des accords bilatéraux ou multilatéraux.

Les technologies du « numérique » (par l'intermédiaire des plateformes et des réseaux enlignes) et de « l'intelligence artificielle » peuvent être respectivement utilisées pour « collecter » les données nécessaires afin d'identifier la volonté générale et de la « modéliser »[3]. Plus précisément, les premières peuvent structurer les volontés existantes du peuple, sous la forme d'une logique mathématique. Monsieur Jean LASSEGUE explique, à ce sujet que « l'intelligence artificielle vise à confirmer la vision alphabétique et numérique du monde déployé par l'informatique »[4].

---

[1] Cf. G. SARTOR, « Compliance with Normative Systems » In. M. PALMIRANI, U. PAGALLO, P. CASANOVAS, G. SARTOR (dir.), *AI Approaches to the Complexity of Legal Systems - Models and Ethical Challenges for Legal Systems, Legal Language and Legal Ontologies, Argumentation and Software Agents : International Workshop AICOL-III, Held as Part of the 25th IVR Congress, Frankfurt am Main, Germany, August 15-16, 2011. Revised Selected Papers*, Springer-Verlag Berlin Heidelberg, 2012, 1ère éd., pp. 1-32.

[2] Cf. C. VAUTIER, « Essai de modélisation complexe en sciences sociales, : le casde l'intercommunalité dans le département du Tarn », *Nouvelles perspectives en sciences sociales*, vol. 1, n° 2, pp. 149–217, disponible sur https://doi.org/10.7202/602473a (consulté le 17 octobre 2021). ; Cf. J. BARON, I. RITOV, « Omission bias, individual differences, and normality », *Organizational Behavior and Human Decision Processes*, vol. 94, 2004, pp. 74-85.

[3] Cf. C. SMITH, A. AMBROSSIO, L. MENDOZA, A. ROTOLO, « Combinations of Normal and Non-normal Modal Logics for Modeling Collective Trust in Normative MAS » In. M. PALMIRANI, U. PAGALLO, P. CASANOVAS, G. SARTOR (sous dir.), *AI Approaches to the Complexity of Legal Systems - Models and Ethical Challenges for Legal Systems, Legal Language and Legal Ontologies, Argumentation and Software Agents : International Workshop AICOL-III, Held as Part of the 25th IVR Congress, Frankfurt am Main, Germany, August 15-16, 2011. Revised Selected Papers*, Springer-Verlag Berlin Heidelberg, 2012, 1ère éd., pp. 189-203.

[4] J. LASSEGUE, « L'Intelligence artificielle, technologie de la vision numérique du monde », *op. cit.*, p. 205.

Dans le contexte actuel d'applicabilité du RGPD, la collection le traitement des données nécessaires pour recourir à ces mécanismes peuvent être réalisés par les fournisseurs des réseaux enlignes. Afin d'atteindre cet objectif, ils sont en mesure d'obtenir le consentement des utilisateurs, s'il est déclaré comme condition *sine qua non* de leur utilisation, tant que les critères de reconnaissance du consentement sont bien respectés. Dans ces circonstances, la création des cadres réglementaires spécifiques et complémentaires régissant la coopération entre ces entreprises et les gouvernements peut être bien opportune.

Les systèmes utilisés par la société Cambridge Analytica avaient une performance considérablement efficace (du point de vue technique) dans la détection des tendances et des volontés individuelles, sans besoin de recourir au lancement de débats et à des systèmes enlignes de sondage et de votation sur les réseaux sociaux comme ceux employés par le Conseil d'État du Royaume des Pays-Bas[1].

Sur les espaces enlignes, les éléments fournissant la possibilité de cette détection sont nombreux. Selon Monsieur Jean LASSÈGUE, « les pratiques numériques des humains – envoyer un texto, consulter internet, lire, prendre une photo, se localiser, payer, etc. – s'intègrent bel et bien dans des univers de sens »[2]. Il faut également ajouter à cette liste, « les recherches que les internautes font sur les moteurs de recherche ». Ils sont tous porteurs d'informations sur celui qui les produits.

Ce système est susceptible d'être efficace non seulement pour identifier des nouvelles règles éthiques, mais aussi pour reconfigurer ou supprimer celles qui sont déjà reconnues et codifiées, puisqu'elles sont aussi d'une nature conventionnelle et dépendante de l'état social des sujets de l'État. Leur identification et leur effacement peuvent se réaliser par le diagnostic des valeurs actuelles de la société.

Ensuite, ils peuvent être modélisés dans le respect des limites définies par les sources primaires du droit. Dans ces circonstances, contrairement aux cas de figure décrits dans le paragraphe suivant, l'intelligence artificielle ne reconfigure pas la forme et la nature de l'influence des éléments sociaux sur le droit et la justice. Pourtant, en fournissant des outils permettant de les traquer, identifier et canaliser, elle peut renforcer la transparence de leur présence dans les lois.

Dans le cadre de rédaction des chartes éthiques créées par les entreprises ou les instances gouvernementales, l'intelligence artificielle, en imposant ses effets formalisateurs, peut identifier les spécificités des règles socio-

---

[1] L'intervention de professeure Corien PRINS l'affirme, lors du colloque biennal de l'Association des Conseils d'État et des juridictions administratives suprêmes de l'Union européenne, *Colloque 'Une exploration de la technologie et du droit, op. cit.*

[2] J. LASSÈGUE, « L'Intelligence artificielle, technologie de la vision numérique du monde », *préc.*, p. 211.

économiques et des « normes » par l'intermédiaire d'analyse des plateformes enlignes, telles que les réseaux sociaux, les outils de communication et même les moteurs de recherches. En conclusion, le formalisme « structurel » et « rationnel » peut potentiellement aboutir à « la démocratisation de l'interprétation du droit » et celle de son « application ».

Comme il était auparavant expliqué, une grande partie des magistrats américains est directement ou indirectement élue. À ce titre, ils jouent un rôle central dans la détermination et la reconnaissance jurisprudentielle des valeurs sociales et de la volonté générale du peuple. Par conséquent, la justice augmentée peut être aussi considérée comme un pas vers le renforcement de son « identification algorithmique » dans les institutions. Selon Madame la Juge Dory REILING, « les tribunaux sont là pour résoudre les problèmes que la société ne peut pas tolérer/supporter »[1]. Cela démontre que les magistrats sont responsables non seulement face aux règles juridiques mais aussi aux valeurs sociales n'ayant pas encore « la forme » de la loi.

Concernant les magistrats américains nommés par les élus (pouvant être le Président, le gouverneur, le Maire ou les membres des législatures), ces technologies peuvent servir afin d'évaluer leur popularité auprès des membres de la société. Le même mécanisme peut être aussi appliqué pour nommer ou élire les membres de la Cour européenne des droits de l'homme et de la Cour de justice de l'Union européenne. À ce titre, il peut être considéré comme un instrument efficace de prise en compte (indirecte) de la volonté générale dans la création des règles jurisprudentielles.

Le recours à ces systèmes au niveau des États membres peut aboutir à une démocratisation de l'évolution jurisprudentielle du droit de l'Union européenne et de l'interprétation des dispositions de la Convention européenne des droits de l'homme.

Il est également possible, grâce à ces technologies, de mettre en place un système de représentation directe des membres de la société dans le processus de leur nomination. Dans cette hypothèse, la technologie de la blockchain permet de mettre en œuvre un système décentralisé et sécurisé de votation (ou de sondage), visant à élire les magistrats.

Même si la nomination de certains d'entre eux relève de la compétence exclusive d'instances ou personnes spécifiques (par exemple, la Cour suprême des États-Unis), ces systèmes, combinés avec ceux destinés à l'analyse algorithmique des activités des internautes sur les espaces enlignes, peuvent être utilisés par les instances compétentes en tant qu'outils d'aide à la décision afin de renforcer le caractère démocratique de leur sélection.

Au niveau fédéral, les membres des juridictions de l'article I (de la Constitution des États-Unis) sont également concernés par le même système. Les tribunaux fédérés dits « d'Article I » sont créés par le Congrès. Cette

---

[1] D. REILING, « Quelle place pour l'intelligence artificielle dans le processus de décision d'un juge ? », *op. cit.*, p. 222.

catégorie comprend 6 juridictions, à savoir (1) *United States Tax Court*, (2) *United States Court of Appeals for the Armed Forces*, (3) *Court of Military Commission Review*, (4) *United States Court of Appeals for Veterans Claims*, (5) *United States Court of Federal Claims*, (6) *United States Bankruptcy Courts*. Ses membres sont élus des deux chambres du Congrès (pour un mandat de10 ans). Elles sont garantes d'une bonne application des lois crées par le Congrès.

Au niveau fédéré, la démocratie judicaire de certains États est assurée par un mécanisme d'élection dit « élection de rétention » (en anglais : *Retention election*). Celle-ci a été initialement créée en 1934 par l'article VI (section 16d) de la Constitution de l'État de Californie et a été approuvée, en 1937, par l'Association américaine du barreau. Elles sont particulièrement garantes de la bonne application des lois créées par le Congrès. Cette catégorie de juridiction inclut les tribunaux de la faillite, la Cour de la taxe des Etats-Unis et certains tribunaux militaires[1].

Aux États-Unis, la nomination des magistrats de la Cour suprême est soumise à la validation du Sénat[2]. Ces systèmes peuvent permettre à leurs membres de réaliser une évaluation automatisée de l'opinion publique vis-à-vis des potentiels candidats, en particulier ceux présentés par le Président des États-Unis. Cela peut avoir des conséquences similaires aux « élections de rétention » visant à élire certains magistrats aux niveaux des circuits et des États fédérés. Ces systèmes peuvent être aussi utilisés par les administrations territoriales pour définir des politiques et établir des règles applicables aux habitants de dimensions géographiques spécifiques tels que les quartiers[3].

Le droit est à la fois l'expression des « valeurs existantes » et « la prédiction des besoins d'avenir ». En effet, les lois sont aussi créées pour encadrer des comportements qui n'ont pas encore eu lieu. On peut en déduire que leur création ressemble à leur prédiction ainsi qu'aux besoins d'avenir. Olivier Wendell HOLMES, père de l'école de la jurisprudence sociologique l'affirme en précisant que : « ce que j'appelle le droit est une prédiction de ce que les juges feront effectivement, et rien de plus prétentieux que cela ». Ce propos semble être parfaitement valable pour les systèmes juridiques régis par la *Common Law*. Cette évocation se complète par celle de Michel SERRES estimant qu'« en science, le droit anticipe le fait comme les sujets précèdent l'objet mais le fait anticipe le droit comme l'objet précède le sujet »[4].

---

[1] Ballotpedia, *Article I tribunal*, disponible sur https://ballotpedia.org/Article_I_tribunal (consulté le 22 janvier 2022).

[2] Sénat (U.S.A.), *The Supreme Court Of The United States (nominations)*, disponible sur https://www.judiciary.senate.gov/nominations/supreme-court (consulté le 21 avril 2022).

[3] C. FISCHER, « The subcultural theory of urbanism: A twentieth year assessment », *American Journal of Sociology*, vol. 101, 1995, pp. 543-577.

[4] M. SERRES, *Le contrat naturel*, Editions François Bourin, 1990, p. 43.

En 2021, une étude réalisée à l'Université d'Oxford a prouvé que l'intelligence artificielle peut servir pour élaborer des modèles prédictifs des comportements et des tendances sociales[1]. Une forme plus développée de ces systèmes pourrait, potentiellement, fournir la possibilité de la création de modèles sociaux « auto-évolutifs ».

Selon Alf ROSS, « le concept de droit présent dans la conscience commune »[2]. Nous pouvons également dire que le droit en est issu ou est la production de cette dernière[3]. Les modèles fournis par ces systèmes peuvent être utilisés par les législateurs en tant qu'outils d'aide à la décision pour élaborer des projets de lois[4].

Dans l'hypothèse de recourir aux systèmes de modélisation des profils et des raisonnements des magistrats (dans les environnements judiciaires), les modèles fournis par ces derniers peuvent être aussi utilisés par les législateurs pour élaborer les projets de loi. C'est ainsi qu'une influence produite initialement par le pouvoir judiciaire peut renforcer la légitimité du « gouvernement des juges »[5].

Cela peut conduire à une implication et une représentation plus directe et moins politique des vrais créateurs du droit, à savoir le peuple. À ce titre, il peut être qualifié comme un système démocratique semi-participatif-représentatif. Ces éléments peuvent aussi permettre aux législateurs de mieux justifier le caractère démocratique et la pertinence des lois qu'ils proposent et adoptent.

En éliminant l'aspect politique de la création de l'application de droit, cela peut devenir un pas vers la démocratisation du système de la justice. Cette exploitation, détection et la prise en compte, en temps réel, des évolutions sociales, politiques et économiques par l'intermédiaire des analyses algorithmiques réalisées sur les espaces enlignes peut considérablement réduire le risque d'une application mécanique du droit pouvant être causée sous la pression du recours à la justice augmentée.

Cette modélisation se base sur les données collectées à partir des plateformes en ligne et des réseaux sociaux. Cela nécessite une coopération effective des fournisseurs des réseaux sociaux avec instances gouvernementales. Dès lors, deux problèmes peuvent se poser. Le premier est

---

[1] J. MÖKANDER, R. SCHROEDER, « AI and social theory », *AI & Society*, Springer, 21 avril 2021, 13 p., disponible sur https://link.springer.com/content/pdf/10.1007/s00146-021-01222-z.pdf (consulté le 15 mai 2021).

[2] A. ROSS, *Towards a realistic jurisprudence; a criticism of the dualism in law*, E. Munksgaard, 1946, p. 32.

[3] Cf. O. W. HOLMES, « The Path of the Law », *op. cit.*, pp. 457-478.

[4] Cf. Conseil de l'Europe, *Décoder, l'intelligence artificielle : 10 mesures pour protéger les droits de l'homme*, rapport de la Commissaire aux droits de l'homme, mai 2019, p. 5, disponible sur https://rm.coe.int/decoder-l-intelligence-artificielle-10-mesures-pour-proteger-les-droit/168094b6e2 (consulté le 22 avril 2022).

[5] Cf. E. LAMBERT, *Le gouvernement des juges et la lutte contre la lutte contre la législation sociale aux États-Unis, op. cit.*

que cette méthode peut conduire à une systématisation de reconnaissance des idées, créées sur les réseaux en ligne sous l'influence ou la pression des manipulations et la fabrication de fausses informations. Par conséquent, elle ne peut être mise en place en l'absence d'un mécanisme complètement efficace de la lutte contre les informations fallacieuses et de la cybersécurité. La seconde consiste en émergence d'une « société de surveillance et de contrôle » comme le décrivent Michel FOUCAULT, Gilles DELEUZE et Antonio NEGRI[1].

Il s'agit d'une société contrôlée en permanence qu'ils qualifient comme un mécanisme de maîtrise, de domination et de privation des libertés[2]. Selon cette théorie, ce contrôle peut, soit être conduit par le pouvoir public soit être appliqué directement par le peuple. Un problème pouvant se poser par la mise en place de cette méthode est que les opinions et les tendances des personnes non-présentes sur les réseaux en lignes peuvent être ignorées. Par conséquent, ils seront privés de la démocratie.

Celui-ci ne peut être considéré comme une spécificité liée à ce système puisque même dans le système actuel de la démocratie (représentative), l'opinion de certaines personnes n'est pas prise en compte. Les abstentions électorales justifient ce fait. En France, ce taux a été 57,3% pour l'élection législative de l'année 2017[3]. Ainsi, pendant les années 1979 et 2019, le moyen de celui-ci a été en moyenne 51.80% pour les élections du Parlement européen[4].

Dans ces circonstances, afin de garantir l'accessibilité de tout le monde à la démocratie, il est nécessaire de mettre en place un système d'assistance destiné aux personnes sans accès à ces réseaux afin de fournir les éléments nécessaires pour modéliser leurs opinions. Afin de garantir la sécurité et la qualité des données et des analyses fournies par les concepteurs de ces réseaux, la mise en place d'un contrôle par les autorités publiques compétentes peut être jugée indispensable. Dans l'hypothèse d'adoption du règlement européen sur l'intelligence artificielle, d'autres formes du contrôle peuvent être exigées.

Les outils de l'intelligence artificielle peuvent être aussi considérés comme un moyen de modélisation des analyses des prédictions des « votes » des législateurs. Selon Monsieur Denis SALAS, « dans un pays sous influence

[1] J-F. THIBAULT, « Le monde selon Hardt et Negri », *Études internationales*, vol. 36, n°3, pp. 361-374, disponible sur https://doi.org/10.7202/012027ar (consulté le 2 août 2021).

[2] M. HARDT, A. NEGRI, *Empire*, 10-18, 2004, p. 48.

[3] Ministère de l'Intérieur, *Résultats des élections législatives 2017, 18 juin 2017*, disponible sur https://www.interieur.gouv.fr/Elections/Les-resultats/Legislatives/elecresult__legislatives-2017/(path)/legislatives-2017//FE.html (consulté le 6 août 2021).

[4] E. MOYOU, « Part des citoyens européens ayant participé aux élections du Parlement européen entre 1979 et 2019 », *Statista*, 28 mai 2019, disponible sur https://fr.statista.com/statistiques/573562/parlement-europeen-participation-aux-elections-europeennes-1979/ - consulté le 6 août 2021).

romano-germanique [...], le droit est avant tout l'expression de la souveraineté politique »[1].

Si nous considérons les sciences politiques comme une science fondée sur une logique et des règles définies, on doit accepter que ces dernières puissent être identifiées, modélisées et imitées par les algorithmes. C'est ainsi qu'elle peut élaborer, sur la base de ces facteurs, un projet de loi de façon automatisée et prédire son éventuel succès auprès des membres de la législature.

En théorie, « le projet de loi » est « une demande » issue de « la volonté du peuple », exprimée par l'intermédiaire des législateurs. L'intelligence artificielle peut être considérée comme un outil permettant de l'identifier puisqu'elle peut permettre aux législateurs de « voir ce qui est invisible aux yeux [des hommes] »[2]. Messieurs les Professeurs Bernhard GROSSFELD et Edward J. EBERLE expliquent que « l'invisible est insaisissable car il s'adresse à ce qu'il y a derrière le visible »[3]. C'est ainsi que le décryptage des tendances sociales et de la volonté du peuple peut être considéré non seulement opportun mais aussi nécessaire.

Cela nous amène à nous interroger sur les caractéristiques de notion de « l'expression » de la volonté. Nous pouvons dire que ces technologies, comme celles employées par la société Cambridge Anlaytica, permettent de dégager et d'identifier les demandes et les volontés de la société, à partir de leurs comportements sur les espaces numériques. Il convient de considérer que leurs comportements hors de ces espaces peuvent être également identifiés de la même manière s'ils peuvent faire l'objet de statistiques fiables qui ne sont pas directement exprimées par les voies classiques tels que les élections, les référendums, les sondages etc.

Aux États-Unis, ce mécanisme peut se fonder sur le droit constitutionnel d'adresser des pétitions au gouvernement, défini par le 1er amendement de la Constitution des États-Unis. Dans la Confédération helvétique, un mécanisme similaire, sous le statut de « l'initiative populaire » est prévu par les articles 101 et 190 de la Constitution fédérale du 18 avril 1999 ainsi que par les articles 1 et 210 du Code civil du 10 décembre 1907.

La question pouvant se poser est de savoir dans quelles mesures cela peut être qualifié comme une forme de « l'expression » correspondant au sens juridique défini par l'article 6 de la Déclaration des droits de l'Homme et du citoyen de 1789.

Après avoir étudié les utilités ainsi que les potentiels avantages et les risques des systèmes de modélisation algorithmique dans les systèmes

---

[1] D. SALAS, « " Law in books " ou " Law in Action " ? » In. *Les défis de la justice numérique*, Les Cahiers de la Justice, Dalloz, vol. 2, n° 2, 2019, p. 187. ; Cf. D. SALAS, « The challenges of the digital justice, Data, screens, and predictions » In. *Les défis de la justice numérique*, Les Cahiers de la Justice, Dalloz, vol. 2, n° 2, 2019, pp. 201-203.

[2] B. GROSSFELD, E. J. EBERLE, « Patterns of order in comparative law: Discovering and decoding invisible powers », *Texas International Law Journal*, vol. 38, n° 2, 2003, p. 297.

[3] *Ibidem.*

judiciaires et législatifs, il convient de s'interroger sur leurs utilités à des fins d'amélioration des mesures de lutte contre la criminalité[1].

Aujourd'hui, dans le monde entier, ils présentent des utilités très variées facilitant l'application et garantissant le respect du droit pénal, allant de l'investigation des crimes internationaux[2] et des infractions sexuelles[3] ainsi qu'au contrôle de la conformité des actions des entités juridiques[4] et à la prédiction des actions des trafiquants de migrants, de drogues et des cybersécurités. Par exemple, en France, les techniques du *datamining* sont utilisées par la Direction générale des finances publiques[5] pour détecter et prévenir « des cas de fraudes plus complexe[s] et [de plus en] plus sophistiquée[s] »[6] grâce aux analyses algorithmiques des données, diffusées sur les réseaux sociaux[7] et aussi à d'autres plateformes comme google map[8].

Aux États-Unis[9] et au Royaume-Uni[10], ils sont employés par les départements de justice et de police pour prévenir la récidive des infractions pénales et la préservation de la sécurité des villes. En outre, certains groupes bancaires comme HSBC et Standard Charteredles utilisent ces techniques pour détecter des criminalités financières[11].

Les résultats de certaines recherches illustratives de la sociologie et de la criminologie, réalisées depuis la fin du XIXe siècle, ainsi que les avancées des technologies de l'intelligence artificielle nous permettent de passer des techniques classiques (statistiques) de « la prédiction de l'émergence et de la récidive des comportements criminels »[12] à une pratique plus sophistiquée (et potentiellement plus pertinente), qui est « la modélisation algorithmique du paradigme des criminels ». Les modèles réalisés grâce à ces techniques

---

[1] Cf. E. R. GROFF, N. G. LA VIGNE, « Forecasting the future of predictive crime mapping », *Crime Prevention Studies*, vol. 13, 2002, pp. 29-58.

[2] E. IRVING (ed.), « New technologies and the investigation of international crimes : special issue », *Journal of international criminal justice*, vol. 19, n° 1, mars 2021, pp. 1-225.

[3] Cf. *Ibidem.*

[4] L. HANG, « New technologies in combating child trafficking in China : opportunities and challenges for children's rights », *Peace human rights governance*, vol. 3, n° 3, novembre 2019, pp. 389-414.

[5] Art. 154 de la loi n° 2019-1479 du 28 décembre 2019 de *finances pour 2020.*

[6] Sénat (fr), *Projet de loi de finances pour 2021 : Gestion des finances publiques - Crédits non répartis - Transformation et fonction publiques*, disponible sur https://www.senat.fr/rap/l20-138-315-1/l20-138-315-16.html (consulté le 6 décembre 2021).

[7] S. SHAHRJERDI, « La modélisation algorithmique du paradigme des criminels : un outil d'évolution du droit pénal », *Revue Internationale des Gouvernements Ouverts*, vol. 11, n° 1, 2022, pp. 193-195.

[8] *Ibidem.*

[9] *Ibidem.*

[10] *Ibidem.*

[11] *Ibidem.*

[12] J. E. ECK, S. CHAINEY, J. G. CAMERON, M. LEITNER, R. E. WILSON, « Special Report. Mapping Crime: Understanding Hot Spots ». *U.S. Department of Justice, Office of Justice Programs, National Institute of Justice*, 2005, disponible sur http://discovery.ucl.ac.uk/11291/1/11291.pdf (consulté le 5 février 2022).

peuvent être utilisés par les législateurs et les régulateurs comme des outils permettant d'améliorer les dispositions relevant du droit pénal.

Les technologies de première catégorie fonctionnent sur la base de paramètres « géographiques » comme le système « COMPSTAT » ou « individualisés » (tels que l'âge, la profession, les antécédents judiciaires, etc.) comme celui « COMPAS »[1] (contrairement aux systèmes purement automatisés établis en Estonie, le logiciel COMPAS n'a jamais été utilisé comme un outil « autonome » de prise de décision). Ces derniers, soumis aux facteurs collectifs d'influence, forment un « paradigme » (dans les dimensions spécifiques) qui peut être modélisé, grâce aux algorithmes. En théorie, ce système est susceptible d'être applicable dans le cas de tous les crimes, quels que soient leur nature et degré. Cependant, en pratique, le taux de son efficacité peut être différent en fonction des particularités des caractéristiques des dimensions visées.

En 1890, le célèbre criminologue allemand, Hans VON SCHEEL a démontré que les statistiques correctes sur les comportements des criminels permettent de « détecter l'émergence » et « suivre l'évolution » des « tendances criminelles », parmi les membres d'une communauté spécifique partageant les mêmes valeurs et le même mode de vie[2]. Cette idée a été complétée par les travaux d'Otto KÖBNER[3] et de Georg VON MAYR[4] estimant que les éléments constituant ces statistiques ne doivent pas être exclusivement limités aux comportements des criminels et doivent englober l'ensemble des données relatives à tous les aspects de leur vie et de leur personnalité[5]. Ensuite, cette thèse a été considérablement développée grâce aux travaux du Professeur Ronald Victor CLARKE[6] et ceux des Professeurs Patricia et Paul BRANTINGHAM[7] qui ont abouti à la présentation des théories des « modèles de criminalité » et de « l'opportunité du crime ». Celles-ci affirment que, la structure rationnelle de chaque crime ainsi que les caractéristiques de la mentalité des criminels sont plus ou moins génériques. C'est ce qui présente la possibilité de prédire l'émergence et la récidive des crimes.

On peut en déduire qu'une simple analyse de l'historique des comportements des personnes ne peut pas présenter des prédictions

---

[1] *Ibidem.*

[2] H. VON SCHEEL, « Zur einfuhrung in die kriminalstatistik insbesondere diegenige des deutschen reichs » In *Allgemeines Statistisches Archiv*, vol. 1, 1890, pp. 183-194.

[3] O. KOBNER, *Die Methode einer wissenschaftlichen Rückfallstatistik als Grundlage einer Reform der Kriminalstatisti*, De Gruyter, 1893, 256 p.

[4] G. VON MAYR, « Statistics and gesellschaftslehre », *Moralstatistik mit Einschluss der Kriminalstatistik*, vol. 3, 1917, pp. 425–426.

[5] A.R. PIQUERO, D.P. FARRINGTON, A. BLUMSTEIN, « The Criminal Career Paradigm», *Crime and Justice*, vol. 30, 2003, p. 359.

[6] R.V. CLARKE, « Situational Crime Prevention: Its Theoretical Basis and Practical Scope », *Crime and Justice*, vol. 4, 1983, pp. 225-256.

[7] Cf. P. BRANTINGHAM, P. BRANTINGHAM, « Criminality of place », *European Journal on Criminal Policy and Research*, vol. 3, 1995, pp. 5-26.

suffisamment fiables. C'est ainsi que, depuis 2016, le système utilisé dans le logiciel COMPAS, se basant exclusivement sur ces données a fait l'objet de nombreux critiques au sujet du risque de l'émergence des biais discriminatoires[1]. Les statistiques basées sur des données suffisamment complètes et correctement structurées portant sur l'ensemble des aspects de la vie et de la personnalité des personnes concernées peuvent potentiellement fournir la possibilité de création des modèles rationnels dynamiques et de plus en plus fiables. Une étude réalisée en 2003 intitulée *The Criminal Career Paradigm* a prouvé qu'il y a une interdépendance des caractéristiques de la vie des membres de chaque catégorie des personnes. Celle-ci peut conduire à l'élaboration progressive d'un paradigme dit « criminel » qui soit potentiellement modélisable[2].

Selon les études auparavant mentionnées, le paradigme de chaque « catégorie » de personnes est sous l'influence uniforme de facteurs sociaux et économiques stables et uniformes[3]. Ceux-ci forment la manière dont leur cerveau analyse les choses. C'est ainsi qu'ils produisent les mêmes impacts sur leur personnalité et leurs comportements. Cette théorie de la sociologie criminelle peut paraître dogmatique. Toutefois, sa pertinence a été prouvée par un article de Claude FISCHER intitulé *The subcultural theory of urbanism: A twentieth year assessment*[4]. Cela s'oppose à la théorie « criminel-né » de Cesare LOMBROSO reposant plus spécifiquement sur l'hypothèse de l'existence de similitudes génétiques et biologiques entre les criminels[5].

Ces travaux démontrent qu'il est impossible de créer un modèle « général » et « générique » du crime et de la mentalité criminelle. Plus précisément, chacun est propre à un « crime spécifique » dans « une dimension géographique spécifique ». Cependant, en comparant ces modèles, il serait probablement possible d'identifier les caractéristiques qu'ils partagent et élaborer un modèle cognitif, à partir de ces dernières.

Cela peut permettre de créer un modèle relativement valable à des catégories plus larges de personnes, en particulier dans les dimensions non géographiques telles que celles religieuses, culturelles et etc. Une analyse perpétuelle des éléments constituant le paradigme peut fournir la possibilité d'une évolution en temps réel des modèles. Il est aussi théoriquement possible

---

[1] Cf. J. ANGWIN, J. LARSON, S. MATTU, L. KIRCHNER, « Machine Bias », *Pro Publica*, 23 mai 2016, disponible sur https://www.propublica.org/article/machine-bias-risk-assessments-in-criminal-sentencing (consulté le 5 septembre 2019).

[2] A. R. PIQUERO, D. P. FARRINGTON, A. BLUMSTEIN, « The Criminal Career Paradigm », *Crime and Justice*, vol. 30, 2003, pp. 359-506.

[3] J-Y. CARO, « La théorie économique du crime », *Sociologie du travail*, 1981, vol. 23, n°1 pp. 122-128.

[4] C. FISCHER, « The subcultural theory of urbanism: A twentieth year assessment », *American Journal of Sociology*, vol. 101, n° 3, 1995, pp. 543-577.

[5] R. VILLA, « Faits divers et crimes célèbres : Cesare Lombroso et l'anthropologie criminelle entre crime et folie » In. L. BOSSI (dir.), *Crime et folie, Paris*, Gallimard, 2011, pp. 93-126.

de réaliser la même évolution sur des sous-modèles multidimensionnels. Ce sujet a fait l'objet de recherches importantes par Sheldon et Eleanor GLUECK[1].

Au milieu du XXe siècle, en suivant la même perspective, les Professeurs Robert SAMPSON et John LAUB ont réalisé une série d'analyses sur les comportements de 5000 hommes caucasiens de même âge, résidents d'un même État (le Massachusetts) ayant commis les mêmes crimes. Ces analyses ont montré qu'ils partagent principalement quatre éléments communs, à savoir (1) le quartier de leur résidence, (2) le lieu de naissance de leurs parents, (3) le niveau de leur quotient intellectuel et (4) leur âge[2]. Selon cette étude, le rapport entre ce dernier élément et la nature de chaque crime est plus significatif que les autres. Ces chercheurs ont fait valoir que les modèles du « paradigme criminel » soient différents à l'adolescence et à l'âge adulte, puisque dans ces deux périodes de la vie, le degré et l'importance d'influence des facteurs familiaux et socio-économiques varient[3].

Il faut garder à l'esprit que dans le cadre de cette forme de modélisation ne fait nécessairement pas l'objet d'une prise de décision. C'est ainsi qu'il n'est pas susceptible de porter atteinte au principe de la présomption d'innocence. Pourtant, dans l'avenir, les résultats fournis par ce système pourront, directement ou indirectement, faire l'objet de décisions individualisées. Cela peut potentiellement produire des biais discriminatoires portant sur ces quatre éléments. Les professeures Yvonne MCDERMOTT, Alexia KOENIG, Daragh MURRAY affirment que l'analyse automatisée des plateformes en ligne pour détecter ou élaborer des éléments de preuve ou appliquer une investigation peut augmenter le risque de l'émergence des biais discriminatoires. Avec le recours à ces systèmes, ce risque peut être potentiellement renforcé[4]. Madame Sarah ZARMSKY distingue deux formes de biais pouvant être produites par ces systèmes, à savoir « techniques » (présents dans les analyses et les conclusions faites par le système de l'intelligence artificielle) et « cognitifs » (une erreur faite par le cerveau sous un effet produit par la machine)[5]. Ce risque est de plus en plus élevé dans le cas de conception de « la réalité virtuelle » pour simuler et évaluer les circonstances du crime.

---

[1] R. J. SAMPSON, « Crime and the Life Course », *Université Harvard*, disponible sur https://scholar.harvard.edu/sampson/content/crime-and-life-course (consulté le 3 septembre 2021). ; Cf. Sh. GLUECK, E. GLUECK, *Unravelling Juvenile Delinquency*, Harvard University Press, 1950, 416 p.

[2] R. J. SAMPSON, J. H. LAUB, *Shared Beginnings, Divergent Lives – Delinquent Boys to Age*, Harvard University Press, 2006, 352 p.

[3] *Ibidem.*

[4] Y. MCDERMOTT, A. KOENIG, D. MURRAY, « Open source information's blind spot: Humans and Machine bias in international criminal investigations », *Journal of International Criminal Justice*, vol. 19, n° 1, mars 2021, pp. 85-105.

[5] S. ZARMSKY, « Why seeing should not always be believing : Considerations regarding the use of digital reconstruction technology in international law », *Journal of International Criminal Justice*, vol. 19, n° 1, mars 2021, p. 219.

Dans l'hypothèse de leur utilisation par les autorités publiques, il faut envisager des mesures appropriées visant à neutraliser les algorithmes. En France, cela semble être compatible avec le mécanisme d'anonymisation des décisions de justice imposé par l'article L111-13 du Code de l'organisation judiciaire, puisque les données relevant de ces quatre éléments ne permettent pas d'identifier une personne. Le recours aux techniques de la modélisation algorithmique du paradigme criminel peut réduire le risque d'atteinte au principe de présomption d'innocence puisqu'il ne vise pas une personne ou un groupe de personnes spécifique mais un paradigme général. Ce risque est susceptible d'être particulièrement éliminé, si ce modèle rationnel serait auto-évolutif ou évaluable par les hommes, en particulier grâce aux techniques d'apprentissage profond.

Outre que les utilités auparavant mentionnées, cette pratique peut également permettre de détecter et de prédire les moyens potentiels par lesquels les règles juridiques peuvent être contournées et violées. Par ce moyen, elle peut être aussi un outil efficace pour renforcer des mesures juridiques de la lutte contre la fraude et la criminalité, en considérant que l'inefficacité du droit se révèle lorsque le génie des criminels dépasse le génie des législateurs. C'est ainsi qu'elle peut transformer les criminels en des collaborateurs de justice et des législateurs.

Dans ce cadre, les données d'entrée aux systèmes peuvent être collectées et structurées lors des interrogations systématiques des condamnés sur les sujets différents et les règles juridiques spécifiques. Cette modélisation pourrait être notamment réalisée à l'aide des spécialistes des « sciences cognitives » et des « sciences psychologiques » afin d'exploiter les prédictions nécessaires. Un tel modèle peut être élaboré en fonction des particularités des paramètres socio-économiques dans les environnements géographiques spécifiques[1].

Au Congrès des États-Unis ainsi que la Commission européenne et le Parlement européen, les centres spécialisés en « modélisation des modèles de la prévention des crimes » peuvent être créés afin de procéder à cette démarche. L'avantage de cette solution est que, après la modélisation de leur pensée, la coopération directe de ces criminels ne serait pas plus nécessaire.

En raison du caractère transnational de certains réseaux criminels, une collaboration entre les autorités étatiques ou transnationales est susceptible de faciliter et renforcer l'efficacité de cette démarche. Il serait également possible d'envisager la création d'une banque de modèles des raisonnements criminels dans les mêmes niveaux. Cela peut permettre à l'ensemble des autorités compétentes de recourir à ces modèles afin de prévenir les activités des réseaux criminels.

---

[1] Cf. C. FISCHER, « The subcultural theory of urbanism: A twentieth year assessment », *American Journal of Sociology*, vol. 101, n° 3, 1995, pp. 543-577.

Ces considérations nous amènent à conclure que « le paradigme judiciaire » constitue un facteur central et essentiel de l'émergence des crimes. Sa mise en place peut être confrontée à de nombreux obstacles législatifs, en particulier dans l'Union européenne. Du point de vue de la protection des données, les considérants n° 19, n° 50, n° 104 ainsi que les articles 2§2(d) et 23§1 du règlement UE 2016/679 du Parlement européen et du conseil du 27 avril 2016 fournissent la possibilité de mettre en œuvre un traitement (purement) automatisé « à des fins de prévention et de détection des infractions pénales […] »[1].

Dans l'hypothèse de la mise en place de ces systèmes de modélisation dans l'un des pays membres de l'Union, celui-ci doit mettre en œuvre des dispositions législatives spécifiques correspondant aux exigences visées au second paragraphe de l'article 23 de ce règlement afin de garantir « les droits et libertés des personnes concernées »[2].

Conformément au considérant n° 38 de la proposition du règlement du parlement européen et du conseil sur l'intelligence artificielle, le recours à ce système par les autorités policières et judiciaires des pays membres de l'Union européenne peut être qualifié de pratique « à haut risque ». Selon le considérant n° 38 de ce texte, son utilisation par les autorités fiscales et douanières ne sera pas considérée comme une pratique à haut risque.

Dans l'hypothèse de l'adoption de ce texte par le parlement, il imposerait l'obligation d'un contrôle systématique de la conformité technique et juridique[3]. Plus précisément, celui-ci envisage deux niveaux de contrôle technique[4]. Son article 8 exige un contrôle *ex ante* de la mise en conformité « de la part des créateurs et fournisseurs des systèmes », avant la commercialisation de ces derniers dans les marchés européens[5], alors que les articles 9 et 10 définissent une exigence *ex post* de la gestion des risques ainsi que la surveillance et la correction des biais discriminatoires au cours du leur fonctionnement[6]. Cela nous permet de conclure que la mise en place de ces systèmes dans les territoires de l'Union européenne est théoriquement réalisable. Cependant, en pratique, le respect des exigences définies par ce dernier texte sera extrêmement difficile.

En France, les données utilisées pour cette modélisation ne relèvent pas de celles définies par le premier paragraphe de l'article 6 de la loi n° 78-17 du 6

---

[1] Art. 2§2(d) du règlement UE 2016/679 du Parlement européen et du Conseil du 27 avril 2016, *op. cit.*

[2] *Ibidem*, art. 23§2(g).

[3] Cf. Art. 54§1(a) de la *Proposition du règlement du Parlement européen et du conseil établissant des règles harmonisées sur l'intelligence artificielle (règlement sur l'intelligence artificielle) modifiant certains actes législatifs de l'union, op. cit.*

[4] *Ibidem*, les articles 13§2 et 14§3.

[5] Cf. *Communication* de la *commission* au *parlement européen,* au *conseil,* au *comité économique* et *social européen* et au *comité* des *régions, Renforcer la confiance dans l'intelligence artificielle axée sur le facteur humain,* 8 avril 2019, COM/2019/168, p.5.

[6] Cf. *Ibidem*, p.13. cons. n° 48 et n° 71.

janvier 1978 relative à l'informatique, aux fichiers et aux libertés. Même dans l'hypothèse où elles sont concernées par cet article, une dérogation peut y être accordée sur la base de son troisième paragraphe déclarant qu'elles peuvent être « justifié[e]s par l'intérêt public et autorisé[e]s suivant les modalités prévues au II de l'article 31 et à l'article 32 [de cette loi] »[1].

Aux États-Unis, compte tenu de la décision favorable du 13 juillet 2016 de la Cour suprême du Wisconsin[2] vis-à-vis du recours aux méthodes algorithmiques et statistiques de la prévention des crimes, on considère qu'*a priori* le système judiciaire et législatif américain ne s'oppose pas à la création et à la mise en place du système de modélisation du paradigme judiciaire.

Il apparaît impossible de dire que les encadrements juridiques actuels de « la justice » et de « la police prédictive » sont aussi complètement applicables aux techniques de « la modélisation du paradigme criminel » (cela peut être qualifiée comme une modélisation de « l'intelligence criminelle »), puisque les systèmes prédictifs se basent particulièrement sur des aspects individuels des crimes, alors que ceux-ci visent la création de modèles généraux, évolutifs et surtout non individualisés portant principalement sur les caractéristiques communes d'une communauté ou un groupe des personnes. Par conséquent, sa mise en œuvre peut nécessiter une reconfiguration législative. Les échanges transfrontaliers des modèles élaborés dans une différente dimension géographique, pourraient théoriquement renforcer la qualité de ces processus.

La mise en place de ces systèmes peut présenter le risque d'une manipulation maîtrisée, de la part de ces criminels, dans le processus de la création des règles législatives. C'est pourquoi, dans l'idéal, ces criminels ne doivent pas être conscients du processus de modélisation de leurs pensées. L'ensemble de ces considérations nous amène à conclure que si la modélisation automatisée du paradigme des magistrats, peut fournir un outil de la prise de décision autonome et automatisée dans certaines juridictions, celle du paradigme des criminels peut être utilisée comme un outil innovant d'amélioration et d'optimisation de l'évolution et de l'application du droit pénal. Le droit est à la fois une solution pour les problématiques et un arsenal de la lutte contre les problématiques de demain. C'est ainsi qu'une des principales vocations du droit est la « prédiction de l'émergence des comportements criminels » qui peut être faite par l'intermédiaire de « la modélisation de la pensée des criminels ». En conclusion, le talent et l'imagination des meilleurs criminels du monde peuvent être une excellente source de la prédiction des crimes. Cela peut permettre de modéliser « les moyens les plus innovants du crime ».

---

[1] Art. 6§3, Loi n° 78-17 du 6 janvier 1978 *relative à l'informatique, aux fichiers et aux libertés.*

[2] *State c. Loomis*, 881 N.W.2d 749 (Wis. 2016). ; Celle-ci a été également validée par la Cour suprême des États-Unis. ; Scotusblog, l'évolution du traitement de la *petition for certiorari* présentée par Monsieur LOOMIS à la Cour suprême des États-Unis, disponible sur http://www.scotusblog.com/case-files/cases/loomis-v-wisconsin/ (consulté le 6 avril 2021).

CONCLUSION

La mise en œuvre de la justice augmentée peut entraîner des reconfigurations « formelles » et « rationnelles » des fonctions des juristes. Ces impacts peuvent également se présenter de manière inconsciente dans les attitudes et les réflexions des professionnels du droit utilisant les technologies de l'intelligence artificielle et de la blockchain. Ces changements favorisent l'émergence, au sein des environnements judiciaires augmentés, d'une forme d'analyse des questions et des problématiques juridiques qui tend à être plus générique et mathématique.

En guidant et orientant de manière équivalente la pensée des juristes dits « augmentés », cela instaure un formalisme qui harmonise les approches et les méthodes analytiques du droit. Ce processus peut les inciter à aborder les analyses avec une « logique mathématique » de nature aristotélicienne. Ainsi, ces systèmes génèrent un paradigme judiciaire supranational (ou universel), pouvant également être qualifié de « naturel » du fait de sa conformité aux schémas mathématiques.

Au sein des pays relevant de la *Common law*, où le paradigme des magistrats joue un rôle prépondérant dans les analyses juridiques, les répercussions de cette évolution semblent pouvoir devenir de plus en plus significatives. En atténuant la subjectivité inhérente aux approches des magistrats, cette harmonisation « formelle » et « rationnelle » des visions des juristes pourrait engendrer une application excessivement mécanique des règles juridiques existantes, entravant ainsi l'émergence de nouvelles normes.

En favorisant un positivisme extrême, cette évolution peut aussi réduire le risque d'erreur judiciaire. Aujourd'hui, il n'existe, ni aux États-Unis ni en Europe, aucune méthode stable et harmonisée d'analyse juridique. Cela dépend donc particulièrement des idées personnelles des magistrats. C'est ainsi que deux magistrats peuvent rendre des décisions différentes, voire opposées, portant sur des « faits identiques ». Cela se présente comme une raison principale de l'existence des erreurs judiciaires.

Selon les études réalisées par les chercheurs de différents pays, les décisions conçues par les systèmes de l'intelligence artificielle ne sont totalement pas similaires à celles des hommes. C'est une raison essentielle de s'inquiéter et de mettre en question la qualité et la pertinence des analyses algorithmiques des problématiques juridiques.

Dans les environnements judiciaires classiques et traditionnels, l'existence des juridictions du second degré et la possibilité de cassation des décisions des magistrats par les autres, démontrent que l'erreur des magistrats dans la prise de décision est « tolérée » alors que celle de la machine est considérée comme « insupportable ». D'autant plus que la traçabilité et la rectification des erreurs dans une décision autogénérée semblent être plus faciles que celles rendues par les hommes, puisque le programme mathématique et rationnel par lequel les décisions sont élaborées, est théoriquement toujours identifié ou identifiable.

Grâce à une analyse algorithmique de l'ensemble des jurisprudences, l'intelligence artificielle peut fournir des modèles rationnels et analytiques de référence ainsi que des méthodes stables pouvant être utilisées, d'une manière harmonisée, par l'ensemble des juristes. Ils peuvent être perpétuellement évolués et enrichis par les nouvelles jurisprudences élaborées par les hommes. Cela peut être utilisé à la fois comme « un outil établissant des critères d'évaluation de la qualité des analyses juridiques » et « celui de prise de décision ». À ce titre, l'intelligence artificielle peut être considérée comme « créatrice de nouvelles règles méthodologiques d'application du droit ». La soumission progressive des acteurs de la justice aux standards rationnels mathématiques, en développant un formalisme structurel, peut faciliter leur identification et leur modélisation.

Afin de renforcer la qualité de ces systèmes, l'analyse algorithmique des faits et des dispositions juridiques peut être complétée par la modélisation algorithmique du paradigme des « magistrats » et des comportements des « justiciables ». Cette pratique peut être réalisée dans les limites autorisées par les lois et le consentement des personnes concernées. Les modèles fournis par ces systèmes peuvent être « individualisés » ou « collectifs ». Le système judiciaire États-Unien reconnaît une liberté quasi absolue pour recourir à ces deux modèles, alors que dans l'Union européenne, le recours à seconde catégorie semble être plus envisageable. Concernant la première catégorie, une légère tolérance est uniquement prévue en matières judiciaires, policières et sécuritaires. En France, le recours aux données nécessaires pour concevoir la première forme du modèle est interdit par l'article L111-13 §3 du Code de l'organisation judiciaire.

En Europe et aux États-Unis, la transformation formelle et structurelle, imposée par la mise en œuvre de la justice augmentée, peut à long terme entraîner une mathématisation progressive de « la rationalité judiciaire ». Cela peut être considéré comme un facteur essentiel, renforçant « le caractère scientifique du droit ». En concentrant les analyses sur les données législatives et jurisprudentielles existantes, ce système peut également favoriser l'aspect démocratique des décisions de justice ainsi que des interprétations jurisprudentielles des règles juridiques suprêmes.

Dans l'hypothèse de mise en œuvre de la justice augmentée, les systèmes de l'intelligence artificielle reconfigurent la pensée et les comportements des juristes alors qu'à l'origine ils étaient programmés par les hommes, pour imiter leurs propres comportements (en particulier sur le modèle des réseaux neuronaux du cerveau)[1]. Par conséquent, la modélisation des nuerons des

---

[1] Cf. F. Terré, « Droit, éthique et neurosciences », *op. cit.*, p. 64-66.

cerveaux des personnes ayant des degrés différents de quotient intellectuel peut être aussi différente.

On peut en déduire que, dans ces environnements, il y a une réciprocité d'influence entre « le cerveau » et « le système de l'intelligence artificielle ». Dans les environnements judiciaires augmentés, en s'influençant, « la machine s'humanise et le juriste se robotise ». C'est ainsi qu'ils évoluent ensemble et s'adaptent progressivement.

Ces évolutions peuvent faciliter la modélisation et la reproduction algorithmique des raisonnements juridiques. Le processus de son élaboration peut reposer généralement sur quatre éléments, à savoir « les lois applicables », « les jurisprudences », « les faits et circonstances de l'affaire » et « les profils des justiciables et des magistrats ». Dans les systèmes judiciaires ayant une tendance vers le positivisme, en particulier ceux romano-germaniques, les premiers apparaissent plus essentiels alors que dans le système *Common law*, les derniers peuvent être plus utiles.

La justice augmentée peut également produire un rapprochement des approches des magistrats européens et américains. Cela peut être considéré comme un effet du recours aux systèmes de l'intelligence artificielle « au sein » et « à l'extérieur » des juridictions (et des législatures). Dans l'hypothèse de mise en place des environnements judiciaires augmentés, l'adaptation des juristes aux méthodes analytiques identiques modélisées par les algorithmes et leur soumission aux cadres rationnels mathématiques imposées par les algorithmes peuvent les conduire progressivement à analyser les données avec les méthodes, la logique et les approches identiques (ou similaires).

À l'extérieur des juridictions, la combinaison des technologies de l'intelligence artificielle et du numérique peut produire (ou développer la production), par l'intermédiaire des espaces enlignes, de nouvelles normes sociales[1] pouvant être à l'origine des nouvelles évolutions législatives. Les influences imposées par celles-ci dépassent les frontières et établissent des interactions massives et des interdépendances extrêmes entre les individus. Dans ces circonstances, les peuples américains et européens seront soumis de la même manière à ces influences. À ce titre, elles peuvent être considérées comme l'origine d'un vecteur du rapprochement entre leurs visions et leurs valeurs, produisant des changements juridiques transnationaux et supranationaux. Cela renforce le caractère modélisable de la pensée et la vision des individus.

[1] C'est ce qui les transforme en un outil de l'ingénierie des comportements et des normes sociales et créateur d'un système « sociotechnique ». ; Cf. Conseil de l'Europe, *Étude de faisabilité*, rapport du Comité *ad hoc* sur l'intelligence artificielle, *op. cit.*, p. 5,

LA BIBLIOGRAPHIE SÉLECTIVE

La liste sélective des ouvrages généraux

ACEMOGLU D., RESTREPO P., « Artificial Intelligence, Automation, and Work » In. AGRAWAL GANS J., GOLDFARB A. (dir.), *The Economics of Artificial Intelligence: An Agenda*, University of Chicago Press, 2019, pp. 197-236

AGRAWAL A., GANS J., GOLDFARB A., *Prediction Machines, the simple economics of artificial intelligence*, Harvard Business Review Press, 2018, 256 p.

ALEXANDER L., SHERWIN E., *Demystifying Legal Reasoning*, Cambridge University Press, 2008, 253 p.

ALEXANDRE L., *La guerre des intelligences*, JC Lattès, 2017, 250 p.

ALISEDA A., *Abductive reasoning : logical investigations into discovery and explanation*, Springer, 2006, 239 p.

ALLAND D., RIALS S. (dir.), *Dictionnaire de la culture juridique*, Lamy-Puf, coll. Quadrige-dicos poche, 2003, 1680 p.

ALLINNE J-P., « Georges Ripert, un positiviste spiritualiste » In Ph. NÉLIDOFF (dir.), *Les Facultés de droit de province au xixe siècle : Bilan et perspectives de la recherche*, T. 2, Presses de l'Université Toulouse 1 Capitole, 2011, pp. 221-241

ALTHUSSER L., « Septième partie. Marxisme et humanisme » In. ALTHUSSER L. (dir.), *Pour Marx*, La Découverte, coll. Poche / Sciences humaines et sociales, 2005, pp. 259-284

Aristote, AGACINSKI D. (dir.), *Sur la justice: (Éthique à Nicomaque, livre V)*, Flammarion, 2008, 128 p.

Aristote, BARTHÉLEMY-SAINT-HILAIRE J. (trad.), *La Grande Morale: Livres I & II*, Independently published, 2018, 151 p.

Aristote, BARTHÉLEMY-SAINT-HILAIRE J. (trad.), *les premiers analytiques*, Ladrange, 1866, 76 p.

ARNOLD M. B., *Emotion and personality*, Columbia University Press, éd. 1, 1960, 726 p.

AROUET F-M., DELOFFRE F., *Candide ou l'Optimisme*, Gallimard, coll. Folio. Classique, 2015, 272 p.

ASHCROFT B., GRIFFITHS G., TIFFIN H., *Post-colonial studies, The Key Concepts*, éd. 2, Routledge, Taylor & Francis Group, 2007, 292 p.

AUDIER S., *Les théories de la république*, La découverte, 2004, 128 p.

AUTHIER R., « Le problème des universaux chez Marx. Michel Henry critique de Louis Althusser », *Le Philosophoire*, vol. 37, n° 1, 2012, pp. 235-259

BARBATO J-Ch., *La diversité culturelle en droit communautaire, contribution à l'analyse de la spécificité de la construction européenne - Prix de thèse en droit public de l'Université de Nancy*, Presses Universitaires d'Aix-Marseille, coll. Centre de Recherches Administratives, sous-coll. Droit - Culture, 2008, 599 p.

BARRAUD B., *La recherche juridique – Sciences et pensées du droit*, L'Harmattan, coll. Logiques juridiques, 2016, 556 p.

BARRAUD B., *Théories du droit et pluralisme juridique*, Presses Universitaires d'Aix-Marseille, coll. Inter-normes, 2016, 692 p.
BARRETT L. F., *How emotions are made: The secret life of the brain*, Pan Macmillan, 2017, 425 p.
BARTNECK Ch., LÜTGE Ch., WAGNER A., WELSH S. (dir.), « Trust and Fairness in AI Systems » In. BARTNECK Ch., LÜTGE Ch., WAGNER A., WELSH S. (dir.), *An Introduction to Ethics in Robotics and AI*, Springer, 2021, pp. 27-38
BARTNECK Ch., LÜTGE Ch., WAGNER A., WELSH S., *An Introduction to Ethics in Robotics and AI*, Springer, 2021, 117 p., disponible sur https://link.springer.com/book/10.1007/978-3-030-51110-4#authorsandaffiliationsbook (consulté le 18 janvier 2022)
BATEMAN J.-A., ZOCK M., « Natural Language Generation » In. MITKOV R., *The Oxford Handbook of Computational Linguistics (1 ed.)*, Oxford University Press, chapter 15, pp. 284-304
BAUM L., *The Puzzle of Judicial Behavior*, University of Michigan Press, série Analytical Perspectives on Politics, 1997, 232 p.
BEAUD O., *Théorie de la Fédération*, Presses Universitaires de France, coll. Léviathan, 2e éd., 2009, 448 p.
Bec Ch., *Machiavel*, éditions Balland, 1985, 411 p.
BENSOUSSAN A., « Propos conclusifs – Essai sur le droit des robots » In. BENSAMOUN A. (sous dir.), *Les robots, objets scientifiques, objets de droits*, Mare & Martin, coll. Des Presses Universitaires de Sceaux, 2016, pp. 231-236
BENSOUSSAN A., BENSOUSSAn J., *IA, robots et droit*, Bruylant, coll. Lexing - Technologies avancées & Droit, 632 p.
BENYEKHLEF K., ZHU J., CALLIPEL V., « La responsabilité humaine à l'épreuve des décisions algorithmiques, perspective canadienne » In. HUBIN J-B., JACQUEMIN H., MICHAUX B. (sous la coord.), *Le juge et algorithme : juges augmentés ou justice diminuée ?*, Centre de recherche information droit et société (CRIDS), Larcier, 2019, pp. 153-196.
BERN T. (dir.), *Le Droit saisi par le collectif*, Bruylan, 2004, 220 p.
BERNOULLI J., *Die Werke von Jakob Bernoulli*, Birkäuser Verlag AG, 1975, 594 p.
BERNOULLI N., MEUSNIER N. (trad.), L'usage de l'art de conjecturer en droit, Histoire du calcul des probabilités (EHESS), 1992, 171 p.
BERTOLDI A., DE OLIVEIRA CHISHMAN R. L., « Developing a Frame-Based Lexicon for the Brazilian Legal Language: The Case of the Criminal_Process Frame » In. PALMIRANI M., PAGALLO U., CASANOVAS P., SARTOR G. (sous dir.), *AI Approaches to the Complexity of Legal Systems - Models and Ethical Challenges for Legal Systems, Legal Language and Legal Ontologies, Argumentation and Software Agents : International Workshop AICOL-III, Held as Part of the 25th IVR Congress, Frankfurt am Main, Germany, August 15-16, 2011. Revised Selected Papers*, Springer-Verlag Berlin Heidelberg, 2012, 1ère éd., pp. 256-270
BINOCHE B., *Introduction esprit des lois de Montesquieu*, Presses Universitaires de France, coll. Grands Livres Philosophie, 1998, 381 p.
BOBBIO N., AGOSTINI Ch., GUÉRET M. (trad.), *Essais de théorie du droit*, LGDJ-Bruylant, coll. la pensée juridique, vol. 1, 1998, 286 p.
BOER A., VAN ENGERS T., « Application of Model-Based Diagnosis to Multi-Agent Systems Representing Public Administration » In. PALMIRANI M., PAGALLO U., CASANOVAS P., SARTOR G. (sous dir.), *AI Approaches to the Complexity of Legal*

Systems - Models and Ethical Challenges for Legal Systems, Legal Language and Legal Ontologies, Argumentation and Software Agents: International Workshop AICOL-III, Held as Part of the 25th IVR Congress, Frankfurt am Main, Germany, August 15-16, 2011. Revised Selected Papers, Springer-Verlag Berlin Heidelberg, 2012, 1ère éd., pp. 235-244
BOOLE G., *An Investigation of the Laws of Thought*, Dover Publications Inc., 1958, 424 p.
BOOLE G., *The Laws of Thought*, Walton and Maberly, 1854, 472 p.
BOURGEOIS M., « Robot et personnalité juridique » In. A. BENSAMOUN (sous dir.), *Les robots, objets scientifiques, objets de droits*, Mare & Martin, coll. Des Presses Universitaires de Sceaux, 2016, pp. 123-127
BRACONNAY N., *La justice et les institutions juridictionnelles*, Découverte de la vie publique, éd. 3, 2019, 180 p.
BRAZ A., *Chapitre V. La logique de la division In : Droit et éthique chez Kant : L'idée d'une destination communautaire de l'existence*, éditions de la Sorbonne, 2005, 356 p.
BULWER-LYTTON H., *The Life of Henry John Temple, Viscount Palmerston,* J. B. Lipppincott, 1871, vol. 2, 344 p.
BURRONI G., « Les enjeux juridiques de la détection faciale des émotions » In. *Emotions et sciences : interactions,* L'Harmattan, 2021, pp. 239-252
BUYLE J-P., VAN DEN BRANDEN A., « La robotisation de la justice » In. JACQUEMIN H., DE STREEL A., *L'intelligence artificielle et le droit*, Larcier, 3é tirage 2019, coll. du Centre de Recherche Information, Droit et Société (CRIDS), pp. 259-318
CADIET L., *Dictionnaire de la justice*, Presses universitaires de France, 1re éd ; 2004, 1362 p.
CAMPBELL J., *The Hero with a Thousand Faces : The Collected Works of Joseph Campbell*, New World Library, éd. 3, 2008,.p 224
CANALE D., TUZET G., « Analogy and Interpretation in Legal Argumentation » In. JALES RIBEIRO H. (dir.), *Systematic Approaches to Argument by Analogy*, Springer, coll. Argumentation Library, éd. 1, 2014, pp. 227-242
CARBONNIER J., *Droit et passion du droit sous la Ve République*, Flammarion, 1996, 276 p.
CARLSON R. H., *Biology Is Technology, The Promise, Peril, and New Business of Engineering Life*, Harvard University Press, 2011, 288 p.
CARRAUD V., « Morale par provision et probabilité » In. BIARD J., RASHED R., *Descartes Et Le Moyen Age*, Vrin, 1997, coll. Latitudes, pp. 247-273
CARRÉ DE MALBERG R., *La loi, expression de la volonté générale*, Economica, col. Classique, 1984, 288 p.
CARROLL A., *Constitutional and administrative law*, Pearson Longman, éd. 3, 2003, 507 p.
CARROLL L., *The Game of Logic*, Macmillan, éd. 2, 1887, 430 p.
CECI M., LESMO L., MAZZEI A., PALMIRANI M., RADICIONI D. P., « Semantic Annotation of Legal Texts through a Frame Net-Based Approach » In. PALMIRANI M., PAGALLO U., CASANOVAS P., SARTOR G. (sous dir.), *AI Approaches to the Complexity of Legal Systems - Models and Ethical Challenges for Legal Systems, Legal Language and Legal Ontologies, Argumentation and Software Agents : International Workshop AICOL-III, Held as Part of the 25th IVR Congress, Frankfurt*

am Main, Germany, August 15-16, 2011. Revised Selected Papers, Springer-Verlag Berlin Heidelberg, 2012, 1ère éd., pp. 245-255

CHANGEUX J-P., *Fondements naturels de l'éthique*, Odile Jacob, 1993, 334 p.

CHAPUS R., *droit administratif général*, T. 1, éd. 14, 2000, col. Domat Droit Public, Montchrestien, 1400 p.

CHASSAGNARD-PINET S., « Argumentation and Legitimation of Judicial Decisions » In. AGRAWAL A., GANS J., GOLDFARB A. (dir.), *The Economics of Artificial Intelligence: An Agenda*, University of Chicago Press, 2019, pp. 145-162

CHENAUX Ph., *Humanisme intégral (1936) de Jacques Maritain*, Éditions du Cerf, 2006, 106 p.

CHEVRETTE F., CYR H., « De quel positivisme parlez-vous ? » In. *Lex Electronica*, vol. 15, n° 1, été 2010, éd. spéciale mélanges en l'honneur d'Andrée LAJOIE, 20 mai 2008, pp. 33-60

CHIEZE E., FARZINDAR A., LAPALME G., « An Automatic System for Summarization and Information Extraction of Legal Information » In FRANCESCONI E., MONTEMAGNI S., PETERS W., TISCORNIa D. (dir.), *Semantic Processing of Legal Texts*, vol. 6036, Springer, pp. 216-234

CHIPMAN GRAY J., *The Nature and Sources of the Law*, Aldershot-Brookfield-Singapore-Sydney, Ashgate Dartmouth, 1921, 222 p.

CHIPMAN GRAY J., *The Nature and Sources of the Law*, Aldershot-Brookfield-Singapore-Sydney, Ashgate Dartmouth, 1921, 222 p.

CHOMSKY N., *Aspects of the Theory of Syntax*, MIT Press, 1965, 251 p.

CHOMSKY N., CALVET L-J. (trad.), *Le Langage et la Pensée*, Payot et Rivages, 1990, 144 p.

CLOULAS I., *Les Borgia*, Librairie Arthème Fayard, 1987, 522 p.

CLUZEL-MÉTAYER L., *Le service public et l'exigence de qualité*, Dalloz, 2006, 634 p.

CLUZEL-MÉTAYER L., PREBISSY-SCHNALL C., SÉE A. (dir.), *La transformation numérique du service public : une nouvelle crise ?*, Mare & Martin, coll. droit & gestions publiques, 2022, 352 p.

COHEN-TANUGI L., *Le droit sans l'État*, Presses Universitaires de France, coll. Quadrige, 2007, 288 p.

COLLART DUTILLEUL F., DELEBECQUE Ph., Contrats civils et commerciaux, Dalloz, 9e éd., 2011, 1028 p.

COLLIARD C-A., « La machine et le droit privé français contemporain » In. RIPERT G. (dir.), *Le droit privé français au milieu du XXème siècle; Etudes offertes à Georges Ripert*. t.1. LGDJ, 1950, pp. 115-136

COLLIN P. M., LIVIAN Y. F., THIVANT E., « VIII. *Michel Callon et Bruno Latour*. La théorie de l'Acteur-Réseau » In. BURGER-HELMCHEN T., HUSSLER C., COHENDET P. (dir.), *Les Grands Auteurs en Management de l'innovation et de la créativité.* Caen, EMS Éditions, 2016, pp. 157-178

CORI R., LASCAR D. *Logique mathématique, tome 1 : Calcul propositionnel, algèbre de Boole, calcul des prédicats*, Dunod, 2003, 408 p.

CORNELOUP J., « 2. Le paradigme individuel et interprétatif » In. J. CORNELOUP, *Les théories sociologiques de la pratique sportive*, Presses Universitaires de France, coll. Pratiques corporelles, 2002, pp. 41-58

CORNU G. (dir.), Association Henri Capitant, *Vocabulaire juridique*, Presses universitaires de France, coll. Quadridge, 7e éd., 2005, 970 p.

CORNU G. (dir.), Association Henri Capitant, *Vocabulaire, juridique*, Presses universitaires de France, coll. Quadridge, 13e éd., 2020, 1091 p.
CORNU G., *Linguistique juridique*, L.G.D.J, coll. Précis Domat, sous-coll. Privé, éd. 3, 2005, 456 p.
CROWIN E. S., LOSS R., *Crown on the Constitution, The foundations of american constitutional and political thought, the powers of Congress, and the President's power of Removal*, Cornell University Press, vol. 1, 1981, 392 p.
CRUBELLIER M., « Aristotle on the Ways and Means of Rhetoric » In. GABBAY D. M., CANIVEZ P., RAHMAN Sh., THIERCELIN A. (dir.), *Approaches to Legal Rationality*, Springer, 2011, pp. 3-24
CUVIER G., « La méthode scientifique : Bacon, Galilée & Descartes » In CUVIER G., WELLS PIETSCH Th. (éd.), *Cuvier's History of the Natural Sciences : Nineteen lessons from the Sixteenth and Seventeenth Centuries*, Publications scientifiques du Muséum, coll. n° 20, 2015, pp. 438-457
DARWICHE A., *Modeling and Reasoning with Bayesian Networks*, Cambridge University Press, 2009, 562 p.
DE CODT J., « Juger avec un algorithme et juger l'algorithme » In. HUBIN J-B., JACQUEMIN H., MICHAUX B. (sous la coord.), *Le juge et algorithme : juges augmentés ou justice diminuée ?*, Centre de recherche information droit et société (CRIDS), Larcier, 2019, pp. 107-114
DE LA MARDIÈRE Ch., « Le pouvoir créateur du juge de l'impôt » In. *Archives de philosophie du droit*, coll. La création du droit par le juge, T. 50, 2007, pp. 229-235
DE MAAT E., WINKELS R., « Automated Classification of Norms in Sources of Law » In FRANCESCONI E., MONTEMAGNI S., PETERS W., TISCORNIa D. (dir.), *Semantic Processing of Legal Texts*, vol. 6036, Springer, pp. 170-191
DE MONTESQUIEU Ch-L., *Œuvres de Montesquieu*, Auguste Desrez, 1838, 770 p.
DE MONTESQUIEU Ch. L., *De l'esprit des lois*, 1748, Livre XI. 474 p.
DE ROUVROY DE *SAINT-SIMON* C-H., *l'industrialisme contre l'État*, La Tour-d'Aigues, L'Aube, coll. Monde en cours , 2010, 160 p.
DE SAINT –EXUPÉRY A., *Le petit prince*, éd. du groupe Ebooks libres et gratuits, 1943, 107 p., disponible sur www.cmls.polytechnique.fr/perso/tringali/documents/st_exupery_le_petit_prince.pdf (consulté le 19 décembre 2021)
DE THIEULLOY G., *Antihumanisme intégral ? : L'augustinisme de Jacques Maritain*, Pierre Téqui, 2006, 160 p.
DE TOCQUEVILLE A, REYNAUD Ph., *De la démocratie en Amérique (1835 et 1840)*, Flammarion, coll. GF, 2010, 304 p.
DE TOCQUEVILLE A., *De la démocratie en Amérique*, Institut Coppet, janvier 2012, 634 p., disponible sur https://www.institutcoppet.org/wp-content/uploads/2012/01/De-la-démocratie-en-Amérique.pdf (consulté sur 17 avril 2022)
DE TOCQUEVILLE A., *De la démocratie en Amérique*, Pagnerre, Tome. 1, 1848, 358 p.
DEFFAINS B., « L'impact économique des legaltechs sur le marché du droit » In. TRASSOUDAINE F., DARDAYROL J-P. (coord.), *Enjeux numériques, Les métiers du droit au défi du numérique*, Annales des Mines, n°3, septembre 2018, pp. 20-27
DELZANGLES H., « L'indépendance des autorités administratives indépendantes chargées de réguler des marchés de services publics : éléments de droit comparé et européen » In. *Droit et société*, Lextenso, 2016, vol. 2, n° 93, pp. 297-316

DESMOULIN-CANSELIER S., « Les intelligences non humaines et le droit Observations à partir de l'intelligence animale et de l'intelligence artificielle » In. *Archives de philosophie du droit*, Dalloz, coll. le droit et les sciences de l'esprit, vol. 55, 2012, pp. 65-87

DEUMIER P., « Pouvoir créateur du juge et méthodes de rédaction des décisions » In. *Archives de philosophie du droit*, coll. La création du droit par le juge, T. 50, 2007, pp. 49-76

DIÈS A., *Platon, oeuvres complètes. Tome VIII, 3e partie: Le Sophiste*, Les Belles Lettres, coll. des universités de France - collection Budé, 2011, 226 p.

DOUGLAS W., « Inference to the Best Explanation » In. D. WALTON (dir.), *Argument Evaluation and Evidence*, éd. 1, 2016, pp. 35-68

DOWLING C., *Le complexe de cendrillon*, Grasset, 1982, 88 p.

DUPRÉ DE BOULOIS X., « Les droits fondamentaux des personnes morales » In. X. BIOY (dir.), *La personnalité juridique*, Presses de l'Université Toulouse 1 Capitole, LGDJ - Lextenso Edition, coll. Travaux de l'IFR, vol. 14, 2013, pp. 203-219

DURMUS M., *The AI Thought Book: Inspirational Thoughts & Quotes on Artificial Intelligence*, Independently published, 2021, 130 p.

DUSEK V., *Philosophy of Technology : An Introduction*, Blackwell Publishing, 2006, 252 p.

DUSOLLIER S., « Design Ouvert (Open Design) » In. CORNU M., ORSI F., ROCHFELD J., *Dictionnaire des biens communs*, Presses Universitaires de France, pp. 345-349

DWORKIN D., *Taking Rights Seriously,* Bloomsbury Academic, coll. Bloomsbury Revelations, ed. Reprint, avril 2013, 456 p.

DWORKIN R., *Law's Empire*, Fontana press, 1986, 470 p.

EDELMAN B., « Critique de l'humanisme juridique » In. EDELMAN B., HERMITTE M.-A. (dir.), *L'Homme, la nature et le droit*, C. Bourgeois, 1988, p. 287-307

EPSTEIN L., KNIGHT J., *The Choices Justices Make*, CQ Press, 1997, 222 p.

ESPLUGUES C., IGLESIAS J. L., PALAO G., *Application of Foreign Law*, Sellier, European Law Publishers, coll. Jurisprudence & Law, 2011, 444 p.

FEDER COOPER A., ABRAMS E., « Emergent Unfairness in Algorithmic Fairness-Accuracy, Trade-Off Research », *AIES '21: Proceedings of the 2021 AAAI/ACM Conference on AI, Ethics, and Society*, juillet 2021, pp. 46-54

FELDBACHER Ch. J., « Analogies in Scientific Explanations: Concept Formation by Analogies in Cultural Evolutionary Theory » In. JALES RIBEIRO H. (dir.), *Systematic Approaches to Argument by Analogy, Springer*, coll. Argumentation Library, éd. 1, 2014, pp. 209-226

FENET P-A., *Recueil complet des travaux préparatoires du Code civil*, T. XIV, éd. 1827, 523 p.

FOHRER-DEDEURWAERDER E., *La prise en considération des normes étrangères*, LGDJ, T. 501, 2008, 586 p.

FOISNEAU L., « Chapitre VI. Les deux principes du droit naturel » In. FOISNEAU L. (dir.), *Hobbes et la toute-puissance de Dieu*, Presses Universitaires de France, coll. Fondements de la politique, 2000, pp. 215-255

FOREST D., *E-réputation : le droit applicable à la réputation en ligne*, Gualino, 1er éd., 2014, 60 p.

FOUCAULT M., *Surveiller et punir*, Gallimard, mai 1993, coll. Tel, numéro 225, 400 p.

FRANCESCONI E., « Axioms on a Semantic Model for Legislation for Accessing and Reasoning over Normative Provisions » In. PALMIRANI M., PAGALLO U., CASANOVAS P., SARTOR G. (sous dir.), *AI Approaches to the Complexity of Legal Systems - Models and Ethical Challenges for Legal Systems, Legal Language and Legal Ontologies, Argumentation and Software Agents : International Workshop AICOL-III, Held as Part of the 25th IVR Congress, Frankfurt am Main, Germany, August 15-16, 2011. Revised Selected Papers*, Springer-Verlag Berlin Heidelberg, 2012, 1ère éd., pp. 147-161

FRANKENBERG G., « Comparative Law As Critique », *Edward Elgar Publishing Ltd.*, 2016, 296 p.

FREDRICKSON G. M., ROBINSON E. E., *The Black Image in the White Mind: The Debate on Afro-American Character and Destiny, 1817–1914*, Wesleyan University Press, 1987, 343 p.

FRIJDA N. H., *The laws of emotion*, Psychology Press, 2017, 366 p.

FRYDMAN B., « Perelman et les juristes de l'École de Bruxelles » In. B. FRYDMAN, M. MEYER, *Chaïm Perelman*, Presses Universitaires de France, coll. L'Interrogation philosophique, 2012, pp. 229-246

FULLER L. L., *The Morality of Law*, Yale University Press, 1965, 215 p.

FULLER L. L., VAN MEERBEECK J. (trad.), *La moralité du droit*, Presses de l'Université Saint-Louis, 2017, 274 p.

GANASCIA J-G., « Nous passerons bientôt de l'intelligence artificielle faible à l'intelligence artificielle forte. », *Intelligence artificielle*, 2017, pp. 59-65 In. GANASCIA J-G., *Intelligence artificielle, vers une domination programmée ?*, Le Cavalier Bleu, 2017, 216 p.

GÉNY F., *Méthode d'interprétation et sources en droit privé positif*, LGDJ, T. 1, 2016, 324 p.

GERACI M., *Apocalyptic AI: Visions of Heaven in Robotics, Artificial Intelligence, and Virtual Reality*, Oxford University Press, 2012, 248 p.

GÉRARD L., « Robotisation des services publics : l'intelligence artificielle peut-elle s'immiscer sans heurt dans nos administrations ? » In. JACQUEMIN H., DE STREEL A., *L'intelligence artificielle et le droit*, Larcier, 3é tirage 2019, coll. du Centre de Recherche Information, Droit et Société (CRIDS), pp. 413-470

GÉRARD L., MOUGENOT D., « Justice robotisée et droit fondamentaux » In. HUBIN J-B., JACQUEMIN H., B. MICHAUX (sous la coord.), *Le juge et algorithme : juges augmentés ou justice diminuée ?*, Centre de recherche information droit et société (CRIDS), Larcier, 2019, pp. 13-54

GILBERT F., VIVIÈS J. (trad.), *Machiavel et Guichardin – Politique et histoire à Florence au XVIe siècle*, éditions du Seuil, Paris, 1996, 276 p.

GIRAUDOUX J., *La Guerre de Troie n'aura pas lieu*, Bernard Grasset, 1935, acte 2, scène V, 183 p.

GLUECK Sh., GLUECK E., *Unravelling Juvenile Delinquency*, Harvard University Press, 1950, 416 p.

GOLEMAN D., MCKEE A., GEORGE B., IBARRA H., *Harvard Business Review, Emotional Intelligence*, Harvard Business Review Press, 2018, 920 p.

GOLTZBERG S., *L'argumentation juridique*, Dalloz, 4ème éd., 2019, 138 p.

GOOD I. J., OSTEYEE D. B., *Information, Weight of Evidence. The Singularity Between Probability Measures and Signal Detection*, Springer-Verlag Berlin and Heidelberg GmbH & Co. K, 1974, 162 p.

GOOLSBEE A., « Public Policy in an AI Economy » In. AGRAWAL A., GANS J., GOLDFARB A. (dir.), *The Economics of Artificial Intelligence: An Agenda*, University of Chicago Press, 2019, pp. 309-316.
GORDON T. F., « Artificial intelligence and legal theory at law schools » In. YOSHINO H., ASHLEY K. D., NITTA K., *Artificial Intelligence and Legal Education*, Gedit Edizioni, 2005, pp. 53-58
GOYARD-FABRE S., « Chapitre II - Les théories juspositivistes et leurs prétentions scientistes » In. Simone GOYARD-FABRE (dir.), *Les Fondements de l'ordre juridique*, Presses Universitaires de France, coll. L'Interrogation philosophique, 1992, pp. 95-127
GOYARD-FABRE S., « Les conceptions du droit naturel au temps de Pufendorf » In. GOYARD-FABRE S. (éd.), *Pufendorf et le droit naturel*, Presses Universitaires de France, coll. Léviathan, 1994, pp. 19-44
GOYARD-FABRE S., « Les rapports du droit et de la morale aujourd'hui » In. DERMANGE F., FLACHON L. (dir.), *Éthique et droit, Labor et Fides*, 2002, p. 40-41
GROPPI T., PONTHOREAU M-C. (dir.), *The Use of Foreign Precedents by Constitutional Judges*, Hart Publishing, 2014, 470 p.
GRUNDMANN S., MICKLITZ H.-W., RENNER M., *New Private Law Theory: A Pluralist Approach*, Cambridge University Press, 18 mars 2021, 600 p.
GUILLEMAIN B., *Machiavel – L'anthropologie politique*, Librairie Droz, 1977, 403 p.
GUNNEL J. G., *The Technocratic Image and the Theory of Technocracy*, Johns Hopkins University Press, 1982, p. 394
GUPTA D., SHARMA Sh., « Artificial Intelligence Approach to Legal Reasoning Evolving 3D Morphology and Behavior by Computational Artificial Intelligence » In. SRUJAN RAJU K., GOVARDHAN A., PADMAJA RANI B., SRIDEVI R., RAMAKRISHNA MURTY M., *Proceedings of the Third ICCI*, 2018, pp. 869-875
GURVITCH G., *L'expérience juridique et la Philosophie pluraliste du droit*, Thone G., 1935, 299 p.
HARDT M., NEGRI A., *Empire, 10-18*, 2004, 576 p.
HART ELY J., *Democracy and Distrust: A Theory of Judicial Review*, Harvard University Press, 1 juillet 1980, 304 p.
HART H. L. A., *The Concept of law*, Clarendon press, 1961, 264 p.
HART H. L. A., *The Concept of Law*, Oxford University Press, éd. 3, col. Clarendon Law Series, decembre 2012, 400 p.
HATON J-P., « Les systèmes à bases de connaissances » In. LE NY J-F. (dir.), *Intelligence naturelle, intelligence artificielle*, Symposium de l'Association de Psychologie Scientifique de Langue Française, Rome, 1991, Presses Universitaires de France, coll. Psychologie d'aujourd'hui, 1993, p. 17-42
HEGEL G. W. F., GILSON E., GIBELIN J. (trad.), *Leçons sur la philosophie de l'histoire*, coll. Librairie philosophique J. Vrin, éd. 3, 1987, 349 p.
HEGEL G. W. F., *Leçons sur l'histoire de la philosophie*, J. Vrin, 2004, 208 p.
HEIMONET J.-M., *Tocqueville et le devenir de la démocratie : La perversion de l'idéal*, L'Harmattan, coll. La philosophie en commun, 1999, 397 p.
HERBERGER M., « How Logic Is Spoken of at the European Court of Justice: A Preliminary Exploration » In. A. AGRAWAL, J. GANS, A. GOLDFARB (dir.), *The Economics of Artificial Intelligence: An Agenda*, University of Chicago Press, 2019, pp. 335-416
HOBBES T., *Léviathan*, Folio, 2000, 1024 p.

HOCHSCHILD A. R., *The managed heart: commercialization of human feeling*, University of California Press, 1983, 307 p.
HOHFELD W. N., *Fundamental legal conceptions as applied in judicial reasoning: and other legal essays*, New Haven : Yale University Press, 1920, 114 p.
HOLMES O. W., DE WOLFE HOWE M. A., *The Common Law*, Belknap Press, 1963, 337 p.
HORACE, DE LISLE L. (trad.), *Les Épitres*, première livre, Épitres II (à Lollius), Alphonse Lemerre, T. 2, éditeur, S. D., 1873, 261 p.
HOUDÉ O., *Comment raisonne notre cerveau*, Que sais-je ?, 2019, 460 p.
HUBIN J. B., JACQUEMIN H., MICHAUX B., *Le juge et l'algorithme : juges augmentés ou justice diminuée ?,* Université de Namur (centre de recherche information), 2019, 301 p.
HUGO V., HUSS H. C. O. (éd.), *L'homme Qui Rit*, Ripol, 1876, 633 p.
HUME D., *Traité de la nature humaine*, Flammarion, 1983, 768 p.
HUNT A., « Roscoe Pound: A Sociological Jurisprudence? » In. *The Sociological Movement in Law*, Palgrave Macmillan, 1978, pp 11-36.
IANSITI M., LAKHANI K. R., *Competing in the Age of AI: Strategy and Leadership When Algorithms and Networks Run the World*, Harvard Business School Press, 2020, 267 p.
INDURKHYA B., « Predictive analogy and cognition » In. *Analogical and inductive inference: Lecture notes in artificial intelligenc*e, ed. K. P. Jantke, vol. 642, 1992, pp. 214-231
JEANDIDIER B., RAY J-C., MANSUY J., « 8 Analyses quantitatives de décisions de justice en matière de prestation compensatoire dans une perspective de justice prédictive » In. SAYN I. (coord.), *Justice et numérique. Quelles (r)évolutions? Actes du Séminaire e-juris*, La semaine juridique, éd. générale supplément au n° 44-45, 28 octobre 2019, pp. 41-46
JEFFERSON T., *The Writings of Thomas Jefferson: Correspondence*, vol. 7, New York: Derby & Jackson, 1859, 599 p.
JÈZE G., *Les principes généraux du droit administratif, Le fonctionnement des services publics*, Dalloz, tome 3, 2011 ,520 p.
JOSEPHSON J. R., *Abductive Inference: Computation, Philosophy, Technology*, Cambridge University Press, 1ère éd., 320 p.
JULIA L., *L'intelligence artificielle n'existe pas*, 2019, First Éditions, 200 p.
JUTHE A., « A Systematic Review of Classifications of Arguments by Analogy » In. JALES RIBEIRO H. (dir.), *Systematic Approaches to Argument by Analogy*, Springer, coll. Argumentation Library, éd. 1, 2014, pp. 109-127
KAHNEMAN D., *Judgment under Uncertainty: Heuristics and Biases*, Cambridge University Press, 1982, 576 p.
KAHNEMAN D., SIBONY O., SUNSTEIN C. R., *Noise: A Flaw in Human Judgment*, Little, Brown Spark, 2021, 464 p.
KAHNEMAN D., Tversky A. (dir.), *Choices, Values and Frames*, Cambridge University Press, 2000, 860 p.
KAISER B., *Targeted: My Inside Story of Cambridge Analytica and How Trump, Brexit and Facebook Broke Democracy*, Harper Collins, 23 octobre 2019, 400 p.
KANT E., BARNI J. (trad.), *Éléments métaphysiques de la doctrine du droit*, Auguste Durand, 1853, 387 p.

KANT E., PHILONENKO A. (trad.), *Métaphysique des moeurs. Première partie, Doctrine du droit*, J. Vrin, 1971, 279 p.
KANT E., RENAUT A. (trad.), *Critique de la raison pure*, Flammarion 3e édition, 2006, 766 p.
KATZ V. J., PARSHALL K., *Taming the Unknown: History of algebra from antiquity to early twentieth century*, Princeton University Press, 2014, 504 p.
KAYACAN E., AHMADIEH KHANESAR M., *Fuzzy Neural Networks for Real Time Control Applications: Concepts, Modeling and Algorithms for Fast Learning*, Butterworth-Heinemann, 1re éd., 2015, 263 p.
KELSEN H., *General Theory of Law and State*, New-York, Russell & Russell, 1945 (rééd. 1961), (trad. française *Théorie générale du droit et de l'État*, Paris, LGDJ, 1997), 517 p.
KELSEN H., *Théorie générale du droit et de l'État*, LGDJ, 1997, 517 p.
KELSEN H., *Théorie pure du droit*, LGDJ, 1999, 376 p.
KOBNER O., *Die Methode einer wissenschaftlichen Rückfallstatistik als Grundlage einer Reform der Kriminalstatisti*, De Gruyter, 1893, 256 p.
KOHLER Ch., *L'autonomie de la volonté en droit international privé : un principe universel entre libéralisme et étatisme*, Martinus Nijhoff, Coll. Académie de Droit International de La Haye, 2013, 280 p.
KOUBI G., GUGLIEMI G. (dir.), *La Gratuité, une question de droit ?*, éd. L'Harmatthan, coll. Logiques Juridiques, 2003, 240 p.
KRIEGEL B., *Les droits de l'homme et le droit naturel*, PUF, coll. Quadrige, 1989, 128 p.
KUHN T. S., *La structure des révolutions scientifiques*, Flammarion, coll. Champs, 1983, 1er éd. 1962 (révision 1970), 352 p.
KURZWEIL R., *The Singularity Is Near: When Humans Transcend Biology*, Penguin Books, 2006, 672 p.
LABBÉE X. (dir.), *L'homme augmenté face au droit*, éd. 1, Presses Universitaires du Septentrion, 2015, 248 p.
LAMBERT E., *Le gouvernement des juges et la lutte contre la lutte contre la législation sociale aux États-Unis*, Dalloz, 2005, 276 p.
LAMBERTI J-C., *Tocqueville et les deux démocraties*, Presses Universitaires de France, 1983, 336 p.
LARANGÉ D. S., *L'Esprit de la Lettre. Pour une sémiotique des représentations du spirituel dans la littérature française des XXe et XXe siècles*, L'Harmattan, 2009, 522 p.
LAROUX O., « Justice pénale et algorithme » In. HUBIN J-B., JACQUEMIN H., B. MICHAUX (sous la coord.), *Le juge et algorithme : juges augmentés ou justice diminuée ?*, Centre de recherche information droit et société (CRIDS), Larcier, 2019, pp. 55-74
LASSÈGUE J., GARAPON A., *Justice digitale Révolution graphique et rupture anthropologique*, Presses universitaires de France, 2018, 368 p.
LAWSON F. H., *A common lawyer looks at the civil law: Five lectures delivered at the University of Michigan, November 16, 17, 18, 19, and 20, 1953 (The Thomas M. Cooley lectures)*, W.S. Hein, 1988, 238 p.
LAZARO Ch., « Le pouvoir " divinatoire " des algorithmes De la prédiction à la préemption du futur » In. F. B. LAUGRAND, L. SIMON (sous dir.), *Deviner, prévoir et faire advenir*, Anthropologie et Sociétés, vol. 42, n° 2-3, 2018, pp. 127-150

LE DOUARIN N. M., PUIGELIER C., *Science, éthique et droit*, Odile Jacob, 2007, 359 p.
LE MOIGNE J-L., *Théorie de modélisation*, Presses universitaires de France, 1977 coll. systèmes-décisions, 258 p.
LE NY J-F, *Comment l'esprit produit du sens*, Odile Jacob, 2005, 416 p.
LECA J., « IV. À propos de " la vérité comme correspondance " et de " la conception équivalentiste " de la vérité : le problème de la réalité et de sa connaissance est un problème social et politique » In. J. LECA (dir.), *Pour(quoi) la philosophie politique. Petit traité de science politique*, Presses de Sciences Po, coll. Académique, 2001, p. 221-258
LEIBNIZ G. W., BOUCHER P. (trad.), *Des cas perplexes en droit, De casibus perplexis in jure, 1666*), Vrin, 2009, 352 p.
LEIBNIZ G. W., *Nouvelle méthode pour apprendre et enseigner la jurisprudence*, Hachette BNF, coll. Sciences Sociales, 228 p.
LEITER B., *Naturalizing Jurisprudence: Essays on American Legal Realism and Naturalism in Legal Philosophy*, Oxford University Press, 2007, 300 p.
LERAT P., *Les langues spécialisées*, Presses Universitaires de France, 1995, 208 p.
LEVENTHAL H., « A perceptual-motor processing model of emotion » In. PLINER P., BLANKSTEIN K., SPIGEL I. M. (dir.), *Perception of emotion in self and others*, Springer, vol. 5, 1979, pp. 1-46
LIAN A., *Stereoscopic Law: Oliver Wendell Holmes and Legal Education*, Cambridge University Press, 2020, 517 p.
LLEWELLYN K. N., *The Theory of Rules*, University of Chicago Press, 2011, 176 p.
LOCKE J., *Two Treatises Of Government: In The Former, The False Principles And Foundation Of Sir Robert Filmer, And His Followers Are Detected And Overthrown; ... Original, Extent, and End of Civil-Government*, Lawbook Exchange, Ltd., 2010, 368 p.
LOISEAU G., *Droit des personnes*, ellipses, 2020, 2e éd. (version mise à jour et augmentée), 376 p.
LOVALLO D., KAHNEMAN D., « Delusions of Success : How Optimism Undermines Executives' Decisions », *Harvard Business Review*, vol. 81, n° 7, juillet 2003, pp. 56-63
Lucrèce, O. SERS (trad.), *De Natura Rerum, De la Nature*, Les Belles Lettres, Les belles lettres, 2012, 512 p.
LUHMANN N., GAINES J. (trad.), JONES D. L. (trad.), *Love as Passion The Codification of Intimacy*, John Wiley & Sons, 2014, 200 p.
LYTTON-BULWER H., *Life of Lord Palmerston*, J. B. Lipppincott, 1871, vol. 2, 388 p.
M. FOUCAULT, C. GORDON (éd.), *Power/knowledge, Selected Interviews and Other Writings 1972-1977*, Pantheon Books, 1980, 288 p.
MACHEREY P., *De Canguilhem à Foucault, la force des normes*, La fabrique éditions, 2009, 145 p.
MACHIAVEL N., *Le Prince et autres textes*, Union générale d'Éditions, coll : Les classiques des sciences sociales, 1962 (version numérique réalisée le 12 octobre 200), 190 p., disponible sur https://prepasaintsernin.files.wordpress.com/2018/06/machiavel-le-prince.pdf (consulté le 20 avril 2022)

MALLESON K., RUSSELL P. H. (éd.), *Appointing Judges in an Age of Judicial Power: Critical Perspectives from around the World*, University of Toronto Press, 2006, 450 p.
MALLESON K., *The New Judiciary The Effects of Expansion and Activism*, Routledge, éd. 1, 2020, 264 p.
MANENT P., *Tocqueville et la nature de la démocratie*, Gallimard, coll. Tel, 1982, 196 p.
MANSON E. W. D., *Builders of Our Law During the Reign of Queen Victoria (1904)*, Kessinger Publishing, 2008, 528 p.
MARKESINIS B., FEDTKE J., *Judicial Recourse to Foreign Law: A New Source of Inspiration ?*, Routledge-Cavendish, 1er éd., 2006, 440 p.
MATHERON G., *Estimer et choisir : essai sur la pratique des probabilités*, École nationale supérieure des mines de Paris, coll. Les Cahiers du Centre de morphologie mathématique de Fontainebleau, n° 7, 1978, 175 p.
MATHIEU B., « Les rôles du juge et du législateur dans la détermination de l'intérêt général » In. *Archives de philosophie du droit*, coll. La création du droit par le juge, T. 50, 2007, pp. 41-48
MEHDI R., « Intérêt général et droit de l'Union européenne – Réflexions cursives sur une notion 'indéfinissable' » In. *L'intérêt général Mélanges en l'honneur du Professeur Truchet D.*, Dalloz, 2015, pp. 357-376
MELCER J-F., *Justice et rhétorique selon Chaïm Perelman ou comment dire le juste,* L'Harmattan, T. 1, coll. Ouverture philosophique, 242 p.
MÉLONIO F., MANZINI Ch., *L'Abécédaire d'Alexis de Tocqueville*, coll. Abécédaires des Lumières, l'observatoire, 2021, 288 p.
MENDEL G., « 19. Le sujet : antihumanisme théorique et actepouvoir » In. MENDEL G. (dir.), *L'acte est une aventure. Du sujet métaphysique au sujet de l'actepouvoir*, La Découverte, 1998, pp. 276-285
MÉRIDIER L., *Platon, oeuvres complètes, Tome V, 2e partie : Cratyle*, Les Belles Lettres, coll. Collection des universités de France Série grecque - coll. Budé, 1931, 232 p.
MERLE D'AUBIGNÉ J-H., *Histoire de la Réformation en Europe au Temps de Calvin, Tomes 5 et 6*, ThéoTeX, février 2017, 1108 p.
MERTZ E., FORD W., MATOESIAN G. (dir.), *Translating the Social World for Law : Linguistics Tools for a New Legal Realism*, Oxford University Press, 2016, 309 p.
MEYER L. H., POGGE T. W., PAULSON S. L., *Rights, Culture and the Law: Themes from the Legal and Political Philosophy of Joseph Raz*, Oxford University Press, Oxford, 2003. 296 p.
MICELI Th. J., BAKER M. J., *Economic Models of Law*, Edward Elgar Pub, 2014, 616 p.
MICHAUX B., « Avant-propos » In. HUBIN J-B., JACQUEMIN H., MICHAUX B. (sous la coord.), *Le juge et algorithme : juges augmentés ou justice diminuée ?*, Centre de recherche information droit et société (CRIDS), Larcier, 2019, pp. 20-21
MILGROM P. R., TADELIS S., « How Artificial Intelligence and Machine Learning Can Impact Market Design » In. AGRAWAL A., GANS J., GOLDFARB A. (dir.), *The Economics of Artificial Intelligence: An Agenda*, University of Chicago Press, 2019, pp. 567-586

MILLARD E., *Positivisme logique et réalisme juridique* In. CHÉROT J.-Y., MILLARD É. (dir.), *La dichotomie faits/valeurs en question*, Analisi e Diritto, Marcial Pons, 2008, pp. 177-189

MILLER F. P., VANDOME A. F., MCBREWSTER J., *Distributed Multi-Agent Reasoning System: Artificial intelligence, Belief-Desire-Intention software model, Intelligent agent, SRI International, JACK Intelligent Agents*, Alphascript Publishing, 2010, 80 p.

MILTON J., DE CHATEAUBRIAND F-R. (trad.) ELLRODT R. (éd.), *Le Paradis perdu*, Gaillimard, 1995, 434 p.

MITCHELL T.M., *Machine learning*, NY: McGraw-Hill, coll. McGraw-Hill series in computer science, éd. 1, 1997, 432 p.

MITSOPOULOS G., *Themes de théorie générale et de logique du droit*, Académie d'Athènes, Centre de Recherche sur la Philosophie Grecque, 2006, 182 p.

MONOD J., « On the molecular theory of evolution » In. *Problems of scientific revolution : Progress and obstacles to progress in the sciences*, The Herbert Spencer Lectures, Oxford University Press, 1973, pp. 11-24

MONTAGNON P., *Intelligence artificielle : L'être humain, maître du jeu*, Edipro, juillet 2019, 232 p.

MONTESQUIEU Ch. L., LEFÈVRE A. (éd.), *Lettres persanes*, Lettre CXXIII, A. Lemerre, 1873 (version initiale : 1721), T. 2, 211 p.

MUHLENBACH F., « Intelligence artificielle et droit : démystification des techniques d'IA employées dans le milieu juridique » In. SAYN I. (coord.), *Justice et numérique. Quelles (r)évolutions? Actes du Séminaire e-juris*, La semaine juridique, éd. générale supplément au n° 44-45, 28 octobre 2019, pp. 47-52

MÜLLER G. M., « Pourquoi la sagesse est-elle une entreprise ? Les conseils éthiques d'Horace et leurs implications culturelles » In. Gavoille É., Guillaumont F. (dir.), *Conseiller, diriger par lettre*, Presses universitaires François-Rabelais, coll. Perspectives Littéraires, 2017, pp. 237-252

MULLER S., ZOURIDIS S., FRISHMAN M., KISTEMAKER L., *The Law of the Future and the Future of Law*, Torkel Opsahl Academic EPublisher, 2011, 530 p.

MÜLLER V. C., BOSTROM N., « Future progress in artificial intelligence: a survey of expert opinion » In. V. C. MÜLLER V. C. (éd.), *Fundamental issues of artificial intelligence*, Springer, 2016, pp. 555-572

MYŠKA M., SMEJKALOVÁ T., ŠAVELKA J., ŠKOP M., « Creative Commons and Grand Challenge to Make Legal Language Simple » In. PALMIRANI M., PAGALLO U., CASANOVAS P., SARTOR G. (dir.), *AI Approaches to the Complexity of Legal Systems - Models and Ethical Challenges for Legal Systems, Legal Language and Legal Ontologies, Argumentation and Software Agents : International Workshop AICOL-III, Held as Part of the 25th IVR Congress, Frankfurt am Main, Germany, August 15-16, 2011. Revised Selected Papers*, Springer-Verlag Berlin Heidelberg, 2012, 1ère éd., pp. 271-285

NATAPOFF A., *Punishment Without Crime: How Our Massive Misdemeanor System Traps the Innocent and Makes America More Unequal*, Basic Books, 352 p.

NEVEJANS N., « Les robots : tentataive de définition » In. BENSAMOUN A. (sous dir.), *Les robots, objets scientifiques, objets de droits*, Mare & Martin, coll. Des Presses Universitaires de Sceaux, 2016, pp. 81-119

NEWTON I., *Principia - Principes mathématiques de la philosophie naturelle: Principes mathématiques de la philosophie naturelle*, Dunod, 2011, 656 p.

NIETZSCHE F., ALBERT H.. *Le Gai Savoir*, Société du Mercure de France, 1901, vol. 8, 407 p.
NIETZSCHE F., *L'antéchrist*, Jean-Jacques Pauvert, 1967, 194 p.
O'NEIL C., *Weapons of Math Destruction: How Big Data Increases Inequality and Threatens Democracy*, Crown, 2016, 272 p.
OGAWA Y., KAZUHIRO I., KATSUHIKO T., « Evaluation Metrics for Consistent Translation of Japanese Legal Sentences » In FRANCESCONI E., MONTEMAGNI S., PETERS W., TISCORNIa D. (dir.), *Semantic Processing of Legal Texts*, vol 6036, Springer, pp 235-248
ONETO L., CHIAPPA S., « Fairness in machine learning » In. ONETO L., NAVARIN N., SPERDUTI A., ANGUITA D. (dir.), *Recent Trends in Learning From Data*, Springer, 2020, pp. 155-196
ORDESHOOK P. C., *Game Theory and Political Theory : An Introduction*, Cambridge University Press, 1986, 511 p.
ORTH J. V., *Due Process of Law. A Brief History*, University Press of Kansas, 2003, 128 p.
OULLIER O., « Introduction » In OULLIER O., *Le Cerveau et la Loi : analyse de l'émergence du neurodroit*, Centre d'analyse stratégique, document de travail n° 2012-07, 2012, pp. 7-12
OULLIER O., « The useful brain: Why neuroeconomics might change our views on rationality and a couple of other things », In. MICHEL-KERJAN E., SLOVIC P. (dir.), *The irrational economist: Making decisions in a dangerous world*, Public Affairs, 2010, pp. 88-96
PASQUALE F., *New Laws of Robotics Defending Human Expertise in the Age of AI*, Belknap Press, 2020, 344 p.
PASQUALE F., *The black box society, The Secret Algorithms That Control Money and Information*, Harvard University Press, 2016, 320 p.
PEARL J., MACKENZIE D., *The book of why: the new science of cause and effect*, Basic Books, éd. 1, 2018, 432 p.
PEATMAN J., *The Long Shadow of Lincoln's Gettysburg Address*, Southern Illinois University Press; 1st edition, 2013, 266 p.
PELLEGRINI F., CANEVET S., *Droit des logiciels*, Presses universitaires de France, éd. 1, novembre 2013, 612 p.
PERELMAN Ch., *Logique juridique. Nouvelle rhétorique*, Dalloz, 2ème éd., coll. Méthodes du droit, 1978, 184 p.
PERMINGEAT N., GLAUDE D., *Algèbre de Boole: Théorie, méthodes de calcul, applications, avec exercices*, Dunod, 1988, 211 p.
PÉTRÉ-GRENOUILLEAU O., *Saint-Simon - L'utopie ou la raison en actes*, Payot, coll. Biographie Payot, 2001, 512 p.
PIATTI M. Ch., « Droit et Post-humanité, La Technique, marqueur de la relation entre " personne " et " patrimoine ".? La personne et (est) son patrimoine génétique ou bionique » In. VIOLET F. (dir.), *Personne et patrimoine en droit, recherche sur les marqueurs d'une connexion*, Bruylant, 2015, pp. 467-498
PIATTI M. Ch., « Vers le transhumanisme, mythe (la lune) et réalité (le doight) ! », In. BENSAMOUN A. (dir.), *Les robots, objets scientifiques, objets de droits*, Mare & Martin, coll. des Presses Universitaires de Sceaux, 2016, pp. 17-25

PICAVET E., « Vie sociale et ordres normatifs selon Kelsen » In. PICAVET E. (sous la dir.), *Kelsen et Hart. La norme et la conduite*, Presses Universitaires de France, 2000, pp. 43-60
PIRIE F., *The Rule of Laws, a 4,000-year quest to order the world*, Profile Books Ltd, éd. Main, 18 novembre 2021, 576 p.
PLUTCHIK R., KELLERMAN H., *Theories of Emotion*, Cambridge Academic Press, vol. 1, 2013, 424 p.
POLLOCK F., *A First Book of Jurisprudence for Students of the Common Law*, New-York, Macmillan, éd. 2, 1896, 384 p.
POSNER R-A., *Economic Analysis of Law, Little*, Aspen Publishers, éd. 7, 2007, 816 p.
POSNER R. A., *Economic Analysis of Law*, Little, Brown and Company, éd. 1, 1973, 415 p.
POSNER R. A., *How Judges Think*, Harvard University Press, 2010, 400 p.
POSNER R.A., *How judges think*, Harvard University Press, 2008, 387 p.
POTTAGE A., SHERMAN B., *Figures of Invention: A History of Modern Patent Law*, Oxford University Press, 2010, 232 p.
POUND R., *The Spirit of the Common Law*, Routledge, 1998, 363 p.
PUFENDORF S., BARBEYRAC J. (trad.), *Le droit de la nature et des gens*, Presses Universitaires de Caen, coll. Bibliothèque de philosophie politique et juridique, T. 2, 2010, 562 p.
PUIGELIER C., « Temps et création jurisprudentielle », In. *Archives de philosophie du droit*, coll. La création du droit par le juge, T. 50, 2007, pp. 89-147
PUIGELIER C., *Dictionnaire juridique*, Bruylant, 2e éd., coll. Paradigme-Vocabulaire, 2017, 1136 p.
PUIGELIER C., *Dictionnaire juridique*, Larcier, coll. Paradigme, 1er éd., 1068 p.
PUTNAM L. L., MUMBY D. K., « Organizations, emotion and the myth of rationality » In. FINEMAN S. (Ed.), *Emotion in organizations*, Sage Publications, Inc., 1993, pp. 36-57
RAJ M., SEAMANS R., « Artificial Intelligence, Labor, Productivity, and the Need for Firm-Level Data » In. AGRAWAL A., GANS J., GOLDFARB A. (dir.), *The Economics of Artificial Intelligence: An Agenda*, University of Chicago Press, 2019, pp. 553-566
RAMBAUD T., *Introduction au droit comparé. Les grandes traditions juridiques dans le monde*, Presses universitaires de France, 2017, 320 p.
RAND A., « La Vertu d'Égoïsme », *Les Belles Lettres*, 1er éd. 2008, 168 p.
RASMUSSEN D. M., « Public Reason and Constitutional Interpretation » In. AGRAWAL A., GANS J., GOLDFARB A. (dir.), *The Economics of Artificial Intelligence: An Agenda*, University of Chicago Press, 2019, pp. 89-96
RAZ J., « Authority, Law, and Morality » In. RAZ J., *Ethics in the Public Domain: Essays in the Morality of Law and Politics*, Oxford University Press, 1994, pp. 210-215
RAZ J., *Between Authority and Interpretation: On the Theory of Law and Practical Reason*, Oxford University Press, 2010, 424 p.
REICHENBACH H., *Elements of Symbolic Logic*, Dover Publications Inc.,1981, 444 p.
REY A., *Le Dictionnaire Historique de la langue française*, Le Robert, vol. 1, tome 1, 1994, 1156 p.
RIMÉ B., *Le partage social de l'émotion*, Presses universitaires de France, coll. Quadrige, 2005, 448 p.

RIPERT G., *Les forces créatrices du droit*, paris, Librairie générale de droit et de jurisprudence, 1955, 431 p.
RODMAN BARRAT J., *Our Final Invention: Artificial Intelligence and the End of the Human Era*, St. Martin's Griffin, février 2015, 336 p.
ROSS A., *On law and Justice*, Stevens & Sons, 1958, 377 p.
ROSS A., *Towards a realistic jurisprudence; a criticism of the dualism in law*, E. Munksgaard, 1946, 304 p.
ROUSSEAU J-J., *Considérations sur le gouvernement de Pologne et sur sa réformation projettée,* 1782, 274 p.
ROUSSEAU J-J., *Du contrat social*, Marc Michel Rey, 1762, 324 p.
ROUSSEAU J.-J., BARRÉ L. (dir.), *Oeuvres complètes de J.-J. Rousseau. Tome 5*, J. Bry aîné, 1856-1857, 326 p.
ROUVROY A., « La robotisation de la vie ou la tentation de l'inséparation » In. JACQUEMIN H., DE STREEL A., *L'intelligence artificielle et le droit*, Larcier, 3é tirage 2019, coll. du Centre de Recherche Information, Droit et Société (CRIDS), pp. 13-46
RUSSELL A. L., *Open Standards and the Digital Age: History, Ideology, and Networks*, Cambridge University Press, 2014, 326 p.
S. FEREY, « Analyse économique du droit, big data et justice prédictive », *Archives de philosophie du droit*, vol. 60, 2018, pp. 67-81
S. SHAVELL, *Foundations of economic analysis of law*, Harvard University Press, 2009, 768 p.
SACHS J. D., « R&D, Structural transformation, and the distribution of income » In. AGRAWAL A., GANS J., GOLDFARB A. (dir.), *The Economics of Artificial Intelligence: An Agenda,* University of Chicago Press, 2019, pp. 329-348
SADIN E., *L'Intelligence artificielle ou l'enjeu du siècle : Anatomie d'un antihumanisme radical*, L'Échappée, éd. 1, 2018, 298 p.
SALAS D., « " Law in books " ou " Law in Action " ? » In. *Les défis de la justice numérique*, Les Cahiers de la Justice, Dalloz, vol. 2, n° 2, 2019, pp. 187-188
SALAS D., « The challenges of the digital justice, Data, screens, and predictions » In. *Les défis de la justice numérique*, Les Cahiers de la Justice, Dalloz, vol. 2, n° 2, 2019, pp. 201-203
SALTON G., MCGILL J., *Introduction to Modern Information Retrieval*, McGraw-Hill Book Company, 1983, 448 p.
SAMPSON R. J., LAUB J. H., « Unraveling the Social Context of Physique and Delinquency » In. RAINE A., BRENNAN P. A., FARRINGTON D. P., MEDNICK S. A., *Biosocial Bases of Violence*, série Nato ASI (A - Life Sciences), vol. 292, 1997, Springer, pp. 175-188
SAMPSON R. J., LAUB J. H., *Shared Beginnings, Divergent Lives – Delinquent Boys to Age*, Harvard University Press, 2006, 352 p.
SAMUEL G., *A Short Introduction to Judging and to Legal Reasoning*, E. Elgar, 2016, 208 p.
SAMUELSON A., *Les grands courants de la pensée économique - Concepts de base et questions essentielles, 1992*, 5e éd., 1997, Presses Universitaires de Grenoble, coll. Libres Cours - Économie, 535 p.
SARTOR G., « Compliance with Normative Systems » In. PALMIRANI M., PAGALLO U., CASANOVAS P., SARTOR G. (dir.), *AI Approaches to the Complexity of Legal Systems - Models and Ethical Challenges for Legal Systems, Legal Language and Legal Ontologies, Argumentation and Software Agents : International Workshop*

AICOL-III, Held as Part of the 25th IVR Congress, Frankfurt am Main, Germany, August 15-16, 2011. Revised Selected Papers, Springer-Verlag Berlin Heidelberg, 2012, 1ère éd., pp. 1-32
SARTRE J-P., *L'être et le néant*, Gallimard, 1976, 975 p.
SCALIA A., *A Matter of Interpretation: Federal Courts and The Law,* Princeton University Press, 1997, 176 p.
SCHAEGIS Ch., « La fonction rhétorique de l'équité » In. Th. LAMBERT (dir.), *Egalité et Equité, antagonisme ou complémentarité ?,* Economica, 1999, pp. 14-16
SCHAUER F., GOLTZBERG S. (trad.), *Penser en juriste. Nouvelle introduction au raisonnement juridique*, Dalloz, coll. Rivages du Droit, 2018, 233 p.
SCHNEPS L., COLMEZ C., *Les maths au tribunal. Quand les erreurs de calcul font les erreurs judiciaires*, Seuil, 2015, 288 p.
SCHOENFELDT M., « Obedience and Autonomy in Paradise Lost » In. Th. N. CORNS (ed.), *A Companion to Milton,* Oxford: Blackwell, 2001, pp. 391-407
SEGAL J., « Chapitre 9. La théorie de l'information comme théorie mathématique » In. SEGAL J., *Le zéro et le un. Volume 2, Histoire de la notion d'information au XXe siècle*, Éditions Matériologiques, coll. Sciences & philosophie, 2011, pp. 715-780
SEGAL J., SPAETH H., *The Supreme Court and the Attitudinal Model Revisited,* Cambridge University Press, 2002, 480 p.
SEN S., DUTTA A., DEY N., *Audio Processing and Speech Recognition*, Springer, 2019, 112 p.
SERRES M., *Le contrat naturel*, Editions François Bourin, 1990, 240 p.
SÈVE R., *Vers de nouvelles humanités ? L''humanisme juridique face aux nouvelles technologies*, Dalloz, Archives de philosophie du droit, T. 59, 2017, 334 p.
SIMON H. A., *La science des systèmes, science de l'artificiel*, Épi, 1974, 159 p.
SLAMA S., *Les discriminations selon l'origine*, Documentation française, novembre 2009, 120
SMITH C., AMBROSSIO A., MENDOZA L., ROTOLO A., « Combinations of Normal and Non-normal Modal Logics for Modeling Collective Trust in Normative MAS » In. M. PALMIRANI, U. PAGALLO, P. CASANOVAS, G. SARTOR (sous dir.), *AI Approaches to the Complexity of Legal Systems - Models and Ethical Challenges for Legal Systems, Legal Language and Legal Ontologies, Argumentation and Software Agents : International Workshop AICOL-III, Held as Part of the 25th IVR Congress, Frankfurt am Main, Germany, August 15-16, 2011. Revised Selected Papers*, Springer-Verlag Berlin Heidelberg, 2012, 1ère éd., pp. 189-203
SOLENIK D., *L'application de la loi étrangère par les juges du fond anglais et français*, Le Manuscrit Eds, 2006, 308 p.
SOURIOUX J-L., LERAT P., *Le langage du droit*, Presses universitaires de France, 1975, 136 p.
STAHL B. C., *Artificial Intelligence for a Better Future, An Ecosystem Perspective on the Ethics of AI and Emerging Digital Technologies*, Springer, 136 p.
STEPHEN F. H., *Lawyers, Markets and Regulation*, Edward Elgar, 2013. 192 p.
STRAUSS L., *Droit naturel et histoire*, Flammarion, coll. Champs essais, n° 158, 2008, 324 p.
SUPIOT A., « L'autorité de la science. Vérité scientifique et vérité légale » In. ROSANVALLON P. (dir.), *Science et démocratie*, Odile Jacob, 2014, pp. 81-109
SUPIOT A., *La gouvernance par les nombres*, Fayard, coll. Sciences humaines, 2015, 512 p.

SUSSKIND R., SUSSKIND D., *The Future of the Profession: How Technology Will Transform the Work of Human Experts*, Oxford University Press, 22 octobre 2015, 368 p.
SUSSKIND R., SUSSKIND D., *The Future of the Professions: How Technology Will Transform the Work of Human Experts*, OUP Oxford, 2015, 368 p.
TAMANAHA B. Z., *Beyond the Formalist-Realist Divide: The Role of Politics in Judging*, Princeton University Press, 2010, 264 p.
TAMANAHA B. Z., *Law as a Means to an End, Threat to the Rule of Law*, Cambridge University Press, 2006, 268 p.
TEMPLE H. J., *Opinions and Policy of the Right Honourable Viscount Palmerston, G.C.B., M.P., &c. as Minister, Diplomatist, and Statesman, During More Than Forty Years of Public Life*, Colburn and Co., 1852, 543 p.
TICHY L., POTACS M., *Public interest in law*, Intersentia, éd.1, janvier 2021, 380 p.
TISSERON S., *L'Empathie au cœur du jeu social*, Albin Michel, 2010, 240 p.
TISSERON S., *Le Jour où mon robot m'aimera*, Albin Michel, coll. Essais Psy, 2015, 208 p.
TOMASELLA S., *Se libérer du complexe de cendrillon : Trouver l'audace de vivre*, Eyrolles, 2020, 1er éd., 147 p.
TRASSOUDAINE F., DARDAYROL J-P., « Introduction » In. TRASSOUDAINE F., DARDAYROL J-P. (coord.), *Les métiers du droit au défi du numérique*, Annales des Mines, coll. enjeux numériques, n° 3, 2018, pp. 4-6
TRIBE L. H., *American constitutional law*, Foundation Pr, éd. 2,1988, 1778 p.
TWINING W., *Karl Llewellyn and the Realist Movement*, Weidenfeld and Nicolson, 1985, 574 p.
VAPNIK V., *The Nature of Statistical Learning Theory*, Springer-Verlag New York Inc., 2000, 314 p.
VIAL G., LECLERC O., VERGÈS E., « Preuves scientifiques et technologiques » In. BOYER-BÉVIÈRE B., MOINE-DUPUIS I. (dir.), *l'humain en transformation entre trans-humanisme et humanité*, Presses universitaires d'Aix-Marseille, cahiers droit, coll. sciences & technologies, vol. 11, 2020, pp. 209-226.
VILLA R., « Faits divers et crimes célèbres : Cesare Lombroso et l'anthropologie criminelle entre crime et folie » In. L. BOSSI (dir.), *Crime et folie, Paris*, Gallimard, 2011, pp. 93-126
VILLA R., « Faits divers et crimes célèbres : Cesare Lombroso et l'anthropologie criminelle entre crime et folie » In. L. Bossi (dir.), *Crime et folie, Paris*, Gallimard, 2011, pp. 93-126
VILLEY M., « Chapitre I, premiers systèmes du rationalisme juridique » In. M. VILLEY (éd.), *La formation de la pensée juridique moderne*, Presses Universitaires de France, coll. Quadrige, 2013, pp. 513-558
VILLEY M., « Chapitre II. La jurisprudence humaniste » In. VILLEY M., *La formation de la pensée juridique moderne*, Presses Universitaires de France, coll. Quadrige, 2013, pp. 454-487
VINCENT A., « Argumentation and Intuitive Decision Making: Criminal Sentencing and Sentence Indication » In. M. PALMIRANI, U. PAGALLO, P. CASANOVAS, G. SARTOR (sous dir.), *AI Approaches to the Complexity of Legal Systems - Models and Ethical Challenges for Legal Systems, Legal Language and Legal Ontologies, Argumentation and Software Agents: International Workshop AICOL-III, Held as Part of the 25th IVR Congress, Frankfurt am Main, Germany, August 15-16, 2011.*

Revised Selected Papers, Springer-Verlag Berlin Heidelberg, 2012, 1ère éd., pp. 217-234
VON NEUMANN J., MORGENSTERN O., *Theory of Games and Economic Behavior: 60th Anniversary Commemorative Edition*, Princeton University Press, 2007, 776 p.
VON SCHEEL H., « Zur einfuhrung in die kriminalstatistik insbesondere diegenige des deutschen reichs » In *Allgemeines Statistisches Archiv*, vol. 1, 1890, pp. 183-194
WALTER B. F., *How Civil Wars Start*, Penguin, 6 janvier 2022, 320 p.
WALTON D., « A Dialogue System for Evaluating Explanations, Inference to the Best Explanation » In. D. WALTON (dir.), *Argument Evaluation and Evidence*, éd. 1, 2016, pp. 69-116
WALTON D., « Evaluating Expert Opinion Evidence, A Dialogue System for Evaluating Explanations, Inference to the Best Explanation » In. D. WALTON (dir.), *Argument Evaluation and Evidence*, éd. 1, 2016, pp. 117-144
WALTON D., « Evidence and Argument Evaluation, A Dialogue System for Evaluating Explanations, Inference to the Best Explanation » In. D. WALTON (dir.), *Argument Evaluation and Evidence*, éd. 1, 2016, pp. 243-278
WATSON A., *Legal transplants: an approach to comparative law*, University Press of Virginia, 1974, 106 p.
WEBER A., *Manuel sur le discours de haine, Strasbourg*, Éditions du Conseil de l'Europe, mai 2009, disponible sur https://rm.coe.int/manuel-sur-le-discours-de-haine-anne-weber-fr/16808e4e21 (consulté le 2 février 2022)
WHITE J. B., *The Legal Imagination*, University of Chicago Press, 1985, 334 p.
WIECEK W. M., *The History of the Supreme Court of the United States, vol. XII (the birth of the modern constitution, the United-States Supreme Court, 1941-1953)*, Cambridge University Press, 2010, 710 p.
WIGMORE J. H., *The science of judicial proof, as given by logic, psychology, and general experience, and illustrated in judicial trials*, Little, Brown, éd. 3, 1937, 1065 p.
WILDEMEERSCH J., *Contentieux de la légalité des actes de l'Union européenne, Le mythe du droit à un recours effectif*, Bruylant, coll. Droit de l'Union européenne, sous-coll. Thèses, 2019, 666 p.
WITTGENSTEIN L., « Tractatus logico-philosophicus », *Gallimard*, 1993, 132 p.
WOLEŃSKI J., « Formal and Informal in Legal Logic » In. GABBAY D. M., CANIVEZ P., RAHMAN Sh., THIERCELIN A. (dir.), *Approaches to Legal Rationality*, Springer, 2011, pp. 73-86
WOODS J., « Abduction and Proof: A Criminal Paradox » In. GABBAY D. M., CANIVEZ P., RAHMAN Sh., THIERCELIN A. (dir.), *Approaches to Legal Rationality*, Springer, 2011, pp. 217-238
WYNER A., MOCHALES-PALAU R., MOENS M-F., MILWARD D., « Approaches to Text Mining Arguments from Legal Cases » In. FRANCESCONI E., MONTEMAGNI S., PETERS W., TISCORNIA D. (dir.), *Semantic Processing of Legal Texts. Lecture Notes in Computer Science*, vol. 6036, 2010, Springer, pp. 60-79
YATES J., MURPHY C. N., *Engineering Rules : Global Standard Setting since 1880*, Baltimore, John Hopkins Univeristy, 2019, 440 p.
ZAKI M. S., « Définir l'équité » In. *Archives de philosophie du droit*, Dalloz, vol. 35, 1990, pp.87-118
ZAVRŠNIK A., *Big Data, Crime and Social Control*, Routledge, éd. 1, 2017, 248 p.

ZOLLER E., « La Cour suprême des États-Unis entre création et destruction du droit » In. *Archives de philosophie du droit*, coll. La création du droit par le juge, T. 50, 2007, pp. 277-287

La liste sélective des articles de revue et de conférence

ABRY P., WENDT H., JAFFARD S., « When Van Gogh Meets Mandelbrot: Multifractal classification of painting's texture », *Signal Processing*, vol. 93, n° 3, 2013, pp. 554-572

AFT A., BLACKMAN J., CARPENTER C. M., « FantasySCOTUS : Crowdsourcing a Prediction Market for the Supreme Court », *Northwestern Journal of Technology & Intellectual Property*, vol 10, n° 3, 2012, pp. 125-168

AHMAD S., « Unmaking democrac : How corporate influence is eroding democratic governance », *Harvard International Review*, vol. 41, n° 2, printemps 2020, pp. 54-57

ALETRAS N., TSARAPATSANIS D., PREOTJUC-PIETRO D., LAMPOS V., « Predicting judicial decisions of the European Court of Human Rights: a Natural Language Processing perspective », *PeerJ Computer Science,* 2:e93, 2016, disponible sur https://doi.org/10.7717/peerj-cs.93 (consulté le 4 octobre 2020)

ALEXANDER G., « Comparing the two legal realisms: American and Scandinavian », *Journal of American Comparative Law*, vol. 50, 2002, pp. 131-174

ALLAN T. R. S., « Justice and Fairness in Law's Empire », *The Cambridge Law Journal*, vol. 52, n° 1, mars 1993, pp. 64-88

ALY A., TAPUS A., « A model for synthesizing a combined verbal and nonverbal behavior based on personality traits in human–robot interaction », *2013 8th ACM/IEEE international conference on human–robot interaction (HRI). IEEE*, pp. 325–332

AMIN A., « Stratégies identitaires et stratégies d'acculturation : deux modèles complémentaires », *Revue internationale de la recherche interculturelle*, vol. 2, n° 2, 2012, pp. 103-116

ANCEL M., « L'Humanisme et le droit », *Bulletin de l'Association Guillaume Budé*, 1947, vol. 3, pp. 38-45

ANDRÉ R., « Chaïm Perelman, Logique juridique. Nouvelle rhétorique », *Revue Philosophique de Louvain*, 1979, vol. 33 pp. 122-123

ANDRYCHOWICZ M., WOLSKi F., RAY A., SCHNEIDER J., FONG R., WELINDER P., MCGREW B., TOBIN J., ABBEEL P., ZAREMBA W., « Hindsight Experience Replay », *31e conférence sur les systèmes de traitement de l'information neuronale*, 2017, Long Beach (CA), disponible sur https://arxiv.org/abs/1707.01495 (consulté le 14 août 2021)

ANGELOV P. P., SOARES E. A., JIANG R., ARNOLD N. I., ATKINSON P. M., « Explainable artificial intelligence : an analytical review », *WIREs Data Mining and knowledge discovery*, vol. 11, n° 5, septembre - octobre 2021, art. n° e1424, disponible sur https://doi.org/10.1002/widm.1424 (consulté le 30 anvier 2022)

ANTONOV M., « La théorie du droit de Georges Gurvitch et ses origines philosophiques russes », *Droit et société*, 2016, vol. 3, n° 94, pp. 503-512

ARCQ E., DE COOREBYTER V., ISTASSE C., « Fédéralisme et confédéralisme », *Dossiers du CRISP*, 2012, vol. 79, n° 1, pp. 111-125
ARENS N., « La démocratie tocquevillienne. Un parcours dialectique (travaux de fin d'études), *Revue interdisciplinaire d'études juridiques*, 2015, vol. 74, n°1, pp. pp. 181-202
ARPPE T., « Rousseau, Durkheim et la constitution affective du social, Rousseau, Durkheim and the Affective Constitution of the Social », *Revue d'Histoire des Sciences Humaines*, vol. 13, n° 2, 2005, pp. 5-31
ASH E., CAO Y., CHEN D. L., « Automated fact-value distinction in court opinions », *European Journal of Law & Economics*, vol. 50, 2020, pp. 451-467
BAIE P.R., « Beyond black ink: from Langdell to the Oyez project, the voice of the past », *Loyola Law Review*, vol. 55, 2009, pp. 277-330
BALAKRISHNAN K. G., « The Role of Foreign Precedents in a Country's Legal System », *National Law School of India Review*, vol. 22, n° 1, 2010, pp. 1-16
BARON J., RITOV I., « Omission bias, individual differences, and normality », *Organizational Behavior and Human Decision Processes*, vol. 94, 2004, pp. 74-85
BARRAUD B., « Un algorithme capable de prédire les décisions des juges : vers une robotisation de la justice ? », *Les Cahiers de la Justice*, 2017, vol.1, n°1, pp. 121-139
BASSO FOSSALI P., COLAS-BLAISE M., RÉMI-GIRAUD S., « La notion de paradigme dans les sciences du langage, SIGNATA », *Annales des sémiotiques*, T. 8, 2017, pp. 9-19, disponible sur https://journals.openedition.org/signata/1340#quotation (consulté le 30 août 2021)
BAUDART A., « Individualisme et cosmopolitisme », *Revue de métaphysique et de morale*, vol. 61, n° 1, 2009, pp. 5-18
BEN MRAD F., « Équité, neutralité, responsabilité. À propos des principes de la médiation », *Négociations*, vol. 5, n° 1, 2006, pp. 51-65
BENCH-CAPON T., « Argument in Artificial Intelligence and Law », *Artificial Intelligence and Law*, vol. 5, 1997, pp. 249–261
BENYEKHLEF K., « Vers un droit postnational ? Un court essai sur le droit cosmopolitique comme modèle de gouvernance globale », *Lex Electronica*, vol. 15 (édition spéciale Mélanges en l'honneur d'Andrée LAJOIE), n° 1, été 2010, pp. 909-976
BENYEKHLEF K., ZHU J., « Intelligence artificielle et justice : justice prédictive, conflits de basse intensité et données massives », *les cahiers de propriété intellectuelle*, éd. Yvon Blais, vol. 30, n° 3, pp. 789-826
BEN-ZVI O., SARID E., « Legal Scholarship as Spectacular Failure », *Yale Journal of Law & the Humanities*, vol. 30, n° 1, hiver 2018, pp. 1-24
BERK R., HEIDARI H., JABBARI Sh., KEARNS M., ROTH A., « Fairness in Criminal Justice Risk Assessments: The State of the Art », *Sociological Methods & Research*, vol. 50, n° 1, 2021, pp. 3-44
BERRY III W. W., « Individualized Sentencing », *Washington and Lee Law Review*, vol. 76, n° 13, 2019, pp. 13-92
BORNHAUSEN S., « La théorie de la théorie chez Niklas Luhmann », *Hermès*, vol. 22, 1998, pp. 41-46
BOURCIER D., « L'acte de juger est-il modélisable ? De la logique à la justice », *Archives de philosophie du droit*, n° 54, 2011, pp. 37-53
BOURCIER D., « De l'intelligence artificielle à la personne virtuelle : émergence d'une entité juridique ? », *Droit et Société*, vol. 49, 2001, pp. 847-871

BOUVERESSE J., « Mathématiques et logique chez Leibniz », *Revue d'histoire des sciences*, 2001, vol. 54, n° 2, pp. 223-246
BOWERS J. S., MATTYS S. L., GAGE S., « Preserved Implicit Knowledge of a Forgotten Childhood Language », *Psychological Science*, vol. 20, n° 9, 2009, pp. 1064-1069
BRANTINGHAM P. J., BRANTINGHAM P. L., « Criminality of place », *European Journal on Criminal Policy and Research*, vol. 3, 1995, pp. 5-26
BROADBENT E., LEE Y. I., STAFFORD R. Q., KUO I.H., MACDONALD B. A., « Mental schemas of robots as more human-like are associated with higher blood pressure and negative emotions in a human-robot interaction », *International Journal of Social Robotics*, 2011, vol. 3, n° 3, pp. 291-298
BROWN B., KIMBALL B. A., « when Holmes Borrowed from Langdell: The "Ultra Legal" Formalism and Public Policy of Northern Securities (1904) », *American Journal of Legal History*, vol. 45, n° 3, juillet 2001, pp. 278-321
BROWN WEISS E., « International Law in a Kaleidoscopic World », *Asian Journal of International Law*, vol. 1, 2011, pp. 21-32
BRUNET P., « Le Raisonnement Juridique : Une Pratique Spécifique ? », *Revue internationale de Sémiotique juridique*, vol. 26, 2013, pp. 767-782, disponible sur https://doi.org/10.1007/s11196-013-9310-4 (consulté le 20 septembre 2021)
BUREL G., « Une nouvelle approche pour les réseaux de neurones : la Représentation Scalaire Distribuée », *Traitement du Signal*, 1993, vol. 10 n° 1, pp. 41-51
BURGORGUE-LARSEN L., « De l'internationalisation du dialogue des juges », *Mélanges en l'honneur du président Genevois*, Dalloz, France, 2008, pp. 95-130
BYK C., « Neurosciences et administration de la preuve pénale devant les juridictions des États-Unis », *Revue Médecine & droit*, 2011, n° 106, pp. 59-63
CAMPAGNA N., « Humanisme juridique et loi naturelle », *Revue de Théologie et de Philosophie*, série 3, vol. 133, n° 1, 2001, pp. 19-34
CAMUS A., « Office du juge de l'asile et crédibilité du récit », *La Revue des droits de l'homme* [En ligne], n° 18, 2020 (mis en ligne le 24 juin 2020), disponible sur https://doi.org/10.4000/revdh.10078 (consulté le 29 novembre 2021)
CARBONNIER J., « Gurvitch et les juristes », *Droit et Société*, vol. 4, 1986, pp. 347-351
CARD R., « Can States "Just Say No" to Federal Health Care Reform ? The Constitutional and Political Implications of State Attempts to Nullify Federal Law », *BYU Law Review*, vol. 2010, n° 5, 2010, pp. 1795-2010
CARDOZO B., « Law and literature », *Yale Law Journal*, vol. 48, 1938-1939, pp. 489-507
CARO J-Y., « La théorie économique du crime », *Sociologie du travail*, 1981, vol. 23, n°1 pp. 122-128
CASEBEER K.M., « Escape From Liberalism: Fact and Value in Karl. Llewellyn », *Duke Law Journal*, vol. 1977:671, 1977, pp. 671-703.
CATELLIN S., « L'abduction : une pratique de la découverte scientifique et littéraire », *Hermès, La Revue*, vol. 2, n° 39, 2004, pp. 179-185
CAVAILLÈS J., « Logique mathématique et syllogisme », *Revue Philosophique de la France et de l'Étranger*, T. 123, nn° 3-4, mars-avril 1937, pp. 163-175
CHARLET J., BRINGAY S., « Intelligence Artificielle et Santé. Une analyse rétrospective depuis 2010 », *30es Journées Francophones d'Ingénierie des Connaissances*, 2019, juillet 2019, pp. 26-42

CHEVRETTE F., CYR H., « De quel positivisme parlez-vous ? », *Lex Electronica*, vol. 15 (édition spéciale Mélanges en l'honneur d'Andrée LAJOIE), n° 1, été 2010, pp. 29-60

CHILSTEIN D., « Droit pénal et émotion », *Revue juridique de la Sorbonne*, décembre 2021, n° 4, pp. 169-181

CIMAMONTI S., « Le profilage à l'épreuve du procès », *Revue pénitentiaire et de droit pénal*, ed. Cujas, n° 2, avril - juin 2015, pp. 441-464

CLARKE R. V., « Situational Crime Prevention: Its Theoretical Basis and Practical Scope », *Crime and Justice*, 1983, vol. 4, pp. 225–256

COLOMBET H., GOUTTEFANGEAS A., « La qualité des décisions de justice. Quels critères ? », *Droit et société*, vol. 1, n° 83, 2013, pp. 155-176

DANET J., « L'avocat, le juge et l'émotion », *Les Cahiers de la Justice*, 2014, vol. 1, n° 1, pp. 79-89

DAVIES M., « Tacit Knowledge and Semantic Theory: Can a Five per cent Difference Matter? », *Mind*, vol. 96, n° 384, octobre 1987, pp. 441-462

DE CODT J., « Justice et algorithme : danger pour le procès équitable et la démocratie ? », *Revue trimestrielle des droits de l'homme*, 30e année, n° 117, 1er janvier 2019, pp. 3-11

DE VLEESCHAUWER H-J., « La genèse de la méthode mathématique de Wolf. Ccontribution à l'histoire des idées au XVIIIesiècle », *Revue belge de Philologie et d'Histoire*, vol. 11, n° 3, 1932, pp. 651-677

DÉCHAUX J-H., « Rousseau et la médiation symbolique entre les hommes : contribution à un individualisme structurel », *Sociologie*, vol. 1, n° 2, 2010, pp. 273-286

DELBŒUF J., « Logique algorithmique », *Revue Philosophique de la France et de l'Étranger*, T. 2, juillet décembre 1876, 545-595

DILLARD BOYER A., « "Understanding,Authority, and Will": Sir Edward Coke and the Elizabethan Origins of Judicial Review », *Boston College Law Review*, vol. 39, n° 1, art. 2, pp. 43-93

DORSEN N., « The relevance of foreign legal materials in U.S. constitutional cases: A conversation between Justice Antonin Scalia and Justice Stephen Breyer », *International Journal of Constitutional Law*, vol. 3, n° 4, 2005, pp. 519-541

DUMMETT M., « The philosophical basis of intuitionistic logic », *Studies in Logic and the Foundations of Mathematics*, vol. 80, 1975, pp. 5-40

DUPRAT G., « Bertrand Binoche, Introduction à De l'esprit des lois de Montesquieu », *Revue française de science politique*, vol. 48, n° 6, 1998, pp. 791-792

DURAND-RICHARD M-J., « Babbage et Boole : les lois du calcul symbolique », *Intellectica*, n° 39, 2004, pp. 23-53

DUXBURY N., « The Birth of Legal Realism and the Myth of Justice Holmes », *Anglo-American law review*, vol. 20, 1991, pp. 81-87

DWORKIN R., « Law as Interpretation », *Texas Law Review*, vol. 60, 1982, pp. 527-550

DWORKIN R., « Natural Law Revisited », *University of Florida Law Review*, vol. 34, n° 2, 1982, pp. 165-188

DYRDA A. M., « Pragmatism, Holism, and the Concept of Law », *Erasmus Law Review*, n° 1, 2015, pp. 2-13

EDGELL R. A., VOGL R., « A Theory of Innovation: Benefit, Harm, and Legal Regimes », *Law, Innovation and technology*, vol. 5, n° 1, 2013, pp. 21-53

EPSTEIN L., KNIGHT J., « Constitutional Borrowing and Nonborrowing », *International Journal of Constitutional Law*, vol. 1, n° 2, pp. 196-223

EPSTEIN L., LANDES W.M., POSNER R.A., « Inferring the Winning Party in the Supreme Court from the Pattern of Questioning at Oral Argument », *The Journal of Legal Studies*, vol. 39, n° 2, 2010, pp. 433-467

ESKRIDGE W., « The judicial review games », *Northwestern University law Review*, 1993, vol. 88, n° 1, pp. 382-396

FEELEY M., « Economic Analysis of Law. By Richard A. Posner », *American Political Science Review*, vol. 71, n° 1, 1977, pp. 422-423

FELLOUS J-M., « From Human Emotions to Robot Emotions », *AAAI Spring Symposium*, Stanford (CA), 1er décembre 2004, pp. 37-47

FISCHER C., « The subcultural theory of urbanism: A twentieth year assessment », *American Journal of Sociology*, vol. 101, n° 3, 1995, pp. 543-577

FOREST D., « Qui a peur de l'Internet des objets ? », *Revue Lamy droit de l'immatériel*, n° 54, 2009, pp. 45-46

FRAGA-LAMAS P., FERNÁNDEZ-CARAMÉS T.M., « Fake News, Disinformation, and Deepfakes: Leveraging Distributed Ledger Technologies and Blockchain to Combat Digital Deception and Counterfeit Reality », *IT Professional*, vol. 22, n° 2, mars-avril 2020, pp. 53-59

FRANKENBERG G., « Critical comparisons: Re-thinking comparative law », *Harvard International Law Journal*, vol. 26, n° 2, 1985, pp. 411-456

FRISON-ROCHE M-A., « La rhétorique juridique », *Hermès, La Revue*, 1995, vol. 2, n° 16, pp. 73-83

FULLER L. L., « American legal philosophy at mid-century », *Journal of Legal Education*, vol. 6, n° 4, 1954, pp. 457-485

FULLER L. L., « Positivism and Fidelity to Law: A Reply to Professor Hart », *Harvard Law Review*, vol. 71, n° 4, 1958), pp. 630-672

GARAPON A., « Les enjeux de la justice prédictive », *La Semaine juridique*, éd. Générale, *LexisNexis*, 9 janvier 2017, n°1-2, pp. 47-52, disponible sur https://www.cnil.fr/sites/default/files/atoms/files/justice_predictive.pdf (consulté le 12 avril 2021)

GAULT R. H. (dir.), « "Unraveling Juvenile Delinquency": A Symposium of Reviews », *Journal of Criminal Law and Criminology*, vol. 41, n° 6, 1951, pp. 732-759

GAVELLI C., « Propriété littéraire et artistique et émotion », *Revue juridique de la Sorbonne*, juin 2021, n° 3, pp. 195-211

GEALFOW J. A., « Case Law and its Binding Effect in the System of Formal Sources of Law », *Journal of the University of Latvia*, n° 11, 2018, pp. 38-61

GÉRARD G., « Hegel, lecteur de la métaphysique d'Aristote. La substance en tant que sujet », *Revue de métaphysique et de morale*, 2012, vol. 2, n° 74, pp.195-223

GILLI P., « Humanisme Juridique et Science du Droit au XV Siècle : tensions compétitives au sein des élites lettrées et réorganisation du champ politique », *Revue de Synthèse, Springer Verlag/Lavoisier*, vol. 130, n°4, 2009, pp. 571-593

GOLDZINK J., « Au seuil de l'esprit des lois », *Revue de métaphysique et de morale*, vol. 40, n° 4, 2003, pp. 437 à 461

GONÇALES F., « Privacy, Data Protection and the Age of Algorithms », *Revue Internationale de droit des données et du numérique*, vol. 7, n°1, 2020, pp. 151-163

GOODHART A. L., « Determining the Ratio Decidendi of a Case », *Yale Law Journal*, vol. 40, n° 2, 1931, pp. 161-183
GOODHART A. L., « The Ratio Decidendi of a Case », *The Modern Law Review*, vol. 22, n° 2, 1959, pp. 117-124
GROFF E. R., LA VIGNE N. G., « Forecasting the future of predictive crime mapping », *Crime Prevention Studies*, vol. 13, 2002, pp. 29-58
GROSSFELD B., EBERLE E. J., « Patterns of order in comparative law: Discovering and decoding invisible powers », *Texas International Law Journal*, vol. 38, n° 2, 2003, pp. 291-316
GUASTINI G., « Les juges créent-ils du droit ? Les idées de Alf Ross », *Revus* [Online], vol. 24, 2014, pp. 99-113
GUIMERÀ R., SALES-PARDO M., « Justice blocks and predictability of U.S. Supreme Court votes ». *PLoS One*, vol. 6, n° 11, novembre 2011, e27188, disponible sur https://doi.org/10.1371/journal.pone.0027188 (consulté le 9 octobre 2021)

GUIMERÀ R., SALES-PARDO M., NUNES AMARAL L. A., « Module identification in bipartite and directed networks », *Physical Review* [En-ligne], éd. 76, 2007, disponible sur https://journals.aps.org/pre/abstract/10.1103/PhysRevE.76.036102 (consulté le 9 octobre 2021)
GUNES H., CELIKTUTAN O., SARIYANIDI E., « Live human-robot interactive public demonstrations with automatic emotion and personality prediction, *Philosophical Transactions of the Royal Society B: Biological Sciences*, vol. 1771, n° 374, 2019, pp. 1-8
HAACK S., « On Logic in the Law: 'Something, But Not All' », *Ratio Juris*, vol. 20 n° 1, 2007, pp. 1-31
HANG L., « New technologies in combating child trafficking in China : opportunities and challenges for children's rights », *Peace human rights governance*, vol. 3, n° 3, novembre 2019, pp. 389-414
HARMIGNIE P., GURVITCH G., « L'expérience juridique et la philosophie pluraliste du droit, Georges Gurvitch, Morale théorique et science des mœurs », *Revue Philosophique de Louvain*, 1937, vol. 54 pp. 284-287
HARNAY S., VIGOUROUX S., « Pouvoir discrétionnaire et choix stratégiques du juge administratif : une analyse économique du gouvernement des juges », *Politiques et Management Public*, vol. 18, n° 2, 2000, pp. 69-92
HART H. L. A., « Positivism and the Separation of Law and Morals », *Harvard Law Review*, vol. 71, n° 4, 1958, pp. 593-629
HART H. L. A., « The Morality of Law by Lon L. Fuller », *Harvard Law Review*, vol. 78, 1965, pp. 1281-1296
HERGET J. E., « The scientific study of law : a critique », *Jurimetrics*, vol. 24, n° 2, hiver 1984, pp. 99-126
HERGET J. E., WALLACE S., « The German Free Law Movement as the Source of American Legal Realism », *Virginia. Law Review*, 1987, pp. 399-455
HERMENS F. A., « The " Tyranny of the Majority " », *Social Research*, The Johns Hopkins University Press, vol. 25, n° 1, printemps 1958, pp. 37-52
HEWITT C., BISHOP P., STEIGER R., « A Universal Modular ACTOR Formalism for Artificial Intelligence », *International Joint Conference on Artificial Intelligence (IJCAI)*, 1973, pp. 235-245, disponible sur https://www.ijcai.org/Proceedings/73/Papers/027B.pdf (consulté le 22 octobre 2021)

HINTIKKA J., « Semantics for Propositional Attitudes », *Models for Modalities*, vol 23, Springer, Dordrecht, pp. 87-111
HOHFELD W. N., « Fundamental Legal Conceptions as Applied in Judicial Reasoning », *Yale Law Journal*, vol. 26, n° 8, pp. 710-770
Holmes O. W., « Book Review », *The American Law Review*, 1880, pp. 233-234
HOLMES O.W., « The Path of the Law », *Harvard Law Review*, Vol. 10, 1897, pp. 457-478
HUNTINGTON C., « Leibniz's Theory of Law », *Harvard Law Review*, vol. 60, n° 2, 1946, pp. 200-232
HURD H. M., MOORE M. S., « The Hohfeldian Analysis of Rights », *The American Journal of Jurisprudence*, vol. 63, n° 2, décembre 2018, pp. 295-354, disponible sur https://doi.org/10.1093/ajj/auy015
IRVING E. (ed.), « New technologies and the investigation of international crimes : special issue », *Journal of international criminal justice*, vol. 19, n° 1, mars 2021, pp. 1-225
ITTAH F., « Justice prédictive et dimension émotionnelle du droit de la responsabilité civile », *Revue juridique de la Sorbonne*, décembre 2021, n° 4, pp. 167-168
JAMES W., « Philosophical Conceptions and Practical Results », *University Chronicle*, vol. 1, n° 4, septembre 1898, pp. 287-310
JEHL J., « Règlement en ligne des litiges, les lignes directrices du Conseil de l'Europe », *La Semaine juridique : édition générale (JCP)*, 95e année, n° 29 (19 juil. 2021), p. 1423
JEULAND E., « Remarques sur le besoin de rituel dans la justice numérisée Réponse à Marika MOISSEFF », *Revue juridique de la Sorbonne*, décembre 2021, n° 4, pp. 23-24
JOHNSON P., « "The Choice of Wording must be Regarded as Deliberate": same-sex marriage and Article 12 of the European Convention on Human Rights », *European Law Review*, 2015, pp. 207-224
JOHNSON T. R., WAHLBECK P.J., SPRIGGS J.F., « The Influence of Oral Arguments on the US Supreme Court », *American Political Science Review*, février 2006, vol. 100, n° 1, pp. 99-113, disponible sur http://citeseerx.ist.psu.edu/viewdoc/download?doi=10.1.1.699.143&rep=rep1&type=pdf (consulté le 16 septembre 2021)
JOXE P., « La loi est-elle "l'expression de la volonté générale" ? », *Après-demain*, vol. 7, n° 3, 2008, pp. 11-14
KAHNEMAN D., LOVALLO D., SIBONY O., « A Structured Approach to Strategic Decisions Reducing errors in judgment requires a disciplined process », *printemps*, vol. 60, n° 3, 2019, pp. 67-74, disponible sur https://omegaleadership.com/media/Structured_Approach_to_Strategic_Decisions.pdf (consulté le 2 avril 2022)
KAHNEMAN D., ROSENFIELD A. M., GANDHI L., BLASER T., « Noise: How to Overcome the High, Hidden Cost of Inconsistent Decision-Making », *Harvard Business Review*, vol. 94, n° 10, october 2016, pp. 36-43
KALINOWSKI G., « Une nouvelle branche de la logique : la logique déontique. Son histoire, ses formes, ses résultats », *Archives de Philosophie*, vol. 34, n° 1, janvier-mars 1971, pp. 3-36
KAMINSKI D., DIGNEFFE F., ADAM Ch., CAUCHIE J-F., DEVRESSE M-S., FRANCI V., « L'instrumentalisation dans les pratiques pénales, Construction et déconstruction d'un concept », *Sociologie et sociétés*, vol. 33, n° 1, printemps 2001, pp. 27-51

KARDAS G., TEZEL B., CHALLENGER M., « Domain-specific modelling language for belief-desire-intention software agents », *IET Softw*, vol. 12, 2018, pp. 356-364.
KATZ D-M., BOMMARITO II M-J., BLACKMAN J., « A general approach for predicting the behavior of the Supreme Court of the United States », *PLoS One*, 2017, vol. 12, n° 4, 12 avril 2017, disponible sur https://doi.org/10.1371/journal.pone.0174698 (consulté le 9 octobre 2021)
KAUFMAN A.R., KRAFT P., SEN M., « Improving Supreme Court Forecasting Using Boosted Decision Trees », *Political Analysis*, vol. 27, n° 3, 2019, pp. 381-387
KESSLER D., « La marge de manœuvre des États. La dictature des marchés ? », *Pouvoirs*, vol. 3, n° 142, 2012, pp. 71-91
KIMBALL B. A., « Langdell on Contracts and Legal Reasoning: Correcting the Holmesian Caricature », *Law and History Review*, vol. 25, n° 2, 2007, pp. 345-399
KORT F., « Predicting Supreme Court Decisions Mathematically: A Quantitative Analysis of the "Right to Counsel" Cases », *The American Political Science Review*, vol. 51, 1957, pp. 1-12
KUHL P. K., « Brain Mechanisms in Early Language Acquisition », *Neuron*, vol. 67, n° 5, 2010, pp. 713–727
KURONO Y., SRIPIAN P., CHEN F., SUGAYA M., « A preliminary experiment on the estimation of emotion using facial expression and biological signals », *International conference on human-computer interaction*, Springer, 2019, pp. 133-142
LAMBERT-ABDELGAWAD É., « L'Harmonisation des sanctions pénales en Europe : Étude comparée de faisabilité appliquée aux sanctions applicables, au prononcé des sanctions et aux mesures d'aménagement des peines privatives de liberté », *Archives de politique criminelle*, 2002, vol. 1, n° 24, pp. 177-194
LAMPOS V., CRISTIANINI N., « Nowcasting Events from the Social Web with Statistical Learning », *ACM Transactions on Intelligent Systems and Technology*, vol. 3, n. 4, september 2012, art. n° 72, pp 1-22
LAPIANA W. P., « Victorian from Beacon Hill: Oliver Wendell Holmes's Early Legal Scholarship », *Columbia Law Review*, vol. 90, n° 3, avril 1990, pp. 809-833
LASSÈGUE J., « L'intelligence artificielle, technologie de la vision numérique du monde », *Les cahiers de la justice*, 2019, n° 2, pp. 205-219
LAUDERDALE B. E., CLARK T. S., « Scaling Politically Meaningful Dimensions Using Texts and Votes », *American Journal of Political Science*, vol. 58, n. 3, juillet 2014, pp. 754-771, disponible sur https://doi.org/10.1111/ajps.12085 (consulté le 25 octobre 2021)
LAURENT G., « Le statut du temps et de l'aspect dans la structure modale de l'énoncé. Esquisse d'un modèle global », *Syntaxe et Sémantique*, 2001, vol. 2, n° 1, pp. 57-80
LAWSON F. H., « A Common Lawyer Looks at the Civil Law », *Revue internationale de droit comparé*, vol. 8, n° 4, 1956, pp. 695-697
LE MOIGNE J-L., « Intelligence for complexity, Action of, for and by the organization », *Recherche en soins infirmiers*, janvier 2008, pp. 5-7
LE MOIGNE J-L., « Modeling For Reasoning Socio-Economic Behaviors », *Cybernetics & Human Knowing*, vol. 13, 2006, pp. 9-26
LE PLUARD Q., « La fin de l'humanisme juridique ? Vers un dépassement de l'Homme comme seule fin du droit », *Cahiers Droit, Sciences & Technologies*, vol. 11 (L'humain en transformation - dossier thématique), 2020, pp. 109-121, disponible sur https://doi.org/10.4000/cdst.2798 (consulté le 25 janvier 2022)

LECLERC O., VERGÈS E., « Les modèles de raisonnement probatoire : les inférences mathématiques face à la mise en récit », *Les Cahiers de la Justice*, vol.4, n°4, 2020, pp. 689-704

LEHMANN H., BROZ F., « Contagious yawning in human–robot interaction », *2018 ACM/IEEE international conference on human–robot interaction*, pp. 173-174

LEITER B., « Positivism, formalism, realism », *Columbia Law Review,* 1999, pp. 1145-1146

LEJEUNE M., « Tacit Knowledge: Revisiting the epistemology of knowledge », *McGill Journal of Education*, vol. 46, n° 1, hiver 2011, pp. 91-105

GERALD L., « Comment on Frederick Schauer's Prediction and Particularity Comment », *Boston University Law Review*, vol. 78, n° 3, pp. 931-936

LEVENTHAL H., SCHERER K., « The relationship of emotion to cognition: a functional approach to a semantic controversy », *Cogn Emot*, vol. 1, n° 1, 1987, pp. 3-28

LEVIT G.S., « The Biosphere and the Noosphere Theories of V. I. Vernadsky and P. Teilhard de Chardin: A Methodological Essay », *International Archives on the History of Science*, vol. 50, n° 144, 2000, pp. 160-176

LIMPENS A., « Harmonisation des législations dans le cadre du Marché commun », *Revue internationale de droit comparé*, 1967, vol. 19, n° 3, pp. 621-653

LISETTI C. L., MARPAUNG A., « A three-layered architecture for socially intelligent agents: modeling the multilevel process of emotions, *International conference on affective computing and intelligent interactio*n. Springer, 2015, pp. 956-963

LITWIN H., SCHWARTZ E., DAMRI N., « Cognitively Stimulating Leisure Activity and Subsequent Cognitive Function: A SHARE-based Analysis », *The Gerontologist*, vol. 57, n° 5, 2017, pp. 940-948, disponible sur https://doi.org/10.1093/geront/gnw084 (consulté le 22 janvier 2022)

MARKOVICH R., « Understanding Hohfeld and Formalizing Legal Rights: The Hohfeldian Conceptions and Their Conditional Consequences », *Stud Logica*, vol. 108, 2020, pp. 129–158, disponible sur https://doi.org/10.1007/s11225-019-09870-5 (consulté le 22 janvier 2022)

MARMPENA M., LIM A., DAHL T. S., HEMION N., « Generating robotic emotional body language with variational autoencoders », *8th international conference on affective computing and intelligent interaction (ACII). IEEE*, 2019, pp. 545–551

MAROUF F., « Executive Overreaching in Immigration Adjudication », *Tulane Law Review*, vol. 93, n° 4, 2019, pp. 707-785

MARTI G., « Droit et Intelligence artificielle », *La Semaine juridique : édition générale (JCP)*, 95e année, n° 26, 28 juin 2021, pp. 1268-1273

MARTIN A.D., QUINN K.M., « Dynamic Ideal Point Estimation via Markov Chain Monte Carlo for the U.S. Supreme Court, 1953–1999 », *Political Analysis*, vol. 10, n° 2, 2002, pp. 134-153

MANSUY D., « Aristote, Leo Strauss et le droit naturel », *Laval théologique et philosophique*, vol. 70, n° 2, Juin 2014, pp. 315-329

MARTIN A.D., QUINN K.M., RUGER T.W., KIM P.T., « Competing Approaches to Predicting Supreme Court Decision Making », *Perspectives on Politics*, vol. 2, n° 4, 2004, pp. 761-767

MAUS D., « Le recours aux précédents étrangers et le dialogue des cours constitutionnelles », *Revue française de droit constitutionnel*, vol. 80, n° 4, 2009, pp. 675-696

MAZZONE M., ELGAMMAL A., « Art, Creativity, and the Potential of Artificial Intelligence », *Artnodes*, n° 26, 2020, pp. 1-8, disponible sur https://orcid.org/0000-0002-4016-6297 (consulté le 8 décembre 2021)
MCDERMOTT Y., KOENIG A., MURRAY D., « Open source information's blind spot: Humans and Machine bias in international criminal investigations », *Journal of International Criminal Justice*, vol. 19, n° 1, mars 2021, pp. 85-105
MCDONALD L. A., « Role of Legislative History in Statutory Interpretation: A New Era after the Resignation of Justice William Brennan », *Missouri Law Review*, vol. 56, n° 1, hiver 1991, pp. 121-141
MCDUFF D., EL KALIOUBY R., SENECHAL T., AMR M., COHN J. F., PICARD R., « Affectiva-MIT Facial Expression Dataset (AM-FED): Naturalistic and Spontaneous Facial Expressions Collected "In-the-Wild" », *2013 IEEE Conference on Computer Vision and Pattern Recognition Workshops*, 2013, pp. 881-888
MEIERHOEFER B. A., « Individualized and Systemic Justice in the Federal Sentencing Process », *American Criminal Law Review*, vol. 29, n° 3, printemps 1992, pp. 889-905
MENECEUR Y., « Quel avenir pour une justice prédictive », *La semaine juridique*, 2018, doctr.190, pp. 316-322
MENECEUR Y., BARBARO C., « Intelligence artificielle et mémoire de la justice : le grand malentendu », *Les cahiers de la justice*, vol. 2, n° 2, juin 2019, pp. 277-289
MICHAUT F., « Le rôle créateur du juge selon l'école de la " sociological jurisprudence " et le mouvement réaliste américain. Le juge et la règle de droit », *Revue internationale de droit comparé*, 1987 vol. 39, n. 2, pp. 343-371
MICHELS A., « Les innovations dans la gouvernance démocratique – En quoi la participation citoyenne contribue-t-elle à l'amélioration de la démocratie ? », *Revue Internationale des Sciences Administratives*, vol. 77, n° 22, 2011, pp. 275-296
MIKHAIL J., « Law, Science, and Morality: A Review of Richard Posner's The Problematics of Moral and Legal Theory », *Stanford Law Review*, vol. 54, n° 5, mai 2002, pp. 1057-1127
MINDA G., « The Lawyer - Economist at Chicago: Richard A. Posner and the Economic Analysis of Law », *Ohio State Law Journal*, vol. 39, 1978, pp. 439-475
MÖKANDER J., SCHROEDER R., « AI and social theory », *AI & Society*, Springer, 21 avril 2021, disponible sur https://link.springer.com/content/pdf/10.1007/s00146-021-01222-z.pdf (consulté le 15 mai 2021)
MONTGOMERY J. M., OLIVELLA S., « Tree-Based Models for Political Science Data », *American Journal of Political Science*, vol. 62, n°3, 2016, pp. 729-744
MOOR P., « Savoirs juridiques et savoirs sur le droit. Brève intervention à propos du texte introductif de Denise Pumain », *Revue européenne des sciences sociales*, vol. XLIII-131 (La cumulativité des savoirs en sciences sociales), 2005, pp. 13-22
NAFEES A., « Refugees and algorithmic humanitarianism : applying artificial intelligence to RSD procedures and immigration decisions and making global human rights obligations relevant to AI governance », *International journal on minority and group rights*, vol. 28, n° 3, 2021, pp. 367-435
NEUHAUS P. H., « Law and Contemporary Problems», *New Trends in the Conflict of Laws*, vol. 28, n° 4, autumn 1963, pp. 795-807
PACCIONI J.-P., « Wolff, l'expérience et la raison non pure », *Revue philosophique de la France et de l'étranger*, vol. 128, n° 3, T. 128, 2003, pp. 307-322

PAPADOUDI-ROS H., « Serge Tisseron, Le Jour où mon robot m'aimera. Vers l'empathie artificielle, Paris, A. Michel, 2015, 208 pages », *Questions de communication*, vol. 34, n° 2, 2018, pp. 420-422
PAQUOLA A. C. M., ERWIN J. A., GAGE F. H., « Insights into the role of somatic mosaicism in the brain », *Current Opinion in Systems Biology*, vol. 1, 1er février 2017, pp. 90–94, disponible sur https://www.ncbi.nlm.nih.gov/pmc/articles/PMC5718369/pdf/nihms923640.pdf (consulté le 15 janvier 2022)
PARMENTIER M., « Concepts juridiques et probabilistes chez Leibniz ». *Revue d'histoire des sciences*, vol. 46, n° 4, 1993, pp. 439-485
PARRISH A. L., « Storm in a Teacup: the U.S. Supreme Court's Use of Foreign Law », *University of Illinois Law Review*, 2007, vol. 2, pp. 637-680
PATIL J. V., BAILKE P., « Real time facial expression recognition using realsense camera and ANN », *2016 International Conference on Inventive Computation Technologies (ICICT)*, vol. 2 (New York, NY: IEEE), pp. 1-6
PATTERSON D. M., « Dworkin on the Semantics of Legal and Political Concepts », *Oxford Journal of Legal Studies*, vol. 26, n° 3, printemps 2006, pp. 545-557
PIERCEA L. J., KLEINB D., CHENC J-K., DELCENSERIED A., GENESEEA F., « Mapping the unconscious maintenance of a lost first language », *Proceedings of the National Academy of Sciences of the United States of America*, vol. 48, 2014, pp. 17314-17319
PIQUERO A. R., FARRINGTON D. P., BLUMSTEIN A., « The Criminal Career Paradigm », *Crime and Justice*, vol. 30, 2003, pp. 359-506
PIRAS M., « Les fondements sociaux de l'agir normatif chez Durkheim et Weber : le rôle du sacré », *Archives de sciences sociales des religions*, vol. 127, 2004, pp. 139-166
PONCELA P., « L'intime conviction dans le jugement pénal », *Revue interdisciplinaire d'études juridiques*, vol. 11, n° 2, 1983, pp. 103-120
POSNER R. A., « Legal formalism, legal realism, and the interpretation of statutes and the constitution », *Case Western Reserve Law Review*, vol. 37, n. 2, 1986-87, pp.179-217
POSNER R. A., « The State of Legal Scholarship Today: A Comment on Schlag », *Georgetown Law Journal*, vol. 97, 2008, pp. 845-855
POUND R., « A Survey of Social Interests », *Harvard Law Review*, vol. 57, n° 1, octobre 1943, pp. 1-39
POUND R., « The Need of a Sociological Jurisprudence », *Green Bag*, vol. 19, 1907, pp. 607-615
POUZIN J-M., « L'intégration de la réflexion logique kantienne dans la doctrine de l'essence », *Archives de Philosophie*, 2013, vol. 3, t. 76, pp. 459-482
QUINN M. S., « Argument and Authority in Common Law Advocacy and Adjudication: An Irreducible Pluralism of Principles », *Chicago-Kent Law Review*, vol. 74, n° 2 (Symposium on Taking Legal Argument Seriously), pp. 655-777
RABBAN D. M., « Review: The Historiography of "The Common Law" », *Law & Social Inquiry*, vol. 28, n° 4, 2003, pp. 1161-1201
RADIN M., « Eleganter », *Law Quaterly Review*, vol. 46, 1930, pp. 311-325
RANI P., SARKAR N., « Emotion-sensitive robots-a new paradigm for human–robot interaction », *4th IEEE/ras international conference on humanoid robots*, 2004, vol 1, pp. 149-167

RÄZ T., « Fairness: Independence Revisited, Proceedings of the 2021 », *ACM Conference on Fairness, Accountability, and Transparency*, 3-10 mars 2021, pp. 129-137

REILING D., « Quelle place pour l'intelligence artificielle dans le processus de décision d'un juge ? », *Les Cahiers de la Justice*, vol. 2, n° 2, 2019, pp. 221-228

RISSLAND E. L., « Artificial Intelligence as Law: stepping stones to a model of legal reasoning », *The Yale Law Journal*, vol. 99, n° 8, 1990, pp. 1957-1981

ROGAT Y., « The Judge as Spectator », *The University of Chicago Law Review*, vol. 31, n° 2, 1964, pp. 213-256

ROSCOE POUND N., « Mechanical Jurisprudence », *Columbia Law Review*, vol. 8, n° 8, decembre 1908, pp. 605-623

ROSEMAN I. J., « Cognitive determinants of emotion: A structural theory », *Review of Personality & Social Psychology, 1984, vol. 5,* pp. 11-36

ROUVROY A., BERNS T., « Gouvernementalité algorithmique et perspectives d'émancipation, Le disparate comme condition d'individuation par la relation ? », *Réseaux*, vol. no 177, no. 1, 2013, pp. 165-196

SACKUR J., « Les neurosciences cognitives, sciences naturelles de l'esprit : Révolution ou restauration ? », *Cités*, vol. 60, n° 4, 2014, pp. 71-82

SALOVEY P., MAYER J. D., « Emotional intelligence », *Imagination, Cognition and Personality*, vol. 9, n°3, 1990, pp.185-211, disponible sur https://doi.org/10.2190/DUGG-P24E-52WK-6CDG (consulté le 24 novembre 2021)

SAMPAIO R., « Laws and Mechanisms in The Human Sciences », *Kairos. Journal of Philosophy & Science*, vol. 20, 2018, pp. 64-88

SAMPSON R. J., « Crime and the Life Course », *Université Harvard*, disponible sur https://scholar.harvard.edu/sampson/content/crime-and-life-course (consulté le 3 septembre 2021)

SAMUEL G., « Is Law Really a Social Science? A View from Comparative Law », *The Cambridge Law Journal*, vol. 67, n° 2, juillet 2008, pp. 288-321

SARGIACOMO M., « Michel Foucault, Discipline and Punish: The Birth of the Prison », *Journal of Management & Governance,* vol. 13, 2009, pp. 269-280

SAUKUMA A., « Legal and ethical issues in designing online courts », *Baltic yearbook of international law*, vol. 19, 2020, pp. 138-160

SCALIA A., « The Rule of Law as a Law of Rules », *University of Chicago Law Review*, vol. 56, n° 4, 1989, art. n° 1, pp. 1175-1188, disponible sur https://chicagounbound.uchicago.edu/uclrev/vol56/iss4/1 (consulté le 21 décembre 2021)

SCHAUER F., « Prediction and particularity », *Boston University Law Review*, 1998, vol. 78, pp. 773–789

SCHERER M. U., « Regulating Artificial Intelligence Systems: Risks, Challenges, Competencies, and Strategies », *Harvard Journal of Law & Technology*, vol. 29, n° 2, printemps 2016, pp. 354-400, disponible sur http://dx.doi.org/10.2139/ssrn.2609777 (consulté le 25 avril 2022)

SCHMITT A., LE BLANC B., CORSINI M-M., LAFOND C., BRŮŽEK J., « Les réseaux de neurones artificiels », *Bulletins et mémoires de la Société d'Anthropologie de Paris*, vol. 13, n° 1-2, 2001, pp. 143-150, disponible sur https://doi.org/10.4000/bmsap.4463 (consulté le 12 septembre 2021)

SCHUBERT Jr. G-A., « The Theory of "The Public Interest" in Judicial Decision-Making », *Midwest Journal of Political Science*, vol. 2, n° 1, février 1958, pp. 1-25

SCIASCIA G., « Elegantiae Iuris », *Bullettino dell'Istituto del diritto romano*, vol. 51, n° 2, 1948, pp. 372-392

SEBASTIANI F., « Machine learning in automated text categorization », *ACM Computing Surveys*, vol. 34, n° 1, mars 2002, pp. 1-47, disponible sur https://dl.acm.org/doi/10.1145/505282.505283 (consulté le 16 avril 2021)

SEFTON-GREEN R., « French and English crypto-nationalism and European private law, An exercise in sentiment and reason », *Journal European Review of Contract Law*, vol. 8 n° 3, pp. 260-276

SEGAL J-A., COVER A-D., « Ideological values and the votes of U.S. Supreme Court Justices », *The American Political Science Review*, vol. 83, n° 2, juin 1989, pp. 557-565

SEGAL J-A., EPSTEIN L., CMARON C.M., SPAETH H.J., « Ideological values and the votes of U.S. Supreme Court justices revisited », *The Journal of Politics*, 1995, 57, pp. 812-823

SHAH B., « The Attorney General's Disruptive Immigration Power », *Iowa Law Review*, vol. 102 (version en-ligne), 2017, disponible sur https://ilr.law.uiowa.edu/online/volume-102/the-attorney-generals-disruptive-immigration-power/ (consulté le 17 septembre 2021)

SHAHRJERDI S., « Les forces créatrices du droit à l'ère du numérique », *Revue internationale de droit des données et du numérique*, 2020, vol. 6, pp. 103-116

SHAHRJERDI S., « La modélisation algorithmique du paradigme des criminels : un outil d'évolution du droit pénal », *Revue Internationale des Gouvernements Ouverts*, vol. 11, n° 1, 2022, pp. 193-206

SHAHRJERDI S., « L'influence du paradigme des magistrats sur l'efficacité et la fiabilité des techniques de la modélisation automatisée des décisions de justice : Exemple de la Cour suprême des États-Unis et de la Cour européenne des droits de l'homme », *Revue Internationale de droit des données et du numérique*, vol.7, 2021, pp. 81-96

SHANNON C. E., « Une théorie mathématique de la communication », *The bell system technical Journal*, vol. 27, octobre 1948, pp. 379-423

SIMONS D. J., BOOT W. R., CHARNESS N., GATHERCOLE S. E., CHABRIS Ch. F., HAMBRICK D. Z., STINE-MORROW E. A. L., « Do "Brain-Training" Programs Work ? », *Psychological Science in the Public interest*, vol. 17, n° 3, 2016, pp. 103-186

SIMPSON A. W. B., « The Ratio Decidendi of a Case », *The Modern Law Review*, vol. 20, n° 4, 1957, pp. 413-415

SIROVICH L., « A pattern analysis of the second Rehnquist U.S. Supreme Court », *Proceedings of the National Academy of Sciences*, 24 juin 2003, vol. 100, n° 13, pp. 7432-7437, disponible sur https://doi.org/10.1073/pnas.1132164100 (consulté le 13 septembre 2021)

SPECTOR C., « La bouche de la loi ? Les figures du juge dans L'Esprit des lois », *Montesquieu Law Review*, Université de Bordeaux, Forum Montesquieu, 2015, pp. 87-102, disponible sur https://hal.sorbonne-universite.fr/hal-02476028/document (consulté le 18 mai 2021)

SPEZIALETTI M., PLACIDI G., ROSSI S., « Emotion Recognition for Human-Robot Interaction: Recent Advances and Future Perspectives », *Frontiers in Robotics and AI*, 21 décembre 2020, vol. 7, art. n° 532279, disponible sur https://doi.org/10.3389/frobt.2020.532279 (consulté le 24 novembre 2021)

STAMMLER R., « Notion et portée de la " volonté générale " cher Jean-Jacques Rousseau », *Revue de Métaphysique et de Morale*, T. 20, n° 3, mai 1912, pp. 383-389
STANSFIELD R., WILLIAMS K. R., « Predicting family violence recidivism using the DVSI-R », *Criminal Justice and Behavior*, vol. 41, 2014, pp. 163-180
STEIN P., « Elegance in Law », *Law Quaterly Review*, vol. 77, n° 96, pp. 242-255
STONE J., « The Ratio of the Ratio Decidendi », *The Modern Law Review*, vol. 22, n° 6, 1959, pp. 597-620
STRAUSS L., PATARD E., « Le droit naturel », *Archives de Philosophie*, vol. 79, n° 3, juillet-septembre 2016, pp. 453-484
STUMPF S. E., « Austin's Theory of the Separation of Law and Morals », *Vanderbilt Law Review*, vol 14, n° 1, 1960, pp. 117-149
SUMMERS R. S., « The Formal Character of Law », *The Cambridge Law Journal*, vol. 51, n° 2, juillet, 1992, pp. 242-262
TAJFEL H., « Cognitive aspects of prejudice », *Journal of Biosocial Science*, vol. S1, n° 1, 1969, pp. 173-191
TALLON D., « L'harmonisation des règles du droit privé entre pays de droit civil et de Common law », *Revue internationale de droit comparé*, vol. 42, n° 2, 1990, pp. 513-523
TARHINI A., HONE K., LIU X., « The effects of individual differences on e-learning users' behaviour in developing countries: A structural equation model », *Computers in Human Behavior*, vol. 41, 2014, pp. 153-163
TENE O., POLONETSKY J., « Taming the Golem: Challenges of Ethical Algorithmic Decision Making », *North Carolina Journal of Law and Technology*, 2017, pp. 5-6, disponible sur https://ssrn.com/abstract=2981466 (consulté le 14 avril 2022)
TERRÉ F., « Droit, éthique et neurosciences », *Revue Médecine & Droit*, 2011, n° 106, p. 64-66
THAYER J. B., « The Origin and Scope of the American Doctrine of Constitutional Law », *Harvard Law Review*, vol. 7, n° 3, 1893, pp. 129-156
THIBAULT J-F., « Le monde selon Hardt et Negri », *Études internationales*, vol. 36, n°3, pp. 361-374, disponible sur https://doi.org/10.7202/012027ar (consulté le 2 août 2021)
THILMANY J., « The emotional robot. Cognitive computing and the quest for artificial intelligence », *Embo reports*, novembre 2007, vol. 8, n° 11, pp. 992-994
TRAÏNI Ch., « Des sentiments aux émotions (et vice-versa), Comment devient-on militant de la cause animale? », *Revue française de science politique*, vol. 60, pp. 335-358
TRÉMEL L., « Serge Tisseron, Virtuel, mon amour. Penser, aimer, souffrir, à l'ère des nouvelles technologies », *Questions de communication*, vol. 14, 2008, pp. 423-427
TUSHNET M., « The Logic of Experience: Oliver Wendell Holmes on the Supreme Judicial Court », *Virginia Law Review*, vol. 63, n° 6, octobre 1977, pp. 975-1052
TUSSEAU G., « La théorie des normes de compétence d'Alf Ross », *Revus. Journal for Constitutional Theory and Philosophy of Law*, n° 24, 2014, pp. 141-164, disponible sur https://doi.org/10.4000/revus.3070 (consulté le 17 décembre 2021)
VAN MEERBEECK J., « Lon Fuller, le jusnaturaliste procédural », *Revue interdisciplinaire d'études juridiques*, 2018, vol. 80, n° 1, pp. 143-165
VAUTIER C., « Essai de modélisation complexe en sciences sociales, : le casde l'intercommunalité dans le département du Tarn », *Nouvelles perspectives en sciences*

sociales, vol. 1, n° 2, pp. 149-217, disponible sur https://doi.org/10.7202/602473a (consulté le 17 octobre 2021)
VENTER F., « The Use of Foreign Precedents by Constitutional Judges », *International Journal of Constitutional Law*, vol. 12, n° 1, janvier 2014, pp. 261-263, disponible sur https://doi.org/10.1093/icon/mou010 (consulté le 31 janvier 2022)
VINGE V., « The coming technological singularity: How to survive in the post-human era », *VISION-21 Symposium*, 1993, disponible sur https://users.manchester.edu/Facstaff/SSNaragon/Online/100-FYS-F15/Readings/Vinge,%20The%20Coming%20Technological%20Singularity.pdf (consulté le 6 mai 2022)
VON MAYR G., « Statistics and gesellschaftslehre », *Moralstatistik mit Einschluss der Kriminalstatistik*, vol. 3, 1917, pp. 425-426
VON SCHEEL H., « Zur einfuhrung in die kriminalstatistik insbesondere diegenige des deutschen reichs » In *Allgemeines Statistisches Archiv*, 1890, pp. 183–194
WACHTER S., MITTELSTADT B., RUSSELL Ch., « Bias Preservation in Machine Learning: The Legality of Fairness Metrics Under EU Non-Discrimination Law », *West Virginia Law Review*, vol. 123, n° 3, 2021, disponible sur http://dx.doi.org/10.2139/ssrn.3792772 (consulté le 15 octobre 2021)
WACHTER S., MITTELSTADT B., RUSSELL Ch., « Why Fairness Cannot Be Automated: Bridging the Gap Between EU Non-Discrimination Law and AI », *Computer Law & Security Review*, vol. 41, 2021, doc. n° 105567 [enligne], pp. 49-52, disponible sur http://dx.doi.org/10.2139/ssrn.3547922 (consulté le 3 mars 2022)
WALDRON J., « Foreign Law and the Modern Ius Gentium », *Harvard Law Review*, vol. 119, n° 1, 2005, pp. 129-147
WALDRON J., « Stare Decisis and the Rule of Law: A Layered Approach », *Michigan Law Review*, vol. 111, n° 1, 2012, pp. 1-32
WALTON D., « Arguments from Correlation to Causation » In. D. WALTON (dir.), *Argument Evaluation and Evidence*, éd. 1, 2016, pp. 179-208
WANG S., HE M., GAO Z., HE S., JI Q., « Emotion recognition from thermal infrared images using deep Boltzmann machine », *Frontiers of Computer Science*, vol. 8, 2014, pp. 609–618
WARRINGTON M., « L'Equity et le système juridique anglais. Vers un nouveau paradigme dialectique ? », *Revue interdisciplinaire d'études juridiques*, 1997, vol. 38, n° 1, pp. 173-215
WHALEY B., « Evaluations of rebuttal analogy users: Ethical and competence considerations », *Argumentation*, 1998, vol. 12, pp. 351-365
WHITE G. E., « The Integrity of Holmes' Jurisprudence », *Hofstra Law Review*, vol. 10, n° 3, art. n° 1, 1982, pp. 633-672
WHITE J. B., « Law and Literature :"No Manifesto" », *Mercer Law Review*, vol. 39, pp. 739-751
WHITE J. B., « Law as Rhetoric, Rhetoric as Law: The Arts of Cultural and Communal Life », *University of Chicago Law Review*, vol. 52, n° 3 , art. 4, été 1985, pp. 684-702
WHITMAN J. Q., « The Two Western Cultures of Privacy: Dignity versus Liberty », *The Yale Law Journal*, vol. 113, n° 6, avril 2004, pp. 1151-1221
WILLICK M. S., « L'intelligence artificielle : les approches juridiques et leurs implications ». *Ordre juridique et ordre 4 technologique. Cahiers S.T.S.*, Editions du CNRS, 1986, pp. 54-80

WRIGHT A., « Dispositions, Anti-Realism and Empiricism », *Proceedings of the Aristotelian Society*, nouvelle série, vol. lxxxxi, 1990/1991, pp. 39-59

XU M., KAO H. S. R., ZHANG M., LAM S. P. W., WANG W., « Cognitive-Neural Effects of Brush Writing of Chinese Characters: Cortical Excitation of Theta Rhythm », *Evidence-Based Complementary and Alternative Medicine*, vol. 2013, art. n° 975190, disponible sur https://doi.org/10.1155/2013/975190 (consulté le 22 janvier 2022)

ZARMSKY S., « Why seeing should not always be believing : Considerations regarding the use of digital reconstruction technology in international law », *Journal of International Criminal Justice*, vol. 19, n° 1, mars 2021, pp. 213-224

ZAVRŠNIK A., « Criminal justice, artificial intelligence systems, and human rights », *ERA Forum*, 2020, pp. 567-583

Pour une bibliographie exhaustive et complète des sources utilisées dans cet ouvrage, veuillez vous référer à la bibliographie de la thèse intitulée *La régulation juridique de l'intelligence artificielle au sein de la justice : une étude comparative entre le droit de l'Union européenne et les lois fédérales des Etats-Unis*, soutenue le 19 octobre 2022 à l'École de droit de la Sorbonne, par M. S. Siavash SHAHRJERDI.

Structures éditoriales du groupe L'Harmattan

L'Harmattan Italie
Via degli Artisti, 15
10124 Torino
harmattan.italia@gmail.com

L'Harmattan Hongrie
Kossuth l. u. 14-16.
1053 Budapest
harmattan@harmattan.hu

L'Harmattan Sénégal
10 VDN en face Mermoz
BP 45034 Dakar-Fann
senharmattan@gmail.com

L'Harmattan Cameroun
TSINGA/FECAFOOT
BP 11486 Yaoundé
inkoukam@gmail.com

L'Harmattan Burkina Faso
Achille Somé – tengnule@hotmail.fr

L'Harmattan Guinée
Almamya, rue KA 028 OKB Agency
BP 3470 Conakry
harmattanguinee@yahoo.fr

L'Harmattan RDC
185, avenue Nyangwe
Commune de Lingwala – Kinshasa
matangilamusadila@yahoo.fr

L'Harmattan Congo
219, avenue Nelson Mandela
BP 2874 Brazzaville
harmattan.congo@yahoo.fr

L'Harmattan Mali
ACI 2000 - Immeuble Mgr Jean Marie Cisse
Bureau 10
BP 145 Bamako-Mali
mali@harmattan.fr

L'Harmattan Togo
Djidjole – Lomé
Maison Amela
face EPP BATOME
ddamela@aol.com

L'Harmattan Côte d'Ivoire
Résidence Karl – Cité des Arts
Abidjan-Cocody
03 BP 1588 Abidjan
espace_harmattan.ci@hotmail.fr

Nos librairies en France

Librairie internationale
16, rue des Écoles
75005 Paris
librairie.internationale@harmattan.fr
01 40 46 79 11
www.librairieharmattan.com

Librairie des savoirs
21, rue des Écoles
75005 Paris
librairie.sh@harmattan.fr
01 46 34 13 71
www.librairieharmattansh.com

Librairie Le Lucernaire
53, rue Notre-Dame-des-Champs
75006 Paris
librairie@lucernaire.fr
01 42 22 67 13

www.ingramcontent.com/pod-product-compliance
Lightning Source LLC
LaVergne TN
LVHW011252061026
849535LV00005B/1228